中國近代期刊彙刊·第二輯

新民叢報

三（拾叁—拾捌號）

中華書局

N MIN CHOONG BO
P.O. Box 255
YOKOHAMA
JAPAN

十二月廿七日第三種郵便物認可

新民叢報

第拾參號

光緒二十八年七月一日
明治三十五年八月四日

每月二回朔望發行

新會梁任父先生著

飲冰室文集

香山何天柱編

飲冰室主人爲我國文界革命軍之健將其文章之價值世間既有定評無待喋喋此編乃由其高足弟子何君所編凡**著者數年來之文字搜集無遺**編年分纂凡爲八集曰丙申集丁酉集戊戌集己亥集庚子集辛丑集壬寅集而以**韻文集**附於末焉其中文字爲**各報所未載者**亦復不少煌煌數百萬言無一字非有用之文雖謂中國集部空前之作殆無不可卷首復冠以著者所作**三十自述**一篇及**照像三幅**一爲時字報時代造像二爲清議報時代造像三爲新民叢報時代務像海內外君子有表同情於飲冰室丰[illegible]得此亦足代嚶鳴求友之樂也**現已付印**不日出書

發行所 上海英界南京路同樂里 **廣智書局**

新民叢報第拾參號目錄

光緒二十八年七月初一日

本報價目表

全年廿四冊	半年十二冊	每冊
五元	二元六毫	二毫五仙

美洲澳洲南洋海參威各埠全年六元半年三元
二毫零售每冊三毫正
郵稅每冊壹仙外埠六仙

廣告價目表　刊登先惠　論前加倍

一頁	半頁	一行　四號十七字起碼
十元	六元	二毫　八仙

凡欲惠登告白者須于本報定期發刊之前五日交到價須先惠　欲登長年半年者價當面議從減

編輯兼發行者　馮紫珊
印刷者　西脇末吉
橫濱山下町百五十二番館
發行所　新民叢報社
橫濱山下町百五十二番館　信箱二百五十五番
印刷所　新民叢報社活版部
東京神田區表神保町三番地
東京發賣所　東京堂

太平洋客著

新廣東

一名（廣東人之廣東）

全一冊　定價二角五分　外埠郵費在內

其名曰新廣東則雖未開卷而其卷中之大略宗旨可以想見矣著者前在上海時務報橫濱清議報主筆今在美國某報主筆文名夙著之人也不欲顯言撰人名氏讀者亦不必深求撰人名氏但讀之而覺其咄咄逼人若有電氣焉刺其腦而起一種異想者則此書之性質也卷首冠以廣東圖一幅精美鮮彩尤足爲全書生色

出版圖書廣告

東亞各港志　全一冊　定價三角

明治政黨小史　全一冊　定價一角

外國地理問答　全一冊　定價二角

國憲汎論　近刊

英國憲法史　近刊

英國憲法論　近刊

羣學　近刊

萬國官制志　近刊

萬國選擧志　近刊

萬國商務志　近刊

歷史哲學　近刊

新編中學教科書第一種　倫理教科書　近刊

新編中學教科書第二種　泰西史教科書　近刊

暗射世界大地圖　定價五圓

中國暗射地圖　定價五圓

中國十八省地圖　定價一圓二角

中外方輿全圖　定價四圓

實測精密　東亞新地圖　定價一圓

戰地必携　極東地圖　定價一圓六角

教科適用　東亞三國地圖　定價一圓五角

最新滿洲圖　附圖説一本　定價一圓

學校要品　徑尺地球儀　定價八元五角

五彩　坤輿全圖　定價二元二角五

新譯　英和辭典　定價二圓

英皇愛華德第七及皇后亞力山德小像

日本風景（其一）

西京落合納涼之景

日本風景(其二)

相州函根温泉場

論說

論學生公憤事

中國之新民

本報論說定例皆論通義不論一專件之問題此篇應登國聞短評中今載於此者因全報印刷已成而茲事所關中國前途甚大亟宜布告海內質曲直於國民不能俟諸半月以後故將已付印之新民說抽出寘諸次號先登本篇此事件於本號國聞短評中餘錄中皆有所詳敘但今夕最近之奇案尤動公憤故再補論之 七月初二日漏三下 著者識

凡文明國之所以立莫急於養人才今日我政府官吏之言維新者亦曰莫急於養人才然養人才之手段有三種一曰以養人之法養之者二曰以養牛馬之法養之者三曰以養雞豚之法養之者何謂養牛馬之法養之以備鞿策鞭箠者是也何謂養雞豚之法養之以備粢烹臠割者是也吾昔以爲政府官吏不過以牛馬之養養人才也吾今乃知其直以雞豚之養養人才也嗟乎痛哉前此之既烹既割者不忍言矣而今乃

又磨刀霍霍而來雖曰吾國多才抑何以堪此

七月初二日（即西曆八月五日）日本警察署忽有將吳君敬恒、孫君揆均遞解回籍之事。留學生方奔走相急難。而警吏已護送西發。吳孫二君以何罪蒙此奇寃莫能知也。而其獲罪之起因可以推揣知之。罪何在。曰在請公使送學生肄業（參閱餘錄門）官立學校。既必須公使保送。然則學生非求公使將更何求。求送學而有罪。則留學其先有罪矣。而吳孫二君又非自求也。乃代他學生而求之。代求送學而有罪。則凡關涉於學事者其皆有罪矣。蔡氏之職公使也。其自認爲國民之代表。爲朝廷之代表。姑勿問。即以朝廷論。去年秋冬間不嘗屢下明詔令公使保護照料學生乎。然則送學之事。豈其待學生自求之。豈其待他人代學生求之。待其自求待其代求則公使已不知其罪矣。不自知其罪則反以罪無罪之人亦何怪焉

吳君者北洋大學堂南洋公學之教師也。廣東大學堂之顧問也。（舉人字稚暉）孫君者南菁書院之學長也。（舉人內閣中書字叔方）乃不顧作師而願作弟子。其爲非尋常人可想矣。吾國有此等人才。是吾國前途一線光明也。其之代學生以哀請於公使也。爲學生非自爲也。

又爲現在學生將來學生之全體大局而非徒爲此區區九人也此九人者不見送其事抑末矣而後此源源而來之學生不知幾何其必欲入官立學校者不知幾何則其待送於公使者亦自不知幾何而公使於學生既已視如仇讎前此之留難者既屢見不一見然則此後公使與私費生之交涉如何實以此九人者爲最後之問題有此哀請而得不得尚未可知無此哀請則私費生入學之途眞永絕也兩君之斷斷於此問題夫豈得已也

警察署之命退兩君也其名曰妨害治安夫中國人在中國主權地而要求所應得之權利其與日本之治安有何與也夫使兩君之要求而出於强硬手段則其於治安也猶有辭顧兩君之與公使交涉不過一度其問答語一字一句皆詳見於留學生會館布告文（參閱餘錄門）聲聲公使聲聲學生從容委曲之口吻吞聲忍氣之情狀讀者猶將哀憐之而不謂似此已逢大清國欽差大臣之怒呵責不已而至於斥逐斥逐不已而至於逮捕逮捕不已而至於遞解也

留學生既不得請於公使於是抗電以伸訴於北京政府亦要求權利之次第當如是

也。而公使則已先自飛電偏告要津曰。留學生造反。夫留學生皆在日本也。吾不知所謂反者反日本乎反中國乎噫嘻、我知之矣。其意曰若輩何人乃敢訐公使反之云者反公使云耳以數百人決議所同認之罪惡而有訐之者則可以任意坐以大逆不道。之名此眞文明國民所百思不得其解者也而吳孫兩君之罪案於是焉定矣。

案既下。留學生動色相奔走。或以質問於公使。公使則曰吾亦不認吳孫之有罪。此日本政府之意。吾不知之。噫、是何言歟。公使者有保護本國人之責任者也。公使而不知。之也則宜提出以詰問於日本政府公使而認爲無罪也則宜抗爭於日本政府以營。救之日本既許外國人有內地雜居之權。既居其地即有居民應享之權利夫安得以。無罪之人而妄逮捕妄驅逐也公使而知之也認其有罪也猶可言也不知之而不詰。問認其無罪而不營救然則我國民每歲以十數萬之膏血豢一木偶之公使何爲也。

噫欲轘轢之則轘轢耳欲菹醢之則菹醢耳而彼胡爲者。

吾不怪夫日本人受公使之愚何以如是其易吾惟怪夫公使所憑藉之力何以能使日本人受愚如是其易吾尤怪乎我國民何故不有其權而甘讓諸公使吾又怪乎公

使何故不有其權而甘讓諸日本人公使對於日本人要代表一國之資格國民對於公使要自主一國之資格公使斗筲吾不屑責之顧安得不爲我國民警告也

我國民以此爲區區僅小之問題乎內爭之事而託調停於外人旣辱國矣內爭不能克而假外人之權力以干預之辱益甚矣乃至內並不爭而防其萌蘖焉乞外人以先事而鋤之其辱更何如矣辱猶可也而生此國爲此民者苟有一毫不肯放棄權利之心則一啓口一舉手一投足而無不爲罪而四萬萬人豈有復見天日之望耶本國政府已矣而復有他國政府爲之後援吾民之在內地者他國未能直接以奴隸之則借本國政府爲傀儡焉吾民之在海外者本國不能直接奴隸之則借他國爲傀儡焉於彼乎於此乎無所往而不奴隸苟不甘是者則五洲雖大竟無所容痛乎

附記一則　初三日下午記

吳君之被逮也。以爲士可殺。不可辱。欲以一死喚醒羣夢。起國民權利思想。乃於初三日午前六點鐘警吏拘引出竟時。自沈於河。以救獲甦。吳君非厭世主義。欲一瞑以謝責也。亦非有所畏而自戕也。欲以此示不爲奴隸者之模範而已。、嗚呼留學生其念之。嗚呼。國民其念之。吳君被救後。友人檢其衣底得一小包封題「其言也善」四字。內一書云。

信之以死。明不作賊。民權自由。建邦天則。削髮維新。片言可決。以尸爲諫。懷憂曲突。唏噓悲哉。公使何與。孔曰成仁。孟曰取義。亡國之慘。將有如是。諸公努力。僕終不死。

吳敬恒絕命作此。敬恒所以就死於大日本國者。奉勸大日本念唇齒之義。留學一事。不可阻礙。如欲興我國家。尤以顧全私費學生之便利爲最要。若專取現在政府之信用。恐未得其益。先受其害。因我國皇上方蒙難。官場之腐敗爲二十四史所少見。若大日本國官人久與相處。與之俱化。則支那之利益不可得。而大日本之良風隳矣。大日本良風一隳。將胥黃種人盡奴於白種人。豈不可哀矣哉。

又敬恒一人已伏其罪。一切被連引之孫君等。宜可復其自由歸國之權。

光緒廿八年七月三日即明治卅五年八月六日

學說

生計學學說沿革小史（續第九號）

中國之新民

第五章之續

然則重商主義於生計界之進步大有裨補固歷歷不可掩矣而後世攻之者視同蛇蝎此其論與攻擊專制政體者無異也夫專制政體在今日文明之國固不容留此遺孽而當人羣結合力未鞏固之時代則又安可少也重商制度有類於是雖然其中所含謬想亦正多多今請依科莎氏所指摘者舉其缺點如下

重商主義之謬誤全由於重視貨幣太過而其所以致誤之由厥有數端（一）由不知金銀之功用在於易中義見前而其性質僅足爲貿易機關之樞紐也（二）由不知金銀價格之漲落不徒視其所有金銀數之多少而又因其流通之緩急以爲變動也（三）由不知易中之物不必專在硬貨指金銀銅等貨幣而更有所謂信用證券指鈔幣及銀行小票等者其製造之費更少而流通之用更便也（四）由不知貨物出口入口之自由正利用金銀力爲

以羨補不足之妙策也。（五）由不知彼此交易之原理。必不能甲國常買少而賣多。乙國常買多而賣少。苟爾則商務之權衡不能永保。終必敗裂。不如彼此互利而得本分應有之差率也。（六）由不知通商條約由彼此願意締結。我務不以利與人。人亦務不以利與我。鷸蚌相持。甚非策也。以此諸端。一切謬見因緣而起。要之重商論者懷抱一不可行之目的。而案畫種種手段以助長之。及其終也。反生出意外之結果者。比比然矣。如彼獎勵輸出而以國帑為補助。畢竟補助金所出。皆自租稅。徒使人民重其負擔而已。如彼阻遏輸入而重課其關稅。畢竟凡入口物之能銷售者。必其為本國人所需用者也。關稅重。徒使物價騰踊而增內地人日用之障礙而已。故在今日生計界發榮滋長之時代。此等方策。流弊孔多。又此派論者以重視金銀之故。務欲其內溢而不外流。以為二國交易。此之所利。必彼之所損。因此互相敵視。各思損人以自利。而國際上種種惡感情起焉。當時政治家為此等理想所眩惑。凡二百餘年。其間動干戈者不下五十載。而戰爭之起因。大抵皆為此迷見所誤者也。

重商主義之首倡者。不能確指其誰何。要之當十四五世紀間。為社會風潮之所醞釀。

駸興起。殆有莫之致而至者。至其中貴金之論。則自羅馬之西士羅已倡道之。迨十四世紀。遂爲重商派之所遵奉。以爲金銀即富也。富即金銀也。此說之謬。本更無俟喋喋。恐猶有未盡解其原理者。試舉西籍中寓言一則以破之。

『昔富梨查國一農民。嘗捕珀加士敎之一牧師。以獻諸其王迷打士。迷打士厚遇之。旬日之後。禮遣使歸。牧師德王也。詢其所欲得者。許爲致之。王貪癡者流也。乃曰。願使物之觸吾手者。悉化黃金可乎。師曰。是不難。顧王之所欲。遂無更優於此者乎。王不悟也。牧師歸後。出其神力。王折樹枝。樹枝忽黃金也。拾土石。土石忽黃金也。開窓戶。窓戶忽黃金也。盥手而水悉爲黃金。更衣而衣悉爲黃金。命饌而內饗麵包悉爲黃金。然黃金不足以療王之飢。禦王之寒。王空擁無量數之財寶於左右。而殆瀕於凍餒以死。至是乃大懺悔。而乞憐於牧師。師頷之。使浴於柏德拉士河。祓除金貨。與水俱流。王乃大悟。自奮以從事於農獵。爲國民勸。國以富強。』由此觀之。金銀與富。必非同物。貨幣者。不過交換之一樞紐。苟無可交換。則與瓦礫草芥何以異焉。昧者不察。視爲獨一無二之寶藏。其不陷於富梨查王之狼狽者幾希矣。當千四百九十二年。哥命布初覓得美洲。於是秘魯墨西哥兩土爲西班牙屬之兩土者。礦產饒衍。故金銀之流入西班牙者。日增月盛。班王欣欣然益思保藏之於境內。乃發令禁金銀勿使輸出。雖然、凡物之在市也。供過於求。則價格下落。此生計學不易之原理也。物之去其低價之地而赴於高價之地。如水之就下。然非人力所得左右。又生計學不易之原理也。西班牙金銀之供既溢於所求者之率。故金値不得不下落。値既下落。則人民之以金銀市於他國也。有所大利。雖嚴刑峻法。無得而懲。於是西班牙之先天下而富揚揚然有得色者。不轉瞬間。亦先天下而貧。百業凋滯。國力萎靡。以至於今。嗚呼、學理不明。措置一失當。而末流之受害有如此者。可不鑑歟。（英國始亦有禁金銀出口之令。後知其非策。乃以千六百六十三年廢之。）

此等禁令之謬。固不待言。然以是爲排擊重商主義之口實。則亦不可。蓋重商主義與重金主義有別。而重金派不過重商派中之一小派。非可以偏而概全也。

按重商主義。在十六世紀以後之歐洲。誠不免阻生計界之進步。若移植於今日之中國。則誠救時之不二法門也。中國地大物博。民生日用之所需。可以無待於外。外貨之流入中國也。以其機器大興。故成貨之勞費少。而成本輕。製造巧。而品質良也使我能備此二長則吾國所自產之物必足供吾國人所求而有餘雖關稅稍重客貨價騰而必不至病民是阻遏於所入之策可用也中國人口最庶工價最廉加以原料之充足無俟遠販於外但使能有各種機器使其質之良足與客貨相埒則成本之輕自必過之如是則不惟在內而可以爲守抑且對外而可以爲戰是獎厲於所出之策可用也。中國商人頗富於進取冒險之力。今日全球歐人之殖民地無一無中國人之足跡。而商務顧不能及歐美萬一者。政府無所以保護之獎厲之也。蓋無論何人必經數年之提携顧復然後人格乃成無論何國必經一度之保護獎厲然後商務乃盛以吾中國人生而具經商之天才則政府之所以獎厲者不必如十四五世紀之歐人用粱窟室栽唐花之術乃足以爲勸也。如學步之嬰兒稍扶掖之不數旬而能自行矣故今日如實行所謂重商主義者於中國其勞費必遜少而結果必逾良有斷然也。而惜乎如哥巴格林威爾其人者我中國數千年來曾無一人也。

十七世紀之計學家。可分三種。(第一)專主張重商主義者。(第二)反對貿易差率論開十八世紀自由貿易之先聲者。(第三)研究特別問題。而與重商主義無直接之關係者。

十七世紀重商派中之最著名者。其在意大利有些拉。Antonio Serre 其在法蘭西有孟喀黎津。Antoine De Montchretien 其在英吉利有德麻門。Thomas Mun 些拉嘗著一書。論金銀輸出輸入之利弊。其後百餘年間。意大利及他國學者。尊之爲斯學鼻祖焉。孟喀黎津嘗著生計論。書極浩瀚。其後斯學大家焦巴氏嘗爲之箋注。亦謂爲生計學之第一導師。德麻門嘗著英國商業論及對外貿易致富論二書。轟轟有名於時。舉國學校。以之充教科書。而斯密亞丹原富。攻掊之不遺餘力。

重商主義。既不過一時權宜之說。則其反動力之發生。自固不可避。故十七世紀之前半紀。攻難之說。既紛紛漸起。初時其力雖微。不足以動一世之耳目。及後半紀而陸克 Locke 霍布士 Hobbes (二氏皆哲學大家清議報曾載其政治學說) 威廉撇底 W. Petty 挪士 D. Knows 卜嗒利 Berkeley 查爾特 Chind 諸大家起。學理爲之一變。斯實、重農學派、斯密學派、之前驅也。

查爾特一商人也。嘗著貿易新論及論貿易與債息之關係兩書。其於貿易差率說雖未能盡脫藩籬。然論穀物等之貿易自由。頗有卓見。而其學說之最有影響者。彼以爲息率低下。則一國之生計必趨繁榮。引荷蘭之例以實其說。遂倡論謂當以國家之力制法律以限息贏。後此諸國皆頗實行之。而其謬見實倡自查氏。

威廉撇底之著書。關於生計財政統計等者更爲進步。其所著有貨幣論、（一六八二年）租稅及賦金論、（一六七九年）統計論、（一六八二年）愛爾蘭政治解剖論、（一六九一年）等。其書之要點。欲以尋常稽夫每日貨傭之價格。爲一定不變之價格。以此爲比例尺以衡量一切物價。彼蓋以勞力爲生產唯一之原素也。此其說之偏謬。今不待辯。（今日生計學家論生產之原素有三。曰土地。曰資本。曰勞力。既爲定論矣。）然其研究生產之學理。爲英學派先導之功。固自不少。

挪士嘗著商業論。（一六九一年）其學識雖稍遜於威廉。至其論自由貿易。最爲明瞭。有足多者。挪士嘗言曰。「欲論一國之利害。宜不徒著眼於一國。而必當放眼於世界。貿易之事。當視全世界如一大共和國。然各國互相貿易於此大共和國中。其猶各人之互相貿易于本國中也以故苟甲國有損失則蒙其害者不獨甲國耳而實波及於世界乙丙諸國皆所不能免也』又曰『貨幣者不過一物品耳其性質與他之物品無以異其存在國內之額之多寡常緣商業之狀況爲變更非人力所得而左右也故貨幣多則物價騰貴而輸入之額必增輸入增而貨幣外流矣貨幣乏則物價下落而輸出之額增輸出增而貨幣還歸矣然則貨幣者不過爲養欲給求之一媒介耳一人如是一國亦然故國計最要之事在使原料品及製造品之額蒸蒸日增彼設法律以防貨幣之外流以保護特別之財產者皆謬誤之甚蒙其益者不過一二人而受其損者乃在全國也』云云

卜喀利更爲極端之議論謂貨幣者並不足以爲貨物實不過一符券耳故最上之貨幣莫如鈔票其說雖不免過激至其論貨幣之効用不在分量之多寡而在流通之速率其言最爲博深切明又以勞庸爲物價之標準其說頗同威廉而最注重分業謂當合全世界之盈虛消長以實行分業之策實爲斯密氏學說之先河矣

以上諸賢當重商主義極盛之時首倡反對之論以與社會挑戰雖及身不爲輿論所

尊。至十八世紀。而其義大昌。

此外有英國共和黨員哈靈頓以一六四〇年著一書。論一國之土地。不宜歸於少數豪族之所專有。而荷蘭法律學大家果魯西亞。Yrotius（即著性法論爲國際公法學之鼻祖者）亦著一書。言穀物出口。當任其自由。不可以國家之力限制之。其他各國著述家。論生計上各種特別問題者不少。而英法德諸儒。草貨幣論者尤多。其最顯者。則哲學大家陸克所著。於整頓財政之法。最爲精密。後世改革案。多採其論云。

不復微雲滓太清　浩然風露欲三更

開簾一寄平生快　萬頃空江看月明

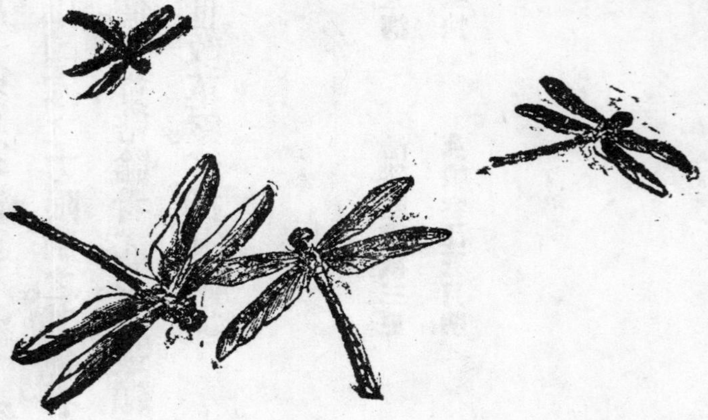

政治

析疆增吏篇（續第十二號）

明夷

一請每省皆如直隸四川福建之制。立一總督。其一省並設者裁其巡撫。其只有巡撫者改為總督。其總督兼領首道督辦大臣。如閩浙總督兼筦福建巡撫之制。今兩江總督名節制三省巡撫統屬文武而實以江甯布政司為長吏統江北四府而已。各省總督即用此制。自領首道而節制全省之各道。督辦大臣統轄文武。此亦唐制嶺南節度自領治地兼監五筦觀察之制也。各道督辦大臣之與總督。其體制亦與順天府尹之與直隸總督。江蘇巡撫之治江南四府與兩江總督。皆分地而治。各自直達。一切平等。大事會商。總督得監臨之。此實今制已然。不過因而推及各道耳。近如臺灣巡撫。亦以一府改為巡撫。即能開鐵路築砲壘講外交少治其事。今各道督辦大臣。即如臺灣巡撫可也。惟名為巡撫。官品太崇。須累資乃至。難于擢用人才。必仍用耄老年勞之人。雖變而亦無效也。夫總督巡撫。明制及國初皆為京卿差官。無品級。故至今尚不用印而只用關防。明時巡撫多戴理少常少僕少等銜。而僉都御史亦不過四品卿耳。率由五品寺丞郎中而遷。故爲通途。而才氣之士易得。今當復舊制作爲差事官。如學政然。帶京卿銜以辦事可也。是故省因其舊。而總督實領首道。亦以道爲第一大區論之。

一今道宜分三等。唐宋州縣。其刺史守令亦分等級。此古者大國次國小國公侯伯子男之制也。今當用此意。其首道當省城之都會。以總督領之。爲上等道。其通商口岸及邊道。若天津上海九江重慶瓊州潮州廉州北海太平歸順登萊青迤南等道。及東三省新疆邊道。暨繁盛之道。人口數百萬者。爲中等道。餘腹地瘠小之區。爲下等道。其應設官制之繁簡高下。即量其道之上中下等而定之。

一道之督辦大臣。許有督撫全權。歐美各國皆主中央集權之制。故師團總于海陸軍。稅務官派于其戶部。判審官派于其刑部。山林官派于其農商部。信官派于其郵部。其地方官之事權甚輕簡耳。惟屬地則特設總督以董之。其位與執政大臣等。總監一切。如日本之臺灣。英之印度是也。甚類吾之督撫矣。吾中國直省雖皆爲內地。而土地甚大。十倍于歐洲大國。實難遙理。且鐵路未設。電線未通。乃至馬路亦未開。士民多寡足不出。其甘肅滇黔之極邊。尤無論矣。必待吸之京師。以集其權。開其識。此必不可得之事。今中國之路塞而民愚極矣。必就地開通。令其政龐大密詳。皆備具小國之體。乃可以闢地利。而開民智。振民氣也。故小國利于合權。大國利于分權。新國利合權。舊國宜分權。況治無鐵路電線之老舊莫大之國乎。故分成封建之體。愈細愈精。觀於德之撒遜巴丁兩國。可窺治法矣。二國皆五千方里。略如吾一府地。人民僅百五六十萬。而撒遜國有生徒六十七萬。歲入九千餘萬。有大學一。上訴院一。上判所七。小判所百三。巴丁有大學二。生徒二千四百四十九。實業學九。生徒三千六百七十四。中學十六。生徒四千六百七十九。小學一百六十六。生徒三十餘萬。技藝及其他農學百三十四所。生徒一萬一千四百五十八。夫以一府之地。而歲入九千餘萬。馬克幾有中國賦稅之半。亦可驚矣。百五十萬人。而有生徒六十餘萬。才智之人。三分之一矣。農工各學至百餘所。大學生亦二千餘。則人才多矣。恐古之魯衞不能比之。故必宜就地開化。成封建之政體。而後地利闢。人才成。今各省督撫之權。凡百衆綜。僚屬千數。藩臬乃其相也。諸道乃其卿也。各局乃其執政之大夫也。府州縣乃其邑大夫也。佐雜乃其士也。用人行政理財治兵農商學校無不總之。蓋具有封建之全體。而類于英之印度日本之臺灣者矣。但不能自辟府僚耳。夫兵制應統于京師。而今亦不能不藉地方官行之。今令各道因用向來督撫之體。兵郵稅務山林歸之。所有政府各種政體會局。皆令備具。略如英日印度臺灣總督之制。而加增之。聽其用出使大臣例。自辟府僚。以復漢太守唐節度之制。俾與英印度日本臺灣總督等。崇其體制權力。俾得措施。而其下士民亦得鼓舞効力。以發揚其氣。雖不能如撒遜巴丁之盛。亦庶幾有豸乎。

一于直省各道設督辦民政大臣。以三四五品京卿爲之。上則親王大學士領之亦可。其有奇才不拘資格擢用者。加給事御史充之可。試用小道。並加儀同巡撫銜。其三品卿以上。可加儀同總督銜。以崇體制而重事權。

一各省有布政使。昔爲方伯。今爲首領官。宜仍其舊。充首道之民政長官。承大臣之令。以總領諸政。總督缺則護理之。仍爲從二品。或改爲民政司。名義尤符。其各道原有分巡兵備等道。在乾隆二年前原爲參政。今宜復名曰參政司參政。或亦名爲布政。去使字。升爲從三品。或一律改爲民政司。尤善。其小道則仍爲正四品。即爲一道之首領官。

承大臣之令。總領諸務。

一其大臣幕府內有文案官人數。聽大臣所辟椽史數人。如今制名主簿典史吏目皆可也。有參贊官數人分三等。文案官亦分三等。皆可以京曹道府州縣舉貢諸生爲之。即用今之幕友亦可。椽則用佐雜爲之。史則用吏爲之。亦分等。若布按經歷州同判學人爲一等。府經縣丞貢生爲二等。巡檢典史諸生爲三等。無官諸吏人士辟用者爲四等五等六等。皆聽大臣。凡參贊官贊議大臣一切可兼各局政務官可派爲各縣領事。

其民政略分十四局。曰外務局。曰縣治局。曰警保局。曰營造局。曰衛生局。曰理財局。曰稅務局。曰法務局。曰學務局。曰郵政局。曰農務局。曰商務局。曰查地局。曰山林局。各省向有善後局。洋務局。讞局。釐金局。用兩司總之。而道府爲總辦提調者。以差爲官。體甚便也。其他有鐵路者設鐵道局。有造幣鑄銀錢者設造幣局。有專賣如鹽及鴉片者設專賣局。有礦者設礦務局。有製造者設製造局。有稅關者設稅關局。有水產者設水產局。有鐵者設製鐵局。有船者設船政局。近海者設海事局。有港者設港務局。有燈臺者則設燈臺所。其有水者則有航路局。多廟寺者設廟寺局。其土產大宗如絲茶馬皆可設絲茶馬牧局。而此十二局者。各有大小。因地所有而設官。餘不皆設者也。各局皆因今制設總辦一人爲之長。次設提調文案委員椽史官。人數多寡。以足任事爲主。或設顧問審查官。皆聽辟舉。不奏派。由大臣試辦後。奏明定額。凡各局總辦提調。皆奏派。餘聽大臣自行差委。其各局總辦。用道府郎曹以上。提調文案。用同通州縣。顧問審查。用舉貢諸生。委員椽史用佐雜諸生士人。諸吏皆可也。

一工路局鐵道製造船政造幣專賣礦產山林海港船政電信燈臺航路測候絲茶馬牧水產。皆各有工技專門。非通行官所能通解。如製造專賣絲茶馬牧水產特許稅關礦產山林。皆宜設鑑定官審查官。必專門工學乃識辦之。應如各國採古名。立工師官。曰工師長。曰大工師。曰工師。曰技人。如周官染人縫人之類。分等官之。日本大技師皆自工學博士出。有一二等官者。今亦請定爲品官。大工師長爲從二品。其大工師工師分三等。一等大工師三品。二等大工師四品。三等大工師五品。一等工師六品。二等工師七品。三等工師八品。一等技人正九品。二等技人從九品。三等技人未入流。此各局官皆以諸工師技人充之。其鑑定審查官亦分等。

一設醫院。皆有院長。有醫長。有醫官醫員。皆分等。

一圖書館。博物院。植物園。公園。皆當設置提調數人。史數人。工師技人數人。

一設測候所。有所長。有工師技人。分等充之。

一各局之中。皆有官幕文案官。以同通州縣及舉貢爲之。皆可。亦分曹。外務則分各國曹。縣治警保法務則分各縣爲曹。皆有提調爲之長。文案次委員椽史。又次之。查地局分五曹。曰庶務曹。曰會計曹。曰監督曹。調查曹。測量曹。每曹皆有提調爲之長。以同通州縣班爲之。其測量科則專用工師。茲事繁重。並有各諸委員稱辦。其屬官多用工師技人矣。如學務局則分專門普通實業三曹。以爲勸奬。工務局掌道中一切營造事。分監督調查二曹。各縣皆立分署。並置工師技人。稅務局分六曹。徵稅曹。監督稅吏曹。地冊變換曹。倉庫曹。鄉稅曹。關稅曹。理財局分八曹。一會計曹。掌計歲出入決算預算及登記及金錢物品之統一。二轉運曹。掌庫欵之運用出納。三公債曹。掌募公債之借入償還利息。四貨幣曹。掌紙幣及契約。五備儲曹。掌備荒之儲蓄。六銀行曹。掌銀行之整理監督。七俸薪曹。支官吏兵民俸薪恩給。八財務曹。凡地方一切財務。衛生局分三曹。一瀛淨曹。凡道路室屋掃除潔淨及衛生會之事。二醫葯曹。凡病院醫生葯劑試驗監察之事。一防染曹。凡疫癘及一切疾病傳染種痘公益衛生之事。其局官多以醫生充之。各縣皆設衛生試驗所。有長有文案。並以工師醫師充之。傳染病研究所。撿疫所。痘苗製造所。設官皆同。醫術試驗會。葯劑試驗會。並隸焉。農務局分蠶桑茶牧畜家畜水產雜植諸曹。工商務局分四曹。一保險曹。掌護諸商及諸保險之事。二勸工曹。掌勸督工藝及各工行章程。勸工場屬焉。三物品曹。掌商物品之陳列博搜比賽。各縣買商品陳列館。有工師技人隸焉。四庶務曹。掌律度量衡之定則。及一切商會商事。山林局則掌道內山林木之政。勸種植發賣之事。凡有大林者。置林衡局。而有衡長有工師技人文案。小者置林衡分局。以工師充之。屬有技人。皆由大臣酌量創辦。而總辦稽查監督。

（未完）

歷史

斯巴達小志（續第十二號）

中國之新民

第五節 斯巴達之國民教育

來喀瓦士之立法其重且要者不在政體而在人民之日用飲食及其教育也蓋斯巴達之建國本紾他族而奪之地環其臥榻者皆仇讐也故非常戰常勝則不能保其主權而非身體精神皆優於所敵則亦不可以臨戰勝來喀有察於是故取教養之權全歸於國家之手凡「斯巴忒亞泰」人之初生也先由官檢察其體格不及格者則委棄諸山中故身體稍弱之嬰兒非死則亦夷於第二第三級之列而已其意以爲凡公民者生而有護國之責任苟不堪此責任者而猶煦育之是危國之道也其及格者復以葡萄酒浴之是亦羸弱之嬰所不能受者也兒童生六年受家庭教育及至七歲則使離家以入所謂幼年隊者有特別官吏保傅指揮而受元老議會之監督焉其教育專重體育翦髮使短跣足裸體以爲游戲睡則疊蘆爲榻衣則冬夏同服食則賦以最薄

之廩。使游獵山林以自給。務養其耐寒暑耐飢渴之習慣。其有過失。則施以極嚴酷之鞭撻。以驗其能受與否。往往縶縛於神壇之前。集其父母宗族而笞楚之。雖血濺祭壇而顏色自若。從未有一發呻吟之聲者。蓋以流血爲榮。以流淚爲恥也。所以致之者。使然也。

案立於生存競爭優勝劣敗之世界。豈惟智力之爲急。抑體力亦特重也。近世各國學校、以體育爲第一要著。雖不如斯巴達干涉之甚。然其精神則不相遠矣。中國以善傳種聞於天下。然爲父母者。率皆羸弱。猶復早婚早育。男女皆未成熟。而生子。其所生之者。羸弱又必加甚焉。惡種相傳。每下愈況。人數雖多。半奄奄無生氣。不待敵國之殲之。而已萎黃憔悴凋瘵零落。不能自存矣。安得有來喀瓦士其人者。起而一掃其毒也。

年三十始爲成人。則使之結婚。得參與國民會議。可被擧爲官吏。雖結婚後。仍不許食息於家中。日則就公共食場以會食。夜則入營帳以就寢。其夫婦得相合幷者。常不過一兩刻間耳。其妻常爲男裝。然後得見夫於兵營。史家布特嘗言斯巴達人往往有旣

「擧子二三而夫婦未嘗相見於日光之下者非過言也。雖然既成年者毋許不結婚。蓋以爲結婚者對於國家之義務也。護國之要圖也。或有因人地之宜而兄弟共娶一妻者。又既婚後若干年而不育則國家例得使其離婚。凡此皆所以爲「斯巴武亞泰」種人計也。自七歲以上至六十歲以下皆依此嚴格以訓練之。

斯巴達人雖在平時一如戰時。雖在鄉里一如臨陣。凡男子皆須會食於公共食桌。Syssitia每桌額定十五人。有新來者必須得全桌員之同意乃許加入。一國人除「埃科亞士」之外皆有會食之義務。雖國王亦不得自別異。各員每月須納一定之食物與些少之貨幣以爲食場之費。其不納者則剝奪其Spartiaty之公民權。惟國王之食費則以國帑支辦之。在食桌時縱談國事頗極自由。少年子弟每從此得政治上之智識焉。

文學者斯巴達人所最蔑視也。彼以此爲武士道之蟊賊。故演說雄辯亦斯巴達人所不喜。其發言也惟以簡潔詞達而已。今日歐西稱此種論辯爲黎哥匿派。（斯巴達所在地總名黎哥尼亞故）

雖然彼等未嘗吐棄詩歌。荷馬之詩斯巴達人所常諷誦者也。此外復有侑神樂歌軍中鐃歌。日夕高吟。以爲娛樂。若夫詞賦戲曲。則視爲下等社會行樂之具。無屑意者。農事則委諸「黑埒士」。工商則委之「巴里阿以概」。其斯巴達公民專從事於武藝及田獵。其赴戰場也。服深紫之馬褂。撚勇壯之美髯。携笛及絃。鼓勇前進。其臨敵也。恰如赴宴。盛裝美飾。和樂融融。同食桌之友。相提携以共生死焉。

案觀此而斯巴達軍隊之精神。從可見矣。彼蓋以軍事爲國民唯一之責任。以軍事爲修身唯一之目的。以軍事爲人生日用唯一行樂之具。其訓練也。自有生而已然。其團結也。自平昔之親愛。其以軍國主義雄視千古。不亦宜乎。

斯巴達教育制度。不徒在男子也。而尤在婦人。其於女子也。不視爲家族之一部分。而視爲國家之一部分。故男子之尊重婦人。有非自餘各國所能及者。而婦人亦深自重。自知其責任之所在。史稱有他邦一貴族婦嘗語斯巴達王黎阿尼他之后曰。「惟斯巴達婦人能支配男兒」。后答曰。「惟斯巴達婦人能生男兒」。夫婦人亦孰不生男兒。而后之爲此言也。蓋以必如斯巴達之男兒。乃眞男兒也。又以斯巴達之男兒。無一人而非男兒也。故其婦人皆以代一國產育勇壯之國民。爲修身大事業。至如女紅烹飪之事。非其所屑意也。凡女子皆與男子同受嚴格之教育。專以蹴踘角觝鬪拳各種體操術。使之相競爭少女之體操場使少男圍堵而觀焉少男之體操場使少女圍堵而觀焉。其技術之高下優劣則互相以讚美而指摘之以是爲激勸以是爲訓練雖然其男女之別。肅肅如也。婦女人格之高尚純潔擧希臘諸國未有能斯巴達人若者也。斯巴達婦人愛國之心最重妻之送其夫母之送其子以臨戰場也輒祝之曰。「願汝。携楯而歸來不然則乘楯而歸來。」有一母生八子者蔑士尼亞之戰悉死於國難而斯巴達卒以大勝及奏凱招魂其母不濺一滴之淚乃高聲而祝曰。「斯巴達乎斯巴達乎吾以愛汝之故生彼八人也」當時以此名語被諸詩歌傳爲美談即此亦可見斯巴達婦人以愛國心激厲男子而其所以立國之精神亦於此可見矣。

案讀斯巴達史而不勃然生尙武愛國之熱情者吾必謂其無人心矣吾嘗讀杜詩曰。「爺娘妻子走相送塵埃不見咸陽橋牽衣頓足攔道哭哭聲直上干雲霄。」又曰。「肥男有母送瘦男獨伶仃白水暮東流青山聞哭聲莫自使眼枯收汝淚縱橫眼枯即見骨天地終無情。」又曰。「聽婦前致詞三男鄴城戍一男付書至二男新戰死。

存者且偷生。死者長已矣」又曰「今君往死地。沈痛迫中腸」讀之未嘗不嗒然氣結黯然魂傷也。夫同一送子也同一死難也而此斯巴達婦人之言何其飛壯淋漓使千載下讀之猶凛凛有生氣也。雖曰民賊之戰與國民自爲戰其道大異乎而吾國人之柔弱巽葸爲數千年歷史之辱者其果何日而始能一雪也。嗚呼以二萬萬堂堂鬚眉其見地曾無一人能比斯巴達之弱女耶嗚呼

又案史記斯巴達女子愛國美談甚多錄其一二。波斯之役敵帥嘗遣說客賄賂斯巴達王格黎阿迷尼王。將許之。王有八歲之女在側厲聲曰父王乎父王乎豈可以五十打靈（一打靈約當中國一千兩蓋當時敵將以此數賂王也）之阿堵物而易斯巴達乎王乃悚然謝來使。又有波里尼亞者。嘗謀反敗逃入某神廟之一室。國人圍之。其母憎其不忠也率衆人運石堵其門。以致捕焉。皆歷史上之佳話也。又羅馬史中之愛國婦人亦先後輝映今擇取其一事與此相類者附記之。以資觀感……紀元前四百八十八年羅馬有僞西亞之難。其原因由羅馬一貴族名戈利阿拉拿者欲廢護民官。爲市民所逐。奔僞西亞國。說其王假其兵以攻羅馬。殆將陷矣。遣人求和於戈利。使者三反不許最後

乃決議遣其母及其妻子乞哀焉。戈利之母服衰絰。（示國哀也）率貴族閨秀百數十人往敵壘。戈利雖殘暴。然爲天性所動。一見便欲與母接吻。母肅然正容。却退峻詞拒之曰。「爲敵人耶。爲骨肉耶。今尚未分明。將軍安得近妾也」於是乃率衆人納頭三拜。爲羅馬請命。戈利放聲大哭曰。天兮母兮兒以母之故救羅馬。母以羅馬之故殺其兒。雖然。兒知罪矣。遂班師。……

第六節　斯巴達行政瑣紀

來喀瓦士所行善政不一端。於前節所舉之外。其最著者曰均田法。蓋來喀以前。斯巴達國情。棼亂無紀。而其原因率起於財產之不均。國中土地。皆歸少數富人之掌握。其餘多數。無立錐地。來喀瓦士乃分斯巴達所屬之土地爲九千區。凡「斯巴忒亞泰」人。人占一區焉。（來喀時代斯巴忒亞泰凡九千人）分斯巴達屬以外之黎阿尼亞土地爲三萬區。凡「巴里阿以概」人。人占一區焉。無大小無貴賤一切平等。

案近世哲學家論自由平等兩義。如狼狽之相依而不可離。然來喀瓦士之制度。其不自由千古無兩也。其平等亦千古無兩也。斯巴達之治。無一不奇。此亦其一端。

斯巴達之土地財產皆公物也。人民不有私財。故法律不禁盜竊。非惟不禁。且獎厲之。蓋將以此練其術智云。但盜竊而爲人所覺。則責其不智而嚴罰之。嘗有一少年竊一狐。隱諸懷中。至被狐抓破其臟腑。終不肯放露之使人見。泰西至今傳爲談柄。

案此等法律。實非異邦人言思擬議之所能及。然其人重名譽尊法律之心。亦可見一斑矣。

斯巴達所行用之貨幣。皆以鐵錢。其金銀一切禁之。或曰是亦來喀瓦士所制定。或曰不然。來喀以前。固未嘗一用金銀也。

懋遷居奇以求贏利者。斯巴達人所最賤也。故此等事業。一委諸「巴里阿以概」人。當時「斯巴忒亞泰」之所以强在此。後此斯巴忒亞泰之所以衰。亦未始不在此。

來喀瓦士爲欲保存其質朴武勇之國風也。故嚴禁內外交通之事。凡「斯巴忒亞泰」人不許移住他地。移住者處以死刑。蓋彼之政體軍政也。移住者視之與逃營無異。亦固其所。又不惟移住而已。即游歷國外。亦非得政府之許可。不能妄行。而其游歷有大不易易者。蓋國幣之外。不許携帶。而其國幣則鐵幣也。不能行於國外。凡携帶金銀者。

處以死刑。要之皆以限制國民之他適而已。其他國人亦非受政府之許可。不得入境。逮其後也。斯巴達之諸港。無外船之帆。斯巴達之諸邑。無外客之跡。皆來喀瓦士制度之結果也。

第七節　來喀瓦士以後斯巴達之國勢

以來喀瓦士之訓練。遂能使九千之斯巴達人成爲一人。以九千之斯巴達人而制二十餘萬之低級人。以九千之斯巴達人而雄長數百萬之希臘人。以九千之斯巴達人而能統率列邦。以挫勢力滔天之波斯人。近世國家學者常言必須有二萬人以上乃可以成一國之資格。若斯巴達者。以此區區之衆。而輝國民之名譽於一時。而垂歷史之光榮于萬世。嗚呼。可不謂盛耶。可不謂異耶。

當波斯王德雷亞士之再舉以伐希臘也。（紀元前四九〇）擁十餘萬之精兵。汎數百艘之戰船。先遣使風諭希臘列邦。使獻水土以納降。列邦皆望風而靡。及至斯巴達。斯巴達人則責其無禮。縶使者投之於井曰。汝欲我水土。吾今以與汝。嘻、何其壯也。以常理論之。此豈非所謂以卵擊石。以螳當車者耶。而彼毅然行之而不憚者。有所恃也。所恃者何。曰軍國民之精神是矣。

粲波斯遣雅典之使者。雅典人亦投諸深溝。蓋亦針對其水土之言也。當時有敵愾之氣魄者惟此兩國耳其狎主希盟蓋亦宜哉

斯巴達之國都不設城堡。（至紀元後四百年頃馬士德尼亞時代始設之蓋其時來喀瓦士之精神已喪失矣）惟以斯巴達人之愛國心以爲之防古語曰。衆志成城其能實行之者惟斯巴達人耳。（近世各國之無城堡不在此論蓋非以爲不必恃實以城爲不可恃而設防之具有較城爲尤優勝者耳）斯巴達人常挑戰於其敵曰。「君胡不射？吾正苦炎熱願於君等萬矢如雨之下稍殺烈日之威以得一酣戰君胡不射？」此非客氣也非大言也蓋以斯巴達人之眼睨其敵無所謂衆無所謂寡無所謂弱無所謂强一與相遇則所向無前。蓋斯巴達人之尚武習也而幾於性也器械的也而幾於理想的也吾無以名之名之。曰武德。

當來喀瓦士時代。斯巴達之領土。不過黎哥尼亞之一小部分。恰如屯營於敵國之中央。然藉此訓練之成績。未幾遂併吞全土。（黎哥尼亞全土）其勢如旭日升天。更不可遏復求新地於他方。於是黎哥尼亞之北。有亞爾哥士一國者其國王富海頓。威名素著握皮羅般尼梭半島之霸權。其後因祭典之爭。兩國開戰端。斯巴達人大破之略其地之大半。

於是始定霸於皮羅南北岸時紀元前八百年頃也。

得隴望蜀。人情之常。斯巴達既振威於皮羅。猶以為未足。窺其西鄰蔑士尼亞國之饒沃也。乃以疆埸民婦爭鬨事藉口開戰端。自紀元前七百四十三年至七百二十四年。凡亘二十年間。蔑士尼亞人知斯巴達之志不滅國不休也。故出死力以抵抗。而卒不能敵。遂舉國以入斯巴達之版。此後蔑人潛謀獨立再血戰者四年。遂無成功。紀元前六八五年亞爾哥士亦一度謀恢復。亦為斯巴達所敗。紀元前五四七年於是斯巴達遂為南希臘最強之國。執牛耳以盟諸侯。

當時與斯巴達並起。其勢力各蒸蒸日上。為兩平行線形者。則雅典也。雅典為遏狄加 Attika 之首府。自梭倫 Solon 克里士的尼 Klisthenes 制定憲法。實行自由平等政體。鼓舞國民愛國精神。駸駸乎為中希臘之主盟。兩雄相遇。其衝突安可得免。當雅典人之得志於比阿西亞也。紀元前五〇六年斯巴達會合同盟軍。欲問其罪。戰雲慘淡。殆將破裂。忽有波斯人來侵之警。鬩牆之爭立解。同仇之念旋興。遂各捐私嫌。組織大同盟以拒強敵。時雅典以海軍著。斯巴達以陸軍名。兩者勢力。不相上下。然以令出兩途。兵家所忌。乃推斯巴達為盟主海陸總督之權悉歸其手此雖由雅典能讓之美德而斯巴達人浴、來喀瓦士之遺澤實力震於殊俗亦可概見矣是役也波斯人於撒拉迷士、布拉的亞、迷茄兒諸地三戰三北自茲以往不能復引兵而西斯巴達國勢之盛至是達於極點。

案讀此可以見當時希臘人公益之心矣對於內而甲國與乙國之爭寸毫不肯讓一旦異種大敵起則忽棄小忿握手同胞文明國民不當如是耶使希臘而能永保持此精神也則希臘雖至今存可也末葉不悟自相携貳以取滅亡悲夫

第八節　斯巴達之缺點

凡天下事倚於一偏走於極端者其所成就之結果必較尋常為加甚而其所受之流弊亦較尋常為加劇於議論有然於制度亦有然故斯巴達之缺點不可以不論

（第一）重體力而輕智力　德育智育體育三者為教育上缺一不可之物彼斯巴達人自有斯巴達之道德今勿深論至其蔑視智育太過則立法人有不得辭其咎者彼恐文學為武事之累也雖然即以武事而論非有達觀之智識則其武功亦不可終不

觀夫紀元前四百七十九年。馬德尼亞人率波斯以陷雅典之役。乎斯巴達人背盟約而不相救。惟握哥靈士海峽以求自固吾圉。彼非畏敵也。實其闇於大局、昧於戰略、使然也。而斯巴達自茲以後。遂不振矣。此不過其現象之一端。偶然表見者。實則其受病早自數百年以來。而末流特承其敝而已。

（第二）務內治而忌外通　人之不能以區區一小羣而孤立於世界也。勢也。羣與羣相通。則能吸取他羣之智識之力量。以自利其羣。而斯巴達忌之如蛇蝎焉。我雖不往。終不能禁人之不來。況我正欲有所大往。而烏可以不利用人之小來哉。斯巴達人自造出一種特別人格。於天地之間。高自位置。而不欲易種於茲邑。志固可嘉。而無奈其終不適於天演之公理。故後此與雅典相遇。而終不能不為之下也。

（第三）嘗保守而乏變通　來喀瓦士之制度。治來喀時代之斯巴達。而利賴無窮。然來喀所以立此制者。有其目的所在。目的既達。斯百尺竿頭。當進一步矣。而斯巴達不然。則徒法之弊也。不法法。固不可以治國。法不法。尤不可以治國。來喀之制。所以法法也。數百年後。而來喀之法。已成不法矣。彼英國之能以「法治國」爲一世師也。爲其法乎。抑有更存於法之外者乎。英國以「不文憲法」高視濶步於世界。益所重者法之精神。非法之機械也。而斯巴達則機械焉者也。彼斯巴達數百年之歷史。實來喀瓦士一人之傳記而已。舍來喀則無斯巴達。來喀不可復生。而斯巴達遂長此終古。吾聞來喀之功成身退也。誡國民曰。非待吾歸。勿改斯法。吾甚惜來喀之徃而不返也。

以上三者。其弊同源。當波治的亞之役之起也。紀元前四三二年 皮羅般尼梭諸邦迫斯巴達人使開聯邦總會於其都城。哥靈士之總代人起席而責之曰。『雅典人果斷敏捷。天然具改革家之資格。而卿等指斯巴達人反之。惟務保守既得之事物。遂至其應盡之責任。必不可缺之事業。棄而不爲。雅典人有學識以佐其胆略。雖至危險之事業。毅然赴之。處非常之逆境。無所於撓。而卿等反之。以尺寸之事業自畫。遭遇艱鉅。失望落胆。不知所爲。雅典人決不退轉。卿等決不前進。雅典人常欲馳域外之觀。卿等惟知有閫內之略。雅典人常思以新運動得新利益。卿等常恐以新運動失舊利益。』云云。此實可爲當時斯巴達人當頭一棒之言也。夫斯巴人昔時之意氣。何以雄傑如彼。今也何以銷沈如此。毋亦世運進。地位進。而羣治之實力。不能與之俱進。故優勝劣敗之公例。終不

可逃而九跳十擲之乳虎遂不免於蹶僨而無從復振也雖然此豈來喀瓦士之罪哉

結論

新史氏曰吾讀斯巴達史怪其以不滿千里之地不盈萬人之族而赫赫然留絕大之名譽於歷史上至今二千餘歲論政體者必舉之論教育者必舉之論軍事者必舉之髫齔之子入學校則必呫嗶其詩歌而記誦其實錄何其榮也吾更不解乎有人民四千萬倍於斯巴達土地二千萬倍於斯巴達之一國而乃不列於公法不儕於人道演說家引爲腐敗之例證報紙上借爲笑談之詞柄舉數千年來上下古今之歷史無此奇醜殊辱斯巴達處四面楚歌之裏而日闢百里之國者則並臥榻而不能保也斯巴達當十數倍敵軍壓境之際敢毅然戮其來使之國者則如客子之常畏人也嗚呼人之度量相越乃至是耶是不能言其所以然吾惟讀斯巴達史而若有物焉怦怦而來襲余心使吾嘻使吾汗使吾囈使吾慄使吾笑使吾啼吾不知果何祥歟

新史氏又曰吾聞之前世紀之哲學家曰政府者爲人民而立者也人民者非爲政府而生者也吾心醉其言而竊不解乎反於此公理之斯巴達何以能立國於天地何以能

垂名於歷史吾今乃讀夫所謂帝國主義者所自出之學說吾今乃知斯巴達之魂魄歷二千餘年後從冢中起而復生於今日而偏生於大地吾又聞之先史氏曰使斯巴達而能兼吸雅典之所長以自營衛則全希臘將入於斯巴達全歐洲將入於斯巴達顧吾竊睨夫耽耽逐逐於吾旁者爲斯巴達還魂者若干國爲雅典還魂者若干國數十年前尙猶斯巴達自斯巴達雅典自雅典今則斯巴達無一不雅典雅典亦無一不斯巴達一雅典足以亡我而奈何雅典無量也一斯巴達足以亡我而奈何斯巴達無量也僅雅典足以亡我而奈何其雅典而斯巴達也僅斯巴達足以亡我而奈何其斯巴達而雅典也斯巴達而雅典雅典而斯巴達者徧滿於大地於是乎不斯巴達不雅典者遂無所容吾昨夜無寐而夢何夢夢啜黑甕吾不知果何祥歟

（完）

學術

孟子微

續第十號總論第一

明夷

孟子曰。規矩方員之至也。聖人人倫之至也。欲爲君盡君道。欲爲臣盡臣道。二者皆法堯舜而已矣。不以舜之所以事堯事君。不敬其君者也。不以堯之所以治民治民。賊其民者也。孔子曰。道二。仁與不仁而已矣。暴其民甚。則身弒國亡。不甚則身危國削。名之曰幽厲。雖孝子慈孫百世不能改也。詩云殷鑒不遠。在夏后之世。此之謂也。

人倫者人道之自然。人生所必交之序。而不能離者也。人倫之道。乃人人天命性中之仁所自有。而行之久習。精粗大小淺深。恐未能適得其宜。惟聖人累經考驗。擇其至精善者。修治而施行之。切于人情。可爲人法。如爲方員者之不可離規矩也。堯舜是也。堯舜之道。君臣則明良揖讓。天下爲公。選賢與能。黎民則順則忘力。軒鼚鼓舞。如韓非李斯之事秦。以法術督責之術。媚其君者。謂之不敬。以鉗制壓伏待其民者。謂之賊。故堯舜可以爲法。而幽厲可以爲戒。厲王暴虐。民得放流之于彘。幽王闇昏。戎乃殺之。此如法路易十六鋍禮之見逐于民矣。孟子又總大道而言之。只有仁與不仁二者。二道實一道之正負也。此乃該括天下之大道。一切治教之得失進退是非。皆以此決之。此一言乃孔子論道之總要。提綱挈領。大聲疾呼。判黑白之途。別善惡之界。分上下之達。辨是非之門。鑒于今故禍福之由。驗乎興衰存亡之理。得此入門。乃不惑于歧誤。據此論議。乃可辨乎是非。雖事有萬殊。不出二道。特以其分數多少等差之而已。一念之出入。行事之從違。學者宜知決擇矣。吾嘗爲百度人表。以仁不仁差之等。其分數以爲其入度之多寡進退。一切政教萬化。皆括于是矣。

萬章問曰。人有言。伊尹以割烹要湯。有諸。孟子曰。否。不然。伊尹耕于有莘之野。而樂堯舜之道焉。非其義也。非其道也。祿之以天下。弗顧也。繫馬千駟。弗視也。非其義也。非其道也。一介不以與人。一介不以取諸人。湯使人以幣聘之。囂囂然曰。我何以湯之幣聘爲哉。我豈若處畎畝之中。由是以樂堯舜之道哉。湯三使往聘之。既而幡然改曰。與我處畎畝之中。由是以樂堯舜之道。吾豈若使是君爲堯舜之君哉。吾豈若使是民爲堯舜之民哉。吾豈若於吾身親見之哉。天之生此民也。使先知覺後知。使先覺覺後覺也。予天民之先覺者也。予將以斯道覺斯民也。非予覺之而誰覺也。思天下之民。匹夫匹婦有不被堯舜之澤者。若己推而納之溝中。其自任以天下之重如此。故就湯而說之以伐夏救民。吾未聞枉己而正人者也。況辱己以正天下者乎。聖人之行不同也。或遠或近。或去或不去。歸潔其身而已矣。吾聞其以堯舜之道要湯。未聞以割烹也。伊訓曰。天誅造攻自牧宮。朕載自亳。

人之責任。誰使之然。昔伊尹以爲天使之也。以仁爲任。民智未開。則覺其愚。民有患難。則同其凶。故一在覺民。一在救民。此天生人道之公理也。人人皆是天生。故不曰國民。而曰天民。人人既是天生。則直隸于天。人人皆獨立而平等。人人皆同胞。而相親如兄弟然。但生身有先後。故知覺有先後。而同有知覺。同宜覺。後覺則一也。人不知斯民同爲天生之同胞。則疏之遠之。視人之肥瘠困苦患難。漠不憂心。如知其同出于天。爲大同胞。大同氣。如幼弟然。則愚冥安得不教之。其不被己之友愛安得不引爲已過此堯舜之道伊尹之任並非過爲也乃其知覺如此爾凡物之有無是非得失從違皆視其所覺昔嘉慶之時中國人不知拿破侖則安知戰伐殺戮之慘如此自漠然無所憂心今萬國交通各國戰事畢陳報上則德攻法之師丹全城皆焚法攻俄彼德堡逃師盡沒今閱其影畫火烟漲天頭顱徧野爲之惻傷推之火土諸星之生人吾地上人漠然無覩若今能見覺當亦同此惻傷自此外而推之諸天內而推之微生物莫不皆然若皆覺其婉轉呼號知其呻吟痛楚應皆惻然故病狂者雖親喪而言笑自如無所覺故也況於家國彼何關痛癢焉故愚夫只養一身或養一家或營一職甚者一身之中僅養一體遑覺他極小彼盡其力以奉覺性之命故也若能知天民之任自有惻然于大同胞而日思覺之救之其不能覺不能救則引爲已罪者故人之如何只視所覺堯舜伊尹孔子孟子之覺與常人不同故耳先師朱京卿（諱次琦字子襄）曰「天生人耳目手足與物殊使當盡人之任天生我聰明才力過于常人豈天之私我哉令我爲斯民計耳故聖人吉凶與民同患若自私其才力聰明則是負天生我之厚恩」故人當以伊尹之

任爲法。若其非道非義。天下弗顧。千駟弗視。一介弗取。一介弗與。或遠或近或去或不去要皆以仁潔身。要于行堯舜之道。以覺民救民而止。

孟子曰。舜生于諸馮。遷於負夏。卒于鳴條。東夷之人也。文王生于岐周。卒於畢郢。西夷之人也。地之相去也。千有餘里。世之相去也。千有餘歲。得志行乎中國。若合符節。先聖後聖。其揆一也。

舜爲太平世民主之聖。文王爲撥亂世君主之聖。皆推不忍人之性。以爲仁政。得人道之至。以爲人矩者。孔子祖述憲章。以爲後世法程。其生自東西夷。不必其爲中國也。其相去千餘歲。不必同時也。雖跡不同。而與民同樂之意則同。孟子所稱仁心仁政。皆法舜文王。故此總稱之。後世有華盛頓其人。雖生不必中國。而苟合符舜文。固聖人所心許也。

儲子曰。王使人瞯夫子。果有以異於人乎。孟子曰。何以異於人哉。堯舜與人同耳。

人人性善。堯舜亦不過性善。故堯舜與人人平等相同。此乃孟子明人人當自立。人人皆平等。乃太平大同世之極。而人益不可暴棄自賊。失其堯舜之資格矣。此乃孟子特義。

孟子曰。待文王而後興者凡民也。若夫豪傑之士。雖無文王猶興。

人人性善。文王亦不過性善。故文王與人平等相同。文王能自立爲聖人。凡人亦可自立爲聖人。而文王不可時時現世。而人當時時自立。不必有所待也。此乃升平世之法。人益不可暴棄自賊。失其豪傑之資格矣。此皆孟子鼓舞激厲進化自任之特義。蓋自立進取。乃人權第一義。萬不可自棄者也。

曹交問曰。人皆可以爲堯舜。有諸。孟子曰。然。交聞文王十尺。湯九尺。今交九尺四寸以長。食粟而已。如何則可。曰。奚有於是。亦爲之而已矣。有人於此。力不能勝一匹雛。則爲無力人矣。今曰舉百鈞。則爲有力人矣。然則舉烏獲之任。是亦爲烏獲而已矣。夫人豈以不勝爲患哉。弗爲耳。徐行後長者謂之弟。疾行先長者謂之不弟。夫徐行者豈人所不能哉。所不爲也。堯舜之道。孝弟而已矣。子服堯之服。誦堯之言。行堯之行。是堯而已矣。子服桀之服。誦桀之言。行桀之行。是桀而已矣。曰。交得見於鄒君。可以假館。願留而受業於門。曰。夫道若大路然。豈難知哉。人病不求耳。子歸而求之。有餘師。

中庸曰。仁者人也。親親爲大。故有子曰。孝弟爲仁之本。皆孔子之大義也。中庸惟天下至誠。惟能經綸天下之大經。立天下之大本。鄭元曰。大經者。春秋也。大本者。孝經也。孔子志在春秋。行在孝經。以經世以崇本。蓋人道非天不生。非父母不生。三合而後生。本仁于天而仁民愛物。皆人性之次第也。父母兄弟之親親。乃不忍之起點。仁雖同而親親爲大。仁雖普而孝弟爲先。若經營國民。恩及庶物。而忍于家庭。薄于骨肉。則厚薄倒置。不合人理。苟非行詐矯僞。則爲驁外逐世。非人道也。故苟有忍心。則一切忍之可也。否則不忍之愛心。實發端于骨肉。安有忍于骨肉。而能愛及民物乎。且既忍棄骨肉。亦何必愛民物。故聖人之愛其國人也。尤愛其家人。公爾忘私。國爾忘家。乃後世矯激之說。反於聖人之道矣。夫堯舜之聖。孟子言堯舜之道。以爲不外孝弟。可謂直指了當。大孝不匱。永錫爾類。蓋非愛同類。不爲孝也。此言仁之本。當法堯之孝弟。至謂人人可爲堯舜。乃孟子特義。令人人自立平等。乃太平大同之義。納人人于太平世者也。孟子之進人道于文明至矣。人豈可復放棄不任哉。蓋任爲人之要義。故孟子頻頻特發明之。

孟子曰。伯夷辟紂。居北海之濱。聞文王作。興曰盍歸乎來。吾聞西伯善養老者。太公辟紂。居東海之濱。聞文王作。興曰盍歸乎來。吾聞西伯善養老者。天下有善養老。則仁人以爲已歸矣。五畝之宅。樹牆下以桑。匹婦蠶之。則老者足以衣帛矣。五母雞二母彘。無失其時。老者足以無失肉矣。百畝之田。匹夫耕之。八口之家。可以無飢矣。所謂西伯善養老者。制其田里。敎之樹畜。導其妻子。使養其老。五十非帛不煖。七十非肉不飽。不煖不飽。謂之凍餒。文王之民。無凍餒之老者。此之謂也。

不忍之心自親親孝弟是也。不忍之政在仁民井田是也。孔子之道。內外本末並舉。既仁於父母。思錫其類。四海之內。皆兄弟也。一夫失所若納于隍。思所以安樂平均之。故創爲井田之制。令人人得百畝之地而耕之。五畝之宅而桑之。上可養父母。下可畜妻子。中可養生送死。田產平均。人人無甚富貧。升平之制也。曲禮曰。獻田宅者操書至。可見古無授田之制。孟子稱夏后氏五十而貢。殷人七十而助。

周人百畝而徹。朱子疑一王初起。無盡易天下田畝之理。實不可解。蓋未知夏、商、周之制。皆孔子所託三統之制也。孟子學孔子。開口即言仁政。及叩仁政之實。告梁齊滕改舊制而力行以救生民者。則只此井田而已。井田之法。以春秋公羊宣十五年初稅畝何君注述口說最詳。春秋經傳數萬。指意無窮。相須而舉。相待而成。夫飢寒並至。雖堯舜躬化。不能使野無寇盜。貧富兼并。雖皋陶制法。不能使強不淩弱。是故聖人制井田之法而口分之。一夫一婦受田百畝。以養父母妻子。五口爲一家。公田十畝。即所謂什一而稅也。廬舍二畝半。凡爲一田一頃十二畝半。八家而九頃共爲一井。故曰井田。一曰無泄地氣。二曰無費一家。三曰同風俗。四曰合巧拙。五曰通貨財。因井田以爲市。故俗語市井。種穀不得種一穀。以備災害。田中得有樹以防五穀。還廬舍種桑荻雜菜。畜五母雞二母豕。瓜果種疆畔。女工蠶織。老者得衣帛焉。得食肉焉。死者得葬焉。多於五口名曰餘夫。餘夫以率受田二十五畝。十井共出兵車一乘。司空謹別田之高下善惡。分爲三品。上田一歲一墾。中田三歲一墾。下田五歲一墾。肥饒不得獨樂。墝埆不得獨苦。故三年一換土易居。財均力平。兵車素定。是謂均民力彊國家。在田曰廬。在邑曰里。一里八十戶。八家共一巷。中里爲校室。選其耆老有高德者。名曰父老。其有辯護伉健者。爲里正。皆受倍田。得乘馬。父老比三老孝弟官屬。里正比庶人在官吏。民春夏出田。秋冬入保城郭。田作之時。父老及里正。旦、開門坐塾上。晏出後時者不得出。莫、不持樵者不得入。五穀畢入。民皆居宅。里正趨緝績。男女同巷。相從夜績。至於夜中。故女工一月得四十五日。作從十月盡正月止。男女有所怨恨。相從而歌。飢者歌其食。勞者歌其事。男年六十。女年五十無子者。官衣食之。使之民間求詩。鄉移於邑。邑移於國。國以聞於天子。故王者不出牖戶。盡知天下所苦。不下堂而知四方。十月事訖。父老教於校室。八歲者學小學。十五歲者學大學。其有秀者。移於鄉學。鄉學之秀者。移於庠。庠之秀者。移於國學。學於小學。諸侯歲貢小學之秀者於天子。學於大學。其有秀者。命曰造士。行同而能偶。別之以射。然後爵之。士以才能進取。君以考功授官。三年耕。餘一年之畜。九年耕。餘三年之積。三十年耕。有十年之儲。雖遇唐堯之水。殷湯之旱。民無近憂。四海之內。莫不樂其業。故曰頌聲作矣。愚按生人皆同胞同與，只有均愛，本無厚薄。愛之之法，道在平均。雖天之生人，智愚強弱之殊，質類不齊，競爭自出，强勝弱敗，物爭而天自擇之，安能得平。然不平者天造之，平均者聖人調之。故凡百制度禮義，皆以趨于平而後止，而平之爲法，當重民食爲先。古者大地未通，有土生財，以農立國。故造平法，莫先農田；立政莫先於王者。起化莫先于一夫，故別公田私田，以養君子野人。計夫家丁口，以爲授受墾易。田中自井葱韭，廬舍桑荻，菜畜鷄豕，瓜果蠶織，喪葬，凡養生送死，皆取具焉。邑中自里黨學校，樵採緝織，歌和求詩，畜儲兵車，力役選擧。凡官民相交，人情所有者咸備。當據亂草昧之時，荒地尙多，道路未通，工商未盛，欲民安樂，莫良于此。滕文公首行之，李克盡地力亦略行之。至後魏有口分世業之田，周唐以興。太宗時每夫授田五十畝，貞觀之治，號稱甚盛，實行井田之效也。但國土太大，既不封建，授田甚多。口分世業者，鄉成于縣，縣成于州，州成于戶部，稽察既難，姧究易生。至高宗顯慶之世，口分田即廢，後無能行者。然近者中國生人太繁，分田不足，亦實不能行矣。若移民東三省新疆，以實空虛，則猶可行。至各國殖民之地，若新闢之美洲。草昧之巴西。則固可行之。英人傅氏言生計學者。亦有均民授田之議。傅氏欲千人分十里地以生殖。千人中士農工商之業。通力合作。各食其祿。此則孔子封建之法。但小之耳。終不能外孔子之意矣。蓋均無貧。安無傾。近美國大倡均貧富產業之說。百年後必行孔子均義。此爲太平之基哉。但據亂世人少。專于農田。升平世人繁。兼于工商。然均平之義。則無論農工商而必行者也。井田什一而藉者。亦孔子先懸農者一影耳。若以工商大公司爲一封建。則督辦司事即君公士大夫。而各工夥即其民也。人執一業。量以授俸。於公司之中。飲食什器衣服備矣。休沐游之。立學教之。選舉升之。力役共之。非一農田之小封建哉。歐美之大農及大製造大商。參于議院。引于宴會。則以諸侯入爲天子大夫。備于禮樂矣。故孔子井田封建之制。施之據亂世。而準推之太平世而準者也。（未完）

名家談叢

飲冰室師友論學牋

東海公來簡　壬寅五月

（前略）二十世紀中國之政體其必法英之君民共主乎胸中蓄此十數年而未嘗一對人言惟丁酉之六月初六日對矢野公使言之矢野力加禁誡爾後益緘口結舌雖朝夕從公游猶以此大事未嘗一露想公亦未知其深也僕初抵日本所與游者多舊學多安井息軒之門明治十二三年時民權之說極盛初聞頗驚怪既而取盧梭孟德斯鳩之說讀之心志爲之一變以謂太平世必在民主然無一人可與言也及游美洲見其官吏之貪詐政治之穢濁工黨之橫肆每擧總統則兩黨力爭大幾釀亂小亦行刺則又爽然自失以爲文明大國尚如此況民智未開者乎因於所著學術中論墨子略申其意又歷三四年復往英倫乃以爲政體必當法英而其着手次第則又取租稅訟獄警察之權分之於四方百姓欲取學校武備交通（謂電信鐵道郵遞之類）之權歸之於中央政

府盡廢今之督撫藩臬等官以分巡道爲地方大吏其職在行政而不許議政上自朝廷下至府縣咸設民撰議院爲出治之所（初仿日本後仿英國）而又將二十一行省分畫爲五大部各設總督其體制如澳洲加拿大總督中央政府權如英主共統轄本國五大部如德意志帝之統率日耳曼全部如合衆國統領之統轄美利堅聯邦如此則內安民生外聯與國或亦足以自立乎近年以來民權自由之說徧海內外其勢長驅直進不可遏止而或唱革命或稱類族或主分治亦囂囂然盈於耳矣而僕仍欲奉主權以開民智分官權以保民生及其成功則君權民權兩得其平僕終守此說不變未知公之意以爲然否已不能揷翼奮飛趨侍左右一往復上下其議論甚願公考究而指正之也」

天下譁然言學校矣此豈非中國之幸而所設施所經營乃皆與吾意相左吾以爲非有教科書非有師範學堂爲之先則學校不能興而彼輩竟貿貿然爲之一也吾以爲所重在蒙學校小學校中學校而彼輩棄而不講反重大學校二也吾以爲所重在普通學取東西學校通行之本補入中國地理中國史事使人人能通普通之學然後乃能立國乃能興學而彼輩反重專門學三也吾以爲五經四書當擇其切於日用近於

時務者分類編輯爲小學中學書。其他訓詁名物歸入專門，聽人自爲之。而彼輩反以四書五經爲重，四也。吾以爲學校務求其有成，科舉務資人以所難，此不能兼行之事。今變學校，乃於十三經外更責以九通、通鑑、學案，世莫能究其業，此又束縛人才之法也。而彼輩乃兼行科舉，五也。吾以爲興學所以教人，授官所以任人，此不能一貫之事。今興學校，乃尊爲翰林、部曹、知縣而設，然則醫、光、化、電、聲、算、工學，將寘之如何乎？抑教以各業，俟業成而用之治民莅事乎？而彼輩仍用取士官人之法施之於學校，六也。且吾意此朝廷大政，斷非督撫所能置喙，而治者如有用我，以是爲[illegible]。（下略）

章太炎來簡　壬寅六月

（前略）酷暑無事，日讀各種社會學書。平日有修中國通史之志，至此新舊材料，融合無間，興會勃發。教育會令作教育雜志，作新譯書局令潤色譯稿，一切謝絕，惟欲成就此志。竊以今日作史，若專爲一代，非獨難發新理，而事實亦無由詳細調查。惟通史上下千古，不必以褒貶人物、臚敘事狀爲貴，所重專在典志，則心理、社會、宗教諸學，一切可以鎔鑄入之。典志有新理新說，自與通考、會要等書徒爲八面鋒策論者異趣，亦不

四

至如漁仲通志蹈專己武斷之弊然所貴乎通史者固有二方面一方以發明社會政治進化衰微之原理爲主則於典志見之一方以鼓舞民氣啓導方來爲主則亦必於紀傳見之四千年中帝王數百師相數千即取其彰彰在人耳目者已不可更僕數通史自有體裁豈容爲人人開明履歷故於君相文儒之屬悉爲作表其紀傳則但取利害關係有影響於今日社會者爲撰數篇猶有歷代社會各項要件苦難貫串則取機仲紀事本末例爲之作記全書擬爲百卷志居其半表記紀傳亦居其半蓋欲分析事類各詳原理則不能僅分時代囫圇綜敘而志爲必要矣欲開濬民智激揚士氣則亦不能如漁仲之略于事狀而紀傳亦爲必要矣頃者東人爲支那作史簡略無義惟文明史尚有種界異聞其餘悉無關閎旨要之彼國爲此略備教科固不容以著述言也其餘史學原論及亞細亞印度等史或反於修史有益已屬蔡君鶴庼購求數種百卷之書字數不過六七十萬或尚不及盡力爲之一年必可告竣頃閱新民叢報多論史學得失十一期報中又詳舉東人所修中史定其優劣知公於歷史一科固振振欲發抒者鄙人雖駑下取舉世不爲之事而以一身任之或亦大雅所不棄乎

史目如左

五表

帝王表（以朴略時代人文時代發達時代衰微時代概括之） 方輿表 職官表 師相表 文儒表

十二志（志名或病其舊擬取逸周書篇題名號改命曰解俟商）

種族志 民宅志（此與方輿表不同者彼略記沿革此因山川防塞以明社會風俗之殊異故不得不分爲二） 食貨志 工藝志 文言志 宗教志 學術志 禮俗志（除祭禮入宗敎） 章服志 法令志 溝洫志 兵志

此十二志每志約須分四五卷

十記

革命記 周服記 秦帝記 南胄記 唐藩記 黨錮記 陸交記 海交記 胡寇記 光復記

八考紀

秦始皇考紀 漢武帝考紀 王莽考紀 宋武帝考紀 唐太宗考紀 元太祖考紀 明太祖考紀 清三帝考紀

二十七別錄

管商蕭諸葛別錄　李斯別錄　董仲舒公孫弘張湯別錄　劉歆別錄　崔浩蘇綽

王安石別錄　孔老墨韓別錄　朱熹王守仁別錄其餘學者皆詳學術志此數人事蹟較多故列此兩傳　許衡姚樞

湯斌李光地別錄　顧黃王顏別錄　[illegible]別錄　辛棄疾張世傑金聲桓別錄　鄭

成功張煌言別錄　多爾袞別錄　張廷玉鄂爾泰別錄　曾李別錄　楊雄庾信錢謙益別錄

孔融李紱別錄　洪秀全別錄此或入紀傳商　康有爲別錄　游俠別錄　貨殖別錄　刺

客別錄　會黨別錄　逸民別錄　方技別錄　疇人別錄　序錄、

國聞短評

西藏密約問題

北京朝廷最喜與他國結密約、尤喜與俄羅斯結密約、嘻、咄咄怪事。丙申庚子。兩度滿洲密約。既與舉其所謂祖宗發祥之地。置諸虎狼俄卵翼之下。猶以為未足。近日復有蒙古密約西藏密約之事。其約文大略具載前號本報中。日本報章與上海報章所登約文互異。未知孰實。如上海報所言。西藏固非中國之西藏。即如日本報所言。西藏亦非復中國之西藏矣。

俄人自去年西歷十月以來。先後派探險隊於西藏者數次。名為探險隊、實則哥薩克兵也。計其總數已有八千五百人之多。其中騎兵工兵砲兵最多云。此等探險隊。徧覽西藏之地形、民情、風俗、及中國政府對於西藏之統治力。一一詳細報於本國政府。故數月以來。俄人所以經略此地者。既胸有成竹。至是遂有密約之事。

第一次之滿洲密約。曰為還遼之酬報也。第二次滿洲密約。曰為平亂之酬報也。而此次之西藏密約。卻爲何來。是舉地球之政論家。百思不得其解者也。雖然、此豈難明哉。中國一切內治外交之所以變動。非原本於一國人利害之問題。實原本於當局者一二人利害之問題。以本國一私人懷挾數萬金乃至十數萬金以謁王公大人。皆可得一府一道乃至一省之統治權。況以地球堂堂一大國政府之力。其所懷挾者數十倍數百倍於此而未有已也。得此術以行之。雖盡攫十八行省之統治權可也。而何有於區區一西藏。

此密約當交涉之衝者。俄公使與軍機大臣大學士榮祿二人也。而此次俄親王之入京。於運動最有力云。其運動力所及。上自最尊貴之榮中堂。下及最下賤之李蓮英。而密約之起稿。則出瞿鴻機之手云。

日本人之論此事。不如滿洲密約之注意。蓋其利害與日本相遠也。至於英俄交涉事件。則此約實行以後。而波斯問題、阿富汗問題、乃至印度問題。皆生影響矣。不知英人何以待之。

蔡鈞衊辱國權問題

蔡鈞何人也其名豈足屢汚我新民叢報然而竟相汚至再至三是亦蔡鈞之好手段也。

六月廿五六七等日有蔡鈞與留學生紛爭一事其詳別見本號餘錄門中茲不贅述。此事之起由蔡鈞不肯咨送留學生入學也。日本例凡入學校者無論本國人外國人皆須有人爲之保證。若官立學校則與官交涉須公使爲保證亦屬情理之常。蔡鈞者文明之敵也。恨不舉東京留學諸生一旦而驅之出境。其於官費生固已視之如眼中釘。其咨送也不得已耳。至私費生則其仇之愈甚。故出全力以阻之抵死不肯咨送。蓋懼吾國之多才而欲牧其萌蘗也。其罪一也。不送則不送耳不過得罪學生團體已耳。然而蔡鈞乃縮頭曳尾一種類無此膽量也。乃出其官場秘中秘之手段曰模棱曰掩飾曰推宕僞許以五人互保便允咨送。彼其時固本無欲送之心也。無欲送之心而以爲學生之可欺。其罪二也。已則不送而欲嫁其責於日本人。謂參謀本部不肯收納。夫參謀本部咨覆之文具在也。學生非如蔡鈞之胸無點墨。何至並文中之意而不能解。蔡鈞食言而肥。而猶欲掩耳盜鈴以欺人。其計之拙亦不可思議矣。其罪三也。學生求

見不見質問不答豈不思汝所處之地位爲一國人之公僕耶何物銅臭無禮乃爾其罪四也

以上四罪顧猶可恕其最不可忍者則最後蹂躪國權一大問題也夫公使館者治外法權之地也公法上視之如本國非所在國之權力所能及也乃蔡鈞一則使日本警吏拘吳孫二君再則使日本警吏拘來謁學生五十餘人夫蔡鈞仇學生則自仇之可耳而奈何其不能自了而假手於他人也嗚呼、我國民其知之否耶蔡鈞者全國政府官吏之縮本也此案者將來中國前途之倒影也現政府統治一國之權力早已掃地以盡矣雖然、彼有所恃以自楯焉何恃曰恃外人國民之言論舉動者一不慊於己者則以太阿之柄授諸外人使草薙而禽獮之使館可以排警察而使入則境內何不可以召軍隊而使來二百年前僅有一吳三桂今則爲吳三桂者擧國皆是也夫縮頭曳尾之蔡鈞則何足責然此中消息有識者不得不寒心也

日本各報紙數日來衆口沸騰議論此事公論尙未盡泯沒今以吾所見之報列其左

右祖及中立者如下。

時事新報	祖蔡鈞
中央新聞	祖學生
東京朝日新聞	祖學生
日本新聞	祖學生
東京日日新聞	中立
國民新聞	中立
每日新聞	祖學生
萬朝報	祖學生
二六新聞	祖學生
大阪朝日新聞	祖學生
每夕新聞	祖學生
都新聞	祖學生
讀賣新聞	祖學生

日本有一西文報。曰「日本泰晤士」Japan Times 者。其訪事人以此案質問於蔡鈞。

蔡鈞曰「是康有爲所嗾使也」云云。噫、異哉。康南海久旅英屬。與東京學生曾無一面緣。何從嗾使耶。學生皆知自由獨立之大義。豈爲人所嗾使者耶。蔡鈞豈以爲我一國青年子弟皆似受人嗾使之蔡鈞耶。蔡鈞常欲學泰西數百年大哲所發明之公理地球數十文明國所施行之舉動盡取而納諸康黨。其愛康黨也至矣然康黨則烏敢當此。

「日本泰晤士」亦袒留學生

留學生以國權問題所關重大也乃集議於會館以滿場一致決議蔡使放棄國權之罪乃以電報彈劾之於北京朝廷且飛檄各省撫臺蔡使之解任此舉也不過爲蔡鈞增一條罪耳雖然是爲可以已一國公使而濫用其權以損害主人權利者主人例得放逐之雖其力未能是固不可以已抑孔子之齋戒沐浴以請討陳恆何爲也夫蔡鈞乃公使中之與優么麼小醜焉耳

且主人不自知其爲主人之資格則亦已耳苟其知之則以多數之主人斷無不能勝少數之悍僕之理吾嘗讀歐西百餘年來之歷史其革千載之積弊建回天之偉業者何一不從學生團結而來遠徵諸法蘭西之巴黎與大利之維也納近徵諸俄羅斯之

聖彼得堡葱葱哉蔚蔚哉學生之氣概轟轟哉烈烈哉學生之事業嗚呼噫嘻何渠不若漢

以暴制暴非所貴也故有文明思想者常謀以文明之手段恢復其固有之權利今次之舉其近之矣自立於無可嘗議之地以溫和之法而請願於使署以溫和之法而集議於會館以溫和之法而要求於朝廷此歐西人民所經由之路也我中國國民運動之歷史一見於乙未年日本議和時之公車上書再見於庚子年立大阿哥時海外之飛電並此而三矣而此次之舉尤有次第有法度是國民運動力進化之明證也吾欲爲中國前途賀

檀香山賠款問題

庚子春檀香山以治疫之故焚燒人民財產數百萬而吾華商居大半焉初焚時檀政府擔認賠償乃至今三年毫無影響蓋檀政府之力實不足以辦此故請求諸美國華盛頓政府乞以國庫支辦云今年美國議會此案殆將通過全檀僑民翹立以待涸轍之救乃最後爲某議員所沮尼竟於豫算案內除去此項今欲得賠款不可不再叠諸

三年後之第五十八次議會。然五十七議會可以否決五十八議會。又安保其不否決耶。且否決之數十八九在意計中耳。若是乎吾華商之數百萬血本其遂已矣。號稱第一等文明國號稱自由政體之祖國而其所行如是直棍騙耳直盜賊耳先哲有言兩不平等者相遇無所謂道理權力即道理也斯言諒哉吾聞南美洲之各地數十年來屢次革命其革命實無論大小。無論成不成而每暴動一次。則吾華商財產損害者必以數百萬計。今已不知其幾千萬矣而何有區區之檀島雖然我政府豈惟不問而已並不知有此事豈惟不知有此事而已且並不知其地有中國人豈惟不知其地有中國人而已。恐並地球上有此地而亦不知也。

檀香山之役日本人所損失者不過區區十數萬耳。然頃者據所報告則旅檀之日人。開大集議於領事館決議。特派二員歸愬於政府。由日本政府與美國政府直接交涉。雖其果能有效與否不可知。然爲一國公僕受國民委託者不當如是耶若我華民則何所呼籲何所伸訴乎無父無母之孤兒在途中受他人之鞭笞呵斥忍氣吞聲並哭不敢而何有於爭辯哀哉無國之民哀哉無國之民

民選領事問題

中國駐劄檀香山領事楊蔚彬。貪汚殘暴。闔埠僑商。久欲得其肉以爲食。但顧全國體。不欲與爲難也。乃楊黷貨無厭。竟串同奸儈偷走鴉片私烟。計瞞稅直美銀五萬元。約墨銀十萬元又欲並其合夥之奸儈所得一部分之利益而奪之。夥忿忿洩其事。於是美政府根究全案。水落石出。並查有私帶不合例之人上岸之案多件。美政府乃照會北京政府。解其任。訊其罪。楊已去矣。

美政府知中國官場爲魑魅罔兩之窟也。乃告檀島華商曰。吾願與商交涉。不願與官交涉。請爾等於闔埠中有望者。公舉一人爲領事。若貴政府不認。吾國能必使認之。華商之有文明思想者。提及官之一字。輙鄙之不以人類齒。故今尙未肯徑諾之云。雖然此事殆非可以已。聞美政府之意。欲舉金山紐約馬尼剌諸地領事。皆一律照此法辦理云。

我政府所不欲派之人。而他政府强之使派。是國恥也。雖然。美人心目中。信用我國民不信用我政府。是亦大國之風度也。夫政府既自取其侮。而國民又烏可放棄其責也

嗚呼、美國之暴動視彼戢戢然媚腐敗官吏越俎以代人壓制民權者何如矣

十

雨夜孤舟宿鏡湖　秋聲蕭瑟滿菰蒲
蒼生有淚無揮處　尋見祥符九域圖
金尊翠杓猶能醉　狐帽貂裘不怕寒
安得驊騮三萬疋　月中鼓吹渡桑乾

雜俎

史界兎塵錄

好潘臺

▲胡文忠爲人最有血誠。然亦善用權術。咸同之間。朝廷舍湘軍外。固無所可倚任。然固不能無疑忌於其間也。乃特派滿洲大員監督之。官文恭文以大學士督湖廣。蓋有深意焉。曾左諸公頗憂之。胡文忠曰。是易與耳。其後官文恭卒無所掣肘。事事惟胡曾所命。皆文忠苦心利用之功也。今記其一事。官文恭有愛妾。常欲寵異之。到任甫一月。値妾生日。僞以夫人壽辰告百僚。擬待賀者至門。然後告以實爲如夫人也。屆期客輦集。藩司某已遞手本矣。閽者以實告。藩司則大怒。索回手本。正與閽者紛議間。而胡文忠亦至。詢其故。藩司曰。『夫人壽辰。吾儕慶祝。禮也。今乃若此。某朝廷大僚。豈能屈膝於賤妾。』卒索手本去。胡文忠從旁贊歎曰。『好藩臺！好藩臺！』乃語甫畢。竟自昂昂然傳年家眷晚生胡林翼頓首拜之帖。入祝矣。當藩司之索回

手本也道府以下亦紛紛隨索者不少及胡文忠以巡撫先入覲則又相隨而入官氏妾幾於求榮反辱得文忠乃完其體面妾大德之文忠詗知文恭之愛而畏其妾也。歸署乃以夫人之意請官妾游宴而先告太夫人善待之官妾至胡太夫人認爲義女。自是官妾兄文忠矣。文忠欲有所施設慮官爲難者則先通殷勤於其妾妾乃日夜聒於文恭之前曰。「你懂得甚麼汝的才具識見安能比我們胡大哥不如依著胡大哥怎麽做便怎麽做罷。」官輒唯唯奉命惟謹自此官胡交驩而大功之成實基於是。

賜同進士出身

▲曾文正以三甲檢討出身。生平以爲第一恨事。有言及者。輒自怫鬱。一日與幕中諸鄉人宴飲。座客某以懼妾癖聞。文正戲之曰。我有一聯請君屬對。……代如夫人洗脚……其客應聲曰。……賜同進士出身……文正大慚恚。

曾左屬對

▲曾文正又曾戲左文襄以其姓字出一聯使屬對。聯云。……季子敢言高與余意見

大相左……蓋文襄字季高也。左應聲曰……藩臣徒誤國，問伊經濟有何曾……

文正輾然。

彭郎奪得小姑回

▲彭剛直督長江水師，當收復小孤山時，曾有詩云：十萬、大軍、齊鼓、掌，彭郎、奪得、小姑、回。蓋小孤山亦名小姑山，對岸有彭郎渡，相傳彭郎小姑男女相悅者也，故一時傳爲美談。同尋某將官聞之曰：可惜我不會做詩，更可惜我不姓彭，其實我收復小孤山三日，彭雪琴尚未到呢。

威妥瑪筆記

▲前英使威妥瑪久住北京，歸國後著有筆記，描寫中國官場魑魅罔兩情狀，窮形盡相。內一條云：『余初到北京，往總理衙門求晤所謂外務大臣者，及其出見，則纍纍然十人。問之皆外務大臣也。余已駭之。及相見良久，莫肯發一言。余不能耐，乃先開口作寒暄語曰：「今日天氣甚好。」舌人通譯之，則彼十人者相顧錯愕，莫知所對。又良久，其中有沈桂芬者，先答曰「好。」乃彼九人者同時應和之曰好！好！好！

其聲殆如狗吠使我駭絕」云云。其言或不無太過。然中國官場畏懼洋人之狀態。實亦有類此者。

逸老堂

△前明禮部尚書錢謙益。鼎革後歸命新朝。復襲舊職。猶靦然常自號遺民。蓋第一等無恥小人也。晚年大營第宅。自題宴客之室曰逸老堂有少年於夜間榜一聯於其楹云。逸居無敎則近老而不死是爲

小說

新羅馬傳奇

飲冰室主人

第四齣　俠感（一千八百二十二年）

（生扮瑪志尼墨衣學生裝上）

（臨江仙）萬卷撐腸何用處哀哀亡國遺民江山寥寂鎖愁雲斜陽看雁去無語獨霑巾。（采桑子）十年悔學雕蟲技有甚情懷有甚情懷掩卷故聞杜宇啼　千年故國今誰主吟也淒迷夢也淒迷一髮中原日已西。小生瑪志尼表名金士披意大利國志挪亞府人也系出清門家承通德不幸先君早世兄弟無人怙恃萱堂夙承教育。自從十三歲入市立大學今年十七卒業有成精窮哲理之科篤信唯心之論屠龍伎倆未還滄海之珠倚馬文章空貴洛陽之紙每念我意大利自羅馬失鹿以後朝秦暮楚五裂四分同種仳離生民塗炭痛雌風之不競為大國羞入豚笠以誰憐謂他人母自古道哀莫哀於無國病莫病於喪心小生雖在髫齡頗知國恥撫今懷古

二

感物易哀獨恨閱歷未深補救無術因作國喪紀念常著深墨衣冠等春士之悲秋向歡場而掩淚少年同學相言某是狂生大人先生僉曰此子可惜（歎介）咳、你這朝菌蟪蛄一流怎知道我傷心人別有懷抱也今日乃係來復休學之期母親約定攜俺前往海濱游耍以遣情懷只得收拾奇愁強爲歡笑預備陪侍則箇

（懶畫眉）忍淚吞聲做箇詞人零落鄉關深閉門要將心血洗乾坤來日天難問暫收拾雄心消好春

（作更衣修容介）（老旦上）

（前調）嫠緯淒涼歷刧塵塵臨睨宗周常苦辛仲謀有子未全貧……漆室憂宗國名山畏後生孩兒那裏（生整衣迎介）（以吻接老旦額介）孩兒正此更衣待往伺候母親不知母親早出來了（老旦）就此同往罷……日遠長安近且携著乳虎空山嘯暮雲

（同循海濱行介）（老旦）你看這泱泱雄壯的地中海偺們意大利也曾握過這海上大權來（生點頭微歎介）（外扮巨人身長七尺氣宇嚴整冠服藍縷上）

（破齊陣）戴著頭顱且住嘔餘血淚誰聞乞食王孫吹簫公子累得英雄才盡都只言湖海無餘子爭敢望陽關有故人風塵辜此身。（迎面見老旦生脫帽爲禮介）可憐意大利亡命流民則箇（老旦揮淚探懷中取出金錢給外介）（外點頭略謝納入破帽介）（生注視作瞬眙狀介）（外昂然下）（生目送良久介）（向老旦介） 母親這是甚麼人呀。（老旦）我兒還不知道嗎這都是爲意大利全國國民受罪的。

（折桂令）他甘心割慈忍愛別井離羣俠聶聶似荆卿入秦氣昂昂似翟義從軍……孩兒啊。你該記得一千八百二十年。我們意大利人民不堪專制虐政。因此南北諸省。同時並起。欲抗逐奧大利。奏自由統一之功。爭奈石卵不敵。民黨失利。那些志士們或上絞臺。或幽犴狴。……恨皇天不仁儘著伊暴昏霎的前程雨雲翻東市上朝衣誰問鐵窗裏雄鬼爲鄰……那減等的就流竄到這志挪亞海濱地方舉目無親凄涼乞食。……餓蠶青春愁盡行雲撇了鄉關賸了孤身

（淚介）孩兒啊方纔那位巨人便是這椿案內一箇無名的英雄了（生淚介）不想俗意大利還有這種慷慨義俠的人。孩兒愧他多多矣。

（醉東江）惹得俺千百結迴腸不展三萬斛潮血如焚恨悠悠天道非痛歷歷英才盡望長空霜風淒緊難道是往事有轍來軫無人……想我瑪志尼亦是意大利三千萬人中之一人豈可放棄責任……叫一聲我國民哭一聲我國民怕不怕英雄氣短柳絲長恨只恨自由人遠天涯近從今後誓做箇男兒本分愛國精神

（向老旦介）母親啊從今日以後孩兒的身子都要獻與意大利國民了（老旦）這樣纔不辜負爲娘的教育你十七年一番苦心哩（合）

（尾聲）紛紛成敗無憑準自古道皇天不負有心人佇看起陸龍蛇演出風雲陣

（同下）

捫蝨談虎客批注

瑪志尼爲三傑之首至是始出現方入本書正文

作者生平於近世豪傑中最崇拜瑪志尼此齣極力描寫語語皆有寄託最宜領略

忍淚吞聲做箇詞人要將心血洗乾坤得非作者自道耶吾願與一國公民共哀其志且祝其貫此目的也

西廂記繫春情短柳絲長隔花人遠天涯近二語向稱名句不意又被作者搾捺去了別成妙語舞文手段可畏之至

十五小豪傑

法國焦士威爾奴原著
少年中國之少年重譯

第九回 舉總統俄敦初被逐 開學會佐克悄無言

話說武安提議道。我們既占這個孤島爲他起了名字。今更要舉一總統治之纔好。杜番道。舉總統麼。武安道。還一首領。凡事聽其指揮。庶幾號令出於一途。辦理庶務。更爲圓滑。說畢。衆童子齊呼道。甚是甚是。快使我們選總統罷。杜番接口道。選總統亦可。但須限定任期。或半年。或一年。武安道。惟任滿之後。倘再被選。仍得復任。杜番滿腹疑忌。唯恐各人選了武安。因著急道。武安說的是。但我們當先選誰。武安道自然是最賢明之人了。算來莫似我俄敦。各人聞說。即拍手歡呼道。是了是了。俄敦萬歲！萬歲！俄敦初欲遜謝。總想他武安杜番兩黨。不時齟齬軋轢。全賴著我居間調停的。今舉我坐了第一把交椅。似於和合他們。更爲容易。再三想過。知道機不可失。遂欣然荅應了……

……若使這個孤島。果如衆人所料。其位置在紐西崙以南。則自此至十月初旬。天氣寒冷。其間五個多月。定是不能出門口一步了。……俄敦嚴定課期。使他幼年的每日按著用功。不把光陰虛度。自是每日午前午後各定功課兩點鐘。到了時候。盡會於新洞書室。命第五班的武安、番格羅士、馬克太及第四班的韋格、乙菩、輪班講書。教些歷史數學地理。或就所諳記的口說相傳。或將帶來的書籍。指出解釋。他第三第二第一幾班的欣然領教。樂此不疲。其受益之大。固不待言。即他們充當教習的。亦可藉此溫復一番。不致遺忘。眞可算一舉兩得的善法了。此外每逢禮拜日及禮拜四日。開一講習會。或將歷史事實。我就目前事情。擬定題目。大家討論其利害得失。集思廣益。交換智識。彼此都覺得有趣起來。學識亦漸漸有進步了。天朗氣清日暖風和的時候。又大衆在那湖邊。從容散步。有時相約競走。練習體操。以防倦氣來侵。沈鬱生病。使韋格巴士他兩人監督著各人。都把時辰表較準。尅期用功。又使乙菩每日將寒暑針風雨針的度數記了。其外一切雜事。因巴士他從來已設一日記部。詳細登載。遂將此任歸他專管。每到禮拜晚大開音樂會。雅涅端坐彈琴。各人齊唱國歌和之。往日在學校。佐克是最有名能唱。各人都讓他第一的。誰知他在這裡。常坐在衆人背後。無精無采。從未見他開喉唱過一句。武安從此更疑心他了。光陰似箭。日月如梭。不覺已到了六月下旬。

寒著針漸漸降下。常在零點以下十度乃至十二度之間。洞內幸有許多積薪。每日燃著火爐。尙能保住零點以上的溫度。不致僵手僵足。一日寒威少減。雪花亂飛。剛剛下了一日。把這孤島全現出玻璃世界的景象。各人歡歡喜喜跑出洞外。圍雪爲丸。相擲爲戲。佐克這時亦在局外袖手旁觀。不料格羅士擧一雪丸。猛力一投。正誤中他的臉上。立時鼻血湧出。流個不止。格羅士瞧見道。我本無心擲傷你的。說著便走。武安拉住道。你出於無心。我亦諒你。但你亦太不留意了。格羅士道。照你這樣說。你佐克既非預份擲雪的。偏要企在這裡。卻非自己不仔細麼。忽聞杜番高聲大叫道。這樣小事。爲甚麼就要吵嚷呢。武安道。自然是小事。但我亦只勸格羅士嗣後須少留意耳。杜番道。這件事不待你勸戒格羅士的。你不聽見他已經謝過嗎。武安道。杜番。我不解你爲着甚麼偏要强來干預。這不是我與格羅士兩個交涉。不干你事的嗎。杜番道。雖然如此。總是我聽見你說這種話。我就不能忍默的。武安握拳道。你想怎樣就怎樣罷。杜番亦攘臂道。自然不受你指揮。兩人正在盛氣相向。勢將用武。適俄敦走來瞧見。因宣言道。杜番所爲。有意滋事。杜番聞言。不得已艴然入洞去了。俄敦及衆人知道他兩個斷不肯干休的。俱放心不下。至兩人究竟如何結局。此是後話。今且不表。卻說衆童子至六月杪。天氣愈冷。降雪愈深。常積至三尺四尺。除有要事之外。一步不能跑出洞外。童子們當未下雪時。一切大抵準備。惟是汲水一事。最是爲難的。俄敦與巴士他商量了幾會。巴士他建議。若在地中設一水管。自那河底通至洞中。則不獨可省提甕出汲之勞。即使寒沍至極。河面凍了。河底亦斷不凍的。我們的食水。豈不是源源不竭麽。衆人聽說。俱大贊成道。妙哉妙哉。但這件事。言之雖易。行之甚難。可喜胥羅船浴室的鉛管尚在他們手裏。巴士他就靠着他與衆童子盡心竭力。經營了好幾天。纔得成功的。夜間點燈的東西。幸自船中帶來的油。尚有許多。數月之間。儘可敷用。但恐到了冬盡時候。就不免告乏。莫科早已慮及此事。每宰禽獸。輙將他的脂膏收藏停妥。以備將來製造蠟燭之用。於是童子們所關心的。就是他日用的食物了。他們因天時寒冷。許久不能出外漁獵。只有坐食。日少一日。惟靠著莫科從前準備下的野鴨、火鷄、鹹魚。及由胥羅船拿來的罐頭。目前儘可敷衍。但是他們十五個童子。幼的九歲。長的十五歲。都正喜健飯的。每日所需食物甚多。他們見食物漸短。未免寒心起來。正不同杞人憂天的。況沙毗畜了一個駝鳥。亦累他們不淺的。這時候洞外堆了好幾尺雪。日日尚要掘些樹根野草。將來餵他。惟是這個職役。沙毗獨自擔在身上。不敢勞別人的。常笑嘻嘻對着大衆道。他定可充俺一個好坐騎的。你們且看。一日天氣寒甚。洞外溫度降至零點以下十七度。洞內積薪剛告乏了。童子們無奈。只得忍著寒。到那陷穽林。冰手僵足。好容易採了多少莫科。看此情形。忽然想出一計。把那長丈二尺濶四尺的桌子反轉了。在積雪上面。推來推去。就似大禹泥行時所乘的橇一樣。童子們將所採的薪木。堆滿其上。滑滑地推進洞中去了。比從前肩挑背負。省卻許多氣力。自七月九日起。日日照樣搬運。不過忙了一禮拜。數十日內。儘可無薪盡之憂了。武安忽向衆人道。今日不是七月十五麽。據北半球的慣例。今日倘然下雨。從此四十日間。難望晴快了。他們忘了南半球的天氣。與北半球不同。白躁了心。卻喜是日連一點陰雲都沒有。惟東南風吹得極緊。寒威越發難捱。童子們瑟瑟縮縮。終日團在洞內。有誰敢出門一步。這樣枯坐無聊，運動不足。剛苦了一個月。都覺得不舒服的。至八月十六日。忽然吹起西風來了。寒雲漸散。天氣微和。杜番武安沙毗韋格巴士他商量道。我們想著到胥羅灣一尋舊遊。已非一日。恨阻風雪。久不果行。今幸天和日暖。未免同走一遭則箇。他們鬱鬱已久。正欲藉此一舒筋骨。且念著插在石壁上的英國旗。定已破爛。決意把他換過。稟准了俄敦。八月十九日早起。束裝首途。踏雪而行。可不爽快。無何到了沿澤林。四面冰結厚了。見不必枉道。直履之而過。及抵胥羅灣。拿表一瞧。纔不過九点鐘時候。但見碧海之濱。鵧鶉亂非。岩礁之上。海獅戲舞。遙望著自紐西崙川至幻海臺。白茫茫雪深幾尺。俗語道。琉璨世界。真不錯的。眼界盡處。只是海濶大空。并不見一隻飛鳥行迹。五童子急弄早飯喫了。就將帶來的新旗換上。更採杜番的條陳。拾一塊木片。把距此六邁路有一法人洞。眾童子占了居住的事情。簡明記了。緊在竿頭。這也算童子們用意周密。倘然有船經過這裡。望見旗號。泊岸尋來。便可省知他們蹤跡。前去搭救的了。看見日已傾斜。各人急跑回洞。復命俄敦。時自鳴鐘正打四下。也自此無事。至九月初旬。寒暑針漸漸昇上。天氣乍暖。知嚴冬垂盡。不久便是好春時節。童子們自念漂到這島。不知不覺已過了六個月光陰。這島的西方。是胥羅船的來路。行了幾個禮拜。都沒有一点陸影兒。是斷無可屬望的了。那東南北三面。雖然未曾巡繞。但坡陰所遺下的地圖。并沒記照見甚

十　一七〇四

麼陸地。坡陰的地圖本是精精確確。無可疑的。惟是他當日苦沒拿有千里鏡。常人的肉眼。原望不到兩三邁外的。他縱然曾立思蘭岡上。四處張望。或者遠處眞有陸影。爲他目力所不及。亦未可定。童子們恃著自己拿有千里鏡。立意再爲探望一番。因展地圖一看。知東岸有一海灣。凹入家族湖那邊。與胥羅灣正遙遙相對。距法人洞不過十二邁許。遂決計先往那灣頭。熟察東方情形。恨天氣還寒。正苦苦悶悶的等著春回日暖。怎知到了九月中旬。愁雲四合。狂風大作。一連吹了幾天。比在胥羅船上所遇的更爲利害。那石壁也似搖搖擺擺。差不多就要蹋將下來。人人害怕。個個驚心。這洞口所箝的窗戶。或被捲去。或被吹破。童子們狼狽非常。其困蹙之狀。較昔時盛冬時節寒暑針降至零点三十度以下的時候。尤爲不寒而慄的。而且無論甚麼禽獸。爲著這樣暴風。都找個藏身的地方躲避去了。湖中遊魚。亦緣波濤鼓盪。深深潛伏。童子們或漁或獵。全無所獲。這時風雖猛烈。地氣卻暖。積雪逐漸溶了。反轉桌子造的雪橇。至此變了無用。童子們早已算定。意欲造一手車代他。巴士他記著從胥羅船拿來的東西。其中有一個絞車盤。就把他車輪大小相同的揀了兩個。那車輪本是有鋸齒的。不是將他平了。斷難轉動。巴士他費了許多功夫。究沒法將他除去。不得已用些堅木塡塞上了。再找鐵箍緊緊束住。竟得了兩個車輪。到十月上旬居然成了一輛手車。這時候風色亦漸穩靜。比及中旬麗日當空。陰霾全散。童子們如鳥放籠中。虎出檻外。終日在洞外游戲。都無所苦。於是漁的漁。獵的獵。樵的樵。各自欣然從事去了。俄敦老謀深算。知那彈藥。是將來有大用處的。因嚴戒各人切勿浪費。故他們獵手專靠著張羅設穽。幸仍獲得許多小鳥野兎。以飽枵腹。至二十六日忽有一事。令童子們捧腹的。是日沙毗將平日所養的駝鳥牽出檻外。擬乘此馳騁。誇耀衆人。童子們都議議論論。或說可以。或說不行。爭來看他。沙毗牽到一寬廠地方。將韁索繫了。用兩塊皮革掩他兩眼。使巴士他雅涅兩人牽住。騰身便欲乘將上去。不料那駝鳥轉身一撲。把他丟將下來。連上了五七回。纔得坐定。便揮兩人便退。急把韁勒了。將兩塊眼遮除去。方纔駝鳥所以凝立不動。正爲着這個東西的。現下開了眼界。正如國民有了智識之後。就不肯盲從那野蠻政府的束縛的。陡然一躍。騰身望着叢林中狂命奔逸。急得沙毗手忙脚亂。渾身是汗。正欲控韁制止。不料駝鳥把身一振。便將沙毗滾將下來。自向陷穽林裏跑去。轉瞬間連影兒都不見了。沙毗翻起身面紅紅的作速逃往洞裏。贏得衆人一鬨散了。卻說俄敦見風和日麗。天氣漸暖。因自率童子一隊。沿着陷穽林。直到家族湖西岸踏勘地理。考究物產。知道這樣天時。雖然在外露宿。亦無妨碍的。因提議命武安作留守。自與數人照往日所商。親往湖東一行。至十一月五日。正是出行日子。但見俄敦杜番韋格三條好漢。肩着獵鎗。他們是不容易消耗彈藥的。因使巴士他修整那飛彈帶了。以備襲取禽獸。知道湖西有兩條河流。或要渡過的。適自胥羅船拿來的東西內有樹膠舢板一隻。疊起來不過枕箱怎大。約七八斤重。乃并檢得斧頭兩柄。一統帶了。其餘乙喆格士沙毗亦携了護身短鎗。一同七。威風凜凜。意氣揚揚。辭別了武安各人。出了法人洞。循着湖邊向北方進發。行及兩邁許路。忽見那隻先鋒獵犬符亨在前頭停足而立。似是相等的各人疾趨趕上。見那裡有許多洞穴。符亨正在一個洞穴旁邊。以足扒地。仰首而號。杜番早知有甚麼東西潛伏其中的。正擬裝塡彈藥。俄敦高聲道。杜番君且勿浪費彈藥。余有一法。儘把穴中的動物。盡行驅出來的。說着便率各人往那灌木叢中。拿了許多雜草。塞進穴內。縱火燃著。無幾有十餘頭狡兎。自穴中冒煙而出。張皇圖逃。沙毗乙菩瞧見。快把鎗架斧頭。斫倒四五頭。符亭亦咬死三頭。童子們喜出望外。各人肩了一頭。急急離了灌木叢。選路前進。至十一點鐘。始抵徒矼川。流入湖中的地方。據坡陰地圖。知已離法人洞六邁路程。童子們就在川邊。選了一個雅潔地方。班荊坐定。先把三頭兜兒烹了。合些乾餅。飽餐一頓。然後濟川北行。沿途沮澤。並無駐足之處。及離了湖畔。更向茂林前進。樹木陰森。都與法人洞附近無大差異。啄木鷓鴣等。翱翔上下。羽彩爛然。忽有「貌加里」厚皮獸。狀類豚。在面前驚走。杜番見著。急問准了俄敦。便發鎗擊之。應聲倒斃。這種獸肉。味美異常。童子們歡喜無量。樂得今晚的晚餐及明朝的早餐。又有着落了。到下午五點鐘時候。又見有一條小川橫著前面。約有四丈濶。查坡陰地圖。知是由湖中流出繞惡圖岡北端。趨注胥羅灣的。這裡距法人洞已有十二邁路。童子們是晚在這川畔露宿。因名他作停宿川。翌早起來。急把繩索探這川水深淺。知是不可徒涉的。喜有樹膠舢板帶來。因展開放下水去。居然一葉扁舟。但係渺小輕巧。只能容得一人。屑屑往返。費了一點多鐘工夫。纔把各人畢渡。一切携來什物。都賴此不至濡濕。收拾妥了。後向北方前進。一片乾沙。更無沮洳。漸捨茂林。取途湖畔。日方當中。遙望見對岸有樹梢輕拂。掩映於水天之際。自此湖幅漸窄。至下午三點鐘。對岸樹林。瞭然入目。想兩岸相去。當不出二邁以外。此地荒涼寂寞。四顧悄然。只有二三海鳥。翩翔湖上。除此之外。更無一個生物。向使胥羅船不幸漂到這里。十五小豪傑。豈不坐困食盡。早投餓鬼道去麼。既而兩岸相逼。已到湖之盡處。各人見天色晚了。決計在此留宿。因把毛布敷在地上。坐定。熟望四圍。但見白沙如鋪。青草不茁。雖欲舉火。苦無枯木。迫將所携的乾餅牛肉等。聊爾充飢。一夕無話。翌早起來。張眼遙望。見相離數武之地。有沙丘一座。高可四五丈。苟造其峯。四方形勢。當可了了。飯罷。各人到那丘上。用千里鏡望了一會。果如坡陰地圖所載。北東一面。全是沙漠。目力所盡。不睹際涯。據地圖測線。自此至海北十二邁。東七邁。各人知行此長途。渡過沙漠。亦無益處。格羅士先說道。我們既到這裡。將更奈何。俄敦道只有乘興而來。失望而返罷。杜番道。今除歸洞之外。別無可圖了。但須另擇一新道。以資閱歷。較之復尋來路。不更有趣嗎。俄敦道。君說甚是。我等沿著湖畔。到停宿川上。然後折而之右。直抵石壁下。循惡闌岡而歸。就是了。杜番道。果欲循石壁歸去。自此直向陷穽林。抵其北端。然後轉出石壁下。豈不更捷。陷穽林北端。距此不過三四邁路。若要返至湖畔。便迂迴了。俄教道。雖係直向陷穽林。亦必要一涉停宿川之流。此川愈近海愈濶而險。或至不可橫流而濟。亦未可知。爲萬全計。仍以到川之南岸。然後轉路爲佳。商議定了。各人返至露宿處。把毛布收拾。便循著來路而行。十一點鐘抵停宿川上。依舊用那樹膠船板把各人渡了。杜番在路上弋取兩隻鵠鳥。各重二十餘斤。沙毗與各人宰了他一隻。七人都飽餐一頓。將那殘骨飼了符亨。遂起程入陷穽林中。選一條路從前來往行過的大踏步望著石壁而進。所過茂林。不似法人洞附近之繁密。有幾處并無大樹大木。日光所照。春草如裀。野花似錦。又有百合數株高三四尺。隨風拂舞。嬌態迎人。俄敦素好研究植物學的。因在此尋出幾種有用的草木。一是可以造酒。一是可以製茶。他們法人洞內。於此兩物方將告乏。俄敦因命各人取了許多種子帶歸培植。及下午四点鐘。到了惡蘭岡北端。自此循壁而走。南行二邁。見一條細流自壁腹迸出奔向東方。這就是徒江川源頭了。俄而日已西斜。各人知今晚斷不能趕回洞去。因決意在此流南岸卸了行李。沙毗與其他童子。正在料理晚餐。俄敦與巴士他兩人在左右近處徘徊瞻眺。間忽見那邊林中。約略有一大羣動物。蠕蠕蠢動。嚇得兩人噯吱一聲。退了幾步 欲知兩人所見果是何野獸且等下回再表

文苑

詩界潮音集

辛丑歲暮雜感

蛻庵

黃金虛牝苦蹉跎人海浮沈感逝波並世頗憐才士少傷心應比古人多鵬搏豈息培風翼駒過原無返日戈休歎盛年處房室明朝晞髮向陽阿

猛憶西歐前世紀民權勃萃鬱雲雷風潮東鈹羣雄出河嶽中原兩界開戎禍早聞江統論漢廷空老賈生才昆明池裏多餘燼應有胡僧話劫灰

紛紛幾輩自清流豎子英雄務一邱壯志未忘陶侃甓他鄉怕上仲宣樓故應蹈海羞秦帝似說中朝泣楚囚滿目山河風景異浮雲西北望神州

興亡與有匹夫責溫飽原非志士心鷹未下韝思一擊駿雖市骨值千金劇憐座上焦頭客誰識隆中抱膝唫三十功名應未老黑頭不受二毛侵

霜華壓瓦怯嚴寒百草披離歲向闌萬里江關羈庾信漫天風雪臥袁安繞枝自笑南

飛鵠對鏡還悲獨舞鸞最是少陵懷弟妹故鄉鐙火夢團欒

某君得官感賦　　六榕客

草草斜封墨未乾向隅今得滿堂歡喧傳文字美新頌頗識威儀舊漢官飽死侏儒才

斗粟登場優孟好衣冠羊頭羊胃君休笑難得將軍禮數寬

酬蔣觀雲　　劍公

一佛居然出世來現身說法講堂開阮狂賈哭歸[illegible]國虎跳龍拏識異才慝我札書珍

白璧感君琴劍老黃埃風滿廿紀蒼生厄援手齊登大舞臺

蟪蛄著耳太嘈嘈風雨鷄鳴氣自豪變舊姓名脫張祿君屢易其名號創新哲學偉盧騷乾坤

浩氣期撑住滄海橫流誓挽牢他日相逢無物贈風塵擬解慕容刀

白雪陽春和者稀茫茫我道竟安歸元黃血戰黑龍死魑魅纏人白日微蒿目衆魚游

釜泣驚心一鶚背天飛蛙居井底私憐惜無限飛揚願屢違

總緣腸熱痛聯俄淚濕眞丹破畫圖致說度人先度已生當爲俠不爲儒犧牲覺世書

千冊湖海論交酒百壺特發狂言煩記取男兒要鍊鐵頭顱

暮春襍咏　同

十日不出戶。落花一尺深。笛聲何處來。妙哉此雅音。頓然澹我慮。白雲空古今。一切無礙法。一切無礙心。

柳絮急飛雪。十萬狂風散。最怕斷人腸。遠望登樓嬾。爲憂衆生苦。衣帶日以緩。區區方寸地。佛子已充滿。

無思亦無慮。無著亦無住。爾許大自在。不自知其故。世界外世界。一朝神若遇。笑對青燈說。汝即菩提樹。

人生非木石。當作世光明。以太塞兩間。念念能出生。蛺蝶飛入室。繚繞若有情。捲簾放渠去。憐愛交相并。

細讀華嚴經。始覺昔年誤。面壁參平等。焚香消外懼。虛室夜生白。明月窺我坐。圓鏡妙莊嚴。至理可以悟。

慈悲是淨土。忍辱即道場。三界惟一心。是非本無常。靜言天下事。淚下何淋浪。我蟲濕熱中。憂患安可忘。

四

臨池觀遊魚。水深魚涵泳。魚遊水因緣。水流魚究竟。心垢衆生垢。心淨衆生淨。欲知此中意。須具菩提性。

贈任公　　劍門病俠

國命今番逢不辰。交鄰變法兩無因。他年天地看新造。億兆同胞待此人。

贈觀雲　　同

奔走江湖一客寒。苦心常愛濟時艱。願君振此大願力。莫但區區文字間。

贈君遂　　同

耿耿忠懷莫見明。封章不達拂衣行。欲將痛哭回天地。千古同心有賈生。

遠遊　哀志士之去國也　　楚青

若有人兮海之濱。朝嘗膽兮昔臥薪。大宛之馬九眞鱗。肉眼不識反生瞋。橫絕地維迄天垠。愈知吾國尚有人。滄海波飜血淚新。風雨如晦雞鳴晨。吁嗟同胞無病呻。震雷驚破萬刧塵。海枯石爛磨精神。天生偉人自有眞。歸來歸來海外身。旋乾轉坤雲雷屯。沈沈大陸一朝伸。仁人澤流被千春。

中國近事

◎要事彙志　御史徐德沅臚列多欵。嚴劾陳璧。其摺已交鹿傳霖查辦云。

聞榮祿面奏太后。有開復翁師傅官職。仍請內用之說。

外務部尚書瞿鴻禨奏請。政務處于關涉內政外交之件。均應通知各省督撫。俾辦理交涉案件。皆可遵循。以昭劃一。

天津已定于八月初九日交還直督收管。

近日中俄兩國因滿洲撤兵之事。屢有密電往來。其電云何。無從探悉。惟俄國仍毫無撤兵之意。

大學堂工程將次告竣。擬于七月招考。聞先以三百名爲限。蓋其址並未擴充。不足容五百人也。

桂撫某得缺。並非內監之力。實由某公使力薦。蓋欲其助已成廣西礦路二事之經營。

某大臣近在太后前保奏李文忠長公子伯行京卿。謂其辦理交涉等事。大勝文忠。且列邦亦均佩服等語。

袁慰帥近又爲某侍御所劾。大致謂其任意更張無裨實用等語。摺留中未發。

慶邸亦被某侍御參劾四欵。太后以摺中所言面詢軍機大臣。業經諸大臣代爲表白。

徐侍御堉近日所上兩次封奏。均係條陳時務。其中有和民教籠民捐之策。尤爲切中時弊。

雲南有礦山八十九所。現歸英法兩國人開採。以六十年爲限。

宗室人員向無簡放道府之例。近經宗人府吏戶部議准。與部院京察一等人員一律簡放。

御史黃昌年日前上一封奏。係請皇上親御經筵。并歷引前朝聖訓。擬請每日先行御筵而後辦事。其摺中并有一切引見召對等事。皇上一人已自能辦。太后倦勤之年。極宜節勞頤養云云。措詞得體。而用意甚深。太后閱覽之下。并無可否。惟將其摺留中云。

◎賄賂風行　月前俄國者親王游歷北京時。携有珍玉奇石等物遍賄當道。此各國人所共知者。乃据所聞。謂當時某邸亦曾受其重賄。蓋俄人擬擠袁宮保去位。而易一俄黨也。某邸自德國抽回鴉片一案。德國嘗因鴉片稅事嘗許重賄某邸今已不復如前約納賄矣 財政頗形支絀。故勉受俄賄。爲一時權宜之計。無如受賄後無力足以去袁。日前商諸軍機大臣。請將袁宮保調補陶方帥之後任。而軍機諸公亦喑喑不敢出口云。蓋袁久恃英日爲後援。他人固不得擠而去之也。

◎密策蒙古　袁宮保近圖蒙古事。密上一摺。大畧分爲五綱。第一謂蒙古爲北方屛藩。當與東三省并重。行政諸法。自不得不與東三省同時更改。即應新設督撫大員。并以忠勇耐勞之士任爲補官。其制一仿各直省。第二宜隨地隨時招屯督標撫標提標各軍。第三宜設交通機關。俾行政及其他事宜得以措手。第四獎勵農業以資民生。第五凡有無端祟拜洋人妄肆紛擾者。宜處以嚴刑。又附片請設法嚴拒洋人在內地致惑愚民云。

◎會議商稅　呂盛兩大臣曁英使馬凱君在鄂與張制軍所議商稅事宜。茲據所聞列後。加稅免厘一欵。現議定稅則。加至值百抽十二五。而裁去百貨厘金。止留鹽厘土厘兩大宗。均自西歷一千九百零五年正月爲始。開內地作通商口岸一欵。聞議定添開安慶長沙萬縣惠州四處。此外馬大臣又力索三欵。謂中國如允許。則從前所定之商約可以作廢。其三欵即(一)依英國之意。改定礦務章程。(一)推廣光緒二十四年總理衙門所特許之內港行輪辦法。(一)援引道光廿二年江寗條約所載。准外人得雜居各城鎮。張制軍相持既久。亦開出兩欵向馬大臣指索。(一)爲收回治外法權。(一)爲清查教務。馬大臣皆不允。磋磨許久。乃議兩欵如下。(一)英國允俟中國改定法律及裁判章程後。將僑居中國之英國人由中國管轄。(一)允各省特派專員會同主教。清查教務。妥籌辦法。前兩欵議妥。乃允英國以下開之三欵。(一)儘一年內中國採取英國及印度與其他各國現行之通共開礦章程。自行修改向來未臻盡善之章程。(二)允內港行駛小輪。而廢去永租地皮之例。概以二十五年爲限。(三)道光二十二年江寗條約內所載。許外人得雜居城鎮。茲不復提及。而可以推廣外人居住之界址。以上諸欵。均已商議妥洽。俟奉到各本國諭旨後。即可定局。

海外彙報

半月大事記 西歷七月下半月

▲十六日路透電。俄皇與意皇在克拉斯惱斯羅閱看兵操。兵隊凡三萬八千八百名。俄皇嘗率帶御軍由意皇前過。

同日電。英杜開戰時。所有降英之杜人。現被守戰之杜人怨恨。并虐待之。

同日電。倫敦人民因英皇聖躬日愈。皆轉憂爲喜。再定加冕之期。人亦樂于聽聞。現在倫敦通城已由工人收拾。忙碌亦較前無異。將來熱鬧當不少減也。

同日電。的芬沙爾公爵在上議院宣言。沙侯甚欲其爲聯絡黨領袖。

▲十七日路透電。澳大利亞總督亞達羅利。刻已補授杜蘭斯哇總督。

同日電。美國將軍司密甫因命兵士殺戮沙嫣地方土民。使該處變爲荒土。已由營務處提審。請于美統總撤任示懲。

同日電。官場述稱所有到英慶賀加冕各兵艦。准于八月十一號在斯必克地方會齊。以待操演。

同日電。英首相巴科初次至樞密院辦公時。張伯倫亦在焉。惟不知秋季之前。樞院人員尚有變更與否。農部大臣哈伯利將來或有補授戶部大臣之望。

同日伯林電。意國威尼斯古鐘樓之墜。環球中莫不惜之。德皇特致電意皇。以表婉惜之意。

同日電。俄皇近以總兵崇銜贈與意皇。

▲十八日路透電。俄國政府布告云。俄國現擬與凡預白老司兒條約各國立約。保護各國商務。嗣後政府于商人出口貨物費用。不得稍助。及有聯行情事。庶免貨價跌落。以致虧本。

▲十九日路透電。英皇加冕典禮。定于八月九號舉行。

同日柏林電。美政府現已與教皇將非律賓教門利權議妥。

同日電。西班牙鐵路工人近有停工罷市之意。

▲二十日路透電。英首相巴科近在孚爾漢會所宣稱沙侯退位時。吾英與其他各國

均甚和好。惟非洲之事。不免爲歐人所指摘。本大臣所望從此當亦可以無言矣。人雖以英國不應攻打自主之人。然以將來吾英如何看待杜國。使其自定律例觀之。即可知吾英之美意矣。巴君又言沙侯雖已退位。然仍不改其政令。

▲二十一日路透電。有逃難之杜人九百名。近由葡京遄返南非。

同日電。英兵隊克遜爾縿及高爾士地廉士葛治三大隊。近由南非洲回國。今已行抵首田姆香港。

同日電。沙侯前禮拜五在克非而脫地方某園聚會各大臣。到者有四五千人。內有印度親王及各藩屬官員。各國欽使上下議院人員等亦與斯會。

▲二十二日路透電。英外務大臣克蘭朋君近在議院述稱英法在威瑪交涉之案現經公正人判令法人賠償英金九千磅。克君又稱予并未聞及意法西班牙三國定約管理地中海及非洲摩洛哥地方之事。

同日電。据晨報云。近者暹羅之交涉。甚有碍英法兩國交誼。亟應彼此表白。庶免互生嫌隙。

同日電。有英兵一萬名。于上禮拜由非洲多辨地方乘輪返國。

同日電。某德報近著論說。力勸德國與英國宜益加敦睦。

同日倫敦電。美政府已將美國在非律賓一年內商務若干查明。計共值洋五兆圓。當該島未歸美國版圖時。不過九萬四千圓有奇。惟軍需不在其內。

▲二十三日路透電。近傳聞英戶部大臣克斯必治君須留任戶部。以俟國用冊告成。因同僚請其清理從一千八百九十九年起一切國債云。

同日電。杜將賓薩底威特底拉利三人。近由南非洲啓程前往歐洲遊歷。

▲二十四日路透電。英首相巴科近在下議院言及英政府現已將俄人所攬聯保商務事宜核議矣。

▲二十五日路透電。近因美政府有將以瑪克斯島給與路士希爾統領之說。故日本曾派遣專使乘坐兵艦前往該島。曉諭島民。謂美政府此舉甚屬無謂。蓋日本已于一千八百九十八年將該島收入版圖矣。據華盛頓人言。如日本人現在瑪克斯島開墾。則美政府未必佔守此島云。

同日電。英外務大臣克蘭朋君。近在下議院稱本政府將使英法德各國寄往中國郵件。一律收費。

同日電。英國某某三大臣近奉使前往南非洲。考查杜國軍律衙門審判各案。以便覆命將各案發落。

▲二十六日路透電。英皇在御艇召見大臣時。將所定八月九號舉行加冕典禮榜文簽押。是日各銀行均議放假一天。

同日電。英戶部大臣克斯必治君近宣言曰。下次國用冊須將國內各稅減輕。其議減之第一欵即百姓進欵稅云。

▲二十八日路透電。斯丹達報稱英皇加冕典禮。雖定八月九號舉行。然御體傷處尚未痊愈。步履仍形不便。想屆時祗可勉强從事耳。

同日電。紐約某某兩報頗以路士希爾統領佔守瑪克斯島爲不然。又斯丹達報訪友云。美國已不欲與日本齟齬矣。

同日電。法大臣都麻君行到俄國。將法俄在東方情形陳于俄皇。及武備水師各部大臣云。

▲二十九日路透電。俄皇前曾派遣某親王查辦本國中部亂事。旋據覆奏。謂該會黨或扮爲和尙。或扮作香客。煽惑鄉民。謂地方恐有分裂之虞。聳使謀反云。

▲三十日路透電。英下議院各藩臣聚議。時理藩院大臣張伯倫君到會演說曰。今日各藩大臣聚議。實英國聯絡各屬國之要着。又稱英政府甚願守南非洲和約。亦望杜人勿失舊來之習慣。與英人同心辦事。使南非洲日即繁榮也。至開礦事宜。英政府并不干預。但須抽礦稅以補兵費耳。苟杜國進欵。除國用外。尙有盈餘。則可預先借欵以償兵費也。杜國如能自立政府。英國亦必不阻撓云云。

同日電。俄國某報稱俄國在高麗政策。現在正好着手。蓋高麗國勢。俄人已能熟悉。且較之日本消息靈便云。

▲三十一日路透電。近聞美政府不允某某等國要求中國以金賠欵。有議將此事送到荷蘭海牙議院核議云。

餘錄

蔡使要求日本警察入署拘捕學生始末記

壬寅之夏。留學生吳君敬恒因江蘇江西浙江三省自費學生九人。願入成城學校。適蔡公使鈞峻拒咨送之時。吳君乃擬長函。反覆婉轉。百計懇求。並聲明由在校學生五人互保一人。先在使館出具保證書。留存備案。以取公使之信。函草甫屬。時本國京師大學堂總教習吳京卿汝綸。爲調查日本學校一切事宜。奉命來東。一日京卿臨淸國留學生會館。吳君亦至。當出致公使函與京卿婉商。京卿頗以爲然。然詞氣之間。實鄙夷公使。心知難成。勉允代達。是日留學生至者章君宗祥等共十餘人。爲中歷六月初九日也。

十四日京卿致吳君書云。

稚暉仁兄宗大人左右。前日大札。未轉交使館。至所謂五人送學堂。蔡公使已允可。惟屬照尊識。取五人環保。與名單幷送。謂是使館舊章。謹奉聞。即乞賜交。以便轉達。外有京城中寄張執中金伯平二公書。玆併呈上。乞轉交爲荷。肅頌道履不具。汝綸頓首。六月十四日吳君得書。奔告入校諸君。遂由章君宗祥等二十餘人同簽印。繕就保證書。其八紙。送小石川區第六天町伊澤邸。由吳君振麟轉交。其一紙。第二日由章君宗祥携交京卿寓邸。

數日不得命。二十一日傍晚。吳君復謁京卿所。京卿繕函告使署吳參贊。命吳君持催。吳君懼使署官人之不易見也。先晤學生監督夏部郎偕復部郎。部郎言余已滿職。不能過問。惟昨在使署。聞此事公使已行文參謀部。今日不見吳參贊亦可。吳君唯唯。即覆京卿。並告入校諸君。皆懽慰。以爲風雨着屐道路泥濘中奔走數十次。可償其願矣。

附吳京卿致吳參贊函

瀚濤仁兄宗大人執事。啓者。弟前爲星使言。有學生九人。願入成城學校。其證書已送星使。承允於暑假前送令入學。今聞成城學校後日即行放假。此諸生若得假前入學。尚得隨同教師旅行。多所獲益。若欲假前入學。似於本日即應請星使面送。乃能赶及。爲此奉函左右。敬懇即爲轉達星使。俾諸生得遂其入學之願。至爲感荷。手肅敬頌台安。溽暑惟愼重珍衛不宣。宗小弟汝綸頓首。六月二十一日

詎二十三日晚。京卿又致書吳君云。

稚暉仁兄宗大人左右。參謀本部復蔡星使書。謹奉呈一覽。肅頌台安不具。汝綸頓首。六月二十三日。

附參謀本部覆蔡公使書

敬覆者。頃接來文。現由在京貴國留學生章宗祥等。保送江蘇浙江江西自備資斧學生九人。願入成城學校肄業等因。准此。惟向例進學。均由貴大臣保送。方准進校。今據來文。似有稍與向例不符。仍請貴

大臣覲行保送。以符向例。是爲至禱。專覆順頌時祉。　再成城學校。現値歇伏之期。一俟歐歷九月初旬。再行開課。此時未便即准進學。順此附達　蔡欽差閣下。　署理參謀本部第二部長青木宣純　日

歷七月二十六日

吳君再四循誦。不得其解。但知暑前進校。不能如願。如此而已。然終不解公使何以忽將保證之留學生。向參謀部保送。又疑原咨所敘事由不明。故參謀部無端誤會。又想公使不難輕輕駁正云。留學生章宗祥等保送之學生鈕瑗等九人。願入成城學校肄業。係向本大臣處保送。故本大臣准爲咨送貴署核與向例相符。請煩查照施行。俾遂入學之願。是爲至禱。如此則入學一事。諒已穩固。又疑既已駁正。公使何必以復書揶示。而京卿又何以不贅一詞。遂又疑送校之事。京卿與公使皆不過虛與委蛇。如諺所謂推死人過界。故謬其詞。以得一駁。即可間執學生之口。吳君懷數疑。夜深持示同作證人之章君宗祥。不遇。言在吳君振麟處。又馳數里。晤吳君振麟。又求解於同爲保證人之胡君爾霖、曾君澤霖。皆莫名其妙。遂約明日偕入校諸君面叩吳京卿。

二十四日。日歷七月二十八日。早。保證人吳君敬恒、胡君爾霖、莊君達、劉君勳承。入校人鈕君瑗、李君顯謨、劉君鍾英、夏君士驤、顧君乃珍、陳君秉忠、許君嘉澍。又有吳君榮鬯、董君瑞熙、張君懋德、閔君灝、陸君輔、陸君爽、俞君兆、沈君綱、段君彥修、吳君宗椿、吳

君宗傑。沈君觀恒、沈君觀鼎。時方在吳君寓習英文罷。必欲同往望見京卿顏色。止之不可。而孫內翰揆均、朱直刺紘。遂亦偕去。至則京卿驟謂參謀部不准。公使不肯親行保送。吳君等期期辯之。京卿曰。公使本意實不願保送。吳君復爲迂闊之詞。論之以理。京卿堅謂我不能奈公使何。聞者皆悲憤。遂辭京卿。至使署面求公使

至使署。因聞主張學生事者。爲王文案雷夏。吳君遂告閽人曰。我們要見王雷夏王老爺。閽人曰。在山下兒住。你們去找罷。至王文案室。王君穀玫讀。見吳君等。至詰衆人之意。具告之。并懇轉告公使。願賜一見。王君入。久之出曰。欽差告訴你們。進成城學校的事情。已經碰過釘子。萬萬不能再寫信去。過幾天。欽差當面見了參謀本部的人。再給你們問一問罷。（按此言即眞。何以公使二十五日手諭又云。吳敬恒等欲面見公使。其時適有參謀本部官等在座。既其時有參謀本部官在座。何以王君又言。過幾天見了參謀本部的人。再給你們問一問。可見全用欺詭之術。藉詞搪塞。）可是成不成不能一定。你們要見欽差。欽差說。可以不必。吳君等益悲憤。再反覆參謀部覆函。覺京卿所言。與王君所述。離題太遠。愈弄愈錯。因思非見公使不能得要領。遂堅求一見公使。王君云。你們一定要見。兒弟再進去說。請少坐。斯時十二時。向近天氣甚熱。腹飢不得食。靜待之。三時尚杳然。無復音。衆皆面面相覷。同人均焦急。吳君勸諸君少安。王君既允。決無不復之理。公使事冗。或未得暇。又久之。有

身着洋式號衣者。怒目疾視。闊步入室。口操東音。不知云何。其人乃使署服役者。公使因洋人有積威。中國官吏皆崇拜不已。擬令其人駭吳君等出。衆皆匿笑。列坐不一顧。彼技窮乃去。少頃。又來三西裝者。戎服佩刀。參謀部之籐青少佐也。紳士裝者外務部小林繙譯官也。短身曲背。髮半禿。微有鬚。口銜雪茄煙尾。小林氏後者。不知其爲誰。入門各爲禮。小林氏能操北京語。衆人詳告以故。又出參謀部覆書與閱。小林氏謂學生保學生不行。要進成城學校。不必定要公使保送。就是做買賣的亦好。並囑諸君取入校人名單。諸君寫交小林氏。閱畢。探囊出一紙。載五人名。皆卽九人中所有。指謂諸君曰。這五個學生。是湖南監督官胡先生交給我的。我因爲福島少將沒有回國。參謀本部必不能答應。我想現在又添成九人。是一定要等福島少將回來再說。福島少將回來。兄弟和你們公使同吳先生。終要竭力想法子。吳君等聞小林氏之言。雖若可感。然再反覆參謀部覆函。覺離題益遠。愈弄愈錯。愈說愈奇。遂覺非見公使不能剖白。向小林氏亦堅稱欲見公使。小林氏持衆人名單代達。數往返。再後。門者請入。衆尾之行。出隨員室。至公使宅左。小林氏迎謂曰。公使不肯見。兄弟再三說。只允一二人。諸君候久。必欲同一見。腹飢口渴。僵立樹下。持同見之意甚堅。小林氏不悅曰。你們不聽我的話麽。你們公使館的事情。兄弟實在無能爲力。那麽。我就去了。遂乘人力車逕去。諸君無可如何。徐至公使宅。伺於客室門外。冀公使得聞。或出見。久待無影響。時已五時。吳京卿忽臨。謂衆人曰。你們這時候午飯沒吃。到我處所去吃飯罷。公使既然不肯見你們。你們有什麽法子想呀。諸人執欲見小林氏。又來乃言進學校的學生。公使一定同他們想法子。你們要見。就請一兩人去見見罷。餘下的過兩天再見。到底何如。諸君云。學生到此不易。公使既能見一二人。餘人同見。似亦無妨。若來而不見。見面尚如此之難。卽隱爲不肯送學之代表。但見一二人。於事本可。今所以欲賜同見者。卽望公使慨然允許。以表眞愛學生。如此而已。京卿無奈。偕小林氏及參隨二人同入。其時電燈熒熒。鐘記六時。前所述短身曲背之東官。偕一警署官來。屈指數人數而去。久之。京卿負手聳肩由屋後怏怏出。漫告曰。欽差找不到。又搖首曰欽差找不到。不知那裏去了。諸人爲失笑。須臾。小林氏亦從屋後來。謂曰。公使勉强見你們。可是你們不好有一點無禮。衆設誓。如稍無禮。卽請小林先生臾之出處以死刑。小林氏笑頷之。遂與吳京卿先入。七時三十分餘。啓半門。京卿與小林氏夾門兩旁。諸君魚貫入。先欲坐之於洋客廳。忽計不可。又開對面華式客座。命畢入。入者共二十有六人。所陳椅杌不能容。諸君遂以

東禮沿南窗席氈坐地上遵小林氏旨甚整列。至被捕始終未移尺寸。附圖注明如左

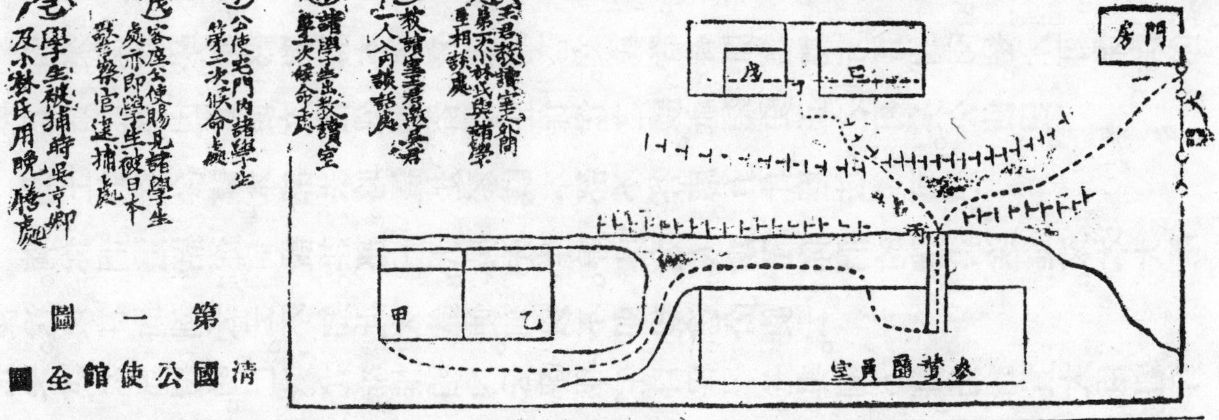

第一圖 清國公使館全圖

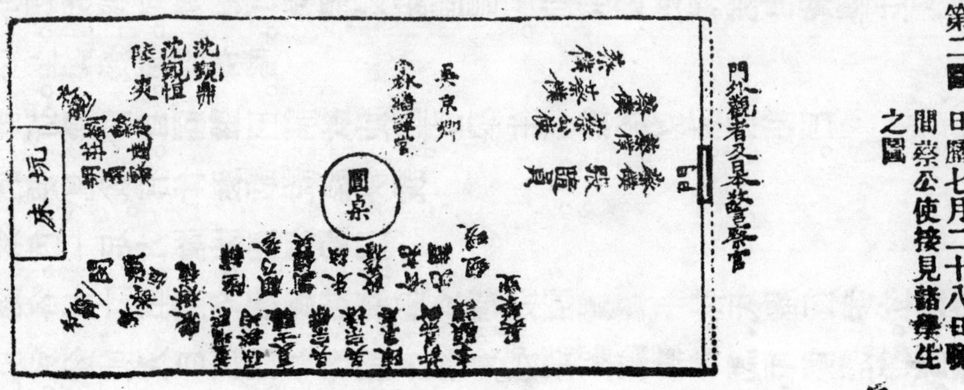

第二圖 中歷六月二十四日即日歷七月二十八日晚間蔡公使接見諸學生之圖

列坐甫定。公使入自室門。身着湖色紗長衫。棗紅鐵線紗馬甲。僕從紛沓。警察守門。館中參隨各員立室門外。觀者如堵。吳京卿、張隨員、及小林氏雁行參立。公使睅目皤腹。面發紫色。一足方踰閾。即厲聲曰。

你們要見我。有什麼話說。趕快說。

諸人皆折腰俯首同聲曰。請欽使坐。容學生等徐徐稟陳。公使曰。

不必坐。說幾句就得咯。

京卿亦云。說幾句就好了。吳君長跽進言曰。前求公使保送自費學生入成城學校。蒙示。參謀本部覆函。已邀允准。惟函內云留學生自保學生。與例不符。仍請貴大臣親行保送。以符向例云云。不知此次欽使。何以不即親送。公使云。

啊。你們這話從何說起。那一天。吳先生。哼吳大人。拿了你們的證書送進來。本大臣馬上就送參謀本部去咯。這是參謀本部不答應。有什麼法子可想。

吳君曰。此必因欽使文內敘明留學生保送之誤。祇須更正之可矣。公使曰。

向來保送學生。終要有本國督撫的咨文。或者有原籍地方官的印結。才可保送。你們既沒有咨文。我這兒又沒有辦過這種案卷。我如何能開這個端。這會子。吳先生。

哼。吳大人。來給我說。我說咱們政府屢次說過自費學生不可再送這兒福島又還麼說。我很爲難。我同吳先生。哼吳大人。再三商量。我說旣是他們在校的學生五人互保一人。該靠得住姑且給他們碰一碰。誰知道參謀本部一定不答應。

啊。你們要知道本大臣從你們把保證書送來。就馬上給你們辦。又沒有一點兒躭擱。還時候參謀本部不答應其權操之於他。如何怪起我來。

吳君等聞之瞠目相顧。又可悲又可笑。默計參謀部覆函。但覺離題已不知幾千萬里。愈弄愈錯。愈說愈奇。愈求開通。愈加窒塞。祇能朗誦參謀部覆函以冀一悟曰。

敬覆者頃接來文現由貴國留學生章宗祥等保送江蘇浙江江西自備資斧學生九人。願入成城學校肄業等因。

因公使言福島少將云自費學生不可送。故吳君於自備資斧學生九人十字再誦之。乃續誦云。

准此惟向例進學。均由貴大臣保送。方准進校。今據來文。似有稍與向例不符。仍請貴大臣親行保送。以符向例。是爲至禱。

因公使言參謀本部不准。故再覆誦曰。

仍請貴大臣親行保送以符向例。　仍請貴大臣親行保送以符向例。

誦畢。吳君曰。參謀部何嘗不准。惟因欽使之不送耳。公使曰。

這是什麽話。你們查去。就是咯。本大臣何嘗親自保送一個學生。這是參謀本部的人不通漢文弄錯的。

公使說至此。皆粲然。小林氏默然。吳君驟不知所對。乃笑曰。請去忌諱。以告欽使。如果因參謀部漢文不通。現小林先生方在座。彼實外交官。肯代參謀部擔任漢文不通之咎。學生等即當俯首無詞。孫君亦曰。參謀部旣謂欽使即不應不駁。當時甚可備文辨明。何以漫然即交吳京卿轉示學生。藉詞搪塞。公使變色疾視孫君。又曰。堂堂大日本國。難道參謀部於區區漢文。果眞不通乎。公使默然。小林氏曰。可以不必說咯。這九個學生。參謀本部雖不肯好。在離開學還遠。我同你們欽差及吳先生等。福島少將回來。終要同你們設法。吳君曰。參謀部已准。何以云不准。難道參謀部果不通漢文乎。小林氏笑曰。錯是不錯。大約保送二字。平日總寫咨送。語未畢。吳京卿曰。好了好了。不要說了。吳君恍然。知保送者。下對上之詞。咨送者。平行之文。此次公使所行之文。本爲咨送。惟使館文案所敍事由。不曰現有留學生鈕瑗等九人。願入成城肄業。乃曰現有留學生

十

章宗祥等保送留學生九人。宜參謀部疑公使令留學生向參署直保爲有意褻慢。遂承上文而言。一則曰均由貴大臣保送。再則曰仍請貴大臣親行保送。其詞簡嚴。皆由自取其辱。乃公使不察。一見保送二字。遂引爲可恥。至毒其詞曰參謀部不通漢文。而又擱其事曰本大臣從來不曾保送過一人。又知此意無可發洩。因作不耐煩之語曰。參謀部不准。吳京卿從而和之。小林氏因而遂之。參謀部不准一語。竟成鐵案。而且大人先生之護過。每惟恐不力。中國南面坐而寃抑鄉愚者。雖投恒河沙不能計也。吳君又心知近日黨派之爭。少年盛氣者流。多不滿於腰金衣紫之徒。於是無可奈何。乃正言以告之曰。方今　國帑奇窘。官費學生不易多派。有私費學生願出游學以補不足。正應竭力提倡。至於武備學生。我國重文輕武。無人肯當。幸而現在少年中明白者日多。知各國皆以陸軍爲主義。國家失其牙爪。則無能存立。又東方文勝。積弱成痿。非救之以陸軍嚴肅之教育。不足以振動民氣。與列强齊抗。武事雖爲國家之務。然日本陸軍之組織。原係徵兵。既習陸軍於日本。即不可不注意於徵兵之組織。將來中國欲與各國齊立。非改徵兵。無可言武事。既欲注意徵兵。則自費習武。即可爲徵兵之基礎。宜鼓舞盡力。若何至公使所責。宜在原籍請領咨文。欽使豈不知我國情形乎。督撫衙門之深嚴無論矣。即州縣官衙門。亦豈易求乎。故皆圖其便利。不如遠來海外。逕求公使。語至此。衆曰。現在官場夤緣奔走者太多。公使曰。這恐未必罷。

吳君曰。這不能爲我國諱。現在官場夤緣奔走之人。所在皆是。學生等亦有能向督撫乞得咨文。所以不屑者。近頃出洋之風甚盛。官場每有請咨游歷。逗遛旬月。便充洋務人員者。將來捐免出洋捐免卒業之事。又難保其必無。故不願在官場請咨其苦心當爲公使所深諒。公使曰。

可不是。我深知道你們自費生的難處。我亦很願意你們來進學堂長些學問。這時候國家艱難的時候。你們有點學問自然能同國家出力。所以往常學生們來請見。我終見他同他長談。我想學生們常常來。亦可考察考察。好的就給獎勵。不好的我亦可以知道。所謂以人事君的意思。

諸君曰。今日學生等來求見。自午後一時至八時。始獲賞見。殊覺困難已極。公使曰。如果你們分着來見亦何妨見見。但是你們這麼些人來。我如何能見。

吳君曰。學生等別無所求。但求咨送入校。五人互保。已蒙欽使允行此次願進成城學校之九人。固欲求公使迅賜重行咨送。即以後續來者。亦當照五人互保例。俾能入學無阻。公使曰。

我終沒有什麽不肯送。倘參謀本部不肯。我亦沒有什麽法子。

吳君曰。學生敢冒忌諱。以告欽使。欽使若於當送之學生。任參署不准。即爲盡力。如此亦無貴有欽使。但有欽使之貴价己足。學生聞諸古訓。使臣者折衝樽俎。苟有不便爭之惟力。今日雖有小林先生在座。不便深言。然大日本國既知與我國有唇齒之誼。必望我國有人。我國時事正艱。交涉匪易。倘有應爭之事。定當隨事力爭。就切近而言。即與大日本有所爭執。必當以理力爭。無所退讓。爭之不可。宜明進退之節。諷勵盈朝。即可翛然遠引。以讓能者。公使聞此。勃然急應曰。

那很好。我服官三十年。什麽官都做過。你們當我眞戀棧麽。本大臣因 天恩高厚。沒有法子。罷了。你們在這兒不是說話。盡是擡杠。這算什麽意思。去年就有一班學生到公使館。竟把公使混罵。本大臣從前做過鎭江道。去年學生內有一個姓朱的。還是我的部民。我在鎭江的時候。他還止有十八九歲。他那一天一見。就當了面叫我和甫。

諸君曰。我們是來求欽使咨送入學的。並且守了小林先生之約。一點亦不敢無禮。公使曰。

罵是由他罵。本大臣從前在德國。在英國。在法國。常看他們的新聞紙。連他的總統都要罵。所謂良藥苦口利於病。

吳君曰。欽使不去官。因爲　天恩高厚。學生便不敢附和。公使大怒曰。

嚇。天恩高厚。你還不以爲然麽。還有什麽話對你說。

吳君曰。請公使毋怒。以我國聖賢古訓而言。普天率土。誰非蒙　天恩高厚者。公使乃盡職之官。苟能盡職。盡人可爲。豈有高厚之　天恩。獨私於公使之理。今欽使因爲公使而念　天恩之高厚。似朝廷以公使一官爲　天恩獨高厚於欽使。頗非　朝廷之盛德。故學生不敢附和欽使之言。公使聞之。怒雖甚。姑默然。

吳君又曰。詬人罵人。雖於路人不可。何況公使。至於極言諫諍。時當叔季。正當提倡此風。即敬謹至於事君。所謂忠焉而誨。勿欺而犯。孔子之言。斷非紿人。孟子又曰。責難於君謂之恭。陳善閉邪謂之敬。吾君不能謂之賊。我國滔滔皆賊。故國事日以頹敗。學生等雖不獲諫諍於朝廷。而就見長者。亦不敢唯阿取媚。以隨人後。故欽使當爲諍臣。學生於欽使願爲諍學生。此次吳先生來日考察。亦何等任大責重。尙冀欽使與吳先生。痛洗官場敷衍舊習。

即如留學一事。所來學生。不患其意氣過高。但憂其品行卑劣。時勢至此。正不宜敷衍謬論。藏頭盖尾。爲無謂之忌諱。同文滬報曾載袁總督之言。雖不能審其虛實。而議論至爲平允精確。其言曰。有人問袁督。蔡使以密書阻留學。其事信否。袁督云。其書大抵不實。至留學一層。中國尙無學可學。不能不借資於日本。若憂至日本。將浸灌於平等自由之說。則豈知平等自由之理。歐美實以之立國。即禁學生不外游。能禁譯書不內輸乎。吾意平等自由之說。苟利用之。安知不有利於國家。吾所慮東游之學生。惟冶游飲博。爲可念耳。以袁總督之言驗之。某公子則爲踰閑之行。某軍人等則好窺鄰之女。留學生名譽之墮地。將由此輩。欽使極當注意。不必全於開敏之士。深加遏抑也。

當吳君暢陳右說。公使方有所思。如不欲聞。吳京卿小林氏並止吳君。勿於題外着議論。吳君唯唯。遂中前說。欲公使許三事。其一、嗣後學生。有願入成城學校者。苟得妥實留學生五人互保。公使即應咨送。其二既已咨送。日政府無故咨駁。即應力爭。其三。力爭不應要之以辭職。小林氏以爲辭職之言。非學生所當出。吳君曰。誠是。然以先生之明。不難知我國官場之習。僅僅言力爭。安知公使之左右異日並未力爭。不謬以力爭再三爲對。則學生於何取證。故求公使以辭職相要者。特欲推而至於極。以表公使之能爲學生盡心耳。且以今之公使。淡於榮利。爲非常人。故敢以辭職爲諷。若彼頑鈍無恥之公使。固不欲以此言聒其耳也。

語未終。見有人自後曳公使之衣者再。公使乃發盛怒。厲聲曰。

你駡我頑鈍無恥。我就算頑鈍無恥。你瞧不起本大臣。便是瞧不起　朝廷。本大臣還能同你們說話麼。

恨恨拂衣而出。口尙厲聲呵駡。其語不可辨。（未完）

本報各代派處

如有欲閱本報者請向下開各處所定購或逕寄函本社購取亦得但必須將報費郵資先行付下本社自然按寄無悞

上海總代發行所廣智書局
又四馬路同文滬報館
又四馬路惠福里選報館
又四馬路惠福里采風報館
又四馬路廣學會邱禮清先生
又四馬路望平街中外日報館
又五馬路寶善街普通學報館
又大東門內育材書塾王培孫先生
又樊王渡約翰書院晋偷先生
東京譯書彙編社
又神田東京堂
長崎新地宏昌號
朝鮮仁川怡泰號
天津日日新聞社
又大公報館
烟台順泰號
北京琉璃廠日日新聞分社
又琉璃廠西門內有正書局
又燈市口廣學會
南京花牌樓中西書局
又夫子廟前明達書莊
又三牌樓西明達別墅
又鐵湯池益智書局
安慶拐角頭院省藏書樓
蘇州蕭家巷姚公館方康安先生

又同里鎮任閣學第陳佩忍先生
吳中圖書會社
無錫北門內道長巷梁溪務實學堂
常州城內青雲里楊第
又打索巷許芝年先生
杭州浙西書林
又東文學社
又梅花碑方言學社
又白話報館韓靜涵先生
又回回堂史學齋
又三阯橋總派報處董青心先生
揚州新勝街東文學社
又政法學會
紹興東湖通藝學堂孫翼中先生
南昌百花洲廣智書莊
又馬王廟背賦梅山房
又馬王廟背陶君節先生
如皋東門朱獻侯先生
漢口黄陂街江左漢記
成都學道街算學書局
温州正和信局
福州南臺閩報館
汕頭今學書局
又育善街嶺東日報館
又振邦街上海莊黄敬堂先生

香港上環海傍和昌隆
又荷李活道聚文閣
又中環水車館後街錦福書坊
廣東省城雙門底開明書局
又聖教書樓
又黄文裕公祠內萃盧
又大馬站口林裕和堂
又十八甫華洋書局
海防同昇昌陳竟龔先生
石叻大馬街謙和號
巴城大港居聯興號
庇能檳城新報館
吉隆王澤民先生
暹羅陳斗南先生
檀香山新中國報館
域多利埠廣萬豐號
域多利二埠英泰號
温哥華埠永生號
砵崙李美近先生
舊金山文興報館
又中西報館
個郎羅藻雲先生
雪梨方澤生先生
美利畔黄世彥先生
紐西崙呂傑先生

日本專門學校教授松平康國著
新會 梁啓勳 譯述
飲冰室主人 案語

世界近世史

（近刊）

史也者敘述羣治之原因結果也因果不一而最繁賾者莫如近世史近世史者十九世紀史之母也此編起十五世紀末迄十八世紀其中如學問之復興宗教之革命君權之變遷諸大業皆孕育百年來之文化者也故欲知最近世史之果不可不求其因於近世史此篇爲專門學校講義煌煌巨帙東國史籍中第一善本也譯者夙有家學文辭斐然復經飲冰室主人校閱加案語百餘條將書中要點逐一剔出以卓特之學識雄奇之文筆論斷之而一以資鑑於我祖國學者苟讀一過則於史學之常識思過半矣現已付印

浮田著西洋上古史現已開譯過半敬告海內諸君勿複譯爲幸 梁啓勳謹白

發行所 上海英界同樂里 廣智書局

明治三十五年八月四日發行
第三種郵便物認可
新民叢報第十三號

第拾肆號

光緒二十八年七月十五日
明治三十五年八月十八日

◎本號要目

日本三大政黨首領像
續論自尊（新民說十三）
格致學沿革考略
歷史與人種之關係
意大利建國三傑傳
論世界經濟競爭之大勢
捫蝨談虎錄
尺素六千紙
新知識之雜貨店
愛國女兒傳奇
十五小豪傑
飲氷室詩話
蔡使第二次要求日本警察入署拘捕學生始末記

每月二回朔望發行

新會梁任父先生著

飲冰室文集

香山何天柱編

飲冰室主人爲我國文界革命軍之健將其文章之價値世間既有定評無待喋喋此編乃由其高足弟子何君所編凡**著者數年來之文字搜集無遺**編年分纂凡爲八集曰丙申集丁酉集戊戌集己亥集庚子集辛丑集壬寅集而以**韻文集**附於末焉其中文字爲**各報所未載者**亦復不少煌煌數百萬言無一字非有用之文雖謂中國集部空前之作殆無不可卷首復冠以著者所作**三十自述**一篇及**照像三幅**一爲**時務報時代造像**二爲**清議報時代造像**三爲**新民叢報時代造像**海內外君子有表同情於飲冰室主人者乎得此亦足代嚶鳴求友之樂也**現已付印**不日出書

發行所 上海英界南京路同樂里 **廣智書局**

新民叢報第拾四號目錄

光緒二十八年七月十五日

二

售報價目表

全年廿四冊	半年十二冊	每一册
五元	二元六毫	二毫五仙

美洲澳洲南洋[illegible][illegible]各埠全年六元半年二元二毫零售每冊三毫正郵稅每冊壹仙外埠六仙

廣告價目表　刊資先惠　論前加倍

一頁	半頁	一行四號十七字起碼
十元	六元	二毫八仙

凡欲惠登告白者須于本報定期發刊之前五日交到價須先惠欲登長年半年者價當面議從減

編輯兼發行者　馮紫珊

印刷者　西脇末吉
橫濱山下町百五十二番館

發行所　新民叢報社
橫濱山下町百五十二番館　信箱二百五十五番

印刷所　新民叢報社活版部
東京神田區表神保町三番地

東京發賣所　東京堂

本社廣告

本報第九號第十一號所附印之東籍月旦全書凡二百餘葉每號多附印則無餘紙可容若一册數葉恐非一年所能完結今經同人慫慂別爲單行本以供先覩之快現由著者自行增補校定下月便當附印告成特此佈聞

湘鄉周逵譯

英國憲法論

日本天野爲之原著
石原健三

本局認憲法思想爲中國今日第一急務故所聘通人著譯之書多注重於此點湘鄉周伯勳先生**前著憲法精理**及**萬國憲法志**已受一時學界之歡迎今復譯此編以餉學者其自序云**英國憲法列國憲法之母也**曰三種鼎立曰兩院之制曰司法之獨立曰議員之言論自由曰大臣責任之主義曰陪審制度皆列國今日憲法之大原則而究其原由皆取範于英國**故欲知立憲政治之眞相則先當明英國之制度**云云亦可見此書爲政治學上第一重要之籍矣至**著者爲日本斯學大家**譯者之學識文章既爲江湖所同認無待本局詞費也現已付印不日出書

上海 **廣智書局**

國憲汎論

憲法爲立國之本稍有文明思想者皆能知之矣此書爲日本名士小野梓先生所著其所以特優於羣書者以此書之著有日本未開國者以前當時東人猶未具知憲法之眞相著者君筆徵博引條分縷晰搜列各國名儒學說而折衷其是非非偏引各國憲法成例而剖斷其得失日本人能成爲立憲國國民受此書之賜居多焉而今日之中國人讀之尤爲適當矣因亟譯之以餉同胞原書博大浩瀚今先將上中卷出版以供先覩之快焉不日出書

日本市島謙吉著

政治原論

現已出書　定價七角五分

欲求治政術者不可不通政治學而欲通政治學者尤當提綱挈要先擇其通要者讀之本書在日本學界中號稱名著都分三卷上卷論政体中卷論憲法下卷論行政廣搜衆說證論明通凡國家機關所由組織之故讀此自能了然誠有志經世者必讀之書也本局特爲選譯以餉我學界至于譯筆之條暢明達讀者自知不待贅言

發行所　上海英界南京路同樂里　廣智書局

新書出版廣告

德國伯倫知理著

政治學小叢書第一種

國家學綱領

全一冊　定價一角二分

伯倫知理爲國家學第一鉅子其書一出而全世界之政治思想爲之一變譯者爲廣開民智起見特擷其綱領先爲一小冊載之於小叢書中學者先卒業此編則於政治學之門徑思過半矣

日本法學博士有賀長雄著

族制進化論

全一冊　定價三角

進化主義今日磅礴於學界矣家族爲國家之基爲人羣之本故言進化者必推本於是焉本書有賀博士爲日本近今第一等碩儒所據原本著者英國鴻哲斯賓塞而多爲引東方之例以證之有志哲理者不可不研究也

胎內教育

全一冊　定價三角

中國古有胎敎之義但不過空談近世學理日明此事乃可以實踐此書發明人身生生之理形魂相感之說以爲進種改良之第一着手爲人父母者不可不家置一編也

欲爲一家求亢宗之子弟不可不讀此書

欲爲一國養善良之國民不可不讀此書

發行所　上海南京路同樂里　廣智書局

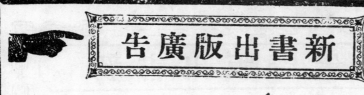

廣智書局

廣智書局出書廣告

飲氷室主人輯

中國魂

全二冊　定價四角

本書採集近今名士所著論說專以發揚國民精神爲主精思偉論光燄萬丈一字一淚一棒一喝凡中國血性男子不可不一讀也

東亞將來大勢論

全一冊　定價二角

東亞之風雲日漸危急生斯土者莫不汲汲焉欲知其將來之大勢何如此書即解釋此問題也憂國之士盍一讀之

美國博士靈綬著

十九世紀末世界之政治

全一冊　定價四角五

凡言時務不可不知最近之形勢不然摭拾故紙影響之談未有不貽笑大方者此書專發明**民族帝國主義**之趨勢及其**關係於中國**之原因結果目光如炬在泰西號爲近今名作而我中國人讀之其受棒喝之益者尤多矣

日本三政黨首領

前自由黨
伯爵板垣退助

立憲政友會
侯爵伊藤博文

進步黨
伯爵大隈重信

萬里長城

明長陵(永樂之陵)

論說

新民說十三

中國之新民

第十二節之續　論自尊

凡自尊者必自治人何以尊於禽獸人有法律而禽獸無之也文明人何以尊於野蠻文明人能與法律相浹而野蠻不能也十人能自治則此十人者在其鄉市爲一最固結之團體而可以尊於一鄉市百人能自治則此百人者在其省郡爲一最固結之團體而可以尊於一省郡千人萬人能自治則此千人萬人者在其國中爲一最固結之團體而可以尊於一國數十百千萬人能自治則此數十百千萬人者在世界中爲一最固結之團體而可以尊於全世界其在古代斯巴達以不滿萬人之國而獨尊於希臘其在現世英國人口不過中國十五分之一而尊於五洲何也皆由其自治之力强法律之觀念重耳蓋人也者必非能以一人而自尊者也故必其羣尊然後羣內之人與之俱尊而彼此自治力不足則羣且不成尊於何有我中國人格所以日趨於卑賤其

病源皆坐於是。

凡自尊者必自立。莊子曰『有人者累。見有於人者憂』故夫大同太平之極。必無一人焉能有人。亦無一人焉見有於人。泰西之治。今猶未至也。而中國則更甚焉。其人非有人者。則見有於人者。故君有民。民見有於君。父有子。子見有於父。夫有婦。婦見有於夫。一室之中。主有僕。僕見有於主。一鋪店之中。股東有伴傭。伴傭見有於股東。一黨派之中。黨魁有徒衆。徒衆見有於黨魁。通四百兆人而計之。大率有人者百之一。見有於人者百之九十九。而此所謂有人者。時又更有他人焉從而有之。（如婦見有於夫。其夫或見有於其夫之父。其夫之父或又見有於其所屬之鋪店之主人衙署之長官。而彼等又見有於一二民賊之類。若是者。其級數無量。不可思議。雖恒河沙世界中一一蓮花。一一花中一一佛。一一佛身一一口。一一口中一一舌。說之猶不能盡。）若是乎吾國中雖有四百兆人。而其見有於人者。實三百九十九兆強也。凡見有於人者。則喪其人格。（泰西慣例。婦人大率無選舉權。以其見有於男子也。餘仿此。）若是乎則此四百兆人中。能保存人格者復幾何哉。是安得不瞿然驚也。夫吾之爲此言。非謂欲使人盡去其所尊所親者。而倔強跋扈以爲高也。乃正所以爲合羣計也。凡一羣之中。必其人皆有可以自立之道。然後以愛情自貫聯之。以法律自部勒之。斯其羣乃強有力。不然。則羣雖衆。而所倚賴者不過二三人則仍只能謂之二三人不能謂之羣也有兩家於此甲家則父母妻子兄弟皆能有所業以食力餘粟餘布各盡其材乙家則仰事俯畜皆責望於一人則其家之孰榮孰悴豈待問也有兩軍於此甲軍則卒伍皆知兵不待指揮而各人之意見旣與主帥相針射號令一下則人人如其心中所欲發乙軍則惟恃一二勇悍之首領而他如木雞然則其軍之孰贏孰負豈待問也夫家庭與軍伍其制裁之當嚴整殆視他種社會爲尤要矣而其自立力之萬不可缺也猶如此故凡有自尊思想不欲玷辱彼蒼所以予我之人格者必以先求自立爲第一要義自立之具不一端其最顯要者則生計上之自勞自活與學問上之自修自進也力能養人者上也即不能而不可不求足以自養學能濟人者上也即不能而不可不求足以自濟苟不爾者欲不倚賴人烏可得也專倚賴人而欲不見有於人烏可得也夫倚賴人非必志士之所諱也然我有所倚賴於他他亦有所倚賴於我互相倚而羣之形乃固焉若一則專爲倚賴者一則專爲被倚賴者其羣未有能立即立未有能久者也英人常自誇曰『他國之學校可以教成許多博士學士我英之學校則只能教成「人」而已』人者何人格之謂也而求

英人教育之特色所以能養成此人格者則惟授之實業而使之可以自活授之常識而使之可以自謀而盎格魯撒遜人種所以高掌遠蹠於全世界能有人而不見有於人者皆恃此焉矣

凡自尊者必自牧易曰謙謙君子卑以自牧自牧與自尊寧非反對之兩極端耶雖然有說焉自尊云者非尊其區區七尺也尊其爲國民之一分子人類之一阿屯也故凡爲國民一分子人類一阿屯者皆必如其所尊以尊之故惟自尊者爲能尊人臨深以爲高加少以爲多其爲高與多也亦僅矣殺人以自生亡人以自存其爲生與存也亦殆矣故夫沾沾一得趾高氣揚者其必器小易盈之細人也甚或人之有技媢嫉以惡者其必濁卑下流之鄙夫也細人鄙夫其去自尊之道不亦遠乎吾觀夫西人之所謂 Gentleman（此字中國語無確譯俾斯麥嘗謂此英語中最有意味之字也若强譯之則君子二字庶乎近焉）者其接人也皆有特別一種溫良恭儉讓之德雖對婢僕其禮逾恭有所命令必曰 Please（含懇請之意）有所取求必曰 Thank You（謝也）蓋重人者人恒重之侮人者人恒侮之勢必然矣況夫人也者參天兩地列爲三才吾之能保存其高尙之資格也不過適完其分際上應盡之義務而何足以自炫

燿也。是故欲立立人，先聖所以垂訓，貢高我慢，世尊所以設戒。

凡自尊者必自任。一羣之人芸芸也，而於其中有獨爲羣內之所崇拜者，此必非可以力爭而術取也。必其所負於本羣之責獨重，而其任之也獨勞，則衆人之所以酬之者，自不期然而然，莫之致而至。其自任也，非欲人之尊我而以此爲釣也，彼實自認其天職之不可以不盡，苟不爾者，則爲自貶，爲自汚，爲自棄，爲道義上之自鬻，爲精神上之自戕。是故逾自尊者逾自任，逾自任者逾自尊。自尊之極，乃有如伊尹所謂天民先覺，如孟子所謂舍我其誰，如佛所謂普度衆生，爲一大事出世，豈抹煞衆人以爲莫已若哉？蓋見夫己之責任則已如是，而他人之能如是與否，且勿暇計也。抑吾嘗見夫老朽名士與輕薄少年之自尊矣，摭拾區區口耳四寸之學問，吐出訑訑氣燄萬丈之言詞，目無餘子，而我躬亦不知何存，口有千秋，而雙肩則不能容物。吾昔曾爲呵旁觀者文，內一條寫其形狀曰。

四曰笑罵派（中畧）既罵維新，亦罵守舊，既罵小人，亦罵君子，對老輩則罵其暮氣已深，對青年則罵其躁進喜事。事之成也，則曰豎子成名，事之敗也，則曰吾早料及，彼輩常自立於無可指摘之地何也不辦事故無可指摘旁觀故無可指摘已不辦事而立於辦事者之後引繩批根以嘲諷掊擊此最巧黠之術而使勇者所以短氣怯者所以灰心也(中畧)譬之孤舟遇風於大洋彼罵風罵波罵大洋罵孤舟乃至徧罵同舟之人若問此船當以何術可達彼岸乎彼等瞠然無對也何也彼輩藉旁觀以行笑罵失旁觀之地位則無笑罵也

嗟夫自尊者本人道最不可缺之德而在今日之中國此二字幾成詬病之名詞者皆此等僞自尊者之爲畧也諺曰『濟人利物非吾事自有周公孔聖人』夫周公何人也孔聖人何人也顧同此員趾同此方官同此五支同此四而必曰此也者彼之責任非我之責任也天下之不自愛孰有過是也而若之何彼僞自尊者竟奉此語爲不二法門也

朱子曰教學者如扶醉人扶得東來西又倒吾今者爲我國民陳自尊之義吾安保無誤讀之以長其暴慢鄙倍之氣增其驕盈予智之心以爲公德累爲合羣蠹者雖然吾旣略陳其界說爲自尊二字下一定義吾敢申言之曰凡不自愛不自治不自立不自

牧不自任者決非能自尊之人也五者缺一而猶施施然自尊者則自尊主義之罪人也嗟乎因噎固不可以廢食懲羹固不可以吹虀吾深憂夫人人自尊之有流弊吾尤憂乎人人不自尊而此四百兆人者且自以奴隸牛馬爲受生於天之分內事而此種自屈辱以倚賴他人之劣根性今日施諸甲明日即可以施諸乙今日施諸室內明日即可以施諸路人施諸仇敵嗚呼吾每接見夫客之自燕來者問以吾國民近日對外之情狀未嘗不淚涔涔下也嗚呼吾又安能已於言哉

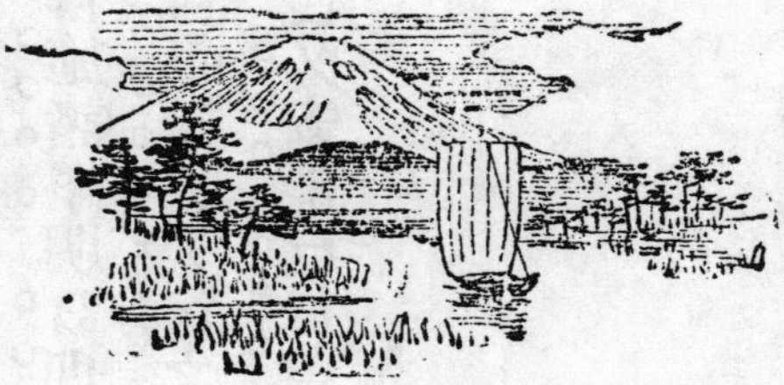

學說

格致學沿革考略（續第十號）

中國之新民

第二節之續　中古格致學史

哥侖布士 1451-1506 尋出阿美利加洲以來。既有許多新奇生物。足供博物之資。而方位角變化之發明。亦實自此君始。惟伏角之變化。則哈爾特曼 1489-1564 之所發見也。

十四世紀亞兒迦美最盛之時代。考出種種物質甚衆。當時有華靈毡士者。大名鼎鼎之學者也。嘗考出「安支孟」以爲一種原質之中有許多化合物生焉。其所說明與近來之說不同。彼謂物質可以互相變化。又於迦比爾所定硫黃水銀兩原質之外。加以鹽爲第三原質。然則據迦比爾及華靈毡士之說。是化學一定之物質。非各自獨立。不過某種物質內有一種特質附之耳。華靈毡士之三原質。比亞里士多德之四原質稍爲進步。以其基于實驗者多也。

華靈毡士研究鹽類。實爲藥學時代之先河。藥學時代。以製出貴重藥品爲務者也。其專門名家。有巴拉舍呂士 1493-1541 黃耶孟德 1577-1644 彼等不特能多製藥品而已。巴氏既能發明水質。黃氏又能發明無水炭酸。謂凡物發酵之際。而無水炭酸生焉。化學上氣質之名。由黃氏所命也。

其在天文。則自歌白尼所著天文學一書出世。於是星學爲一大進步。彼嘗疑勃列摩士所列之天文統系。過于複襍。與自然界純一美麗之公例不合。因殫精覃思。深考其故。卒創純一統系之說。以爲地球繞日周轉。此其說實前者亞歷山德亞學校之學者所曾見及也。彼所持論。身後始公于世。故得幸免于危難。而信其說者尚寡。此亦有故焉。蓋當時未明吸力之用。故人人皆疑曰。地球苟常繞動。則拋物於上者。何以其物復墜於下乎。星學大家哲可勃辣。亦以此故不採其說。猶以爲五緯星繞太陽。而太陽繞地球。此實前者利瑪竇輩所傳授中國之天文說也。雖然。歌白尼既能詳細考察。其說遂爲後世佶諸不拉 1546-1601 之所憑藉。當時又有拿俾 1550-1617 普立俄 1556-1631 等發明對數之理。以測算星學。使學者事半功倍。至辣因荷 1511-1553 遂採用歌白尼所定統系作星學表。及法皇俄列哥里第十三。爲防耶穌生日有所變亂。因於一千五百八十二年。改正曆學。所謂俄列哥里曆是也。自是所謂舊曆者唯藉俄羅斯用之。僅保殘喘耳。

哲可勃辣耶所以反對地球繞運之說者。以不審繞動之定例也。至卑聶剔治 1530-1590 始證明圓體運動由于兩直線運動之結果。謂物體既欲自線之盡處離去。而爲離心力。又常向于中心。而爲向心力者也。雖然其所說尚未能使此問題了無疑義。及布爾諾 1550-1600 因見自船檣上拋物向下。不問其船之動定。所落常在于一處。遂持此例以駁哲可勃辣。謂歌白尼之說。顛撲不磨。其引證可謂直捷明切。乃當時守舊者流。謂爲違背教義。處以焚刑。眞理與僞理不相容。新學與舊學常相搏。古今同慨矣。

動力之定例。至斯的文 1548-1620 而益發明。力之爲三角形。亦彼所創說也。其所言流質之壓力。及流質中物體之平均。皆獨有心得。惜其所著書用荷蘭語。故當時之人未能盛傳其說。眞遺憾也。

其在光學。則摩羅臘士 1494-1575 始研究光線之屈折。嘗述眼球中「靈珠」之作用。更釋近視遠視之理其後有達坡陀 1538-1615 亦肆力于光學者。其在磁氣學電學則希爾巴 1540-1603 以地球磁石說見稱於時其所持之說後經赫松 1611 卒 拔豐 1584-1622 之推論遂確定焉希爾巴知玻璃硫黃之類摩擦至熱皆可以攝取輕物名其質曰電氣其智識又比德黎進一步矣。

其時英國碩儒倍根 1561-1626 出焉嘗著一書論講求科學之方針以爲欲明眞理當自實驗始不可任意推測循臆見以武斷雖然其書未爲當時所重也。

其在生物學當亞里士多德學說披靡一世之時有欲將一切新智識融會而貫通之者三人焉曰德瑪康鎮布 1186-1263 曰亞比波士撻 1193-1280 曰文貞波威 1264 卒 皆留意於物種分類有所發明而華渣里堯 1514 生 以醫學聞專力解剖之術指出人類與他種動物骨骼之差異以正雅靈士之誤偶因解剖人體政府惡之將處極刑倖而得免是實新解剖學之始祖也。

家士尼 1516-1565 德國人也能通希臘拉丁法蘭西意大利英吉利語漫遊諸國查考「符羅刺」及「符歐那」始作動物標本室及植物園查驗植物之可充藥用者幾中

毒死。著一書詳言動物之出産情狀習慣皆得自實驗或其友人之實驗者。實今世動物學之初祖也。彼於植物亦盡心考究爲之分類。以花與種爲基礎。又嘗查地中鑛産及花岡石火成石水成石等著有專書。而迦渣片士分植物爲草本木本。又因種子而分爲十五類。學者知雄花之作用實自彼始而精細查考。盡窺其奥則至近世卡米拉琉始告成功。

以上叙中古格致學史竟。其時代斷自十六世紀之前半。實爲過渡時代。其於各科一定之統系未能確立也。

第三節　近古格致學史

近古格致學各有專門。皆不泥于舊說。大有進步。其在星學。則有卡利列 1564-1642 創造千里鏡。以上觀天象考出木星之衛星（即繞木星之月也）又知月中有山知天河爲衆星集合之地。知土星有光環繞之因見太陽之黑點而知其繞本軸自轉。遂敢犯舊教之所忌遽將歌白尼之説。公之於世。以此獲罪下獄。後僅得免。當時又有吉布列者 1571-1630 因哲可勃辣之所測推出三定例焉。卡利列之千里鏡以凸面「靈珠」與凹面靈珠相合而成。彼乃改用兩凸面靈珠。以便於觀測。至其身世所遇之艱難。與卡利列同慨。

卡利列不特於光學星學能考出新理而已。彼以爲物之下墜。無論如何物體。其速率必同。因著爲拋物公例。其動力平行四邊形。亦其所創見。與葛珊智 1592-1655 笛卡兒 1596-1650 所謂慣性定例。共爲力學基礎。擺子之理。彼自少年已從事研究。後欲利用之以製鐘表。考出擺子長短與振動時刻。大有關係。其後李舍又知緯度不同者。振動時間爲之差異。於是擺子之公式。與重力之加速度。始可得而算焉。

卡利列又創造寒暑針（或曰其弟子威華尼所作或曰德列比若符辣特所發明皆非也）乃利用空氣之膨脹者。其弟子復改訂之。至啡芝能第二 1610-1670 始用酒精以造流質寒暑針。

卡利列雖知空氣確有重量。而就其壓力實驗有得者。則其弟子德里舍利之力也。1608-1648 其後伯利耶因巴卡爾 1623-1662 之說而詳察之。益足證明其所實驗之不誤。晴雨表於是乎作。

同時有培兒 1626-1691 及瑪利乙 1620-1684 考出氣質之壓力與體積。凡在一定溫度之下則有一定之關係。是爲壓力表之根據。亞孟頓 1663-1705 考出在一定容積之下。其壓力與溫度有一定之關係。而空氣寒暑針益加改良。至十九世紀迦婁薩及達爾頓復發明此理。世人遂不復知爲亞孟頓之創作。可謂數典忘其祖矣。迦婁薩嘗言是沙見所考得者」

卡利列名滿一時。各國負笈從遊者日衆。而最稱高足弟子者爲迦立迦 1602-1686 嘗創造空氣噴水筒。又嘗作起電機。知以小物投之。爲其所吸。復旋爲所距云。

近古格致學第一名家。當推奈端。稍治斯學者所能知也。卡利列卒之年 1642 而奈端生。住世八十五年。以千七百二十七年卒。學界非常之榮譽以卒。奈端因吉布列之三定例。闡明吸力公理。而利用之以測算天體之質量。又發明潮汐與吸力相關之理。不特爲天算學一切之基礎。而於思想界亦有絕大之影響焉。又說明物質化合之理。蓋奈氏以前。考物質者常斷斷焉於質原之平面或凸凹面。以爲於化分大有關係。自奈氏出。始知爲無用云。

吉布列之三定例。（其一）謂各行星以太陽爲中心而成橢圓形之運動。奈端演之曰。行星動於中心周圍之力。因其與中心距離平方爲反比例而各生差異也。（其二）謂橢圓之面積與行星運動歸原之時刻成比例。奈端演之曰。使行星常從於其軌道之力。即所以使其常向於太陽也。(其三)謂行星之距離及歸原時刻常結合於一定例之下。奈端演之曰。凡行星之吸力常向於太陽。非有差異。但因其吸力與中心之距離之差而變其形耳。奈氏此三定例之發明。實爲百世以下言力學者所莫能難也。惟圓體運動擺子運動之法則。則其功不可不歸諸海京士 1629-1695

海京士於實用力學。勞績最著者。爲創造時辰表一事。自卡利列及其弟子屢思作時表種種計畫。卒未能成。海京士不惟能造成懸擺之時表。而更研究彈性之作用。創爲法條之時表。而當時助其成功。發明彈性與等時性之原理者。則福喀氏 1626-1703也

奈端與海京士。皆於光學上大有所盡力。奈端發明光之分散。有一定原則。使笛卡兒以虹證光之說。益加完備。獨其考光色分散之量。與屈折之量相比例。謂屈折望遠鏡。到底不能臻於精巧。是其謬誤也。後此荷爾及多倫德 1706-1791 嘗駁正之。其時奈端主張光之射出。海京士主張光之波動。皆與希臘時代學者所論異。其撰至十七世紀之末。射出說最有力。故奈端之盛名。終非海京士所能及也。

顯微鏡之改良。自福喀始。相傳創作之者爲顚星氏。然據卡利列所說。則一六二三年。羅馬已有其物。則其發明之在前古。可以概見。但自福喀以後。顯微望遠兩鏡之製造。皆大有進步云。

笛卡兒曾關於光之速度有所論述。至黎美爾 1644-1710 指正其誤。後五十年復有布辣德黎者。言光之蒙氣因以算其速率。愈得精確。而此蒙氣說。又爲地動說添一有力之論據。

寒暑表漲落之學理。至法靈海特 1686-1736 黎阿迷爾 1683-1757 沙晃 1701-1744 三氏而始大成。寒暑表之盛行。實自茲始。

（此節未完）

歷史

中國之新民

新史學四

歷史與人種之關係（續懸談二）

歷史者何。敍人種之發達與其競爭而已。舍人種則無歷史。何以故。歷史生於人羣。而人之所以能羣。必其於內焉有所結。於外焉有所排。是即種界之所由起也。故始焉自結其家族以排他家族。繼焉自結其鄉族以排他鄉族。繼焉自結其部族以排他部族。終焉自結其國族以排他國族。此實數千年世界歷史經過之階級。而今日則國族相結相排之時代也。夫羣與羣之互有所排也。非大同太平之象也。而無如排於外者不劇。則結於內者不牢。結於內者不牢。則其羣終不可得合。而不能占一名譽之位置於歷史上。以故世界日益進步。而種族之論。亦日益昌明。嗚呼。後乎此者。其有種界盡破。萬國大同之郅治乎。吾不敢知。若在今日。則雖謂人種問題。爲全世界獨一無二之問題。非過言也。

有「歷史的」人種有「非歷史的」人種等是人種也而歷史的非歷史的何以分焉、曰能自結者爲歷史的不能自結者爲非歷史的何以故能自結者則排人不能自結者則排於人排人者則能擴張本種以侵蝕他種駸駸焉壟斷世界歷史之舞臺排於人者則本種日以陵夷衰微非惟不能擴張於外而且澌滅於內尋至失其歷史上本有之地位而舞臺爲他人所占故夫敘述數千年來各種族盛衰興亡之跡者是歷史之性質也敘述數千年來各種族所以盛衰興亡之故者是歷史之精神也

近世言人種學者其論不一。或主張一元說。而以爲世界只有一人種。或主張多元說。而區分爲四種。康德爲五種。布曼伯爲六種。巴科安爲七種。韓特爲八種。亞加智其多者乃至十一種、十五種十六種、二十二種、六十種。其最多者分爲六十三種。巴喀甚者以言語之分而區爲一千乃至二千餘人種。然今所通行則五種之說。所謂黃色種白色種棕色種黑色種紅色種是也。或以南洋羣島太平洋羣島紐西崙諸土人、及中亞美利加之土人合於黃種。以澳洲南印度之土人合於黑種。而成爲三大種。今勿具論要之緣附於此摶摶員輿上之千五百兆生靈。其可以稱爲歷史的人種者。不過黃白兩族而已。今條其派別如下。

歷史的人種

(二)黃種

- (甲)
  - 中國人
  - 日本人
  - 朝鮮人
  - 暹羅人
  - 其他亞細亞東部之人
- (乙)
  - 蒙古人
  - 韃靼人
  - 鮮卑人(即今西伯利亞人)
  - 其他亞細亞北部中部之人
- (丙)
  - 土耳其人
  - 匈加利人
  - 其他在歐洲之黃種人

- (甲)哈密忒人種 Hamitic
  - 埃及人
  - 里比亞人
  - 哥士人(居阿剌伯及埃及之南)
- (乙)沁密忒人種 Semitic
  - 亞西里亞人
  - 巴比倫人
  - 腓尼西亞人
  - 希伯來人(猶太及以色列)
  - 亞剌伯人

(二)白種

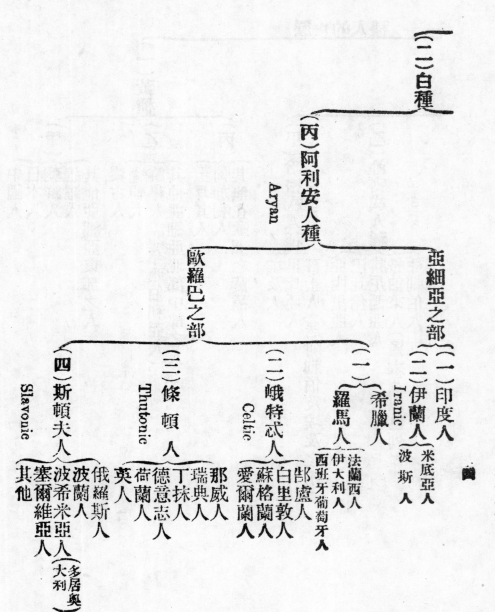

- (丙)阿利安人種 Aryan
  - 亞細亞之部
    - (一)印度人
    - (二)伊蘭人 Iranic
      - 米底亞人
      - 波斯人
  - 歐羅巴之部
    - (一)
      - 希臘人
      - 羅馬人
        - 法蘭西人
        - 伊大利人
        - 西班牙葡萄牙人
    - (二)峨特式人 Celtic
      - 郜盧人
      - 白里敦人
      - 蘇格蘭人
      - 愛爾蘭人
    - (三)條頓人 Thutonic
      - 那威人
      - 瑞典人
      - 丁抹人
      - 德意志人
      - 荷蘭人
      - 英人
    - (四)斯頓夫人 Slavonic
      - 俄羅斯人
      - 波蘭人
      - 波希米亞人(多居奧大利)
      - 塞爾維亞人
      - 其他

同爲歷史的人種也。而有「世界史的」與「非世界史的」之分。何謂「世界史的」。其文化武力之所及。不僅在本國之境域。不僅傳本國之子孫。而擴之充之以及於外。使全世界之人類受其影響。以助其發達進步。是名爲世界史的人種。吾熟讀世界史。察其彼此相互之關係。而求其足以當此名者。其後乎此者。吾不敢知。其前乎此者。則吾不得不以讓諸白種。不得不以讓諸白種中之阿利安種。而於其中復分爲兩大時期。前期爲阿利安種與哈密忒沁密忒兩種合力運動時代。後期爲阿利安種獨力運動時代。於前期之中。復分爲三小時期。一哈密忒全盛時代。二沁密忒全盛時代。三阿利安與哈沁融合時代。於後期之中。亦分爲三小時期。一臘希羅馬人時代。二條頓人時代。三斯拉夫人時代。（所謂各時代者非此時代終而彼時代乃始也其界限常不能甚分明往往後時代中仍抱前時代之餘波前時代中已含前代之種子不過就其大勢略區別之以便稱呼耳觀下文自明）試略論之。

以狹義言之。則歐羅巴文明。實爲今日全世界一切文明之母。此有識者所同認也。歐羅巴文明何自起。其發明光大之者。爲阿利安民族。其組織而導引之者。爲哈密忒與沁密忒之兩民族。若世界文明史而有正統也。則其統不得不託始於哈密忒人代表哈密忒者曰埃及。埃及文明之花。實現於距今四五千年以前於金字塔觀其工藝之偉大。（金字塔者埃及古王之墳陵也其最大者容積七千四百萬立方英尺底濶七百六十四英尺側袤四百八十英尺世界最大之石碑也其能運如許重大之石材上舉於數百丈之高處則其時工械力之大可想）於木乃伊想其化學之發明。（木乃伊者埃及古王之屍體以藥物浸裹之使其不朽至今猶有存者則當時之人已明化學可以概見）尼羅河畔實歷史上最榮譽之紀念場哉。自摩西爲埃及王女所收養徧學其教術吸取其智識既乃率同族以開猶太。（詳見舊約全書出埃及記）是泌密忒文明出於埃及之明證也。（其餘巴比倫叙利亞文明亦得力於埃及不少史家能言其詳）希臘古哲如德黎。Thales 如畢達哥拉。Pythagoras 如梭倫。Solon 如德謨吉來圖、Democritus 如柏拉圖。Platon 皆嘗受教於埃及僧侶。而德謨吉來圖柏拉圖二氏。且躬自游歷埃上。而遏狄加人（希臘四大族之一）之宗教及其羣治制度。多承埃及之遺跡。是阿利安文明出於埃及之明證也。故今日歐洲文明以希臘爲父以泌密忒爲祖以哈密忒爲祖之所自出。雖然哈密忒人能創造之以待人取法者也。泌密忒人能創造之且能傳播之者也。阿利安人能創造之能傳播之且最能取法於人者也。故三族之優劣勝敗於此判焉矣。

哈密忒於世界文明。僅有間接之關係。至泌密忒而始有直接之關係。當希臘人文未發達之始。其政治學術宗教。卓然有牢籠一世之概者。厥惟亞西里亞（或譯叙利亞）巴比倫腓尼西亞諸國。沁密忒人。實世界宗教之源泉也。猶太教起於是。基督教起於是。回回教起於是。希臘古代之神話。其神名及其祭禮。無一不自亞西里亞腓尼西亞而來。新舊巴比倫之文學美術。影響於後代。其尤著者也。腓尼西亞之政體。純然共和政治。爲希臘所取法。其商業及航海術亦然。且以貿易之力。傳播其文明。直普及於意大利。作羅馬民族之先驅。故腓尼西亞國雖小。而關係於世界史者最大。若希伯來人之有摩西耶穌兩教主。其勢力浸潤全歐人民之腦中者。更不待論矣。故世界史正統之第二段在沁密忒人。而亞里西巴比倫希伯來爲其主腦。腓尼西亞爲其樞機。

其在第三段爲世界史之主人翁者。則希臘也。希臘代表阿利安種之一部。其民族則土着之「畢拉士治」Pelasgi人與西遷之阿利安人（阿利安分亞洲之部歐洲之部兩者已詳前表希臘之阿利安則自伊蘭高原西來者也）混合而成者也。阿利安族之所長。在貴自由。重考驗。務進步。惟貴自由。故其於政治也。不甘壓制。而倡言平等。惟重考驗。故其於學問也。不徇現象。而探求原理。惟務進步。故其於社會一切事物也。不泥舊例。而日事革新。阿利安族所以亘數千年至今常執全世界之牛耳者皆此之由而希臘人其最初之登場者也希臘之代表惟雅典與斯巴達雅典右文斯巴達尚武兩者雖不調和而皆足以發揮阿利安族之特性故史家或以今世歐羅巴爲古代希臘之放影以古代希臘爲今世歐羅巴之縮圖非過言也然其民族之團結力祇能建設市府政治不能成就國家政治故雖握霸權於歷史上者七百年卒服屬於他國以致滅亡

其在第四段爲世界之主人翁者則羅馬也羅馬位於古代史與近世史之過渡時代而爲其津梁其武力既能揮斥八極建設波斯以來夢想不及之絕大帝國而其立法的智識權利的思想實爲古代文明國所莫能及集無量異種之民族置之中央集權制度之下爲一定之法律以部勒之故自羅馬建國以後而前此之舊民族皆同化於羅馬如果贏之與螟蛉自羅馬解紐以後而後此之新民族皆賦形於羅馬如大河之播九派今日歐洲大陸諸國其言語文學宗教風俗各不相遠皆由其曾合并於羅馬一統之下浸潤於同種之澤使然也故希臘能吸集哈密忒沁密忒兩族之文明納諸阿利安族中以成一特色而羅馬則承希臘正統舉其所吸集者所結搆者以兵力而

播之於世界雖謂羅馬爲希臘之一亢宗子可也雖然羅馬文明其傳襲希臘者固多其獨自結搆者亦不少如法律之制定宗教之傳播其尤著也

自希臘羅馬以後世界史之主位既全爲阿利安人所占及於羅馬末路而阿利安族中之新支派紛紛出現除拉丁民族（即羅馬族）外則峨特民族條頓民族斯拉夫民族其最著者也峨特民族在阿利安中以戰勝攻取聞其人爲印度阿利安之一派自西歷紀元前四世紀即已侵入歐洲發軔於小亞細亞越今之瑞典德意志法蘭西意大利西班牙諸地直至愛爾蘭之西岸蘇格蘭之高原皆有其足跡焉後乃自中部歐羅巴蹂躪希臘馬基頓蔓延全陸所至競爭鬥恣殺掠使人戰慄故峨特人在世界史上其影響所及亦不尠雖然其人能冒險而不能忍耐故戰勝之結果無一可表見而其血氣之勇終不足以敵羅馬節制之師卒被征服及羅馬亡後遂服屬於條頓人之輭下今之蘇格蘭人愛爾蘭人及法蘭西人之一部實峨特民族性質之代表也

條頓民族之移住歐洲也在拉丁峨特兩族之後而其權力之影響於歷史則過之自中世以後歐羅巴歷史之中心點實條頓人也其民族移動之原因及其年代雖不可

確考。要之自西歷紀元三四世紀。始出現於歐羅東部。而其中有勢力於歷史上者。復分四派。其在東歐者曰高特族。Hoth 其在西歐者曰福倫喀族。Frank 其在北歐者曰撒遜族。Saxon 亦稱日耳曼族其在南歐者曰阿里曼族 Alemann 茲將千餘年 前條頓民族之位置列表如下。

條頓民族

	高特族之位置	福倫喀族之位置
西歷紀元三世紀		居來因河之下流
四世紀	本世紀中葉西高特族始見於多惱河之下流其末葉東高特族自多惱河下流入布加里亞	本世紀中葉入於加利亞建設多數之小王國
五世紀	西高特族建設王國東高特族轉入意大利建國焉	本世紀末葉大敗羅馬軍使法蘭西(指今地)境內不留羅馬隻騎復勝高特阿里曼諸族
六世紀以後	本世紀末葉爲東羅馬帝國所滅其支派占有北日耳曼之地	建設查里曼大帝國成今日歐洲羣雄樹立之勢

之位置沿革表

撒遜族之位置	阿里曼族之位置
自埃士河越埃爾比河宅居於今荷斯頓及丁抹諸地	居多惱麻因兩河間即日耳曼中部也勢力頗强屢挫羅馬軍
本世紀中葉撒遜人分爲兩派一派越海與盎格魯人共征服英國之大部別成所謂盎格魯撒遜民族者其一派蹂躪大陸諸邦	本世紀之末爲福倫喀族所阻遏其進路
六世紀以來屢與福倫喀族爭鬥至九世紀福倫喀王國建立撒遜人亦全占有北日耳曼之全部十一世紀盎格魯撒遜人全征服英國	

由是觀之。世界文明史之第五段實惟阿利安族中羅馬人與條頓人爭長時代而羅馬人達於全盛爲日中將昃之形條頓人氣象方新有火然泉達之觀峨特人雖奮血氣之勇偶聳動一世耳目而其內力不足以敵此兩族曇花一現遂爲天演所淘汰歸於劣敗之數自六世紀以後而全歐文明之霸權漸全歸條頓人矣躡條頓人之跡而有大勢力於歷史上者斯拉夫人也以冒險之精神道義之觀念論之條頓人迥非斯拉夫人所能及若夫堅實耐久立於千苦萬難之中毅然終始不失

其特性者則斯拉夫人殆冠宇內而無兩也彼等好戰之心不如條頓人之盛若一旦不得已而躍馬執劍則無論如何之大敵決不足以懾其前彼等個人自由之觀念視條頓人雖大有所缺乏至其注意公益服從於一定主權之下聽其指麾全部一致以爲國民的運動又遠非條頓人所能幾也故識者謂世界史之正統其代條頓人以興者將在斯拉夫人非虛言也

條頓民族既興以後而羅馬民族之力尚未衰中世史之末葉意大利自由市府勃興實爲今世國家之嚆矢而西班牙葡萄牙法蘭西人當十四五世紀國勢且蒸蒸日上西闢美洲東略印度南開南洋阿利安人之勢力範圍始磅礴於歐洲以外其主動者皆羅馬人也雖然以物競天擇之公例羅馬人之老大終不敵條頓人之少年未幾而荷蘭人起與之競爭未幾而英吉利人起一舉而代之近則德意志人復駸駸然凌厲中原矣故覘羅馬條頓兩族之盛衰但於其殖民歷史之沿革焉足矣北阿美利加也（初爲法人班人所開今全屬盎格魯撒遜族矣）南阿美利加也（本爲班人葡人所開今全爲德意志勢力範圍）印度也（初爲法人所經營後卒全歸英轄）南洋羣島也（初亦班葡人航海所覓今全爲英荷屬）皆告我輩以兩民族消長之明效也今日全地球之土地主權其百分中之九十分屬於白種人而所謂白種人者則阿利安人而已所謂阿利安人者則條頓人而已條頓人實今世史上獨一無二之主人翁也

（未完）

傳記

意大利建國三傑傳（續第十號）

中國之新民

第六節 革命前之形勢

當時意大利愛國志士中凡分三派。其一則瑪志尼派。（加里波的瑪志尼黨人也）專欲以共和理想組織新國家者也。其一則加富爾派。欲憑藉撒的尼亞國以行其志者也。此外復有一派。名曰尼阿奇布黨。欲戴羅馬教皇以聯合全意者也。之三派者。其愛國之熱誠也同。其以意大利民族之一統獨立爲目的也同。但其政見異。則其手段自不得不異。其手段異則其黨勢自不得不異。而此三者孰爲謬見。孰爲遠識。在當時蓋猶一未定之問題也。

於是千八百四十六年。而意大利之中央有雄雞一聲天下白之機。時則羅馬教皇皮阿士第九新即位。皮阿士者。野心家也。竊睨天下之風雲。欲利用之以恢復百餘年前教皇赫赫之權力。乃以甘言結民望。改政體。頒憲法。開議會。聲稱與民同治。皮阿士之言。

非眞言也。雖然。以當時久困地獄渴望天日之意大利人。驟聞此語。殆如涸鮒得水。籠鳥脫樊。且距且躍。且汗且喘。奔走相慶相告語。時適有與奥大利議界約之事。皮阿士力爭不屈。於是人望益高。敎皇萬歲意大利萬歲之聲。忽徧全國。瑪志尼固不喜撒的尼亞王不喜敎皇也。雖然其愛祖國救同胞之熱心。瞬息不能自制。於是裁一書於敎皇。告以責任之重大。勉其行誼之初終。而加里波的亦自南美移書曰「敎皇陛下。竊聞陛下欲爲意大利三千萬同胞請命。某等十餘年懷抱不得達之志。將惟陛下是賴。某不才。願以一軍艦相從以効犬馬。惟垂採焉」加里波的既發書。乃率同志束裝以待命。而復書竟杳然。

尼阿奇布黨。於時大喜過望。其熱心恰如水蒸氣沸度益加。點點迸散於全土。如達士卡尼王。如撒的尼亞王。皆於行政上大有所改革。除尼布士王弗得南之外。全意暴君之跡。殆將掃絕。夫改革。善舉也。然改革以虛不以實。以偏不以全。則往往爲革命之媒。歷史上之慣例然矣。意大利自經瑪志尼十數年大聲疾呼。熱心訓練以後。其國民之理想之氣力。已非復前此之薄弱腐敗。日復一日。旬復一旬。激昂之度愈高愈烈。日復一日旬後一旬。意大利全國人無貴無賤無貧無富無老無幼。皆懷抱本族獨立統一之決心。愈固愈劇。其秣馬蓐食爲政治上秘密之運動者。比比皆是。於志那亞有學術會議。於卡薩爾有農業會議。實則皆政談會也。意大利之動機。殆如在弦之箭。持滿而待發。如陵之爆，迸星而欲轟。

其時之加富爾則何如。彼之隱於農既十餘年。迨皮阿士旣設立憲政。人心大震。彼瞷時機之將熟也。乃蹶然以起。與二三同志設一大報館。而其綱領旨趣有四。(一)立憲(二)進步(三)意大利之獨立(四)列邦之連合是也。瑪志尼倡一統。而加富爾倡連合。此其故有不可不深長思者。蓋瑪志尼主共和政體。故欲於獨立之後。代表國民多數之意見。置大統領以行主權。其言一統宜也。然加富爾笑之。以爲是能言而不能行。苟實行之。則已毀我撒的尼亞國。夫撒的尼亞者。今日意大利獨一無二之憑藉也。一旦而毀之。是毆友助以餧敵也。加富爾非不渴望統一。然必代以連合字樣者。以爲既倡統一。不可無統一之之人。其具此資格者。舍吾撒王莫屬也。雖然今日而昌言以撒的尼亞併吞列國。吾恥之。故毋寧運智焉以連合之。此加富爾之懷抱也。加富爾既不肯棄所憑藉以從瑪志尼。瑪志尼亦不肯枉其所信以從加富爾。於是兩雄不得不立於相敵之地位以終始。嗚呼志士多苦心。豈不然哉。豈不然哉。

加富爾既定此目的。不復旁騖他事。惟以撒的尼亞之改革爲急務。其改革奈何。首頒憲法開國會。上下和衷。以喚起國民一致之精神。於是國論漸動。撒王阿爾拔傾心其說。卒以千八百四十七年召集國會。加富爾自故鄉焦靈。選出爲議員。是即皮阿士布憲於羅馬。而加里波的自南美發軔之時也。

於時撒的尼亞復有一偉人曰達志格里阿者。與加富爾同爲撒邦貴族。同倡自由立憲主義。方游歷全意各地。糾集同志。覩時勢之日煎迫也。乃急歸而說其王阿爾拔曰。語有之。『雖有智慧。不如乘勢。雖有鎡基。不如待時。』意大利統一之業。殆終不可以已。我王其無意乎。今皮阿士倡自由。民應如響矣。臣願聞我王意嚮之所存。王若有定天下之志。臣等請當之』阿爾拔顧微頷而不應。達氏厲聲曰。『王無言乎。何以謝天下』阿爾拔環顧左右。以顫聲而答曰。『予懷此久矣。顧不敢言。時乎若來。則吾雖犧牲我王冠我生命我子孫。亦所不辭』阿爾拔非豪胆不屈之人也。然其所志實在於是。君子嘉之。

第七節　千八百四十八年之革命

噫矣眼跳矣燈花矣烏鵲噪矣蟄雷鳴矣風滿樓矣濤湧堤矣積維也納會議以來三十年之奇怨殊毒乃孕成歐洲十九世紀第一大紀念之歲實一千八百四十八年於是法都巴黎之二月革命起阿良朝王統一日轟斃路易拿破侖被舉爲大統領而第二次之共和國出現奧匈各國民黨所在蠭起於是四十年來控縱全歐氣燄赫赫炙手可熱飛鳥不落之梅特涅其渠潭府第付咸陽之一炬其融融妻孥爲王孫之乞食抱頭鼠竄孑身夜遁於英國其前此所以炮烙百千萬之志士者今乃請君入甕繩還自繩至是而意大利人立憲平和之思想忽飛向九霄雲外革命運動自村而村自落而落自市而市自州而州自國而國斬木之旗揭竿之兵騷然矣。

衡陳吳之鋒者爲倫巴的人倫巴的者位意大利之東北而與奧相接壤者也次之爲昔昔里人拔劍以環王宮頑固倔强之弗得南遂不得不頒憲法以救眉睫米亞藍俾尼士諸地相率屛逐梅特涅之傀儡創建共和國撒的尼亞王阿爾拔自赴爲國民軍

之首領。達士卡尼大公爵。亦加入國民運動。北方諸州。同時應援。齊集於阿爾拔麾下。推爲盟主。以與數百年之公敵相周旋。新意大利之幻影。忽有從大白地湧起之觀。阿爾拔乃變其撒的尼亞旗爲赤青白三色之意大利國旗。擁五萬之練軍。堂堂凛凛。以向於倫巴的。惜哉。阿爾拔猶非其人。志氣有餘。而才略不足以濟之。一日與敵之老將拉狄奇相遇。屢戰屢北。最後挪巴倫一役。遂一蹶不可復振。卒以千八百四十九年。五月二十三日之夜半。於血雨蕭蕭之裏。與軍士訣。絕自遜絕域。以解奥軍之怒。顧命達志格里阿使輔幼主。繼遺志。即後此意大利統一共主。留光芒萬丈於歷史上之英瑪努埃皇帝是也。嗚呼。哀白帝啼鵑血以誰聞。沈沈鼎湖。攀龍髯其奚及。痛哉。彼舍身救民之阿爾拔讓位四月後。遂以心臟破裂。齎終天之恨。以赴泉臺。而革命之大業復一頓挫。

第八節　羅馬共和國之建設及其滅亡

其時之瑪志尼加里波的何在乎。加里波的上書教皇後。未幾即發軔於南美。一心爲皮阿士之後援。向圖抵支布拉達海峽。忽遇撒的尼亞之商船。懸三色旗。掠我舟而西。

且喜且駭。尋其所由。乃知撒王阿爾拔起義之事。此壯快颯爽之將軍。距躍三百。曲踊三百。直馳入撒的尼亞。求隸王麾下以備驅策。惜哉此心長才短之王憚之而不能容。曰。彼乃南美洲一海賊。烏可以共事。加將軍大憤。然無如何。乃改赴米亞蘇市民耳其名。竭誠歡迎。四方義勇之士。走集麾下。不旬日而得首領五十人。士卒三萬。方飛翔於米亞藍境內。厚集其力。而撒王敗報已日有所聞。和議殆將就緒。加里波的憤極。乃率所屬以向羅馬。而久旅英國之瑪志尼。當皮阿士宣誓之時。已與加里波的來往通問有所密議。及法國革命起。直飛渡海入巴黎。一察形勢。遂歸故鄉。初至撒的尼亞。察阿爾拔達志格里阿加富爾之徒。非可與己共事者。亦迴為首以入羅馬。羅馬之教皇皮阿士。倡自由。倡獨立。口血未乾。一旦事變起。忽雌伏蝟縮。手足無所容。狐疑三思之後。卒宣言不加入國民運動。以媚奧大利。同時又舉自由派　首領埒志伯。使行新政。以媚國民。未幾埒志伯遇刺。卒皮阿士怖怛。不知所為。乃子身潛遁。作寓公於尼布士。於是羅馬混亂已極。陷於無政府之狀。瑪志尼加里波的兩雄既入羅馬。運動不一月。而新羅馬共和國成立。以千八百四十九年二月九日結集國會。宣告獨立。嗚呼。距今十七年前兩雄初相見於麻天士之時皆翩翩絕世之一少年也歲月如駛。人天揮手離多會少有影無形今日合并則已同在中年雙鬢斑斑垂二毛矣乃始相與洒一掬英雄淚於生平所愛所戀所敬所夢之古羅馬會堂彼時二豪之心事其悲喜當何如哉。

於是瑪志尼被舉爲共和國臨時大統領。執牛耳以指揮國會。加里波的發境內之壯丁。得常備軍一萬五千人。日夜訓練。以爲國防。瑪志尼之意。以爲法蘭西今新改爲共和政體。聞我之獨立也。必喜而相助。即不相助。亦當中立而不我干涉。何圖彼反覆怯懦之教皇皮阿士。失地以後。憤憤不自量。思藉外國之力以復其位。卒搖尾以乞於法國。法大統領拿破侖第三。正野心勃勃。欲樹威域外以固其位。攬此機會。以買本國教徒及軍隊之歡心。乃驟遣三萬五千之大軍臨羅馬城。宣言曰。汝等爲不道。逐教皇奪要地。吾將問罪焉。法軍初進於羅馬。以加里波的之設伏。及意國大學學生之助戰大敗之。羅馬獲完者數月。乃五月之杪。法人復以四萬之雄兵。三十六門之大砲來。羅馬新造之邦。固不足以當此大敵。加里波的率部下奮戰十餘日。驍勇將裨死者十八九。卒以六月二十九日會敵之大襲擊。爲最後之決戰。加將軍萬死不顧。一生揮刄叱咤。突入敵營。師子奮迅。殪敵無算。瑪志尼知非僅恃一將之勇可以濟事也。又恐遂喪加里波的也。乃以急使銜國會之命召還之。以議善後。加里波的入議場。鮮血淋漓。胄鎧全赤。旣折旣缺之刀。揷牛鞘而未入。乃拍案厲聲曰『今日舍遷都他處別圖恢復之外。更無他圖』雖然大聲不入里耳。除瑪志尼外。無一人贊成之者。此新羅馬國會上蠕蠕然百五十顆之頭顱。惟以乞降免難爲獨一無二之善後策。而所謂達官顯吏。已紛紛挈其孥以遁於城外。加里波的憤鬱不能自制。復提孤軍襲敵。卻之於第二戰鬥線以外。驀然回首。則一片慘白之降旛。已懸於桑安啓維城上。夕陽西沒。萬種蒼凉。瑪志尼知事不可爲。復亡命於第二故鄉之英國。加里波的以七月二日之夕。召集其兵士。告以「士可殺不可辱。與其投兵器以蜷伏於腐敗教會所諂諛之敵軍之膝下。毋甯逃於山野。以圖捲土重來」且演說於軍前曰。

吾不揣不肖。願與諸君更造一新戰場。有欲從我游者乎。所至之地。我國民必以肝膽相接引。吾所敢斷言也。雖然。予有要求於諸君者一事。則如焚如沸如裂之愛國精神界也。吾不能予諸君以俸廉。吾不能予諸君以休息。若夫飢食則所至之地可取者取之。能耐此苦冒此險者。吾良友也。吾骨肉也。若其不能。毋寧勿行。今日一出國門。非至擯斥法軍使不留隻影於羅馬之日。則誓不歸來。嗚呼。我輩之好身手。既已徧染法人之血的的其紅猗。今請更與諸君突入與陳啜數百年公敵之血衎衎。其醉猗。

此一段演說。其言激越。字字光芒。聞者悲已而怒。怒已而奮。奮已而哭。哭已而靜。靜息之間。步跡應募而集者五千人。皆以熱愛之誠心。仰首視天。高呼加里波的將軍之名。祈上帝之眷彼。且相除設誓。從將軍以終始。於是此有名的敗軍之將於蕭蕭落日之裏。率五千健兒。蕭蕭以行。

加將軍之將去羅馬也。美國公使奇耶士往訪之。且告曰。事已至此。足下若不棄。請艤船以向我國。僕必爲足下效保護之勞。將軍曰。羅馬雖陷落城。大事今日未了。余不能舍吾同患難共生死之部下。吾且將有所爲。遂謝之。加將軍之夫人。絕世之女豪傑也。將軍向在美洲。所有戰役。夫人無不相從贊畫。當羅馬國難之時。夫人有身既八月矣。

猶汲汲盡瘁於運械轉餉之事。將軍以其病也，憐之。尼之夫人曰：『國也者妾與君共之者也。君獨爲君子，忍置妾耶』卒不聽。至是亦束男裝，編入五千健兒隊中，從將軍。雖然，意大利刦運未盡，加將軍之前途日益慘澹，事與心違。初被追於法軍，次被追於奥軍。越亞片尼山而西，去死不能容髮。部下日被衝散，不數日而僅餘千五百人。不數日而僅餘二百人。及乘漁船以渡維尼士河之際，其百五十人又爲奥軍所截留。八月三日，僅得達佐奇耶海岸，而相隨伴者，惟夫人及少數之親友而已。可憐此絕世女豪傑，以臨蓐久病之身，仗劍從軍，出入於九死一生之裏，至是爲追兵所襲，困頓幾不得步，倚所天之肩，逃至一小森林，忽分娩一死兒，暈絕一小時頃，僅開猩紅之淚眼，啓蠟黃之笑臉，撫將軍之手，道一聲『爲國珍重』，而長瞑。嗚呼，英雄英雄，臨十萬大敵而英雄之心緒曾無撩亂，經終日拷訊而英雄之壯淚曾無點滴，至是亦不得不腸百結而淚如傾矣。

將軍既自葬夫人於叢林之坏土，自此以往，爲漂流之客者四年。後爲緹騎所獲，投志挪亞獄，未幾越獄遁走美國紐約，爲一蠟燭店之傭保，僅免凍餒。後乃潛歸本國，更姓名、爲、農、夫。隱於、卡、昔、列、拉、島。又蓄納豪士。待時機。以圖中原。

（未完）

生計

論世界經濟競爭之大勢（續第十一號）

雨塵子

第四節　軍備與商工業之關係

近世財產心之膨脹帝國主義之盛行其目的不在領地之開拓而在貿易之擴張其他既足收容我人口注入我資本則不必奪其地之主權放任之可也保全之亦可也安可據古時民賊輕功好武之成例以概今日列國哉。

列國之汲汲于軍備者爲財產膨脹而起既於前言之其軍力不足則國之貿易不得而發達其貿易不發達則兵力亦不得而强今日之軍備非若昔之可驅民而爲之也。募一兵訓一卒造一艦製一砲皆宜先拂若干價値而戰時之費用又過之是故非有莫大之報酬則民必不堪其負擔非有無窮之希望則亦無賴乎有兵也今日之世兵賴商商亦賴兵而成此經濟競爭之形勢

中國人有言曰。今日之世兵戰不如商戰。夫兵惡有所謂戰哉庚子之役八國聯軍攻北

京北方塗炭其戰者雖兵其戰之目的非兵也英之於杜美之於西其戰者雖兵其戰之目的非兵也列國因求貿易之發達而有兵復因求貿易之發達而有戰故其舉措其政策推所原由幾無不從貿易而起英國殖民大臣張伯倫于下議院有言曰王國諸官職無不關係于貿易者外務部殖民部以發見新市場保護舊市場為要務海軍部陸軍部以防禦市場且保護貿易爲要務農務部商務部以謀二大實業之進步爲要務故貿易者於政治上最大之利害問題也夫豈獨英國吾知世界列國皆如之吾又知世界列國不如此殆不足以立國也

欲知列國經濟競爭之狀況又有宜注意者一事即海軍之漸重是也民族主義盛行之時（即政治競爭之時）列國所爭不出乎歐洲大陸以外故所重者唯陸軍其所謂軍備陸軍而已及經濟競爭漸銜以來歐洲列國知國家之生存非賴海軍不可知無海軍則不足以守海外殖民地不足以禦外敵將如西班牙之見窘于美人而國以坐斃也于是乃忽汲汲于海軍其最得先着者爲英國列國次之最後者爲德國前年德皇言一帝國自後之權力將移于海上其議院幾度可決海軍增加之案其强據膠州也人皆

以爲帝國主義之實行增長在東洋之權力而不知其於國內主唱海軍議者亦因是而大揚其鋒也

往日列國之用海軍專以攻擊敵之海岸以防礙其貿易今國際公法日昭鐵道之勢力日廣能漸減海軍之壓力故其效用不在攻敵而在自禦不在防敵之貿易而在保護已之貿易故今日無海軍者無貿易英國殖民之强盛中國海外商業之日衰皆是故也

貿易之尤賴海軍者爲保護航路之一事夫今日列國國民知坐守本國之待斃也因而求市場于海外其求之與其所以保護之者無不宜航路之安全故海軍與貯炭所尤爲其必要近日英國對俄人之蠶食而保君士但丁據洒布拉斯島皆所以保地中海之航路圖本國與印度交通之安全也其親交意大利占領埃及亦然其致力于南非亦然美國之併古巴呑布哇獵非律賓皆因擴大平洋貿易而求休息所也德之帝國政畧亦以求海軍根據地而安全海外航路以發達其貿易也香港、膠州、威海衛、旅順、大連灣、政府擲之不可惜而彼所謂海軍根據地貯炭所皆得之于捶手而遂握太平洋全權使其交通歸于安全貿易日以發達而我漢族遂亡于列强經濟競爭之下矣。

要而言之處今日之世而欲求自存則必發達其商工業唯求商工業之發達故始大增軍備非其軍備之可駭其商工業之可駭也使歐人資本不膨脹人口不膨脹不求貿易市塲於他洲則其兵力雖强必不至騁雄于遠東而亞洲東陸仍可高枕無事也然勢之所迫令彼不能坐食而自斃遂鼓大浪于東洋矣。

第五節　經濟競爭之中心點

歐洲地位苦寒常不壓人謀生之念故其人常羨外而厭家自中古之時艷聞印度之富旣羨之慕之葡萄牙之廻航好望角也其目的在通印度然印度不能通而開發意外之亞非利加哥倫布之西航大西洋也其目的亦在通印度然印度仍不通而發見意外之亞美利加其朝暮垂涎之地乃至近世始歸于英人獨得之乎歐人羨之妬之莫知所極而印度之東忽有第二之印度其地廣其產博其人多而工廉其爲帝國主義之目的物較之印度有過之無不及也於是乎自甲午大敗以來列國經濟競爭之

中心點一轉而至于太平洋注乎中國

歐人之初貿易于遠東諸國也非英吉利俄羅斯德意志美利堅諸國民西班牙葡萄牙和蘭諸國民也初不過乞通商擅徵利無政治上之野心也自屢敗以後列國知睡獅之易與乃駸駸然議瓜分認勢力範圍有政治上侵畧之意及庚子之亂而列國之手段又一變前之瓜分主義勢力範圍主義一轉而爲領土保全門戶開放主義矣夫瓜分之與保全勢力範圍之與門戶開放其利害固不必計較而瓜分云者勢力範圍云者皆政治上之侵畧列國互角之手段也保全云者開放云者皆經濟上之侵畧列國共同之手段也蓋懾於義和團之亂知吾族之有抵抗力而避之也嗚呼至是而吾國遂亡于列強共同之經濟侵畧之手矣庸詎知經濟上之侵畧較之政治上之侵畧其爲禍乃更烈也

庚子之亂帝后西遷憂中國者皆以爲必亡然而城下乞盟和議復就不割其土地不損其主權而唯索賠款若干勒令改通商條約及商業諸小事列國之欲何其小也然彼何嘗小哉彼蓋深知世界貿易之中心點將移于太平洋而集注乎中國幸此之亂

先定百年大計使永爲世界第一安全市場則將世世子孫食其利而不盡使各割一土滅其主權而不經營之則如獲石田所得幾何而況外有諸強之互爭內有漢族之抵力擾亂不已爲害更大今舉列國與中國之貿易額而知其分割之無益也。

國名	入口貿易額	出口貿易額	合計
英國	四〇、〇一五、五八七、兩	一二、九四五、二二九、兩	五二、九六〇、八一六、兩
美國(俄在外)	一二、四四〇、三〇二、	一七、八二八、四〇六、	三〇、二六八、七〇八、
歐洲大陸	八、五六五、八〇七、	二五、八七八、二一八、	三四、四四三、九二五、
日本(臺灣在外)	一七、五六四、二八四、	一五、八三二、〇三四、	三三、三九六、三一八、
俄國	三、四四二、四四九、	一六、四一〇、四三九、	一九、八五二、八八八、
香港	九〇、一二五、八八七、	六〇、四〇二、二三二、	一五〇、五二八、一〇九、
其餘諸國	三五、一二〇、六七八、	一三、四一〇、二〇六、	四八、五三〇、八八四、

此乃四五年前統計後因庚子之亂稍減今又大增。

又列其上海出入船數如左。

國名	船數
英國	三、一五七
瑞典挪威	八五九
德國	三七六
日本	二六八
法國	一一二
美國	五二

是故中國苟治安而不亂。則列國據此數以發達其經濟上之發達。將無窮也。列國何苦而不保全。吁所最可悲者其被保全者而已。

第六節 中國所受之影響

中國人種。經濟上最强悍之人種也。歐洲學者皆曰。中國人種之膨脹力。苟有善良政府監督之。指導之。則將橫行於世界。而莫能禦。雖然貿易從國旗之威光而盛衰者也。其國之力不足以自存。則民之膨脹力雖强。將奈之何。吾於前節軍備與商業之關係。

旣言之矣。中國廣東福建兩省之民。歲脹於海外。合南洋美洲諸處計之。不下數百萬人。歐人到一地。皆能有其地之主權。中國人到一地。則爲勞働事賤役。玆固無論矣。而使是數百萬人。能年以其勞力之所得。滿載而回國。內地之人。能日出而不絕。則中國人之膨脹猶未已也。而經濟競爭之日烈。美澳各地。拒絕有色人種之法。日以綦嚴。我國人旣不能復去。去者又漸次歸國。吾聞南美及英屬加拿大之中國人。較三十年以前。已減數倍。又再十年。將絕跡矣。檀香山之唐人街。極該島之繁盛。自燒毀以來。市面蕭條。不堪復問矣。嗚呼。經濟競爭之世界。竟使我國力不足之民族。不能託足于大地也。吾恐不及數十年。而中國海外之商業。將盡絕于白人矣。

海外如此。內地亦然。門戶旣開。外人挾其資本。以傾我國。已足制我經濟界中之外命。而又加之以國力。我商工業之受官吏掣肘者。彼不得而掣之。且能藉官吏之力。以窘我人之有國家也。所以保護實業。我之有國家也。所以防礙實業。房捐地租。無所不羅掘。關卡釐金。無所不留難。以如此時勢。立如此政府之下。而欲與外人於經濟爭強弱。

豈不難哉故不數十年而中國內地將全歸外人資本之支配矣外而不能服內而不能守最强悍之漢族今竟無以自存也吁是誰之咎歟

第七節　自存之道

中國不爲外人政治上之領土而爲經濟上之領土不支配于外國之政治家而支配于商工業家想中國之前途不能不爲之寒心雖然以如此强悍之民族而竟無自存之法吾不信也西人評中國人曰彼雖撲之于地鞭之撻之極其恥辱而彼已從地下攫金而去是天生能貨殖之人種也以固有之貨殖力據固有之沃土以爭霸于經濟界中固何圖而不可吾願吾國人勿自衰也吾國人處經濟競爭之世界求自存之道蓋有二要

一去依賴政府之心　外人之政府所以謀公共之利益其海陸軍所以保護貿易者也故政府賴商工業家商工業家亦賴政府兩相依賴兩相保助而國力以强中國政府不知依賴商工業家亦不能保護之其羅欵項抽釐稅皆儘其力之所能及百端摧折實業而不顧故我國民欲振興實業而依賴政府則萬無可興之道矣雖然經濟上

之事政府干涉之而受益政府放任之亦受益以資本力而行權于國固何求而不得是故有政府不得商工業之保護而衰亡無商工業不得政府之保護而衰弱而況我國以人種之關係歷史之仇怨固萬無可使政府與民間商工業家兩相依賴之理也英人以一公司之力能滅印度割香港願我國經濟界中人一鑒之

二以自族之力保固有之土地權力　孟子有言吾弟則愛之秦人之弟則不愛愛親不及疏人之恒性夫安足怪故自族之土地權力自族不能保則無人能保之近世歐洲意大利之獨立日耳曼之聯邦皆以同一種族建一國家民族主義之勢力大振于已往之政治界吾國之不振非歐族使之然自族不能建國家之故也歐人不於十九世紀中大振民族國家之勢力則二十世紀中經濟競爭必不能強橫至此於經濟競爭世界中爭自存者皆宜如此也

凡此所言固多經濟上之言於政治上似無關係雖然二十世紀之政治非政治之政治而經濟之政治也觀帝國主義所由來列國軍備所由盛至今日捨經濟外更無所謂政治也吾願國之有政治思想者一聽予言

（完）

名家談叢

捫蝨談虎錄

憂患餘生

『黃梨洲』

飲冰室主人近著一書名曰『中國近世三大思想家』其一曰黃梨洲其二曰康南海其三曰譚瀏陽吾憾其出版之遲遲也攫取其『黃梨洲』之緒論以實我錄而公諸世

問孕育十九世紀之歐洲者誰乎必曰盧梭雖極惡盧梭者不能以此言爲非也吾中國亦有一盧梭誰歟曰梨洲先生

梨洲生明萬歷三十八年實西歷一千六百十年盧梭生西歷一千七百十二年實本朝康熙五十一年其相去殆百歲故以時代進化公例論之則於百年前得一盧梭易於二百年前得一梨洲難盧梭歐產也雖當路易第十四專制極點之時代然有希臘羅馬之政體可承有柏拉圖阿里士多德之遺書可讀其能發明民義而光大之尙屬易易梨洲則生數千年一統專制之國賢哲之所垂訓史冊之所紀載其下者則督責

之說芻狗之論榜箠之政縛軛之制其上焉者亦不過言保民若赤子言牧民若禽畜而已於生民之大原群治之大本未有能夢焉者也故以民族性質論之則於歐洲得一盧梭易於亞洲得一梨洲難夫吾非欲阿吾先輩以自夸耀也吾亦知梨洲之理想不如盧梭之圓滿梨洲之發明不如盧梭之詳盡雖然以茲兩端相比較則吾以梨洲先生爲中國之盧梭吾自信非溢美之言

且盧梭亦何足以比梨洲盧梭於著書之外無他可表見者梨洲則當鼎革之交間關蹈海謀所以匡復故國遺艱投大百折不撓蓋梨洲非議論家而實行家也盧梭道心淺薄爲貧所驅放浪自汙細行往往不檢梨洲則學問氣節矯矯絕俗上接道統爲世儒宗盖梨洲非才子而哲人也故盧梭一生之歷史常不免貽妒嫉者以口實即敬盧梭愛盧梭之人亦不過頌其大功畧其小過而終不能爲諱也至梨洲先生則不惟我輩在聞知私淑之列者頂禮膜拜即彼至迂舊至頑鈍之輩亦不能不首頫心折曰大儒曰人師若是乎我梨洲先生果非盧梭之所能及也

雖然盧梭出而十九世紀之歐洲旣已若彼梨洲出而二百年來之中國依舊若此則

何也曰是固不可以咎梨洲也歐洲一盧梭出而千百盧梭接踵而興風馳雲捲頃刻徧天下中國一梨洲出而二百年來曾無第二之梨洲其人者盧梭之書一出世再版者數十次重譯者十餘國梨洲之著述乃二百年來溷沈於訓詁名物之故紙堆中若隱若顯不佚如縷嗚呼是豈梨洲之罪也今者盧梭之民約論潮洶洶然風蓬蓬然其來東矣吾黨愛國之士列炬以燭之張樂以導之呼萬歲以歡迎之若是乎則中國之盧梭烏可以不著論也人人知崇拜中國之盧梭則二十世紀之中國視十九世紀之歐洲又何多讓焉又何多讓焉作『黃梨洲』

『新廣東』

吾聞吾友太平洋客著一『新廣東』則怒之曰中國者中國人之中國也新則俱新舊則俱舊存則俱存亡則俱亡而何新甲省新乙省之可言廣東人自知其廣東自私其廣東寖假而他省尤而效之而各自知焉自私焉則憂他人瓜分我之不速而先自瓜乎『新廣東』出版受而讀之其緒論之末簡云『夫治公事者不如治私事之勇救他人者不如救其家人親戚之急愛中國者不如愛其所生省份之親人情所趨未如何

也故竊現今之大勢莫如各省先行自圖自立有一省爲之倡則其餘各省爭相發憤不能不圖自立各省既圖自立彼不能自立之省必歸併於能自立之省省省自立然後公議建立中國全部總政府於各省政府之上如日耳曼聯邦合衆國聯邦之例即謂全中國自立可也此之注意有四者焉一因人心視其生省份之親切易於鼓舞二因專力一省易爲措置三因一省自立各省得以感動奮起不致如泛言中國各存觀望而無實志四因一省自立卽爲中國自立人人視其省爲中國之土地而圖自立則視此中國自爲切實將來聯合亦自容易有是四者故一省自立之說不可不大明也吾廣東人請言自立自廣東始』吾讀至是乃大服吾願楚人謀新楚蜀人謀新蜀吳人謀新吳越人謀新越甌人謀新甌乃至燕齊秦晉滇黔各謀所以自新吾中國或者終爲中國人之中國乎

問者曰新之者非特筆也舌也使著一書而卽新一省則人人其能新之矣應之曰不然言論者實事之先聲也雞鳴而天曙鳴之時雖非曙之時然去曙不遠矣若『新廣東者』毋亦廣東之一晨雞乎嘐嘐矣喔喔矣聞而起舞者其有人矣

釋無賴

無賴者。通行罵人語之最不堪者也。太平洋客之『新廣東』。乃爲之下解釋。轉瞬間成一最可尊貴之徽號。嘻。才子舞文之筆。其賊人乃如是哉。客之言曰。『或鄙祕密會社之人爲無賴。謂是不足以有爲。余曰不然。無賴者獨立之精神也。凡人有依賴他人之性質。則不能奮起獨立之精神。斯謂之奴隸。欲脫奴隸之籍。必須拔去奴隸之根。必須剗除依賴他人之性質。欲剗除依賴他人之性質。必須明吾爲人有頂天立地之能。非如禽獸待人而理。故無所倚賴之人。其胸中浩浩落落。其行爲活潑自由。他人所盡爲。而我獨不爲。他人所盡不敢爲。而我獨爲。無恐怖。無煩惱。無沾滯。無怨悔。一往無前。死生不易。而惟義之是向。是曰眞無賴。是曰眞獨立』

捫蝨談虎客曰。以華文翻譯英語。則於其 Independent 常譯爲獨立。譯爲自主。故美國之 Independence Hall 譯爲獨立廳。Dependent 者依賴他人之意也。冠以 In 則無依賴之意也。信如太平洋客之解釋也。則獨立廳亦譯爲無賴廳可乎。一笑。

國聞短評

尺素六千紙

社員某

炎熱鬱蒸。使人悶損。諸公想同感。某等避暑旅行。薄游松島。松島爲日本三景之第一。凡八百有八島。攢列海岸。如初夜星。誠爲壯觀。數月以來。爲書卷筆墨文字之奴隸。不能自由。得此頗一洗塵俗。歸途滊車中見新聞紙。知學生與公使爭權利事。且憤且快。連日以來。有吳孫兩君見放之事。東京學生團體。激昂紛擾。達於極點。某等亦尋消問息。心憧憧然。連日不復能成一字。報中之文大草率減色。無以饜讀者諸君之望。主臣主臣。七月初五日

學生事件。想爲讀者諸君所急欲聞。某等有所知。隨時詳告本報之責任也。自吳孫兩君之見放。國恥觀念。益湧起於學生人人之胸中。吳君出行之日。侵晨六點鐘。學生羣集新橋驛（東京之火車站）相送者數百人。人心團結。蔡使當亦生畏。日本人當亦起敬。某匆匆白。同日

吳孫二君去後。神田鈴木町之留學生會館。日日集議。日本人深爲注目。其集議之詳情。某等局外無由悉知。但其大旨以日本人徇一俗吏之請。蔑視我國民全體。毫無可指名之罪。而放逐吾同學。吾儕覥顏留此。實無面目。誓相率歸國。寧失學問。勿失名譽。萬喙一聲。洶洶不可壓抑。其中留學稍久年稍老成者。調停善後。煞費苦心云。聞昨日最後集議之結果。擬暫停課。以待此事之著落。若無著落。退學未晚。遂以此決議。雖然聞學生之相率歸國者。既已逾百人云　七月初七日

弘文學院。爲高等師範學校長嘉納治五郎氏所辦。而外務省實主持之。其中有速成師範一科。實嘉納氏採吳君稚暉之意見以倡立者也。留學生中范君靜心爲之通譯助教。會館決議後。范君亦以多病辭斯席。速成師範生百餘人。失其耳。教授失其口。遂不得不停課。此事影響最重云。然范君固主平和主義。日勸同學勿悻悻遽歸。某採訪白上。　七月初八日

留學生會館集議之日。鎭國將軍毓朗向諸學生打恭作揖無數。請其息怒少安云。毓者宗室人。北京政府派來調查警察事務者也。有某生氣最盛。而受毓將軍之禮亦最

多。某生竟始終不答一揖，亦太倔强生。　同日

日本之有力者集議於其華族會館。決議認蔡使之無禮，表同情於學生，特派人以其決議之條件報告於留學生會館。並代表本國上流人士道歉意。頃東亞同文會人居間調停。頗盡瘁云。亡羊補牢，東道主殆亦兢兢。某續報。　七月初九日

此次吳摯甫京卿頗棲棲見風格。助學生張目。聞吳孫見放之次日。日本文部大臣菊池大麓訪京卿。京卿憤激不可言喻。謂日本只認得現時代表政府之公使，不認得將來代表國民之學生，實所大惑不解。以此感情，東京之我國學生數百人皆將束裝歸去。一月以後，東京當不留隻影矣云云。菊池遜謝，言此是內務省行政之事，文部省初不與聞。其後凡日本之教育家政治家有往訪者。京卿皆峻詞厲色。不少假借云。京卿亦自束裝候船，即歸。數日來不拜一客，不赴一宴。此役以後，京卿崇拜日本念頭減去十之九云。某恐內地志士崇拜日本之念頭亦減去十之九。某頓首。　同日

三

再者聞使館爭擾之次日。菊池大臣以萬壽節赴我使館見蔡使，調之曰：聞昨日玉體受驚。正思親來問訊慰勞。嗣聞乃係小孩子們要上學讀書不能如願，遂來長者前撒

嬌孩子們喜歡讀書本是好事請閣下放心蔡赧然。 同日

吳孫見放以後。日本報紙皆阿其政府。莫肯主持公論。惟一西文報。名曰「日本泰晤士」者大攻難政府。大意謂『我政府以吳孫二人妨害治安。但其所以妨害治安之實證頗難索解。以鄙見論之。前者西人因不肯納家屋稅聯衆以拒政府之命。其事視吳孫二人之關係輕重何如。於西人未嘗一過問。而吳孫則放逐不稍貸。毋亦因白種人之强權有不易侮者耶云云』其言非無一理。某譯述以聞。 七月初十日

學生不平之聲

吳孫事件以後。學生拂袖歸者踵相接。識者不能不爲東方時局浩歎焉。彼國新聞多盲從政府。不特不肯作持平論。又從而文之。學生屈鬱不得伸。乃紛紛投書本社。求揭載。志欲令天下知有眞黑白耳。來書盈篋。本報限于篇幅。未能悉載。唯擇錄一篇以代表其餘。

『吳孫兩氏被放逐之故果何在乎』 （不平生投稿）

今回我留學生中吳孫二君被逐回國。其所以致是之故。實果何在。吾人甚難索解

之。即彼國之輿論亦漠然無所歸縮。概言之約有三說。今略陳之于左。並發擇其謬。

(一)侵害警察權之說

(二)妨害治安之說

(三)身分之說

第一說曰。外國公使館駐在之國。有保護公使館不使侵害之義務。其權屬於警察。苟侵害公使館。即直接侵犯警權。至若學生請求公使之事。其正當與否。非警察所問也。云云。此乃無端之說也。我留學生請見公使之當日。其舉動之安穩秩序之正當。觀貴報第十三冊所錄可見一斑。今設使爲此說者立證。吾恐彼必無以應也。雖然、學生等請見公使之日。公使屢推不會面。學生猶苦苦請之不退。夫學生之不退。實有最苦心在。蓋恐一退之後。再難鑒達其目的也。學生之苦請不退。全依正當儀式哀懇。以冀公使之一悟耳。絕非以强力要迫恐嚇之也。夫如是吾不知論者之說果從何來。

第二說曰。吳孫之放逐。非爲犯法所禁。乃恐其妨害治安。故特爲此豫防之策。乃行政上一手段也。夫行政處分。不必要有犯法之實事。唯行政官認其行爲不穩當則可矣。苟既犯法則已入于法律問題。非行政問題也云云。今日本政府之放逐吳孫。標其名義曰「妨害治安」。實採此第二說。蓋此說範圍廣漠。立論最易。欲反駁之實最難也。雖然夫行政處分果如是其漠然耶。吾人不能無疑。苟如論者所云。吾人之自由權利。不能不爲行政者意思之犧牲。吾人苟知自由權利之可貴。則必知行政處分是有限也。明矣。据日本刑法。唯害國家政治組織者。其處罰最嚴。不特準備行爲處罰。即意思表示亦作犯罪。學者解說之曰。此與刑法原則相反。乃一例外耳。實出于立法者不得已也云云。今謂吳孫妨害治安。不特無事實無準備。且並不見有表示妨治安之意思。而行政者驟以妨害治安之名加之。其本於何意。吾人雖不知之。要之此名實非適當。則敢決言也。況此事與害政治組織。豈可同日而語哉。

第三說乃前二說之後援也。其說曰吳孫之放逐。絕非法律上之意味。亦非政治上之意味。唯是强求面會公使。非學生身分內所應爲者耳云云。夫學生等之求見公使。苟非以暴力脅嚇。循儀式以求見。則此古老專制之說。不待余多辨之而識者自明黑白。故余不反駁之。唯欲問之曰。信如子言。不法學生等不守身分。强求見神聖不可侵之公使。罪惡薰天。日本臣民羞與此輩同履土。當屏逐之歸國。不容猶豫。吾想文明國政府。斷不採此卑汚之語。以宣言於天下也。

右三說之論點不同。要之爲蔡一人洗脫則一也。何故爲蔡洗脫。欲明文明政府不袒私而庇不義也。其言柄可謂極得體矣。然細察之。奈未足以掩天下知者之目何。

余於諸方面觀察。皆不能明吳孫被放之故。乃質問諸多人。皆曰別有緣故在。叩其說則曰。吳孫之放逐。實非因上三說之故。乃出于蔡公使之請耳。公使乃主權者之代表。公使之請。即主權者之請也。國家固有拒絕請求之權。然欲友誼之圓滑。則應亦外交手段之一端也。云云。論者之說。固未嘗無一理。夫公使雖有代表主權者之資格。然其一動一作。非盡是代表主權者。於許多事件。可作一私人之資格觀之。國際公法有其例也。年來　明詔屢降。鼓勵學生出洋留學。其言昭昭。天下所共知之也。日本與我國情勢最通。豈當事者猶未知之耶。今蔡故意妨碍學生入學。明背聖旨。實出于一人私意。非代表主權者之意。雖孩提無不知之。今日本政府容認蔡之背旨行爲。屏斥彼一私人之正義之敵。而曰圓滑兩國友誼。以吾人觀之。此乃日本政府與蔡一個人之友誼。非邦國之友誼也。吾更讓一步論之。設使果無鼓勵遊學之明詔。我政府之意。亦與蔡雷同。然妨害入學之舉動。實正義所不容。日本政府聲大義于天下曰。以開發我國爲主義。夫開發云者。決非求外國歡心之謂。乃啓朂其人民之謂耳。我政府之志在塞民。而日本政府之志在開發我民。主義之大眼目既異。豈容因小私而屈大公。今回之事。正此二大主義相爭之演劇。今日本政府助彼以鋤此。拋棄一國之大主義。以徇不正之私情。聲大義于天下如彼其壯也。而實行如此其卑也。豈文明政府所爲耶。

吾疑堂堂日本政府未必出此。吾人不敏。頭腦粗鈍。到底難索解其故。唯望知者教誨耳。

或曰。國際法未發達之今日。放逐外人。不必求深遠緣故。不觀之俄國乎。彼迫逐猶太人。盡沒其財產。豈有故可主持乎。曰。處今日「權者權利說」盛行之世。吾不必與子爭。但所欲辨者。緣故與正義二者。不可不別。天下事雖多無正義。然天下事未嘗無緣故也。俄之逐猶太人。出於人種及宗教相嫉之故。乃事實上不可掩者也。故今吳孫之事。謂吾人難索解其故猶可。謂其無故則決不可也。

『悲奴篇』

頃得北京匿名投書。有自署中國四百兆民之一張氏者。題曰悲奴篇。所述都中近事。有足令人髮豎眥裂心顫肉麻者。勿曰區區小節無關大計。社會風潮之所趨轉瞬間至於此極。天墜之憂。豈惟杞人。吁嗟奴兮。吁嗟奴兮。世無林肯。孰從而拯之。世即有林肯。亦孰從而拯之。亟錄以告乎不願爲奴者。

悲乎悲乎。吾三千萬方里之土地。今猶得傲然自命曰國乎。奴而已。吾四萬萬之人民。今猶得忝然自居曰人乎。奴而已。國烏乎奴。政權侵於人。利權奪於人。土地圈限之權。隸於人。國脈存絕之權。操於人。一事也。人嗾之。人利之。奔走恐後。奉命惟謹。非是則漠然矣。是之謂國奴。人烏乎奴。無自漲之力。無愛群之心。無競爭之能。營營戢戢。蜷伏蝟縮。攖滅亡而不懼。甘魚肉其如飴。砧而嬉焉。釜而游焉。猶冀人之哀而存之也。是之謂人奴。

等國也吾烏爲奴之人奴之也等人也吾胡爲奴之心奴之也莊子曰哀莫大於心 十
死吾得而易之曰悲莫大於心奴國奴於人國之奴奴於國奴於國者且奴於人之
奴以自保其奴以自奴其奴之奴於是乎有奴於奴之奴

雖然吾聞古今中外之爲奴者服賤役已耳操苦工已耳衣服飲食居處言論一切
自由權利不得與平民等已耳苟時而鞭箠之奴必忿於心苟時而汙辱之奴必羞
於色苟時而逼其妻女而淫之奴必奮然暴怒而不可制果若是而不忿不羞不怒
者世必謂之奴非奴而今所聞於吾之奴何如也吾爲吾奴恥吾爲吾奴悲吾不忍
爲吾奴言吾又不忍不爲吾奴言也反袂掩面爲吾奴含淚告之

新簡奧使吳德璋之出都也乘火車至天津倉卒登車偶蹋某西兵之足西兵不知
爲欽使也揮之以鞭吳固能西語立與之辯且自白爲新簡欽使西兵曰既爲欽使
尤宜知禮復鞭之吳無如何含忍而已

崇文門城樓高而濶人跡不常至近有西兵數人招土娼聚樂其中金壖石甃竟化
陽臺某牧師過而知之走告步軍統領謂西兵無禮貴國胡勿驅禁當事以事關交

涉慮啓爭辨亦遂置之。

東交民巷口有街道官廳。日前某甲經過其處。時已黃昏。西兵數人交刼之。剝其衣服而去。某意官廳有看街兵居之。方窘急時。大聲呼救。寂無應者，翌日詣職街道者問官廳何以無人。職街道者謂初固有人居之。旋以往者輒被西兵雞姦。故人莫敢往。

陳京兆璧之眷屬。由閩來京。行至塘沽。登岸詣客棧。有少婦姍姍行遲。猝遇一西人。酒氣醺醺。挾之而去。浼多人說項。始得索歸。

新捐主事王某。湘人也，其夫人夙饒風度。兼擅詩名。因其藁砧入都。固請偕行。冀一窮渤海之壯觀。攬燕臺之勝景。船甫入口。西人來驗病者。見其姿采異人。遽與調笑。幸主政力爲排解。得免於辱。而同船婦女之驗病者。莫不赤其下體云。

伶人韻芳者。名娼賽金花之義子也，近爲西人某所暱。韻芳藉以市重。頗侮貴官之舊相識者。日前西人復往尋歡。脫陽而死。韻芳恐甚。稔知西人之父爲馬洋人。急招之至。哀之以賂。馬洋人謂吾子既不自愛。死所應耳。但汝須以中國極尊貴之喪儀。

殯送吾子。且當命汝妻識之貴官爲之執紼方與干休。韻芳念此甚不難。立即應允。而韻芳之名因此乃如雷貫西人之耳其素相識之貴官事之加謹云。

前門外某娼寮。二西人往游迫妓行淫妓家索錢西人不予擅毀器物而出。至街道局大肆咆哮。執一六品頂戴之耳勒令究辦該員遽令巡捕前往封禁。始得無事。

悲乎悲乎此非吾四萬萬奴數中之一分子乎。其橫受陵辱固如是。且爲是陵辱者。不必果西人也華種而洋裝華身而洋役者方且爲虎倀焉爲城狐焉旌之曰西人。則吾奴視爲應受之陵辱不能抗也奴吾奴者亦視爲應受之陵辱不敢言也誰無身誰無妻女長此悠悠吾悲乎。奴吾奴者之終不能以苟免也。

吾奴其有知乎。無知也。吾奴之受鞭笞甘汙辱忍妻女之淫其性根也。其習慣也。非是則貧且賤矣。非是則竄且殺矣。本平日之所習以奉客我國家禮亦宜之。熙熙然攘攘然爭先恐後惟恐弗及悲乎悲乎。吾奴其終焉已乎。奴吾奴者其抑知二十世紀之奴固有不自奴不能奴者乎。消極必長晦極必明吾爲吾奴。悲吾爲奴吾奴者。危。

雜俎

新知識之雜貨店

▲亞非利加黑人之孩童始生時甚白。不出一年變爲紫色爾後日趨日黑至三十歲遂成漆精

▲世界中不學之人。以羅馬尼亞國爲最。全國人口六百萬人。有四百萬不識字云。

▲合地球蝴蝶之種類。約有二萬。

▲薔薇之種類有七百六十八。

▲美國所有電話之線。總計長百二十萬英里。以之沿赤道圍繞全球可重四十八匝又比諸地球距月之長線加五倍云

▲美國去年一年中新刊小說。共八百六十九種。著者共四百六十七人。一人著一種以上者僅五十人。又其中之三百九人係男子。百五十八人係婦人之小說家

▲美國近十二年間。刦掠滊車之大盜案。三百六件。昨年一年中十二件。

▲燕子飛行之速率每點鐘能行百二十八英里二分之一

▲鳥之翼力比諸人之腕力强二十倍

▲世界中之動物除人之外無處不有者只犬耳。

▲澳洲之羊八千七百萬頭。

▲以寺院與人口比例而計澳洲寺院爲最多美國次之第三英國第四西班牙。

▲巴黎去年一年中用以爲食料者蝸牛八百噸。

▲英國人之食物其百分之十四係用啢嚹薯之原料。

▲凡地高出海面二千三百英尺以上葡萄不生三千三百五英尺以上橙樹不生至七千英尺以上則幷檜樹亦不生。

▲陸上之樹木最能耐水浸者以橄欖木爲第一。

▲各國人之中以澳洲人爲最多飲茶紐西侖人次之。

▲北半球平均溫度正月四十八度九七月七十度九

▲歐洲人種中身材最長者係英國之上流人平均五英尺九寸一四最短者係法國

下等工人平均五英尺五寸四分之一。

▲英國人之能從事于戰鬭者有百二十萬二千人。

▲凡小河平方五英尺深一英尺其流之速力一秒鐘二十英尺者可供九萬人之汲飲而有餘。

▲美國大統領之就職者。以現任之羅斯福爲最年少（四十四）以哈利遜爲最年老（六十八）

▲德國人有百萬馬克五十萬元以上者。伯林千三百六人。富蘭科通綿四百四十七人。迦倫二百七十人。

▲倫敦之市廳。昨一年中支出三千四百萬圓。

▲列國中號稱爲國者以其海軍與人口比較其海軍力最少者係墨西哥。僅有水雷五艘砲艦兩艘巡洋艦兩艘士官九十人水兵五百人

▲暴雷雨之速力。平均一點鐘走二十八英里二之一

▲倫敦一日中製造信封之數五百萬個。針千七百萬口。鉛筆四十萬枝。

▲華盛頓死于十八世紀最終之年最終之月最終之週最終之日最終之時

▲凡生物中以鯨皮爲最厚。

▲英國之婚禮。以月而計。則四月爲最多。以日而計。則十二月三十一日爲最多。

▲印度孟買之火車站。爲世界火車站工事中最費多金者。

▲以百萬人中比較。盲眼者有六十五人。

小說

愛國女兒傳奇

東學界之一軍國民

第一齣　宴花

（旦辮髮西粧上）（踢繡毬）沈沈春覺日出遲[illegible]驚醒紗窗年少病難痊顏漸老聽封姨颶母呼起風潮。江山錦繡催紅女家國存亡卜紫姑儂家謝錦琴是也憂時有淚蹈海無緣憶自幼稚以來即受家庭之教緯絲不恤常懷憂國之誠鍊石將成獨抱補天之志這也不消說了。今日早春天氣園中移種泰西名花一株名曰維多利亞現已盛開特請志士胡彥復張枚福鄒公恪女史于孟班一同到家賞玩早近亭午時候諸君敢待來也（淨扮胡彥復上）電達朝廷新奏疏（生扮張枚叔上）風行中外小文篇（小生扮鄒公恪上）聯邦政治無民黨（小旦扮于孟班上）巾幗蕭條缺女權（相見握手介）

一

(小皮靴)積陰如暝海天如冪寒食清明將到流光容易却愁綠到芭蕉粘烟芍藥帶雨薔薇難作新詩料招來海畔一羣鳥種將天上幾枝桃讓儂家春色好。

今日諸君齊到對契友賞名花已備濁酒一樽開園小飲就請赴席則个。　衆赴席介)曰

(前調)重重花影日光微照華燭何須高燒凡葩俗艷任他帶醉扶嬌綠珠俠骨紅線奇情婢似夫人少是將國色移三島不比春深鎖二喬這天香非俗好。

(小旦)拈花展問介)請教姊姊這花十分艷麗只是維多利亞原乃英國女皇之名緣何這花有此名目呢(旦)賢妹有所不知這花本是西種祇因朶大枝高不比尋常之品所以一時人士愛慕英皇功德命名這花以誌不忘的意思(小旦)原來如此我想英皇即位以來把區區三島整頓得隆隆日上近人曾有詩云旂翻日所出入處功到天爲謌泣時可謂贊美得體所可恨的咱們偌大中華愈趨愈下黃河以北既入俄國範圍揚子江以南又要爲他家殖民地了可見國無論大小人無論女男南越未必不如漢家漢家又何必不如南越麽(旦)雖然如此只是你看二百兆女

兒是何氣象啊。

（四門泥）只有這四百餘州堪吊。莫說甚金剛男子。更無个弱女苗條。金蓮款步柳枝腰。画樓深鎖。如花貌。珍珠簾。悄人兒。怨遙銀荷燈。小繡兒懶挑。抱琵琶。那知道捧向誰家。抱。

（淨）女史一腔血淚。痛哭裙釵。吾輩男兒更當愧死。眞箇精神獨立。言論自由。欽佩欽佩。（日）豈敢。（小日）我想女教不昌。民權不振。民權不振。國勢一定不强。姊姊以爲何如。（日）

（前調）更說甚謝女班姬陰教。早知是無才是德。還只怕詩思文妖。五言八句便稱豪。鴛鴦二字都顚倒。秋思画閨塞外衣刀春情銅道樓上箏簫縱千種聰明也只合堅守。中郞譜。

大凡國勢愈衰。壓力愈重。壓力所施。每于女兒愈甚。印度羅馬諸國史班班可考。只是吾輩。適當其衝。卻如何是好呢。我只怕的。

（金剛石）怕只怕金戈鐵馬期將到。怕只怕槍林劍樹驚風飈。怕只怕小鳥翩翩難住。

穩危巢怕只怕異鄉還流落青青草風又飄飄雨又蕭蕭商女不知亡國恨到秦淮猶自停橈則索要刼灰保護着弟兄儕則索要太平先打个清黃醮愁也誰熬怨也誰熬自家斟酌算只有千鈞重任肩上輕挑

（小旦）姊姊寄懷俠抱愚妹不及了看看天色將晚我們就此告退罷（生）今日一番盛會領敎多多何妨分付耀華寫眞店同拍一照以記盛情呢（淨）我們照好之後即名爲中國四少年圖就請枚叔公恪兩位各題小詩互相傳誦罷（旦）

（尾聲）海天精衛原雌鳥要博得震旦家家拜女豪願素手纖纖扶得江山好

（衆下）

本篇係由東京留學生某君投稿某君憂國熱腸久爲同學所推重且精嫻音律寄託遙深擬著曲界革命第十種專以宣揚愛國心爲主此其一種也先錄之以供同好

十五小豪傑

第十回

獸人競力顯我優强
草木効靈成他製造

披髮生續譯

卻說俄敦巴士他望見前林有一羣動物。初不知是何毒蛇猛獸。吃了一驚。及定睛看了一會。巴士他指着道。山羊。！俄敦道。似是山羊。請試捕之。巴士他道。活捉麼。俄敦說聲是。就覺那飛彈離着巴士他的手。决破空氣。向前飛去。撲地一聲。正把一隻動物的足絆住。其餘都驚惶遁了。兩人走近細看。見那動物正在極力掙扎。急忙按住。原是一個母獸。有兩個獸兒。還在旁邊股栗。似是依戀其母。不忍舍去的。俄敦道。我意這獸定是「威冠亞」巴士他道。「威冠亞」莫是有乳汁的麼。俄敦應道。好不是。兩人贊了幾聲妙絕。這獸酷肖山羊。足稍長。毛較短。又沒頭角。一人牽着其母。一人把着兩子。笑嘻嘻歸到川畔。各人見了。爭來賞識。無何晚飯既畢。分頭就寢。是晚杜番輪值守夜。到三点鐘時候。忽聞他發聲大喊。驚得各人從夢中醒來。齊聲問道。杜番。有甚麼事情。杜番道。你們試聽這聲音。似是有甚麼野獸潛來窺伺我們的。俄敦道。不是「豿牙」(亞美利加虎)定是「牯了兒」(豹之屬)了。無論他是那樣都。不足害怕的。惟慮他成羣結隊。猛然來襲耳。總是我想他亦不敢跳過烽火。突入這裡來。俄而一種可怖的惡聲。漸逼近前來。符亨怒形於色。狂呼奮躍。頻欲奔去卒爲俄教喝住。少焉相距十丈餘。覺有幾點光線在黑暗中閃閃若電。原來彼等野獸每夜到邏川流飲水。今値童子們在此露宿。阻了路頭。因此不平。望着號叫。不料他的眼光。早被各人認見。驟把鎗發了。忽聽砰然一聲。像是半天起個霹靂。繼而咆哮之聲。遙在暗處。啼個不住。各人手執短鎗。團立戒嚴。再把薪添上。築了火牆。巴士他早揀了一條枯枝。正猛地燃着的。望着那野獸聚處竭力投去。靠着火亮。見只有剛纔杜番發鎗命中的一隻動物。倒在那里。其餘不知何往。格羅士大呼道。彼等遁了。連影兒都沒有了。乙菩道。不防他再來嗎，俄教道。想無甚事。雖然我們也要準備準備。於是各人就在火邊坐以待旦。僅露晨光。立即首途。自此至法人洞。還有九邁許。是日所跑的。盡是單邊路。右邊則壁立千仞。峭如刀削。左邊則萬木森森。幾無插足。一路無甚事情。進行倍捷。下午三点鐘。早已望見法人洞。相距僅有兩邁許，路杜番乙菩格羅士三人。正同着符亨先驅而行。忽回首望著後隊。連呼留神！留神！留神！俄敦韋格巴士他沙吡四人在後頭相隔十餘丈。聞了警報。急把武器拿定。注目四顧。已而前面茂林。突然走出一隻巨獸。說時遲。那時快。巴士他所擲的飛彈。果然恰恰可可。正中那巨獸的頭顱。把他纏了。那巨獸力甚猛。帶著飛彈狂命向林中奔竄。沙吡正拿著飛彈的索頭。幾乎被他一併拖去。幸得三童子稱手。將索頭繫在大樹。纔得拿定。杜番等亦退後來瞧這個厖然大物。童子們從前讀博物教科書時。也曾認得他的。名叫臘馬。駱駝之屬。形狀亦頗相類。惟軀殼略小。養而馴之。可以騎坐。現時南美土人。常有用此代馬的。其性怯懦。被繫未久。早已力竭氣沮。垂首待命。巴士他急拿繩索。重新把他縛住。牽之而行。同著那「威冠亞」算是這回遠征的捕虜了。胡太晚飯後。獨在洞外閑遊。遙見七人欣然歸來。急忙報知洞內。留守武安便率著同人走出洞來。鵠立等候。少頃七人到了。彼此握手。齊呼萬歲。同進洞裏。各把別後情形。述了一會。郤說俄敦等出行之後。武安監護著幼年的。十分周到。無微不至。各人都感激起來。越發敬愛他。惟是武安常爲著佐克。放心不下。一日呼至無人之處。問他在衆人面前。爲甚麼這樣瑟縮。佐克含糊答應。則無甚麼緣故。武安著急道。汝終不肯告訴我。你想連我都祕著嗎。我不是你的哥哥。我不能坐視你終日愁愁鬱鬱。必要尋出你的病源來的。你究竟爲著甚麽弄成這樣呢。佐克聽著。悲不自勝。久之纔道。哥哥你必要盤詰我甚麽緣故麽。唉哥哥。你或者可以寬宥我。總是各人呀。說至此處。便停住了。只是淚如雨下。嗚嗚咽咽。叫了幾聲饒我能饒我罷。武安不忍再窮詰他。心中想道。聽他纔說的話。定是對著衆人犯了甚麽大罪了。我無論怎樣。總要設法把他盤問出來纔好。立意定了。剛俄敦歸來。因暗把佐克對答的話。詳述一番。并求俄敦助著自己。定要佐克把眞情吐露。纔肯干休。俄敦斥道。武安。你必要强他說出。究有何益呢。總聽自行其志罷。何必要俄們旁人逼他。他說有負我們。縱是眞話。亦不過兒戲的甚麽小過罷了。何苦偪他太甚。令他心中更難過呢。若使他果欲自說。我們即不强他。他亦不能忍口的。勿管他罷。勿管他罷。武安聽了。不復作聲。暫將此事擱下。各人一日檢點食物。見往日所差度的都漸漸短了。湖邊設的陷坑。雖然時時有些獲得。總是爲額甚少。究不足敷衍。因決議在那湖沼近處的茂林裏頭。揀了幾處恰好地方。穿了幾個宏壯陷坑。這回縱有「貎加里」及「威冠亞」厖大的野獸自來送死。亦可絆住充各人數日的食用了。十一月一月之中。年長的正爲這土工忙着。年幼的更從巴士他的指揮。在石壁下與法人洞相距不遠之處。把得羅船的舊板。造了一間小舍。用帆布盖上。塗滿松脂。以當瓦面。又向茂林中代了許多材木。圍插四面。將俄敦等帶回的幾個牲口。都放在裏頭養了。後來復在坑裏捕得一隻臚馬。巴士他及韋格又使飛彈捕得「威冠亞」一雄一雌。各人復在欄內劃出一區。以供養禽之用。七面鳥、珠雞、鵪雉等。隨時獲得無算。令善均伊播孫等最幼年的從事看守。莫科既有了「威冠亞」的乳汁。又拾得許多鳥卵。惟是砂糖漸覺少了。俄敦吩咐除禮拜及祭日之外。不准動用。逼得莫科無法。不然每日飯後。必可造出各種點心。供奉各人了。莫科正爲着這事焦悶。一日俄敦率各人往陷穽林逍遙散步。檢察各種植物。忽見一叢修木。葉色濃紫。俄敦就近看了。懽然大呼道。這不是「蘇芽美蒿」嗎。原來這種樹糖質甚多。把他截斷。有汁液滲出。入鍋煎熬。便可製成砂糖。比從甘蔗搾取的。味稍劣。惟用來弄菜。卻無大分別。章子們現在正短此物。其歡喜自不消說。俗語有言。人心不足。得隴望蜀。童子們既得了砂糖。更欲釀些美酒。每日滴幾杯。以解抑鬱。俄敦因命各人採集材料。着莫科照法造了好些。往日所採歸的茶葉。又是香味俱佳。從此他們飲料。就十分饒裕。獨惜短了蔬菜一門。武安想着石壁下有坡陰遺下的荷蘭薯。現在雖然變了野生。若將他培植培植。或者可以反本復初。仍舊可食。因費了許多心力。可恨勞而無功。虧得將船中帶來的蔬果。雖係所餘無幾。珍重藏了。有時拏些須出來嘗試。覺得清淡而香。眞是珍羞不換。這也算物以少爲貴了。卻說俄敦一意要把硝藥節省。留作後用。極口勸各人練習飛彈。又着巴士他盤木爲弓。拔釘作鏃。使獵手試用。韋格格羅士兩人早已習熟。藉此射取許多禽獸。總是俄敦太秘惜硝藥。似犯了天公妒忌。偏要造出一個境界。强他破戒的。十二月七日。杜番密告俄敦道。俄敦。狐狸及那豺狼的暴戾。我們實忍之無可忍了。那畜生常趁着昏昏長夜。結隊橫行。把我們設下的陷穽。張下的羅網。破壞淨盡。敢將我們千辛萬苦養來的牲口都刼掠去了。俄敦道。怎不用蹄索捕他。杜番道。豺狼尙可。狐狸就不行了。韋格連夜設蹄索。株守以待。卻不料那畜生狡黠異常。莫來送死。俄敦沈吟半晌。不得已拏了幾十包火藥。交付杜番。杜番喜得眉開眼展。急約了武安韋格巴士他乙菩格羅士沙毗各人。自此夜爲始。每夜在那陷穽林口家族湖邊。潛身竊伏。待其出現。輒便狙擊。一連守了三夜。共斃五十餘頭。從此法人洞近傍。不復見這種畜生的足跡。童子們卻喜得了數十張狐皮。將來很有用處。至十五日清晨。忽見童子們洶洶湧湧。將巴士他苦心經營的大車。駕上兩匹獵馬。車上載了硝藥、食物、大鐵鍋。又有幾個空樽。十五人裝束停當。都跑出洞來。把洞門關上。竟投那方去了。看官你估量他們是遇了救星。趕緊起程歸國麼。抑或因着甚麼緣故。要遷居別處麼。這都不是。原來前此守冬的時節。淫雨不絕。往往天昏地暗。日間尚要点燈。纔彀分辨東西。因此把洞內所藏的油。幾乎用盡。莫科平時宰牲。雖曾將他脂膏留下。以備製造蠟燭之用。總是所積無多。料然不能持久。知道胥羅灣頭有無數海豹。可以獵來搾油。但係辦這椿事。愈人多愈佳。喜的路程不遠。又無險阻。他們久已決意共走一遭。見是日天氣清朗。故此束裝起行。八点鐘時候。早到了沼澤林。士耳及胡太本是個最年幼的。跑到這里。足已疲倦。倒憩路旁。不復能行。武安稟命俄敦。請將他兩個搭載車上。仍循沼澤而進。忽見前頭相離約有一矢之遠。有一巨獸。正在沼澤中彳亍來往。見童子們呼躍而前。倉皇四顧。倏然竟投灌木叢中狂奔逃去。士耳道。那是甚麼。俄敦道。「頁婆婆駝麻士。」

武安道。又有呼他河馬。胡太道。那里像馬。沙毗道。不如呼他爲豚。反算象形的。各人都不覺發笑起來。路上東顧西盼。不知不覺。早已到了胥羅灣。拿表一瞧。短針正指十点。仍在從前造木筏時張布帳的川邊。設了露營。略停一會。弄飯喫了。遙看海濱一帶風景依然。見那礁石之上。有百餘頭海豹。群集游處。悠悠自得。不知獵者之襲其後也。比及亭午。日光融融。則見彼等躍登灘上。或臥或跳。好不羨煞人麽。童子們恐怕驚走了他。潛身樹間。裝束停妥。把善均伊播孫佐克胡太土耳託交莫科照管。吩咐在此等候凱旋。各人拿定火器。便悄悄地緣隄而行。到川口一張。見那海豹并未走了半個。因躲身偷入礁石之間。匍匐蛇行而進。有分

胥羅灣上　鐵血横飛　法人洞中　光明普照

要知端的。且聽下回分解

文苑

飲冰室詩話

南海先生不以詩名。然其詩固有非尋常作家所能及者、蓋發於眞性情、故詩外、常有人也。先生最嗜杜詩。能誦全杜集。一字不遺。故其詩雖非刻意有所學。然一見殆與杜集亂楮葉。余能記誦百餘首。所最愛者。巳丑出都七律四首之一云滄海飛波百怪橫。唐衢痛哭萬人驚。高峯突出諸山妒。上帝無言百鬼獰。漫有漢廷追賈誼。豈教江夏貶禰衡。陸沈忽望中原歎。他日應思魯二生。又絕句十首之二云此去南山與北山。猿鶴哀號松柏頑。或勸蹈海未忍去。且歌惜誓留人間。南山之下豆苗肥。北山之上猿鶴飛。百畝耕桑五畝宅。先生歸去未必非。戊戌國變紀事四首之三云歷歷維新夢。分明百日中。莊嚴對宣室。哀痛起桐宮。禍水滔中夏。堯臺悼聖躬。小臣東海淚。望帝杜鵑紅。遮雲金翅鳥。啄食小龍飛。海水看翻立。昊天怨式微。哀哀呼后土。慘慘夢金闈。千載黿鼉恨。王孫有是非。吾君眞可恃。哀痛詔頻聞。未竟維新業。先傳禪讓文。中原皆沸鼎。黨獄

二

起愁雲上帝哀臣罪巫陽筮予魂。

侯官嚴先生之科學。學界稍有識者皆知推重。而其文學則爲哲理所掩。知者蓋寡。余前作廣詩中八賢歌內一解云。哲學初祖天演嚴。遠販歐鉛攙亞槧。合與莎米爲鰈鶼。奪我曹席太不廉。蓋深佩之也。頃熊季廉錄其辛丑二月舊作見寄。即先生北行時和季廉作也。詩如下。一十九稘初告終。摶摶員地趨大同。神機捭闔縱變化。爭存物競誰爲雄。至人先天不滯物。高下體合同張弓。心知斯民致仁壽。何徒食苦師蓼蟲。大哉培根氏告我。觀物見道冥纖洪。三王五帝各垂法。當其時可皆爲功。蚩蚩之氓俾自主。如適洲渚浮艨艟。及其時過仍墨守。無益徒使百獘叢。剡茲天意存混一。異類殊俗終棣通。是時閉距議自守。何異毛毳當鑪烘。履而後艱常智耳。既懲勿省庸非懵。四萬萬人皆貴種。遂使奴隸神將恫。所以百千億志士。欲持建鼓撾頑聾。賢愚度量幾相越。聽者一一褎耳充。膠膠擾擾何時已。新舊二黨方相攻。去年北方致大釁。至今　萬乘猶塵蒙。亦知天心未悔禍。南奔避地甘長終。豈意逃空得謦欬。知交迺遇四五公。就中愛我最親摯。儁指先屈南昌熊。心期渾欲忘彼己。圭角細與加磨礱。人生行止不自詭。扁舟

忽欲隨南風溯行握手無所贈惟有空氣如長虹橫流它日倘相遇所願身道雙加豐

季廉南昌人名師復侯官高足弟子也

昔嘗推黃公度夏穗卿蔣觀雲為近世詩界三傑吾讀穗卿詩最早公度詩次之觀雲詩最晚然兩年以來得見觀雲詩最多月有數章公度詩已如鳳毛麟角矣穗卿詩則分携以來僅見兩短章耳團沙之感云何可言近觀雲以其四長篇見貺則「已亥秋別天津有感寄懷嚴蔣陳諸故人」之作也讀竟如枯腸得酒圓滿欣美爰急錄之如下

……暮雨掩柴門秋聲滿庭樹瑟瑟紙屏間一燈靜如鷺髫鬌少年時讀書未馳騖即此感生平流轉亡吾故乙未在武昌始與吳生樵遇丙申在密雲閉戶亘朝暮丁酉在京師張趙日相晤新機始萌芽禱祀潤雨露戊戌在天津大夢正驚寤素箏載濁酒慷慨登樓賦（在天津時與蔣性才陳瀾深等時相過從飲酒各有詩記之）今年在鄉閭過此將焉駐人生幾中秋何者為我素問天天不聞聽雨雨不住……束髮抱流略辛勤三十年一日不忍捨頗欲窺高堅才短衣食迫窮老仍愚顓慨然望六合豈無豪與賢間關十數載所在窮山淵山陽一聞笛中鑱從此捐時會既未至盛業由書傳旁行百萬卷精詣窮人天舌人十萬輩瞪目

無爐妍。學未聞大道。豈能事言詮。昔者山海隔。今有車與船。今者文字隔。誰施蹄與筌。
事窮我公起。（謂侯官嚴氏）吾族殆帝憐。公學豈在此。而此世所先。國狗素狂猘。犹耽吻常涎。
興亡有一定。名世獨見全。冥冥津門樹。日暮起蒼煙。扁舟載吾逝。不復相流連。何時一
尊酒。黽勉爲執鞭……蔣子（智由）起寒素。姓名世不張。乞食走燕野。掃塵書一床。過從日抵
掌。每覺芝蘭芳。農宗（已亥秋間蔣子著有農宗篇）發大義。精誼貫百王。持此照震旦。可謂見膏肓。陳子
（錦濤）墨者桀。與蔣相翺翔。疇八振絕詣。哲學搜旁行。餘事托雄劍。赴難甘探湯。嗟吾三子
於世誠蚊虻。然而貞元際。捨此誰與商。艱難困一飽。口呿舌爲僵。浮雲起西北。俄頃滿
八荒。瀟瀟涼風至。白露降爲霜。蒲柳與松柏。於理豈久藏。爲我蓄明德。毋亟耀其光……
……湛湛一尊酒。淵淵千卷書。蕭蕭兩株樹。寂寂三間廬。微材豈有覬。即此亦足娛。所嗟
時日迫。言將戒征車。征車亦何爲。窮達非我圖。但恨萬山外。朋友日夜疏。滔滔浙江水。
亘古不得徐。東流到黃海。應瀠故人居。登樓望不見。天海搖空虛。旋歸對塵俗。積懣聊
一舒。侘傺獨就枕。夢見遊天衢。九奏動萬舞。熊羆自我涂。邱聃竝千古。疇能辨有無。
黃公度集中名篇不少。至其「今別離」四章。度曾讀黃集者無不首記誦之。陳伯嚴推

爲千年絕作。殆公論矣。余嚮者每章能舉其數聯。顧迄不能全體成誦。憤恨無任。季廉不知從何處得其副本。寫以見似。開緘不自知其距躍三百也。亟爲流通之於人間世。吾以是因緣以是功德冀生詩界天國。……別腸轉如輪。一刻既萬周。眼見雙輪馳。益增心中憂。古亦有山川。古亦有車舟。車舟載離別。行止猶自由。今日舟與車。併力生離愁。明知須臾景。不許稍綢繆。鐘聲一及時。頃刻不少留。雖有萬鈞柁。動如繞指柔。豈無打頭風。亦不畏石尤。送者未及返。君在天盡頭。望影倏不見。烟波杳悠悠。去矣一何速。歸如留滯不。所願君歸時。快乘輕氣球。……朝寄平安語。暮寄相思字。馳書迅如電。云是君所寄。既非君手書。又無君默記。雖署花字名。知誰籍紙尾。尋常並坐語。未遽悉心事。況經三四譯。豈能達人意。只有班班墨。頗似臨行淚。門前兩行樹。離離到天際。中央亦有絲。有絲兩頭繫。如何君寄書。斷續不時至。每日百須臾。書到時有幾。一息不見聞。使我容顏悴。安得如電光。一閃至君旁。……開函喜動色。分明是君容。自君鏡奩來。入妾懷袖中。臨行翦中衣。是妾親手縫。肥瘦妾自思。今昔將毋同。自別思見君。情如春酒濃。今日見君面。仍覺心忡忡。攬鏡妾自照。顏色桃花紅。開篋持贈君。如與君相逢。妾有釵挿鬢君有襟當胸雙懸可憐影汝我長相從雖則長相從別恨終無窮對面不解語若隔山萬重自非夢來往密意何由通……汝魂將何之欲與君追隨飄然渡滄海不畏風波危昨夕入君室舉手牽君帷披帷不見人想君就枕遲君魂倘尋我會面亦難期恐君魂來日是妾不寐時妾睡君或醒君睡妾豈知彼此不相聞安怪相參差舉頭見明月明月方入扉此時想君身侵曉剛披衣君在海之角妾在天之涯相去三萬里晝夜相背馳眠起不同時魂夢難相依地長不能縮翼短不能飛只有戀君心海枯終不移海水深復深難以量相思

中國近事

◎開缺緣由　王侍御乃徵。日前曾遞封奏。稱四川拳匪大熾。皆總督奎俊等之罪。瀝陳十餘欵。并聲明奎乃榮祿胞叔。故劣跡久著。無人敢參等語。前月二十三日已有旨將四川提督藩司等官全行更調他省。而成都府阿麟有縱匪情事。立即革職。惟奎則依然如故。高侍御枏因之亦于是日彈劾。摺中所陳。與王侍御略同。故有奎俊著開缺之旨。

◎修律延期　修改律例。早已派定沈侍郎伍京卿。惟政府本意只欲略採西法。修而不改。今東南各督擬請大加更改。以收治外之權。而迂腐無識之輩。必出而阻撓。故朝廷于此事。尚未定議。沈伍二君亦無從動手。

◎仇視新學　據聞現政府中頑固者。慮大學堂告成後。學生皆喜新學。則必與伊黨爲敵。故凡承辦大學堂各員。稍有未妥處。伊黨即聳人奏參。因此現大學堂大臣頗爲掣肘。目下張百熙時時爲人參劾。恐難久安其位云。

◎擬興海軍　直隸總督袁世凱。今春曾奏陳興復海軍事宜。每年酌籌一百十萬兩。爲常川經費等因。已紀前報。玆據東報所載。本月初七日袁復上一書。妥籌章程六項如下。一、廢北洋南洋之名稱。以期號令統一。且沿海警備。亦可聯絡周密。二、編定常備豫備兩項艦隊。使各異其任。常備艦隊准備戰鬥之用。豫備艦隊即補助常備爲救援者。三、在芝罘上海南京江陰廣東設立海軍警備府五處。四、各警備府各掌其防汛界內之警務。水師統領總理其事。五、馬尾造船廠宜極力整頓。爲將來製造軍艦水雷艇小輪船及其他軍用船之地。又宜于該廠添造砲銃等物。六、江陰宜新設海軍兵學堂一所。以訓練海軍士官。教習延聘外人。

◎拘拿新黨　陝撫升允于前月突將宋伯魯拿獲。即密電政府請旨懲辦。旋政府覆電着其交地方官管束云云。升允所以將宋拘拿者。聞係受臬司樊增祥之欺。以冀取媚于舊黨。不料兩宮並不苛求。反責問誰令拘拿。某軍機奏稱曾保康某獲罪革職。兩宮諭曰。保康者均何人。曾定何罪。又一軍機曰。保康如張之洞劉坤一張百熙皆自行檢舉。并未置議。外如徐致靖李端棻等之監禁。前歲下詔維新。皆邀恩赦。兩宮怒言曰。

二　一八六〇

徐李既釋。豈可再禁宋某。又厲聲曰。此究誰令拘拿者。某軍機從頭奏曰。懇從輕議。令交地方官管束。始邀旨允以存升允顏面。

◎簽約有期　中外改訂稅則。現已就緒。與約之國。未曾預議者。爲俄羅斯西班牙意大利葡萄牙等四國。蓋該四國在華貿易有限。故可樂從他國之議也。至所改稅則可望于日內簽押。年內可期舉行。約內貨物估價。係照一千八百九十七年至一千八百九十九年結押算。其時價值較之現時略低。又海關可得年結一百之四二五。稅則內所開各款。亦較前詳細。

加稅免釐。盛呂兩大臣在上海與英使開設之初。張香帥事事與之反對。幾無一條不駁。盛呂無可如何。即約馬凱君親就江鄂會議。于是十餘日之久。京中未得張奏。一日忽來一電。則事事皆已照允。幷力陳此次辯爭之功。是日即旨派張之洞爲商務大臣。其實所爭者不過厰稅每百抽七加至每百抽十。及其餘數小節畧加更改而已。其緊要條目。仍與盛呂原議無異也。

◎還津條約　天津交還條約。既承英美德法日各公使允諾。定于本月十二日舉行交收之式矣。茲據東報所載該條欵要項如下。一剷平大沽砲臺。及其他北京海濱有礙自由交通之砲臺。令都統衙門既撤未剷平之砲臺。當交駐津列國軍司令官經理。所需經費係從都統衙門現存之欵支撥。一據議定書第九條。認中國政府維持北京海濱間之交通占領某地之權。天津其一也。故雖都統衙門裁撤之後。聯合軍目下所占領之處。仍可繼駐屯。一外國軍糧軍裝等均免徵稅。及附加金。一中外宜防衛突之機。故議距天津二十華里以內中國不得駐屯軍隊。一當設沿途交通線及火車站。鐵路兩側二里之內各國司令應有管轄之權。一凡剷平之砲臺及天津城壁。中國不得再築。亦不得沈設海岸防禦。一都統衙門收支計算。爲聯合軍司令官所指定者一人直隸總督指定者一人隨時檢查。砲臺剷平以後除費用之外餘欵當交付直隸藩庫。一都統衙門當差。亦外國軍人無論何事。不關于中國人者不得拖累。一外國軍所役華人。倘有背違法律者。當由軍令官自治之。中國官衙不得過問。一外國軍所需避暑之地。必當占領。一都統衙門所定目下施行之刑律。當裁撤都署之時。將清冊交付地方官。地方官須確實施行。但都統衙門所判決民事刑事訶訟。地方官不得重行審議。一都統衙門之記錄在領事保存有利害之關係者。得取調之。一天津及都統衙門管轄之內住民所有課稅。都統衙門行政之時。均已完清。中國政府不得再向此等人補徵前記條款之外。並准總督府設護衛兵三百名。此次條款。雖比舊約頗有寬嚴之異。然中政府平素怠慢。故不得不承諾也。

◎還路條件　交還津榆鐵路由胡雲楣侍郎辦理。甚爲秘密。今據所聞各條件照錄如左。一因聯絡海陸起見。一旦有事。須先載兵及糧餉。此係舊年各國議定之約。一因聯絡起見。所以各國于駐紮兵隊之火車站。須派置辦事員若干。一鐵路沿途電綫同時交還中國。若各國尚有軍務。均可使用。一各國若有軍事。通電可用原來電柱。一火車站地方尚要改移。又若推廣鐵路。中國政府須先與公司妥協商議。一交還之時。所有俄國專管之山海關火車站。須同時還付。一以上各國意見相同。定於西歷八月十四號還付。附件　一自張家口到北京之鐵路。中國政府須以自力經營之。不得仰他國之助力。并爲押當。一自通州至秦皇島。又自保定至天津之鐵路。以後若別有布置。公司任之。

◎奉天善後　奉天西南一帶俄兵。已定于華八月內一律撤退。惟鐵路衛隊。不在此例。計分布各處俄兵。統砲馬步工四項。共二萬三千餘人。撤退後即應調華兵接防。但目前瀋營無多。不敷分布。武衛前軍。又未能悉數調赴關外。亟須添募新軍。赶行操練。以便屆期接替。增將軍以事難從緩。而餉無從措。疊次電商軍機處暨北洋大臣。聞政府之意。須俟袁慰帥來京。方能商定云。

海外彙報

半月大事記　西歷八月上半月

▲八月一日路透電。英兵部大臣皮洛的力在下議院言及在德國所購之鎗砲。較之英國自造爲佳。

同日電。澳大利亞某礦山失事。致斃二十七八。當時救出一百四十五人。尚有被壓者一百人。恐難施救也。

▲二日路透電。日本小松宮親王。現已離聖彼得堡。前赴馬斯口。將乘西伯利亞鐵道返國。

同日電。俄政府近撥款一千六百五十萬金磅。爲修造士里丁士克至伯拉高發士青士克鐵路之用。

同日電。俄京某報稱現在北直隸之法軍某參將與駐京法公使同往聖彼得堡。

同日電。澳大利亞某礦山失事後。已從礦內尋出六十七人。又此次共死一百廿人。

▲四日路透電。慶賀加冕各兵隊。已准于禮拜三齊集。日來各匠搭盖看臺。排設椅座。頗形忙碌。賀典所經之處。皆建竪牌坊轅門。

同日電。英泰晤士報得杜蘭斯哇訪事函稱。現議設法招雇華工前往杜國。

同日電。杜將簪薩、底威特、底拉利三人。未往歐洲時。曾稱某在地方聚會時。衆曾舉其出外募捐資。贍養國內孤兒寡婦。

同日電。今日德皇在拉福兒地方會晤俄皇。

同日電。俄國有諭。將今年兵籍增至三十一萬八千六百四十五名。較之去年加多一萬名。

▲五日路透電。日本水師提督伊集院君。已蒙英皇召見。法國哺占尼皇后。亦曾覲見英皇。

▲六日路透電。英皇今日乘車返蹕倫敦。

同日電。英皇及皇后由口斯起程時。波士茂治海口各兵艦。及日本兵艦。皆放砲迎接。抵域多利亞車站。乘車回宮。沿途瞻仰者。甚爲踴躍。

同日電。英水師提督西摩君。近曾致書泰晤士報云。予與劉坤一極爲交好。劉請將上海兵撤去。予亦甚以爲然。蓋各兵初意本暫時駐滬也。

同日電。英爵乃克蘭君在下議院宣言。新議商約。已有照會致各商會館及商民之與中國貿易者。又言英政府已咨商各國。將中國賠欵減輕。並將上海戍兵撤退。惟此事英國不能獨行。

同日電。美國商稅大臣沙京法君。甚以裁厘加稅作抵爲非云。加稅有礙各國。尤于美國爲甚云云。

▲七日路透電。希臘丹麥兩太子希時公爵及各國親王均同到倫敦。

同日電。英皇御駕抵波士茂治岸時。除朝中各大臣均在彼迎迓外。日本水師提督伊集院君。亦在碼頭迎候。

同日電。日本伊集院君曾蒙英皇召見。日本淺間高砂兩巡艦。均在士必黑海口排列迎迓。觀此可見英日兩國邦交格外親睦。

▲八日路透電。英皇傳諭國人。謂前者朕躬不豫。國內及屬地印度人民。皆爲隱憂。忠

愛出于至誠。復將朕加冕之典改期。朕心實感云云。

同日電。英下議院秋季以前尚須開議。現正討論學校事宜。提議二十款。已有七款妥議。惟義塾問題辦理不易。故刻下尚未就緒。

同日電。英大臣張伯倫君簡總郵政司以繼倫敦打利侯爵之任。

同日電。英政府議派大臣六員查考南非洲戰事始末。

同日電。英內閣大臣更迭者五人。

▲九日路透電。英皇今日正午十二點四十分鐘在威士綿士打禮拜堂行加冕之禮。

同日電。英皇在威士綿士打禮拜堂行加冕之禮時。儀容甚整。路旁瞻仰者不計其人。蹕路所經。衆皆歡呼頌祝。是日各處均放假一天。惟街道修飾較初時所定略差耳。英皇御體極佳。在禮拜堂內舉行各禮。毫無遲疑。答詞聲甚嘹亮。諫太巴科總牧師舉冕加皇頂上。約克總牧師舉冕加皇后頂上。禮畢。英皇皇后即秉圭乘車回宮。抵宮時。已兩點零五分鐘矣。英皇復盛服戴冕。同皇后出御樓。大衆歡呼英皇及后。對衆鞠躬。至晚各處燈燭輝煌。極一時之盛。

同日電。英前相沙侯因抱微恙。故英皇加冕請假未到。

同日電。英廷近製一種功牌面鐫忠誠職事字樣以備賞賜國內文臣有大勳勞者。

△十一日路透電。英皇今日召見內閣大臣。新任各官交接後新官十八人遂行發誓之禮。英皇召見各大臣後。即將維多利亞寶星賞給臣工。

同日電。英國藩屬大臣今日末次聚會。

同日電。美政府現已議定允認日本佔守瑪加斯海島。

同日電。西伯利亞鐵路火車來往歐洲。現有定期。計由法京至北京只需廿二日云。

同日電。美總統已准太平洋海電公司布設舊金山至中國之電線。聞此線路係由哈威意坎姆非律賓三處佈設。

△十二日路透電。英皇今日召見倫敦府尹的姆士低兒君。府尹遂將國內人民報効加冕經費十一萬五千萬金磅呈繳。英皇賞收後。擬將此欵撥入英國大醫院並稱上帝保朕在世一日。務使該醫院費用充足無事挪借云。

同日電。英國前在波士茂治地方建設英兵在中國庚子陣亡記念碑。昨提督西摩君已往該處行開光之禮。

同日電美國各報現仍論及瑪加斯海島一事。各報意見謂路士希兒統領遲疑觀望。致佔守不成。又稱美政府已遣船往探威克及米威兩海島。據云皆有日本人居留。又云美國欲佔瑪加斯海島。幷不阻日人在彼居住。惟不欲日本管理該地耳。

▲十三日路透電南美洲法尼蘇拉地方近有叛黨攻襲巴斯耶那城。相持六日城終被陷。該黨遂入城大肆刦掠。當交戰時。彼此均有死傷。統領六員參將廿三員均陣亡。此外兵匪共死一百六十七名。美國意大利荷蘭三國領事署皆被刦掠云。

同日電俄國苛考夫城昨日有匪徒突向巡撫米魏王連放四鎗。間有一鎗擊傷頸部。刻兇首已經拿獲矣。

▲十四日路透電英國各藩屬集議捐助在倫敦建立維多利女皇周國碑記。加拿大允助三萬金磅。兒倫呢二萬金磅。紐西侖一萬四千金磅。呢他爾一萬金磅。

同日電法國教師滋事。勢仍震動。法政府刻已派兵前往比利丁呢地方防守。並將滋事多人罰鍰監禁。以示懲儆。

餘錄

蔡使要求日本警察入署拘捕學生始末記

吳君等日視公使怒甚。呆不知所出。小林氏曰。好了。你們話亦太多了。吳京卿曰。你們話太多。自然公使不願意。只事情終可緩緩商量。今天我們去罷。吳君曰。小林先生與鞏甫先生之言甚是。況此時欽使盛怒而出。皆學生等不善措詞之故。於義當從先生等之言。自行早歸。惟今日之來。學生等非爲一人之私。在學生一人。欽使或以爲獲罪。則責之辱之皆唯命。此本又一義。至於今日所請學生之事。現在之九人。參謀部滿口允許。惟欲將原咨事由更正。重行咨送。即可作准。本無所用其商量。而方來未已之學生。欽使苟殷勤勸學。方以多多益善爲快。倘以妥實五人之環保呈請。亦應隨時咨送。以免遠學之困難。似又無需商量。商量且不必。何須緩緩。我國敷衍成習。國以隳頹。豈嵩目時艱者。尚不能各探良心。力矯此弊乎。今日學生等求見欽使。如此其不易。參謀部並無不准之詞。欽使堅以爲不准。如此其不可解。學生等千言萬語。婉曲戇直以請命。欽使雖心許之。而欲養蓄其威重。不肯即假詞色。如此其不喜直捷。則今日學生等硜硜然而來。貿貿然而去。不知欽使之繼見何日。又不知欽使之詞色能假與否。恐數十日之奔走。終付流水。而學生之進校。徒成畫餅。是以先生等訓誡之言雖甚可佩。學生等之意。終欲於此行得欽使之一諾。故今欽使雖盛怒。學生等惶恐冒死。不敢不仍待後命。欽使或事冗。學生等可暫坐于此。雖飢餓一二日不辭也。吳京卿與小林氏再三勸出。然惟以爭得面子云云相告。並不以學生之公事爲可否。最後小林氏因向公使處數往返。不得要領。遂告諸君曰。如諸君意許三端。何如。諸君曰。請示之。小林氏曰。第一端。嗣後私費入成城學校學生。得妥實五人環保。公使即爲咨送。諸君曰是。小林氏又曰。第二端。咨送之後。日本參謀本部或不允。公使即爲力爭。諸君曰是。小林氏又曰。第三端。力爭不可。公使則爭之至於辭職。諸君皆頓首曰。懽謝我公使。懽謝小林先生。諸君謝畢。小林氏方欲有言。吳君曰。先生之言。欽使請先生傳命乎。抑出於先生之厚意乎。小林氏不語良久。曰、第一二端。乃欽使之意。第三端則我代欽使允許耳。異日公使應辭職而不肯者。我當請彼辭職也。吳君愕然正色曰。先生之厚意。豈不可感。

至辭職之說。重煩先生之要請。學生等謹九頓首叩謝。不敢受命。我國公使之辭職。若先生以大日本之人而干預之。是重辱我國國體也。先生念唇齒之義。不願我國之不國。當不以狂言爲罪。學生等之意。若與先生一個人之交誼。念今日之厚情。無不可允許之事。至於事涉兩國。惟有死爭。不敢退讓。語畢。以首叩地曰。謹辭先生厚貺。願重待敝國欽使之命。小林氏怫然變色。拱手告辭曰。以兄弟之言爲不必可聽乎。如此兄弟亦無詞可贅。請從此辭。吳京卿曰。好了。爭到如此面子。眞算十二分了。吳君曰。先生之言。是何言歟。此次先生之來。一舉一動。爲天下所觀聽。凡有損辱國體之處。宜愼之又愼。如何命學生輩草草受命乎。況辭職之請。斷非學生等所敢强迫。若欲强迫。當已倚重小林先生鼓掌而歸。徐求徵信于小林氏之門。不必重煩欽使之面命矣。又辭職與否。亦未敢重要欽使。不過因欽使素淡榮利。欲得坦然之訓教。以爲實心親愛學生之據耳。京卿曰。吾與汝宗旨不同。其時小林氏雖怫然。然尙不忍恝置。又謂諸君曰。聽我之言否乎。諸君曰。必請欽使面命。或請先生傳命。或求吳先生代命。京卿曰。我不能。我亦不以汝等之舉動爲然。小林氏嘆曰。姑再言之。又入內室。久之出。仰首正立。手捋其鬚曰。諸君可歸矣。辭職之說。非所宜言也。吳君等頓首曰。豈不良是此必出于欽使、學生之意、欽使若重愛學生。果能慨然以此意與學生相許。則學生之愛欽使。亦必有加。欽使今日申命學生。亦可縷責留東學生之失。俾痛加洗除。方今國步艱難。君臣上下。俱當以良心相見。請今日欽使萬不可云。如此要請則刁風不可長作官場無謂之疑猜。以待今夜在室之學生。吳京卿嗤之以鼻。小林氏啞然微笑。徐曰、諸君竟不能聽我之言乎。吳君曰。先生之言。至爲可感。唯自午前十一時至今不獲學生入校之究竟。惟以綏詞相答。學生等實不敢承命即去貴國二重橋畔。京城之重地也。尙許小學校生徒累百十人。在彼體操唱歌。以敝國之學生。在敝國公使館之客座。以禮列坐。靜待數日。獨不能耶。吳京卿曰。請毋詞費爲空言。小林氏曰。然則必不能聽矣。諸君俱頓首曰。惶恐惶恐。及擧首小林氏已出。京卿曰。好了好了。此時已十一時。我向來九時即寢。今亦倦甚矣。爾等不若至我寓喫飯。吳君曰。學生執當仁不讓之義。先生此次一出所係非輕。請勿以尋常酬應處事也。此次之事。先生之執事未敬容亦有之。京卿曰。即此便算當仁耶。吳君曰。學生發狂。以爲此即當仁。京卿曰。好了。面子爭得十二分了。聽了小林君之言罷。諸君曰。先生是何言歟。此即可算爲國乎。吳君曰。學生發狂。以爲此即爲國。京卿恚曰。我看你們現在的二十餘人。也做不出一個風氣來。于是諸君雜答曰。若是好風氣。即一二人亦可主持。京卿曰。好了好了。如必不肯聽。我去恐不美。吳君笑曰。學生等知警察員已備齊。果警察員來捕。即隨至警察署。吳君之意。以爲既貼坐無纖毫失禮。何至捕拿。況學生請命于本國之使署。比諸本國人在本國京城叩閽。亦覺至矣盡矣。即比諸義和團。何至自請聯軍入都。又自吳君以下。共學生二十六人。其間尚有幼孩數人。使署自參隨以至僮僕。又有吳京卿之子弟。不下四五十人。以兩人縛一人。亦堪自治。想欽使必不忍引他國之警員。捕已國禮坐之學生。故雖目視警員之叢聚于室外。而淡然置之。京卿知不可與語。乃出就對面洋客座用膳。嗣有使署繙譯馮君孔懷。舊識吳君。溫勸吳君。吳君等叩首謝之。彼亦去室外。一時俱寂。並警員亦出就外舍。吳君等無可奈何。垂頭而坐。腹中飢火如焚。口渴神疲。兀然假寐。寂無音聲。諸君方有入夢者。忽室外聲大作。皆驚視。有佩刀者。有執紅白燈者。有似兵官狀者。三四十人。共入室。呼諸人起。廿六人者。無一能解語。不知作何詞。似聞一服紳士洋服者。對吳君云。速自行。往警署。免執持失体面。又於衆中指孫君曰。哭拿甫泰利大開。猶云僮捕此二人。吳君方欲有言。已有兩警員各執一手。如扶孝子。然飛擁而出。見孫君亦由一警員挾之出。餘人各奔隨警員執灯十許簇護之。至使署外。細雨如織。警員擁吳君及孫君直向北趨。諸君譟欲同往。爲警員逐散如流星。吳君等走一里許。至警署。警員釋手。稍似禮貌者。命就接應所坐。致一火鉢。備吸淡瓜巴。久坐。命吳君一人至內間。亦似客座者。署長方在座。命同坐。語言不通。以筆代談。先問宿所。次問姓名。次問何日到東。次問何故誘多衆迫公使館。吳君言去者有名單。皆可捕問。如誘衆有據。即請治罪。否則公使妄入人罪。亦宜查問。署長無言。又問去見何爲。吳君曰。因入校之事。署長曰。既爲入校事。何爲穩和之途不出乎。吳君云。膝坐而語。徐徐謹對。始終坐地未尺寸移。不知穩和何如。署長無言。又問入校挾何目的。吳君即以小林氏所許三事爲學生之同願。僅因其間有出小林氏意于國体未完。故尚待後命。忽捕至此。署長無言。有譯人告曰。上官心裏明白。你無事可回去。吳君言無面目見人。願永禁。署長及譯人皆笑。姑至始入之室。其時夜半之一時有半。孫君復去問話。吳君倦甚。假寐而坐。比醒。

天已明。署長與譯人至吳君室。謂曰。孫君願歸。你亦可歸。吳君不願。署長問用意之所在。吳君曰。被捕固當問。入校事尤注意。署長曰。入校事午後二三時可再來。與小林共計君等之便利。吳君聞將計便利。大喜。即曰如此願暫歸。遂會孫君同出。時天甫明。雨不止。警員殷殷問識路與否。謝之而出。得一車。吳君與孫君同歸。是日中歷六月廿五也。午後吳君至警署。二長與小林氏均晤坐。吳君再向小林氏申前夜之說。小林氏拒不許。吳君曰。此事本無與先生事。姑置之。請爲問昨日被捕何故。小林氏初不肯。後堅請之。署長言捕拿非日本警察意。乃清國公使所命。必往問公使。吳君欲即日往問。不能。許言三日內禁不令學生入使署。約三日後再去。吳君遂歸。吳君之在警署也。留學生因聞昨日之事。有四十五人至使署求見公使。入署與警員論理。未捕者二十餘人。仍捕至署者周君家樹等二十餘人。皆稍問即釋。其明日中歷六月廿六日。遇　皇上萬壽日。吳君因警署已許人入署。先爽約。遂作書告之。隨同學廿餘人共至使署。祝　萬壽。并問入校及被捕事。警員二三十人列署前。不得進。急闔柵門。如禦大敵。吳君通意于閽人。不許。遂告明日一人獨去。

二十七日午後。吳君一人獨往。仍爲警員及閽人所格。惟閽人對甚謹。且約三四日後。公使必賜見。近方商榷前夜之事也。吳君唯唯。自是吳君之寓常有巡查守瞭。六月三十日夜。范君源濂因議教育事。留吳君宿彼處。巡查亦終夜立門外。七月一日吳君欲依使署約。再謁公使。留學生會館幹事諸君言入校事可有成議。切囑毋往。遂未去。吳君與同寓人在日本橋買書物。二日早九時向近忽一警員至吳君寓。約吳君孫君共於十一時至警署。並言道路不可辨。已命巡查三人同行。十時。吳孫二君同出。巡查小林氏大賀氏小山氏三人尾後。遂共坐人力車。徑至警視廳。警視廳者。東京警察之總署。非前夜麴町一區之警署也。入門後。坐接應室。一巡查先入。久之久之。已午後一時。方招得一譯人至。共見廳主事管井誠美氏。禮之。命坐。出內務省大臣內海氏令曰。清國留在之吳敬恆孫揆均二人。查有妨害治安之事。即令退去本國。傳與本人知之。幷令明日早六時。即偕巡查從滊車至神戶。由神戶上滊船回上海。譯人者多半不能解。吳君等請治裝遲一週。行不許。請本木曜至橫濱。又不許。請本日暫歸。又不許。無如何。止可聽之。雖婉曲陳此次情形。皆止歎惋。以爲大臣命令不可返。吳君等遂笑受之。然仍軟禁之於客室。警官等尙以求書等博生趣。

蔡使第二次要求警察入署拘捕學生始末記

吳孫二君既退去。秦君毓鎏以此事大辱國體。大失國權。是日本政府徇公使之請。或日人干預。而公使不知。固非學生所知。顧事關國家。學生自有應盡之義務。不容漠視。然學生無權。惟有仍懇公使力爭挽回。謀之張君肇桐等。亦以爲然。乃擬長函。署名者秦君毓鎏張君肇桐吳君榮鬯楊君我江胡君克猷許君家澍顧君乃珍鈕君瑗夏君士驤沈君宏豫共十人。中歷七月初九日由郵局寄呈。（原書以限于篇幅擬俟下期補登）初十日署名諸君約同謁公使。嗣因人多。恐公使疑慮。不見。唯秦君張君二人同往。進使署。有巡查詰問。告以欲見欽使。尋有閽人來。各出名刺與之。閽人入內。良久出曰。欽差有客不見。有事見王監督可矣。王監督者。即王君雷夏也。引入一室。室內有額曰聽濤揖翠樓。秦君謂閽人曰。欽差有事。吾等可坐以待之。有要事須面陳。不欲見王監督也。閽人出。旋有隨員張君季生來。告以見欽使之故。乞爲轉達。張君允之。入內良久出曰。你們的信尚未接到。九人入成城事。欽差萬無不允之理。唯須待福島回來與之商量。至吳孫退去之事。雖若可爭。然是日本的法律。張君鑾桐告以不可不爭之故。且有可爭之理。張君曰此是專門學問。我不敢率爾而對。且待你們的信到了。再徐徐商量罷。今日欽差有事不見。日後再見罷秦君等辭之而出。

十一日下午顧君鈕君同往使署。見王監督王君之言。與昨日張君所云大略相同。

十二日下午秦君夏君沈君同往。閽人入告。出曰欽差有事不見。你們的信亦已接到。所請均可緩商。秦君曰既不賜見。可賜復諭否。閽人曰欽差說明日有覆諭。可以親自來取。一定不誤。秦君恐失約。出名刺書其上曰。十三日來取覆諭以示閽人。曰一定不誤乎。曰不誤。遂歸。

十三日諸君因今日可得公使覆諭。均欣然欲往。下午二時半。秦君毓鎏張君鑾桐胡君克猷楊君我江顧君乃珍許君家澍劉君鍾龢陳君秉忠夏君士驤沈君宏豫鈕君瑗約同詣使署。嗣因人多恐干妨害治安之例。遂分班而往。秦君一人先行。至則正門已閉。僅啓東側門。有巡查二人。禁不使入。旋有閽人出詰問何事。秦君曰求見欽差。閽人日不見。秦君曰見王監督亦可。探懷中片紙書姓名與之。閽人與巡查低語片時。遂引之入內。在樓梯下遇王君同入一室。即前所至聽濤挹翠樓也。秦君以來取覆諭并求見公使意告之。王君曰昨日見欽差。欽差云吾宗旨已定。以後學生來一概不見。兄弟見你們來的信。說得很是。恐欽差看不清楚。反復誦說。欽差亦已明白。云九人入成城事。一定不送。吳孫二人退去之事。是日本政府的法律。與欽差不關。命兄弟將此意告訴你們。並沒有復諭。你們亦不必見了。秦君曰學生等今日來已第四次。言人人殊。第一次見張君季生。則曰九人入成城事。欽差萬無不允。終要待福島回來與之細商。吳孫退去之事。亦可從緩商量。第二次仍因公使不見。來見先生。先生云云。與張君意略同。第三次并先生亦未之見。閽人傳欽差諭云。明日有復諭。可以親自來取。今日先生乃云並沒有覆諭。九人一定不送。吳孫退去之事與欽差不關。何以前後歧異若此。令學生等不知所遵。誠欲面見欽差。一釋疑團。王君曰今日兄弟所說。實在是昨日欽差面諭的。至於張君所云與閽人所告。兄弟不知。秦君曰就入成城學校一事而論。欽差第一次諭文云徐圖轉圜。第二次諭文則云礙難咨送。前兩次先生及張君又云欽差萬無不逸之理。論文與傳言不同。論文又前後不同。傳言亦前後不同。學生等實在不明白王君呆想半晌曰。什麼論文。秦君曰論文登在日本報上。日本人都曉得。豈欽差衙門的人反不知耶。王君曰嗚。就是論帖罷。自然以論帖爲準咯。語未已。聞外間人聲喧雜。奔走樓上下。若有大事者。忽閽人啓門來告曰。又有數學生欲見王老爺。王君曰我因邊監督回去。暫行代理。我實在並不是監督。要見我什麼。我爲他們已奔走了不知幾許。見了欽差。欽差云學生一定不見。你將此意告訴他們。就是咯。要見我什麼。閽人出。王君又謂秦君曰。兄弟生長江蘇。故江蘇人來。無不竭力招呼。爲這件事。兄弟已不知走了幾許。見過欽差。請欽差見見學生。欽差云你們不要來胡說。我自有宗旨。學生們一定不見。唉。欽差不見你們有什麼法子呢。秦君曰江蘇人承先生厚遇。固甚感激。然觀先生對閽人云云。不但欽差不賜見。即先生亦不賜見。不但先生等不賜見。且并使館而不能入矣。學生來時。正門已閉。警察看守。今屏於門外者不知幾多人。學生幸而至此。必求望見欽差顏色而後退。王君無辭。旋去。久之來曰。這是沒有法子。只可仍爲你們去奔跑就是咯。適張君肇桐等十人亦至。王君遂去。有頃來曰。欽差云宗旨已定。學生一定不見。欽差意思盡於兩次諭帖上。張君肇桐曰。爲何不見。如疑學生等有他意。可彷小試例。搜撿身子而後進見。王君及旁聽者皆笑曰。這亦何必。呢諸君錯雜陳對。王君忿忿而去。秦君等無可奈何。只得默坐待命。室外闃其無人。惟聞別室隱隱有聚議聲而已。久之有二僕來。善爲說辭。勸秦君等散。秦君等婉言却之。頃之有馮君孔懷與二日人至。一紳士服。一武裝。均警察官。相視不語。馮君者使館繙譯也。亦以欽使不見之意相告。且問如何而後諸君肯散。秦君曰。毓鎏等此來有二事。一爲吳孫押回。大辱國體。請欽使至日本政府力爭事。一爲鈕君瑗等九人欲入成城學校。仍請欽使保送事。力爭事爲重。保送事爲輕。如欽使決計不肯保送。此事不妨作爲罷論。惟吳孫退去事。大辱國體。大失國權。欽使爲中國之官。學生爲中國之民。欽使可爭而不爭。是欽使放其責任。學生可請而不請。是學生棄其義務。欽使已放其責任。故學生決不忍再棄其義務。學生微賤無能爲力。故唯有懇求本國公使與彼力爭。如欽使不允力爭。學生等決不忍退出使館一步。必求得請而後去。如欽使允爲力爭。即不面見。賜手諭以示信。學生即遵命而退。此次求見與前次吳孫求見事全不相涉。吳孫爲學生入校事而來。毓鋆等爲爭回國權事而來。前次欽使以吳孫爲首。故重辦二君。此次欽使如欲究爲首之人。則毓鋆爲首。即以片紙書姓名授馮君。懇其轉達。馮君允之而去。時已五時。觀者如堵。須臾馮君出。致欽使之命曰。辦理此事。欽使自有權衡。賜見賜諭。萬萬不能、諸君云。前數次來求見。言人人殊。是眞是僞不可知。非面見欽使。終不能得要領。馮君疑衆人誓已也。辭色之間。亦頗悻悻。時王君及向日所見張君季生亦來。偏向衆人遊說。以從緩商酌爲言。秦君曰。吳孫押回、已非一日。學生等所以不急來求見者。以爲欽使必有措施。靜俟數日而無所聞。始而上書。繼而求見。一而再。再而三。不謂不緩矣。辱國體。失國權。此何等事。而以從緩二字推諉乎。如押回之事。由于欽使之意。是開門揖盜。忍心害理。固不可謂人矣。如日本無故而干預也、則欽使分所當爭。何必待學生之請。乃學生請之而不允。且拒絕不見。是何心歟。欽使不以學生待學生。學生決不忍不以欽使待欽使。唯忍不以學生待學生也。則前例具在。警察威嚴。不妨再借。唯不忍不以欽使待欽使也。故必堅請力爭。所以不負欽使、所以不負國家。所以盡國民之義務也。又有以日後求見爲勸者。秦君曰。今日來此。已屬萬幸。自今以後。使館且不能進。

况求見乎。胡君沈君張君亦相繼辨之。王君等知不可說。乃向鈕君劉君曰。你們諸位如何。如以我爲友。聽我一言。我們且去散散步罷。鈕君等亦不爲所動。秦君乃正言告王君等曰。諸先生百般遊說。不過欲學生等散去耳。此辱國大事。諸先生均中國人。不引爲己責。猶忍爲此遊說之言耶。忽有一魁偉丈夫。美鬚髯。身著藍衫棗紅馬甲。濶步入門。大言曰。此事本與我不關。我不過從旁勸說欽使。任大責重。第一顧邦交。第二保護商務。第三方照料你們留學生。何得因區區小事。與日本政府決裂耶。張君等曰。辱國體。失國權。何等大事。豈區區留學生小事乎。彼丈夫者揚揚而去。去已遠。高聲言曰。欽使不肯見。我們有什麼法子。我們能將欽使捉出來麼。頃之又曰。那是沒有法子了。只有叫巡捕來了。王君又來曰。此室是我們吃飯處。今飯都不能吃了。請諸君在此用飯罷。衆人皆退出曰。請諸位用飯。學生等寧忍飢待命。不得命。飢餓一二日不妨也。均立於廊下。僕人尋來點燈。觀者皆去。諸君仍入室列坐。未幾。王君來曰。我們要來吃飯了。請你們出去。于是諸君仍至廊下。警察官二人引巡查七八人上樓。分立兩旁。隨員僕役亦紛沓至。王君拉陳君出。繼拉劉君出。拉鈕君。鈕君不肯。拉秦君亦不肯。學警察官對衆人言。多不解其語。語畢。乃引巡查挾秦君出。諸君亦被擁而出。出館門。巡查命各散歸。諸君皆謂辱國大事。請欽使力爭而不得命。反召警察驅逐出門。胡忍散歸。寧立斃以待命。皆堅立不動。有一警察官操漢語曰。歸則歸。不歸則往警察署去。諸君同聲曰不歸。逮捕則唯命。諸巡查遂掖秦君等而行。約一里許。至警署。同去者有楊君張君胡君許君夏君鈕君沈君顧君共九人。均軟禁之於應接室。致米湯二壺。諸君飲之。坐良久。一警察官能漢語者。手持一紙。命各人書姓名于上。使秦君入內。署長南面坐。命秦君坐側。授以紙筆。命述此事緣由。畢。署長閱之。一人操漢語曰。吾上官明白。諸君可歸。以後往使館者。不得過三人。秦君出。復召胡君入。亦如是命之。久之乃出。十一時釋回。

上海廣智書局

日本維新三十年史	全六册	定價一元六角
政治學上卷國家編	洋裝全一册	定價四角
政治學中卷憲法編	全一册	定價三角五分
十九世紀末世界之政治	全一册	定價四角五分
再版現今世界大勢論	洋裝全一册	定價二角五分
法學通論	全一册	定價三角
歐洲財政史	全一册	定價三角
增補族制進化論	全一册	定價三角
再版憲法精理	全一册	定價五角五分
再版萬國憲法志	全一册	減價五角
政治原論	洋裝全一册	定價七角五分
支那史要	全四册	定價八角
飲氷室自由書	全一册	定價五角
中國魂	全一册	定價四角
國家學綱領	全一册	定價一角二分
胎內教育	全一册	定價三角
國際公法志	全一册	定價五角
實驗小學校管理法	全一册	定價一角五分
中國商務志	全一册	定價四角
東亞將來大勢論	全一册	定價二角
中國文明小史	全一册	定價四角
中國財政紀略	全一册	定價二角五分
修學篇	全一册	定價二角五分
再版揚子江流域現勢論	全一册	減價二角
新撰日本歷史問答	全二册	定價三角五分
再版埃及近世史	全一册	減價二角五分

出版圖書廣告

東亞各港志	全一册 定價三角
明治政黨小史	全一册 定價一角
外國地理問答	全一册 定價二角
國憲汎論	近刊
英國憲法史	近刊
英國憲法論	近刊
羣學	近刊
萬國官制志	近刊
萬國選舉志	近刊
萬國商務志	近刊
歷史哲學	近刊
新編中學教科書第一種 倫理教科書	近刊
新編中學教科書第二種 泰西史教科書	近刊

暗射世界大地圖	定價五圓
中國暗射地圖	定價五圓
中國十八省地圖	定價一圓二角
中外方輿全圖	定價四圓
實測精密 東亞新地圖	定價一圓
戰地必携 極東地圖	定價一圓六角
教科適用 東亞三國地圖	定價一圓五角
最新滿洲圖 附圖說一本	定價一圓
學校要品 徑尺地球儀	定價八元五角
五彩 坤輿全圖	定價二元二角五
新譯 英和辭典	定價二圓

製造各種活版石版機械
發客價格甚相宜

明治五年設立　既經三十有一年

大日本東京市京橋區常盤町二番地
諸機械製造業　金津平四郎

新編湘報類纂出版啓

戊戌年湘省暢行學報外尚有日報一種名曰湘報開通民智生面别開爲從來諸日報所未有惜歲月迫促流播未徧錢塘覺睡齋主人孫氏佑臣藏有全帙不忍其湮沒詳細分類甲集曰論著乙集曰講義丙集曰問答丁集曰章程戊集曰公牘已集曰雜錄條分縷晰就簡删繁編纂之役煞費苦心較之原本實便翻閱有志者宜家置一編也○全部八冊寔價兩元不折不扣躉售另議

發行所

上海六馬路中華編譯印書館
上海大馬路同樂里廣智書局
上海四馬路望平街中外日報館
上海棋盤街外交報沈渭卿先生
杭州萬安橋西首白話報館
杭州舊府前申昌書畫室
杭州太平坊大街浙西書林
杭州太平坊大街聞經堂書莊
杭州回回堂大街史學齋書莊

本報各代派處

如有欲閱本報者請向下開各處所定購或逕寄函本社購取亦得但必須將報費郵資先行付下本社自然按寄無悞

上海總代發行所廣智書局
又四馬路同文滬報館
又四馬路惠福里選報館
又四馬路廣學會邱禮清先生
又四馬路望平街中外日報館
又五馬路寳善街普通學報館
又棋盤街三茅閣橋商務日報館
又大東門內育材書塾王培孫先生
又樊王渡約翰書院晋倘先生
東京譯書彙編社
又神田東京堂
長崎新地宏昌號
朝鮮仁川怡泰號
天津日日新聞社
又大公報館
烟台順泰號
北京琉璃廠日日新聞分社
又琉璃廠西門內有正書局
又燈市口廣學會
南京花牌樓中西書局
又夫子廟前明達書莊
又三牌樓西明達別墅
又鐵湯池益智書局
安慶拐角頭皖省藏書樓

蘇州蕭家巷姚公館方康安先生
又同里鎮任閣學第陳佩忍先生
吳中圖書會社
無錫北門內道長巷梁溪務實學堂
常州城內青雲里楊第
又打索巷許芝年先生
杭州浙西書林
又東文學社
又梅花碑方言學社
又白話報館韓靜涵先生
揚州新勝街東文學社
又政法學會
紹興東湖通藝學堂孫翼中先生
南昌百花洲廣智書莊
又馬王廟背賦梅山房
又馬王廟背陶君節先生
如皋東門朱獻侯先生
漢口黃陂街江左漢記
温州正和信局
福州南臺閩報館
汕頭今學書局
又育善街嶺東日報館
又振邦街上海莊黃敬堂先生
香港上環海傍和昌隆
又荷李活道聚文閣

又中環水車館後街錦福書坊
廣東省城雙門底開明書局
又聖教書樓
又黃文裕公祠內萃廬
又大馬站口林裕和堂
又十八甫華洋書局
海防同昇昌陳堯美先生
石叻大葛街謙和號
巴城大港唇聯興號
庇能檳城新報館
吉隆王澤民先生
暹羅陳斗南先生
檀香山新中國報館
域多利埠廣萬豐號
域多利二埠英泰號
温哥華埠永生號
砵侖李美近先生
舊金山文興報館
又中西報館
又翰香報館
偪郎羅藻雲先生
雪梨方澤生先生
美利畔黃世彥先生
紐西侖呂傑先生

一八九四

廣智書局出書廣告

日本維新三十年史

全六册　定價一元六角

第一編　學術思想史　第二編　政治史　第三編　軍政史
第四編　外交史　第五編　財政史　第六編　司法史
第七編　宗教史　第八編　教育史　第九編　文學史
第十編　交通史　第十一編　産業史　第十二編　風俗史

第三種郵便物認可
新民叢報第十四號　明治三十五年八月十八日發行

第拾伍號

光緒二十八年八月一日
明治三十五年九月二日

◉本號要目

美國獨立廳圖
敬告留學生諸君
樂利主義泰斗邊沁之學說
政治學學理摭言
。意大利建國三傑傳（續）
文學說例（完）
尺素六千紙
史界兎塵錄
新羅馬傳奇
十五小豪傑
飲冰室詩話
上蔡公使書
上振貝子書

每月二回朔望發行

新會梁任父先生著

飲冰室文集

香山何天柱編

飲冰室主人爲我國文界革命軍之健將其文章之價値世間旣有定評無待喋喋此編乃由其高足弟子何君所編凡**著者數年來之文字搜集無遺**編年分纂凡爲八集曰丙申集丁酉集戊戌集己亥集庚子集辛丑集壬寅集而以**韻文集**附於末焉其中文字爲**各報所未載者**亦復不少煌煌數百萬言無一字非有用之文雖謂中國集部空前之作殆無不可卷首復冠以著者所作**三十自述**一篇及**照像三幅**一爲**時務報時代造像**二爲**清議報時代造像**三爲**新民叢報時代造像**海內外君子有表同情於飲冰室主人者乎得此亦足代嚶鳴求友之樂也**現已付印**不日出書

發行所 上海英界南京路同樂里 **廣智書局**

新民叢報第拾五號目錄

光緒二十八年八月一日

二

售報價目表

全年廿四冊	半年十二冊	每冊
五元	二元六毫	二毫五仙

美洲澳洲南洋海參威谷埠全年六元半年三元二毫零售每冊三毫正郵稅每冊壹仙外埠六仙

廣告價目表　刊資先惠論前加倍

一頁	半頁	一行　四號十七字起碼
十元	六元	二毫八仙

凡欲惠登告白者須于本報定期發刊之前五日交到價須先惠欲登長年半年者價值面議從減

編輯兼發行者　馮紫珊
印刷者　西脇末吉
發行所　橫濱山下町百五十二番館　新民叢報社
印刷所　橫濱山下町百五十二番館　信箱二百五十五番　新民叢報社活版部
東京發賣所　東京神田區表神保町三番地　東京堂

啓者數月以來疊承海內外大雅君子枉書或屬故人或屬新交其所以奬厲之教誨之者甚盛甚厚每一浣誦感佩無任本宜一一速復奈才力綿薄爲文字應酬所困竟日幾無寸暇又不欲假手他人以負盛懷頃檢篋中未裁答者不下二百餘通愆慢之咎夫何敢辭今後更定課程日復五書次第清寄以答雅貺先泐數語以當負荆尙望諸君子勿執前咎更惠金玉空谷足音翹企靡云

八月一日

飲冰室主人敬白

一八九九

清議報全編第一二集出書

本社編印本編原議定于七月出書繼因全部卷帙太多又以新民報日有加增動需補印故月前雖已再添機器以冀速成而全部今仍未能盡起延悞之罪實不能辭今思定購諸君當必欲先覩爲快故特擬一變通辦法將第一二集先行裝訂出書其餘當陸續赶印成書時再行登報奉告其有在本社定購者乞將股票寄下批換併開明住址俾得將第一二集寄上至上海香港各處當于中秋節後即可寄到其在各該代售處定購者祈到時携票往取可也又非購有股票者恕不零售以免參差此啓

茲將第一二集書目列下

第一集本館論說凡兩類都爲四卷●卷一通論上●卷二通論下●卷三專論上●卷四專論下

第二集名家著述凡十四種都爲四卷●卷五譚瀏陽仁學●儒術眞論●卷六飲冰室自由書●卷七中國近十年史論●滅國新法論●瓜分危言●亡羊錄●國聞短評●汗漫錄●卷八學界雜纂●康南海傳●學校課卷●瀛海縱談●偉人佳話●

發行所新民叢報社

新小說報社廣告

本社報費定價以日本銀爲準但銀價漲落無常內地不免費事今酌中率定爲每加一成即定閱全年者實收中國通用銀四元四角半年者二元四角二分零售者每冊四角四分其在日本各地即以前號所登日本通用銀爲準此佈

再者前天津國聞報有「本館附印小說緣起」一篇從弟六號起連登十餘號者海內諸公如有藏本能將全文抄錄副本見贈謹以半年六冊之新小說報奉酬此佈

徵詩廣告

新小說報中有新樂府一門意欲附輶軒之義廣採詩史傳播宇內爲我文學界吐一光燄海內大雅感懷時事寄託遙深名篇傑搆想當不乏伏望不我遐棄惠以瓊瑤秋水蒹葭豈勝想望

徵詩例

一詠史樂府　如尤西堂明史樂府之體論西史尤妙

一感事樂府　如白香山新樂府之體專以指陳中國今日時弊爲主

一寄稿一章者以印出之本號報奉謝常年寄稿每年在十二章以上者以全年小說報奉謝謝惟不者不在此例

橫濱山下町百五十二番　新小說報社啓

太平洋客著

新廣東

一名（廣東人之廣東）

全一冊　定價二角五分　外埠郵費在內

其名曰新廣東則雖未開卷而其卷中之大略宗旨可以想見矣著者前在上海時務報橫濱清議報主筆今在美國某報主筆文名夙著之人也不欲顯言撰人名氏讀者亦不必深求撰人名氏但讀之而覺其咄咄逼人若有電氣焉刺其腦而起一種異想者則此書之性質也卷首冠以廣東圖一幅精美鮮彩尤足爲全書生色

發行所　橫濱市山下町百五十二番　新民叢報社

餘杭章炳麟譯

群學

原名社會學

日本岸本能武太原著

自喀謨德斯賓塞諸哲興於是羣學遂成爲一完全之科學且將合各種無形有形之學於一爐而冶之羣學誠現今及將來第一重要之學科矣且其上下千古旁羅萬象引證繁博趣味濃深抑尤有非他學所能及者其披靡一世不亦宜乎日本譯著之書題社會學者近頗夥多求其簡要精博引人入勝者以岸本氏之書爲最今由章枚叔先生精心繙譯譯者文名久播海內無待贅揚好學深思之士幸先觀爲快焉現已付印不日出書

上海 廣智書局

湘鄉周逵譯

英國憲法論

日本 天野爲之 石原健三 原著

本局認憲法思想爲中國今日第一急務故所聘通人著譯之書多注重於此點湘鄉周伯勳先生前著**憲法精理**及**萬國憲法志**已受一時學界之歡迎今復譯此編以餉學者其自序云**英國憲法列國憲法之毋也**曰三種鼎立曰兩院之制曰司法之獨立曰議員之言論自由曰大臣責任之主義曰陪審制度皆列國今日憲法之大原則而究其原由皆取範于英國**故欲知立憲政治之眞相則先當明英國之制度**云云亦可見此書爲政治學上第一重要之籍矣至**著者爲日本斯學大家**譯者之學識文章既爲江湖所同認無待本局詞費也現已付印不日出書

上海 **廣智書局**

中國麥孟華譯

英國憲法史

日本專門學校講師松平康國著

今日稍有識者論中國自强之道皆曰莫急於立憲英國爲憲法政治之祖國凡世界立憲國皆於此取法焉然則研究憲法莫要於英國雖然英國之憲非以人力一時制作者也而自然發達逐漸成長者也故必尋其起源變遷發達乃能究英國憲法之眞相故憲法史爲最要矣此書爲日本專門學校講師松平君積數年之力蒐集輯著者不徒爲政治家之寶典凡治民族心理學歷史學羣學者所皆當研究也**譯者麥君**文名久播於海內外以半年之力覃精繙成譯筆之佳無待喋述現已付印不日成書海內有志經世者當必先覩爲快也

發行所 上海南京路同樂里 **廣智書局**

日本市島謙吉著

政治原論

定價七角五分

欲求治政術者不可不通政治學而欲通政治學者尤當提綱挈要先擇其通要者讀之本書在日本學界中號稱名著都分三卷上卷論政体中卷論憲法下卷論行政廣搜衆說證論明通凡國家機關所由組織之故讀此自能了然誠有志經世者必讀之書也本局特爲選譯以餉我學界至于譯筆之條暢明達讀者自知不待贅言

實驗小學校管理法

定價二角五分

今日天下競言學校矣然辦學校必當自小學始小學校教科固屬要著然管理法尤爲第一義蓋不知管理法則並學校亦不能開更無論教授也本局有鑒於是特請留學東瀛研究教育之胡君譯成斯編以供海內士大夫辦公立私立學校者之採擇苟熟讀而循行焉則可以不迷厥途而學校之實效可收矣

發行所　上海英界南京路同樂里　廣智書局

政治學中卷憲法編

洋裝全一冊 定價三角五分

本局譯印之政治學上卷既已不脛而走此書之聲價已爲識者所同認矣玆者中卷**憲法編**已精校出版憲法爲立國之本原今日愛國之士既知我國不可不採行立憲政體則研究憲法自爲第一要端此書出德國碩儒之手其理論精透考據詳博無待喋喋學者既讀上卷知國家之起原及其組織不可不急讀斯編也

國際公法志

定價五角

立國之要不外內治外交外交本原公法尚矣中國前者譯出公法之書雖有數種然皆數十年前之舊籍不適於今日之用讀者憾焉此書編者久留學日本**參取公法學專門名家之著述十數種**纂成此書分爲平時國際法戰時國際法之兩部此編則其平時部也**法理精嚴綱目燦備**有志講求外交者亟宜熟讀**現已出書**

發行所 上海南京路同樂里 **廣智書局**

日本横山又次郎『生物之過去及未來』德儒伊耶陵『權利之競爭』兩書其價值早見新民叢報現經本局譯就不日出書特此廣告

文明編譯印書局

支那史要

日本市川瓚次郎著

全四册 定價八角

學者爲學歷史要矣而本國史尤要惟我國二千年來之史書汗牛充棟雖竭畢生精力猶不能盡學者苦之本局有慨于是特輯譯是書俾便學者其中提綱挈領抉要鉤元于制度沿革對外政策尤所著眼苟用以爲教科書尤稱適宜也

發行所 上海南京路同樂里 廣智書局

再版

小學新讀本

全六册 定價一元

再版

幼稚新讀本

全六册 定價一元

●郵費每册六仙●十部以上者九折

此兩書爲橫濱大同學校新輯之教科書係既經驗而有成效者前既印刷多本立即消盡後各處復紛紛索購愧無以應故同人今茲乃謀補印俾便于訓蒙者之一助復經通人精心商榷刪其繁蕪增其要領務適合于幼童之腦力日力誠近來幼學教科書中之鴻寶也現已成書託本社代售欲購者請先將欵寄下自然代爲轉購寄上無悞

發行所 新民叢報社

唯心派之哲學家
(其一)
斯賓挪莎

Benedict Spinoya

斯賓挪莎荷蘭人生於千六百三十二年卒於千六百七十七年初就猶太敎敎士學經典後見笛卡兒之哲學大好之漸疑敎理不足信昌言排斥敎會屢欲殺之後卒逃於他理以磨眼鏡爲業終窶且貧泊如也獨著書闡明哲理其最著名者爲政敎論一書 Tractatus Theologico-politicus 其窮理之方法率依幾何公例尋出種種原則以下論斷而大旨歸本於三界唯心近世日耳曼學者多祖其說

唯心派之哲學家
其二
黑智兒

George W. F. Hegel

黑智兒日耳曼人生於千七百七十年卒於千八百三十一年爲康德以後最大哲學家任伯林大學教授者十三年所著書有精神現象學 Phanomenologie des Geistes 名學 Logic 哲學韻府 Ency lopalieder Philosophisch Wissensehaften 權利哲學 Philosophy of Right 歷史哲學 Philosophy of History 宗教哲學 Phylosophy of Religion 論者謂黑氏爲十九世紀哲學之集大成云各國政治上亦多蒙其影響如俄國虛無黨人亦最心醉黑氏學說云

美國獨立廳

Independence Hall, Philidelphia, United States.

獨立廳建于一千七百七十六年爲美國人脫英自立起點之地而獨立軍起時諸豪傑會議之所也室中列當年會議時案几壁懸畫像皆首事與議諸傑室有樓樓爲華盛頓沒時遺訓之所中堂懸一鐘即喚起十三州國民獨立之精神而世界之所謂自由鐘者也日久破敗百年塵封夾對戶一室廣如之凡累世大統領華盛頓頗飛翼特佛蘭克林諸賢所用之圖書什器皆錯陳其中云

巴黎伊符塔

Eiffel Tower, Paris.

伊符塔在巴黎城中顯河之上以建造者爲工程師伊符氏故名塔高距河面九百八十英尺第一層距地三百七十六英尺周圍可容數百人內有餐館第二層距地八百六十三英尺遊人多至此而止在此瞭望巴黎全城有如指掌若欲再登至絕頂處約有百英尺係用快機躍上俯視全城愈覺其小矣此塔在巴黎中爲景物之最奇者即在世界上亦爲建築物之最高者云

論說

敬告留學生諸君

中國之新民

某頓首上書於所最敬最愛之中國將來主人翁留學生諸君閣下。某聞人各有天職。天職不盡。則人格消亡。今日所急欲提問於諸君者。則諸君天職何在之一問題是也。人之天職本平等也。然被社會之推崇愈高者。則其天職亦愈高。受國民之期望愈重者。則其天職亦愈重。是報施之道。應然不得以尋常人爲比例而自諉者也。今之中國岌岌矣。朝廷有欲維新者。則相與咨嗟焦慮曰。噫無人才。民間有欲救國者。則相與咨嗟焦慮曰。噫無人才。今靡論所謂維新救國者。其果出於眞心與否。乃若無人才則眞信也。既無現在之人才。固不得不望諸將來。人才則相與矯首企踵。且祝且禱曰。庶幾學生乎。庶幾學生乎。此今日舉國有志之士所萬口一喙。亦諸君所熟聞也。夫以前後一二年之間。而諸君之被推崇受期望也。忽達於此高度之點。是一國最高最重之天職。忽落於諸君頭上之明證也。諸君中自知此天職者固多。其未知之者。當亦不乏。

若其未知也則某欲諸君自審焉自認爲若其已知也則某有欲提出之第二問題即諸君之天職爲何等之天職是也某竊以爲我國今日之學生其天職與他國之學生則有異矣何也彼他國者沐浴先輩之澤既已得有鞏固之國家善良之政府爲後輩者但能盡國民分子之責任循守先業罔使或墜因於時勢爲天然秩序之進步斯亦足矣我國不然雖有國家而國家之性質不具則如無國家雖有政府而政府之義務不完則如無政府故他國之學生所求者學而已中國則於學之外更有事焉不然則學雖成安所用之譬之治生然彼則藉祖父之業有土地有會社有資本爲子弟者但期練習此商務才足矣我則錢不名一地無立錐雖讀盡斯密亞丹約翰彌勒之書毋亦英雄無用武地耶謂余不信請罄其說今諸君所學者政治也法律也經濟也武備也此其最著者也試思生息於專制政體之下而公等挾持所謂議會制度責任內閣制度地方自治制度等種種文明之政治將焉用之以數千年無法律之國僅以主權者之意爲法理主權者之口爲法文權利義務不解爲何物而公等挾持浩如烟海之民法刑法商法民刑事訴訟法將焉用之全國利權既全歸他族之手此後益刳割餽遺

而未有已官吏猛於虎狼工商賤於螻蟻而公等挾持所謂經濟學經濟政策將焉用之朝野上下以媚外爲唯一之手段其養兵也不過防家賊耳居今日之中國而爲軍人舍屠戮同胞外更無他可以自効而公等以軍國民自命挾持此等愛國敵愾之尙武精神將焉用之自餘諸學莫不皆然由是觀之諸君學成之後其果有用耶其果無用耶同一不龜手之藥或以霸或不免於洴澼絖吾見夫今日中國之社會亦洴澼絖諸君焉耳苟不欲爾者則除是枉其所學以求合者也枉其所學以求合殆非諸君意也於是乎不龜手之藥乃飄落而無所容某竊嘗爲諸君計矣諸君於求學之外不可不更求可以施演所學之舞臺舊舞臺而可用也則請諸君思所以利用其舊者舊舞臺而不可用也則請諸君思所以築造其新者一言蔽之則毋曰吾積所學以求富道者之用我而必求吾有可以自用之之道而已此實諸君今日獨一無二之天職而歐美日本之學徒所不必有事者也乃諸君中或有僅以閉戶自精不問時事爲學者唯一之本分是吾所未解一也某以爲諸君之在他日非有學校外之學問不足以爲用於中國其在今日非求學問之程度倍蓰於歐美日本人不足以爲用於中國他日之

事且勿論。今日之事。問果能有倍蓰於人者乎。靡論倍蓰也。平等焉且無有矣。靡論平等也。半之焉且無有矣。夫諸君今日於學初發軔也。吾又安敢以他人數十年之學力。遽責望於新學之青年。然立夫今日以指將來。度卒業之後。能倍蓰之乎。能平等之乎。能半之乎。是不可不自審而自策厲也。僅平等之。猶不足以為用。乃諸君中或有學未半他人而沾沾然有自滿之色。是吾所未解又一也。諸君其勿妄自菲薄。猥與本國內地老朽之徒校短長也。彼老朽者。靡特諸君今日之學足以傲之。雖摭拾一二報紙之牙慧。亦可以為腐鼠之嚇焉矣。諸君自思其受社會之推崇期望者。視彼輩何如。顧乃以僅勝於彼而自豪也。閉門以居。雄長婢僕。勇士其羞之矣。今諸君立於世界競爭線集注之國。又處存亡絕續間不容髮之時。其魄力非敢與千數百年賢哲挑戰。不足以開將來。其學識非能與十數國大政治家抗衡。不足以圖自立。豈乃爭甲乙於一二學究。賣名聲於區區鄉曲也。某聞實過於名者安。名過於實者危。成就過於希望者榮。希望過於成就者辱。此某所日夜自悚懼。而深願與諸君共之者也。諸君之被推崇受期望。既已如彼矣。他日卒業歸國。則我國民之秀者。其必列炬以燭之。張樂以迓之。舉其生平所痛苦所願望而一以求解釋於諸君諸君中之眞成就者吾知其必有以應也而不然者慮有其表摭拾一二口頭禪語傲內地人以所不知內地人甯能測焉則從而神明之彼亦久假不歸忘其本來侈然號於衆曰吾之學自海外來也愈被崇拜則愈滿盈愈滿盈則愈恣肆甚者則弁髦道德立身行己處處授人以可議之地及數月數年以後與彼眞成就者相形見絀破綻盡露則後此之非笑有數倍於前此之名譽者矣損一人之名譽猶可言也或者不察乃曰吾疇昔所崇拜所期望之留學生乃亦如是而已而使一團體之聲價爲之頓減焉則是障礙我國進步之前途豈淺尠也某願諸君於今日而先圖所以自處也抑猶有欲陳者內地人之崇拜諸君期望諸君也重箇人乎重團體耳何以知其然也疇昔未嘗無學生疇昔之學生未嘗無英秀者而顧不見重則今以所以重重此葱葱鬱鬱千數百人有加無已之團體明也既以是見重則諸君所以自重者宜如何於此點三致意焉殆無俟旁觀之詞費也而至今未能於精神上結一完全鞏固之法團此吾所不解又一也今形式上之團則既有之矣雖然團之所恃以結集非形式而精神也夫人之地位各不同人之經歷各不同人之希

望各不同。以千數百之人。而欲使有同一之精神。吾固信其難也。雖然有鏈而結之者一物焉。則諸君皆帶有同一之天職是也。天職既同。則所以求盡此天職者。其手段雖千差萬別。而精神皆可以一貫。故某以爲今日諸君所急者。在認定此天職。講明此天職而已。苟不自知其天職。或知矣而甘自放棄焉。雖形式上日日結集。猶之無益也。今諸君中或主溫和。或主激烈。或慕爲學者。而孳孳伏案。或慕爲政治家。而汲汲運動。凡此皆可以爲盡我天職。達我目的之一手段一法門也。人之性質各不同。人之境遇各不同。我之所能。他人未必能。我之所宜。他人未必宜。而凡一團體之所以有力。必恃其中種種色色之人。莫不皆有。各盡其才。各極其用。所謂同歸而殊途。一致而百慮。善之大者也。但求同歸。但求一致。不必以途之殊。慮之百爲病也。而諸君或以手段之差別。而互相非焉。此吾所不解又一也。嘻。吾知之矣。其相非者。以爲必如我所持之主義所由之手段。乃可盡其天職。而他則爲天職之蟊賊也。以某計之。諸君所以盡此天職者。必非可以一途而滿足。大黃芒硝。時亦療病矣。間諜藥引。時亦需人矣。竹頭木屑。時且爲用矣。而何必自隘以自水火也。故苟以他人爲未解此天職也。則苦口而强聒之。熱心而發明之諸君之責也從而怒之從而排之吾未見其有利也凡欲就大業者莫急於合羣此諸君所同認矣然合羣之道有學識者易無學識者難同一職業者易不同一職業者難同一目的者易不同一目的者難諸君同在學界同爲青年同居一地同一天職其學識之程度亦當不甚相遠此而不合羣則更無望他羣之能合矣外人之誚我中國也曰灘邊亂石曰一盤散沙某深望諸君一雪此言組織一嚴格完備堅固之團體以爲國民倡也某聞奧人之能逐梅特涅也曰由學生意大利人之能退法軍也曰由學生俄羅斯人之能組織民黨也曰由學生今日全地球千五百兆人中其箇人之權力最大者宜莫如俄皇矣俄皇他無所畏而惟畏學生（參觀本號國聞短評）畏者何畏其團體也故雖謂學生團體爲世界無上之威權可也諸君之天職不可不盡也既若彼其勢力之可以利用也又若此此而自放棄焉以伍於尋常人某不得不爲諸君惜也

抑某聞之天下惟盡義務者爲能享權利諸君毋曰吾黨千數百人中其能提挈是而擴張是者不知幾何吾一人無足重輕焉羣者衆人之積也一人放棄其義務則羣之力量減其一十人放棄其義務則羣之力減其十如是則其羣終爲人弱而已某見夫

內地志士。疇昔屬望於學生團體最殷者。今則漸呈失望之色有焉矣。某敢信諸君必非辜天下之望者。然其望之也愈益切。則其責之也愈益嚴。責之也愈益嚴。則其失望也愈益易。某願諸君日採輿論爲監史。而因以自課也。某所欲爲諸君忠告者。殆盡於此矣。雖然猶有重要之一言。某以爲中國今日。不徒無才智之爲患。而無道德之爲患。朝廷所以日言維新而不能新者。曰惟無道德故。民間所以日言救國而不能救者。曰惟無道德故。今日諸君之大職。不徒在立國家政治之基礎而已。而又當立社會道德之基礎。諸君此之不任。而更望諸誰人也。任之之道奈何。曰其在他日立法設教著書演說種種手段。吾且不必豫言。其在今日。則先求諸君之行誼品格。可以爲國民道德之標準。使內地人聞之。以爲眞摯勇敢厚重慈愛者。海外之學風也。從而效之。毋以爲輕佻凉薄驕慢放浪者。海外之學風也。從而效之。由前之說。則海外學風將爲一世功。由後之說。則海外學風將爲一世罪。嗚呼三十年前之海外學風。其毒中國也至矣。彼輩已一誤。某祝諸君毋再誤也。若夫有借留學爲終南捷徑。語言文字一八股也。講堂功課一苞苴也。卒業證書一保舉單也。若是者非徒汚辱學生之資格而已。且汚辱國民之貧骼莫此爲甚也亡中國之罪魁舍彼輩莫屬矣某視諸君中無此等人苟其有之則某之言非爲彼輩言也凡茲所陳諒諸君所熟知顧不避駢枝而縷縷有所云者昔吳王常使人呼其側曰夫差而忘越人之殺而父乎則應曰不敢忘南泉大師常使人呼其側曰主人翁常惺惺否則應曰常惺惺蓋晨鐘逾鐸固有發人深省者焉竊附斯義聒諸君之側而進一言儻願聞之某頓首

學說

樂利主義泰斗邊沁之學說

中國之新民

緒論及小傳

漢宋以後學者諱言樂諱言利。樂利果爲道德之累乎。其諱之也毋亦以人人謀獨樂。人人謀私利。而羣治將混亂而不成立也。雖然因噎固不可以廢食。懲羹固不可以吹虀。謂人道以苦爲目的。世界以害爲究竟。雖愚悖者猶知其不可也。人既生而有求樂求利之性質。則雖極力克之窒之。終不可得避。而賢智者既吐棄不屑道。則愚不肖者益自棄焉自放焉。而流弊益以無窮。則何如因而利導之。發明樂利之眞相。使人毋狃小樂而陷大苦。毋見小利而致大害。則其於世運之進化。豈淺尠也。於是乎樂利主義 Utilitarianism 遂爲近世歐美開一新天地。（此派之學說。日本或譯爲快樂派。或譯爲功利派。或譯爲利用派。西文原意。則利益之義也。吾今隱括本派之梗概。定爲今名。）

樂利主義遠導源於希臘之阿里士帖普 Aristippus 伊璧鳩魯 Epicurus 至於近世。

而英國之霍布士 Hobbes 陸克 Lock 謙謨 Hume 復大倡之而使之確然成一完全之學理首尾完具盛水不漏者則自佐里迷邊沁 Jerem Y Bentham 及約翰彌勒 John Stuart Mill 兩先生請先言邊沁。

邊沁英人以一千七百四十八年生於倫敦幼而穎悟好談玄理心醉典籍五歲家人戲呼爲哲學兒年十四入惡斯佛大學嶄然顯頭角千七百六十三年入林亢法學院學法律及法國大革命起曾三度游巴黎察其情狀經驗益多歸國後潛心著述遂爲近世道德學法理學開一新國土其最初所著書即駁擊英國法律之謬誤當時英民久蟄伏於專制國王諂諛議院之下驟聞邊沁之論咸目爲狂或且讐視之將搆陷以興文字獄而邊氏不屈不撓主張己說始終如一久之一世輿論遂爲所動乃以三寸之舌七寸之管舉數百年之弊法而廓清之使循次改良以濟成今日之治及至晚年而邊沁之令名滿天下矣列國之宰相及政黨首領咸尊信其說施之於政或述之於演壇每有所改革輒踵門叩其意見而邊氏於當代大人先生無所交接惟喜與有道之士游以千八百三十二年卒得年八十五其所著書最有名者曰「道德及立法

之原理」Principles of Moral and Legis Lation（此書日本陸奧宗光有譯本題曰利學正宗）曰「立法論」Theory of Legislation（此書日本田口外吉有譯本題今名）曰「政體論雜記」Fragments on Government 曰「錯誤論」Book of Fallacies 曰「裁判制度之方案」Plan of Judicial Establishment 等。

近百年來於社會上有最有力之一語。曰「最大多數之最大幸福」其影響於一切學理。殆與『物競天擇優勝劣敗』之語同一價值。自此語出而政治學、生計學、倫理學、羣學、法律學、無不生一大變革。而此語之出現於世界。實自邊沁始（余別有「最大多數之最大幸福釋義」一篇登次號本報）

邊沁最有力之學說。可分爲兩大端。曰關於倫理者、曰關於政治者、今請分論之。

邊沁之倫理說

邊沁以爲人生一切行誼。其善惡標準於何定乎。曰使人增長其幸福者謂之善。使人減障其幸福者謂之惡。此主義放諸四海而皆準。俟諸百世而不惑。無論爲專屬於各人之行誼。與關係於政府之行誼。皆當以此鑑定之。故道德云者。專以產出樂利豫防苦害爲目的。其樂利關於一羣之總員者謂之公德。關於羣內各員之本身者謂之私德。

邊沁以爲人羣公益一語。實道德學上最要之義也。雖然。前此稱道之者。其界說往往不明。夫人羣者。無形之一體也。而其所賴以成立者。實自羣內各各特別之箇人團衆而結搆之。然則所謂人羣之利益。舍羣內各箇人之利益更無所存。於是邊氏乃創爲公益私益是一非二之說。

將欲顯眞。必先破妄。邊沁乃於其「道德及立法之原理」書中。首取舊道德之兩說而料揀之。其一曰窒欲說。其二曰感情說。

邊沁以爲窒欲說之目的。往往使人去樂而就苦。其於樂利主義最相背馳。奉此說者有兩種人。一爲道學家。一爲宗教家。道學家之窒欲生於希望。將以此釣名譽也。宗教家之窒欲生於畏懼。將以此避冥罰也。夫道學家亦何嘗能棄樂利。其所謂名譽。即樂利結果之大者也。特避其名而不居耳。至於宗教家。則因野蠻時代之人類。其智識狹陋。其人格卑屈。其胸中常爲畏懼之感情所刺激。因利用之以張其軍。寖假而使人專投身於苦境。以爲美談。是所謂拂人之性。雖名之曰人道之蟊賊。殆無不可。

按邊氏此說。不無太過。窒欲主義者。其目的必非使人去樂而就苦也。蓋人類有尚等性。Spiritual Life 與尋常動物不同。故於普通快樂之外。常有所謂特別高尚之快樂者此。者或不可得兼則毋寧舍其普通者以求其高尚者。莊子曰。『民食芻豢麋鹿食薦蝍且甘帶鴟鴉嗜鼠四者孰知正味。』蓋人之智度不同則其所嘗爲苦樂者亦自不同故夫婆羅門之苦行爲涅槃之樂也。佛教之苦行爲淨土之樂也。耶教之苦行爲天國之樂也。彼且視此土爲五濁惡世尋常人所耽肉體之樂彼以爲天下之至苦莫過是也。夫人見豚犬之食穢也輒欲作嘔。庸詎知所謂至人者不有見吾人聲色貨利之快樂而欲作嘔者乎。（婆羅兩教之苦行尚有如邊氏所謂出於畏懼心若佛說則純是求高尚之樂而已）其望望然去之。自固其所然則邊氏之說不足以爲難明也。雖然厭世主義行則人道必破壞。觀於印度其前車矣。邊氏殆亦有爲而發之言也。

所謂感情說者。謂以己之好惡爲是非者也。邊沁以爲持此說者其權衡事物也不以人羣之實際爲尺度而以一己之感情爲尺度。其中復分數派。（甲）良知派 Moral Sense 謂吾人之本性。能告我以某事爲善某事爲惡也。（乙）常識派謂以人類之習慣而知其爲善爲惡者也。（丙）正理派 Rule of Light 謂有萬古不易之理以明示正邪者也（丁）性法派 Law of Nature 謂萬物有自然之律能別其善惡邪正者也而考此等種種之異說其立論根據地一皆歸本於自己之感情此亦一是非彼亦一是非同主張正理同論一事而或謂之善或謂之惡言人人殊推諸良智常識性法等派莫不皆然斯皆不遵名學之公例未定界說而遽下論斷者也若是乎論者之所謂善惡果皆空漠而無朕殽雜而無準也

邊沁既取羣說廓淸而辭闢之斷定以苦樂爲善惡之標準國進論夫有立法之責任者不可不以保護人類之樂利而捍禦其苦害爲目的雖然苦樂也者至不齊而常相倚者也故欲定善惡之標準不可不先明苦樂之價值邊氏乃創爲苦樂計量之法謂苦樂之量有大小取大樂去小樂者謂之善取小樂去大樂者謂之惡其計量之法（一）較苦樂之強弱（二）較苦樂之長短（三）較苦樂之確否（四）較苦樂之遠近此四者皆直接就其苦樂之本體而可表見者也（五）較苦樂之增減謂緣甲樂而生乙樂緣甲苦而生乙苦者也（六）較苦樂之純駁謂緣甲樂而生乙苦緣甲苦而生乙樂者也此皆就一人所感受而計之者也（七）較苦樂之廣狹即以感受苦樂人數之多

寡爲其價値之差率者也夫兩樂相權則取其重兩苦相權則取其輕此人類之公性情也而尋常寡識之流往往認大爲小認小爲大遂至爲小利害所詿誤而人治日以不進故邊沁以爲計量之法不可以不審即常取苦樂二者之量比較相消其樂餘於苦者則名爲善其苦餘於樂者則名爲惡然後一切行誼之眞價値乃出焉

案鄙意欲增「較苦樂之先後」一條蓋先苦而後樂者其樂之量可增倍蓰先樂而後苦者其苦之量亦增倍蓰也此義雖似包含於長短條內然長短則就同性言先後則就異性言也。

邊沁又曰苦樂者不惟隨其量而生差別亦隨其所自出之原因而生差別若是者名曰種類差別種類差別於樂有十四(一)感覺之樂。專就五官所感受者言復分爲九(一)味官之樂(二)酩酊之樂(三)齅官之樂(四)觸官之樂(五)聽官之樂(六)視官之樂(七)色慾之樂(八)健康之樂(九)新奇之樂(二)富財之樂(三)技巧之樂(四)友交之樂(五)令名之樂(六)權力之樂(七)信仰之樂。指宗教之信仰言(八)慈惠之樂(九)惡意之樂。惡下者意英文之 Malevolence 也。人性常有以他人之痛苦爲己之快樂者。其最甚者。如張獻忠之非殺人則食不咽。如孫皓之樂觀人與猛獸鬥。其尋常者。如人宰割禽獸以自養。好觀危險駭人之戲劇。皆其類也。(十)記憶之樂。謂人嘗享某種快樂。雖事過境遷。而每一念及。則前此之樂。歷歷如在目前者。(十一)想像之樂。記憶屬既往。豫期屬將來。此則既往現在未來皆兼者。（十二）豫期之樂。（十三）聯想之樂。指因一樂而引出他樂者也。如圍棋本技巧之樂也。然其所以樂者。不專在技巧。因而引出權力之樂。兩者相合。成爲全體之樂。（十四）救拯之樂。謂於苦時而以心中之現象救之者也。於苦有十二。（一）缺亡之苦（二）感覺之苦（三）拙劣之苦（四）仇敵之苦（五）惡名之苦（六）信仰之苦（七）慈惠之苦謂見他人或他動物受苦。而心惻然不安者也。（八）惡意之苦。謂見己所憎之人或動物享快樂而憤然不平者也。（九）記憶之苦（十）想像之苦（十一）豫期之苦（十二）聯想之苦。於諸種中復爲自動他動之二大別。即慈惠之苦樂惡意之苦樂爲關於他人者。其餘皆爲關於己者是也。此就客觀的分類之法也。

若就主觀的分類則復區爲單純苦樂複雜苦樂之兩種。單純者其感覺只爲一現象者也。複雜者其感覺常含兩現象以上者也。其別復三。（甲）數種之樂相和合（乙）數種之苦相和合（丙）一種或數種之樂與一種或數種之苦相和合。尋常人析理不精。往往認複雜爲單純。此苦樂所以屢相衝突殽亂而失其眞相也。

此邊沁苦樂性質分類之大略也。雖然邊沁所重者。仍在量而不在性質即所自出之原因種類。彼意以爲苟其樂之量强弱長短相等。則最粗之小兒玩物與最優美之詩歌。無所擇一言蔽之。則邊沁計量之法。即（第一）比較種種樂相互之量之大小（第二）比較種種苦相互之量之大小（第三）比較種種樂與種種苦相消之量之大小凡百行誼之善惡以此爲斷。

案邊氏此論大爲時賢所詬病以爲是禽獸之教也。既稱爲人而僅以快樂爲無上之目的則與伊壁鳩魯之育豚學說何異哉。伊壁鳩魯希臘主樂哲學之鉅子也時人笑之謂其學說惟豚爲適用耳於是約翰彌勒病之起而損益其說。謂別擇苦樂。不可不兼量與質之二者不徒校其多少又當校其高卑因立出知力的快樂思想的快樂道德的快樂諸名目雖然此實與邊沁之說首尾不相應也。夫謂樂有高等下等之分然其所謂高下者又將以何爲標準而定之乎彌勒乃云取決於輿論 Public opinion 是亦不外邊氏所謂感情說中常識之一種其不免邊氏之呵明矣且彌勒之意必以肉慾之樂爲下等以智德之樂爲高等者也若採輿論則高下不易位者幾希矣故論者或謂彌勒用樂利派之名而襲直覺派 Intuitionism 之實非無故也。然則邊沁之說果如論者所譏歟。曰是不然。苟所用擇之之術既極精則必能取其高等者而棄其下等者何以故凡高等之樂其量必大下等之樂其量必小故高等之樂。常與苦絕對。下等之樂。必與苦相倚。故用邊沁較純駁一例。其量之大小自見。夫樂之最下等者聲色貨利是也然聲色之樂每當酒闌燈炧雨散雲消其淒涼更甚於平時貨利之樂往往心計經營患得患失其煩惱亦過於貧子然則精於苦樂計量之術者其果何擇也故由邊氏之說雖謂天下但有智愚更無賢不肖可也其不肖也皆由其愚也算學不明以苦爲樂以害爲利也侯官嚴氏曰「天下有淺夫有昏子而無眞小人。何則。小人之見。不出乎利。然使其規長久眞實之利。則不與君子同術固不可矣。人品之下。至於穿窬極矣。朝攫金而夕敗露。取後此凡可得應享之利而易之。此而爲利。則何者爲害耶。」即演邊氏之意。邊氏不言魂學者也故其所謂樂只在世間而不及出世間彌氏補之其理想誠高一著然邊氏之意雖不及此若其術則已圓滿無憾矣彌氏增之得無蛇足耶得無矛盾耶樂之最高尚者莫如佛說華嚴佛知夫世間樂之無常也惟無常故樂之後將承以苦而苦之量愈增也此吾所謂較先後之說。所以不可不補入。故毋寧取煩惱根而斷之忍小苦以求長樂尋常貪肉慾之樂者佛說謂之認賊作子故佛最精於算學者也最善用邊沁計量之法者也若邊氏則雖能知其術而未能盡其用者也抑邊氏學所以爲世詬病者猶不止此天下不明算學之人太多彼其本有貪樂好利之性質而又不知眞樂利之所存一聞樂利主義之言輙借學理以自文於是競沈溺於淺夫昏子之所謂利而流弊遂以無窮邊氏之論幾於教猱升木焉故教育不普及則樂利主義萬不可昌言吾之欲演述邊沁學說也久矣徒坐此兢兢耳雖然是豈可以爲邊沁咎也邊沁自教卿治算學而卿顧不治算學顧自託於邊沁之徒邊沁不受也學者苟深知此義焉則吾之譯此其亦免於戾矣。

旣定苦樂爲善惡所從出而苦樂之所從出則何在乎。（前記苦樂之種類。謂苦樂以何緣因而生於吾心也。此則論世間以何緣因而有苦樂也）邊沁以爲有四種制裁 Senction（一）天然的制裁 Physica L senction 謂不由人力神力之干涉任物理自然之運行而生苦樂者也。（二）政治的制裁 Political senction 由主權者（君主）或代表主權者（如行政官司法官之類）之意科以賞罰而生苦樂者也。（三）道德的制裁 Moral senction 亦名爲輿論的制裁其苦樂本無一定但因相傳之習慣故有毀譽有毀譽故有苦樂也。（四）宗教的制裁 Religious senction 謂以神明之力直接而於現世來世加吾人以賞罰緣是以生苦樂者也邊沁之提出此四制裁者何也彼既以苦樂爲善惡之標準然則以何術使人爲善去惡固不可不就其好樂惡苦之性而利導之於是所以使人苦使人樂者不可不留意焉則此四者是已邊氏以爲天然之制裁。

非可以人力改移也。而宗教之事。又其所最不肯措信者也。故邊氏欲實行其主義。以進世界於最大幸福。首自改良政治改良道德之兩端始。

邊沁乃立兩界說曰。箇人之倫理 Private ethics（即屬於道德之制裁者）曰立法之術 Art of legislation（即屬於政治之制裁者）倫理者。使人能得最大幸福之術也。箇人之倫理者。人人自導引己之行動。使進於幸福之術也。而政府之立法。即所以使全羣之人得最大幸福之術也。邊沁乃言曰。人道所當勉者有三事。一曰思慮 Prudence 謂對於自己而盡其義務者也。（不言他而言思慮者。彼以爲苟能善算善擇。則必不至陷於苦而爲惡也。）二曰忠直 Probity 謂勿毀傷他人之幸福也。三曰慈悲 Beneficience 謂常以增進他人幸福爲心者也。然人何以必要正直。必要慈悲。之故。邊沁未能明言。雖有所言。亦涉模棱。故後人持以難之。以爲樂利主義不能成立之證。

案邊沁常言人道最善之動機在於自利。又常言最大多數之最大幸福。是其意以爲公益與私益常相和合。是一非二者也。而按諸實際。每不能如其所期。公益與私益非惟不相和合而已。而往往相衝突者。十而八九也。果爾。則人人求樂求利之主義。遂不可以爲道德之標準。是實對於邊沁學說全體之死活問題也。故後此祖述斯學者。不得不稍變其說以彌縫之。如阿士丁 Austine 謂樂利主義爲上帝垂示成典。古羅特 Grote 謂對於公利之義務。更過於私利。而約翰彌勒亦增計量之法爲計質。凡所以爲邊氏調護也。雖然其與邊氏立說之根柢。既已相反。故反對派嗤之曰。此樂利主義家之遁詞也。此樂利主義家之降敵也。果爾則樂利主義遂不能成立乎。吾非欲以此主義易天下。故吾不必竭力爲之辯護。雖然苟辯護之。則亦非無說也。日本加藤弘之嘗著一書曰「道德法律進化之理」其大意謂『人類只有愛己心耳。更無愛他心。而愛己心復分兩種。一曰純乎的愛己心。二曰變相的愛己心。即愛他心也。愛他心何以謂之變相的愛己心。加藤之意。謂愛他者。凡亦以愛己也。且有時因愛己之故。而不得不愛他也。此變相的愛己心。（即愛他心）復分兩種。一曰自然的愛他心。二曰人爲的愛他心。人爲的愛他心。亦謂之教育的。蓋最後起積習而成性者也。自然的愛他心。又分爲二。一曰感情的。二曰智略的。何謂感情的。蓋己所親愛之人。（如父母妻子兄弟之類）其所受之苦樂。幾與己身受者爲同一之關係。故不覺以其自愛者愛之。蓋如是然後己心乃安。其愛之也。凡爲我之自樂也。此不徒施諸不

十四

一九四二

等者爲然耳乃至乎畜之犬手植之花亦常推愛焉所謂感情也何謂智略的或愛他以避害或愛他以求利也臣之於君也奴隸之於主人也其愛之也畏之也是避害之說也彼此通商而願彼之商務日昌彼昌而我亦有利也是求利之說也兩者皆生於智略也』云云加藤之說實可以爲邊氏一大聲援蓋因人人求自樂則不得不生出感情的愛他心因人人求自利則不得不生出智略的愛他心（智略中之避害的。惟野蠻時代多有之耳。至其求利的。則愈文明而愈發達。）而有此兩種愛他心遂足以鏈結公利私利兩者而不至相離且教育日進則人之感情愈擴其範圍昔之以同室之苦樂爲苦樂者寖假而以同國同類之苦樂爲苦樂其最高者乃至以一切有情衆生之苦樂爲苦樂故康南海常言『救國救天下皆以縱欲也縱其不忍人之心則然也』而譚瀏陽之仁學更發之無餘蘊矣若是乎則感情的愛他心其能使私益直接於公益者一也强權日行（强權謂强者之權利。其相亦有多種變化。加藤氏言之最詳。吾所著飲氷室自由書。有論强權一篇。可參觀。）則人之智略愈擴其範圍苟不愛他則我之利益遂不可得而將終儕於劣敗之數（生計學家之由重商保護政策而變爲自由貿易政策也。近世君主貴族之讓權於平民也。皆由智略的愛他心迫之使然也。諸類此者尙多。不能枚舉。）故人不欲自求樂利則已苟其欲之則不得不視全羣之樂利寖假且不得不視他羣之樂利若是乎則智略的愛他心其能使私益直接於公益者二也夫邊沁所謂最大幸福者謂將其苦之部分除去而以所餘之樂爲衡也而一羣之公益不進則羣內之人其所苦必多於所樂故眞明算學而精於計畫之法者則未有不以公益與私益並重者也苟獨私徧忘公焉則不過其眼光之短思慮之淺不知何者爲眞樂眞利何者爲最大幸福而已非能應用邊沁之學理者也由此觀之則邊沁之說其終顚撲不破矣雖然無教育之人不可以語此以其無教育則不能思慮審之不確必誤用其術以自毒而毒人也故邊氏之學說必非能適用於今日中國之普通學界者也但以巍巍一大師之言其影響既已披靡百年全世界之現象緣之而一變則吾學界之青年又烏可以不研究之吾故紹介其說而反覆言其眞相至再至三焉其猶有誤會焉謬託焉者則非吾之責也

（未完）

政治

政治學理摭言

中國之新民

近世歐美各國憲法及其他法律所規定之諸條件。大率應用最新最確之學理。驟視之其言簡單平淡。若無以大異於古昔。深而味之。皆有其邃且遠者存。其專門治斯學者。自能領會。不待喋喋矣。顧吾國人士。知此者希。不揣檮昧。因涉獵所及。輙引伸之以下解釋。一彼一此。首尾不具。不足以稱著述。故名曰摭言。

君主無責任義

凡立憲君主國之憲法。皆特著一條曰。君主無責任。君主神聖不可侵犯。此其義何曰。此過渡時代之絕妙法門也。此防杜革命之第一要著也。

君主者。一國之元首。而當行政機關之衝者也。凡行政者。不可不負責任。行政者而不負責任。則雖有立法機關。亦為虛設。所公立之法度。終必有被蹂躪之一日。而治者與被治者之間。終不得協和。是立憲國所大忌也。然則行政首長之君主。反著明其無責任。以使之得自恣。毋乃與立憲精神相矛盾耶。而豈知立憲政體之所以爲美妙者。皆在於此。

憲政之母。厥惟英國。英國人有恒言曰「君主不能爲惡」。以皮相論之。此可謂極無理之言也。夫君主亦猶人耳。人性而可使爲不善也。豈其履此九五而遂有異也。雖然。考諸英國今日之實情。則此言良信矣。於何證之。夫所謂君主之惡者。則任用不孚民望之大臣以病民。一也。民所欲之善政而不舉。二也。民所惡之秕政而强行。三也。英國則何如。英國憲法。皆不成文。故各種權力範圍之消長。其沿革不可不徵諸歷史。今者英國任命大臣之成例。自千六百八十九年維廉第三納桑達侖之言。命下議院中最占多數之黨派之首領。使組織政府。以後沿爲成案。凡非得議院多數之贊成者。不得在政府。至后安時代。茲例益定。當時首相瑪波羅本保守黨首領。及戰事起。保守黨雖反對而進步黨贊成之。政府卒不更易。是其證也。及占士第三。雖欲自擅政權。任用私人。卒爲議會所抗。不能行其志。至占士第四。維廉第四時。王權之限制益嚴。逮前皇域多利亞六十年中。此例益鐵案如山。不能動矣。爾後格蘭斯頓的士黎里兩雄角立時代。

一九四六 二

每當總選舉時在朝黨察視議會中不及敵黨之多數即不待開國會而自行辭職由此觀之英國政府各大臣非得以君主之意而任免之者也其任免之權皆在國民是君主不能任用失民望之大臣以病民有斷然也其不能爲惡者一也英國當查里士第二維廉第三時代凡政府會議則君主亦列席而宣可否焉占士第一以後此例遂廢一切政略由大臣行之君主絕不過問夫大臣之辦理政務非經君主畫諾不能施行固也雖然若大臣以不能實行其政略之故欲去其職而國會贊成大臣必欲要求其實行乃至各選舉區皆贊成國會之要求則君主例不得拒之故名士安遜嘗言「英國自一千七百十四年以後君主與大臣其實權易位前者則君主經大臣之手以治國後此則大臣經君主之手以治國也」云云由此觀之則英國君主不能阻民所欲行之善政有斷然也其不能爲惡者二也自亨利第八以來君主屢獨斷以辦外交之事及占士第三以後至於今日凡君主引見外國使臣必以外務大臣陪席其與外國君主來往書簡非經首相或外務大臣一覽不能發出而君主特權之自由殆皆喪失又不徒於外交爲然耳於內治亦然占士第四時嘗有愛爾蘭人受死罪之公

判者。王欲自行特權。命愛爾蘭總督赦之。首相羅拔比爾反對之。謂非經責任大臣之手。不能行此權。其事遂止。自玆以往。王者益無敢自恣矣。由此觀之。則英國君主不能強行民所惡之秕政。有斷然也。其不能爲惡者三也。質而言之。則英國君主豈徒不能爲惡而已。雖善亦不能爲。顧稱此不稱彼者。惡則歸大臣。善則歸其君。且雖然。彼君主者旣肯盡委其權於國民所信用之大臣。而不與之爭。斯卽善之大者也。則雖謂英國君主能爲善不能爲惡。誰曰不宜。

夫人至於不能爲善不能爲惡。則其萬事毫無責任。豈待問哉。故英國臣民無貴無賤無貧無富無老無幼無男無女。無不皆有責任。惟君主則眞無責任。英國憲政者。各國憲政之母也。故凡立憲國之有君主者。莫不以「無責任」之一語。泐爲憲文。雖其行用特權之範圍。不無廣狹之殊。要其精神。則皆自英國來也。所謂君主無責任者如是而已。如是而已。

四

君主所以必使之無責任者何。曰。避革命也。（此義本甚淺顯。人人意中所有也。而在立憲君主國之學者。多不肯揭破言之。日本人尤大忌焉。則美其名曰。君主神聖。故無責任。有特權故無責任。）凡有責任者。不盡其責則去。不盡其責而不去。則夫立於監督之地位者例得科其罪而放逐之此天地之通義也儒教之言君主政體則有責任之主也故曰殘賊之人謂之一夫聞誅一夫未聞弑君故曰君之視民如草芥則民視君如寇讐故曰湯武革命順乎天而應乎人。春秋之義凡君主爲孔子所絕者不一而足絕之者皆以其不盡責任也。孟子言責任之義尤深切著明其語齊王云友人凍餒妻子則如之何士師不能治事則如之何四境之內不治則如之何凡以皆以喚醒責任觀念也。又云求牧與芻而不得則反諸其人乎抑亦立而待其死乎皆責任之義也示天監督人所應行之權利也夫代表一國而當行政之衝者其責任非猶夫尋常責任也十事九盡責而一不盡焉則固已不可以尸其位而彼君主者終其身而當此衝者也短者數年長者數十年雖舜禹復生豈能保無百一之失乎有之而民隱忍焉今日可隱忍其一他日即可隱忍其百而政其紊國其頹矣有之而民不隱忍焉則是革命終無已時也夫一人之身數十年之久而其責任之難完固已如是而況乎世及以爲禮卜世至數十卜年至數百者耶若是乎君主與責任勢固不能並行重視君主則不可不犧牲責任重視責任又不可不犧牲君主而孔孟乃欲兩利而俱存之此所以中國數千年君主有責任之名無責任之實而革命之禍亦不絕於歷史也

泰西之民知其然也。以爲凡掌一國行政之實權者不可不負責任既負責任則必隨

時可以去之留之而不能以一人一姓永尸其位而所謂實權者或在元首焉或在元首之輔佐焉苟在元首則其元首不可不定一任期及期而代如古羅馬之「孔蘇」令合衆國法蘭西之「伯理璽天德」是也苟欲元首之不屢易則其實權不可不移諸元首以下之一位今世立憲君主國所謂責任大臣是也故夫一國之元首惟無實權者乃可以有定位惟無定位者乃可以有實權二者任取一焉皆可以立國混而兼之國未有能立者也即立矣未有能久存於今日物競天擇之塲者也善哉君主無責任黠哉君主無責任。

君主無責任故其責皆在大臣凡君主之制一法布一令非有大臣之副署（副於君主則以署名也）不能實行故其法令之不愜民望者民得而攻難之曰吾君本不能爲惡也今其爲惡皆副署者長之逢之也故雖指斥其政而不爲不敬廢置其人而不爲犯上而彼副署者亦不得不兢兢於十目十手之下以自檢自退而一國之政務乃完善之至也君主無責任使然也。

或曰漢制有災異則策免三公。（孔子之義。凡君主皆對於天而負責任。故有災異。則君主當恐懼修省。）是非責任大臣之意乎。

其與歐洲今制將毋同曰是不然必君主無責任然後可以責諸大臣若漢制者是抗世子法於伯禽之類也周公輔成王成王有過則撻伯禽夫伯禽非有力以禁成王之過者也使成王而不賢則伯禽將終日被撻寃哉禽矣漢制君主獨裁於上宰相不過出納喉舌及其叔季且並此出納之權而移於尚書移於中書而三公猶李代桃僵焉寃之至也若立憲國之責任大臣則君主非特不得而尼之抑亦不得而助之彼憲政最完之英國無論矣即如德國君權較盛者也德國宰相不以議政之多數少數為進退而一千八百八十二年八月宰相俾士麥請德皇下詔勅以自固其位反對黨首領波因氏即在議院斥其自卸責任而以皇室為怨府其後俾士麥即失與望而不得不避賢路日本以皇統一系自誇耀人民尊王心最盛者也而去年二三月間伊藤內閣因貴族院反對議案乞門皇手諭勸解舉國萬口沸騰謂其違犯憲法假皇權以自擁護未幾伊藤遂乞骸骨是皆君主不許助大臣之成例也若英國議院則例不准稱君主之名述君主之意以決議案有者則為大不敬其所以為坊尤至矣蓋不如是則責任大臣之實效未有能舉者也

曰、若是乎立憲國之君主。其爲虛器也章章矣。顧猶懸茲而勿革何爲也。曰、是過渡時代實然。天下爲公。選賢與能。固百世之大經也。雖然、諸民族之性質境遇。萬有不齊。有宜於民主者。有未能遽宜於民主者。既未宜焉。則君固不可以不立。君既立矣。則欲其安而不危也。欲其治而不亂也。舍此將奚以哉。況責任大臣之制。有時固更優於民主者乎。（余別有論）

君主無責任也。君主神聖不可侵犯也。二者蓋異名同實也。惟其無責任。故可以不侵犯。惟其不可侵犯。故不可以有責任。易文言之釋亢龍曰。貴而無位。高而無民。是以動而有悔也。蓋立憲君主之象也。无動則无悔。無責任則無侵犯也。而不然者。不病君則病國。不病國則病君。噫、殆哉岌岌乎。

傳記

意大利建國三傑傳

（續第十四號）

中國之新民

第九節 革命後之形勢

短命之羅馬共和國既已殤逝自其表面視之則千八百四十九年以後之意大利無異千八百十五年以來之意大利雖然其然豈其然哉凡國之存亡在其精神非在其形質也苟無精神則雖以今日擁二萬萬里地屬四萬萬餘人之中國不得不謂之亡苟有精神則雖以當時分裂仍舊壓制仍舊之意大利不得不謂之存蓋意大利之建國非自一千八百七十一年羅馬定都時始實自千八百四十九年羅馬陷落時始也又非自千八百四十九年羅馬陷落時始實自千八百三十一年「少年意大利」創立時始也雖然自此役以後而意大利人所新經驗有得者兩事一曰知自由統一之業非終不可成就二曰知撒的尼亞王室之可信用可倚賴是也

自是瑪志尼之事業已終而加富爾之事業方始咄我絕代佳人瑪志尼其遂終焉已乎

曰然也。以精神論則瑪志尼之事業無始無終。雖謂其至今存焉可也。以形質論則我「意大利建國三傑傳」自第八節以後無復有瑪志尼出現之舞臺。故曰終焉也。瑪志尼所妊育之殤子越二十年而復蘇。雖然其蘇也借屍還魂也。非統一而連合也。非共和而立憲也。其成之者非瑪志尼之黨人而瑪志尼之政敵也。故曰終焉也。然則瑪志尼誤乎。曰誤矣。無意大利則瑪志尼憂。有意大利則瑪志尼樂。彼心目中惟有意大利。更無瑪志尼也。曰意大利既以立憲成。則其性質宜於立憲明矣。而瑪志尼乃倡革命倡共和。不爲無識乎。不爲多事乎。曰、惡、是何言。無革命之論則立憲終不可成。通觀今世界之立憲君主國。何一非生於革命風潮最高點之時代也。（英國憲法號稱自然發生者。然非長期國會之革命。則其憲法亦廢棄久矣）且立憲國有兩事最不可缺。其一則君主不敢任意蹂躪憲法。其二則國民知憲法之可寶貴是也。凡已有特權者誰樂分之以與人。故民間無革命思想則君主斷不能以完全之憲法與民一也。凡得之太易者則視之不重。視之不重者則守之不牢。故民間苟非以千血萬淚易得憲法。則雖君主三揖三讓以畀之。而亦不能食其利二也。故無論欲革命者當言革命。即欲立憲者固不可不言革命。即已不欲言亦不可不望有他人焉言之無革命之立憲則高麗是已（高麗於光緒廿三年自稱爲立憲之國其憲法無非擁護君主權利也）試問高麗憲政之前途何如矣故論意大利建國之功首必推瑪志尼天下之公論也瑪志尼耕焉加富爾穫焉試問穫者之功德視耕者何如矣夫瑪志尼有道之士非功名之人也倡革命不成其究極也至於人笑我爲無識詬我爲多事罵我爲峭忍輕躁如斯而已天下事苟有濟成之何必在我前此無瑪志尼則雖有百加富爾而大功終不可就後此無加富爾則夫受瑪志尼之感化者豈患無人起以穫其實也故造意大利者三傑也而造彼二傑者瑪志尼也至是而瑪志尼退矣至是而意大利成矣。

第十節　撒的尼亞新王之賢明及加富爾之入相

革命失敗以後。前此爲意大利作傀儡之諸侯王皆囁囁嚅嚅以復其位。政策悉傚奧國。壓制愈加劇烈。撒的尼亞新王英瑪努埃既以千八百四十九年五月受禪。時方監國在境內。聞命則痛哭失聲。既而拔劍睨奧國之空。且指且語曰「今意大利猶不失爲一國乎」起舞者三。乃受詔。新王幼不悅學。惟好馳馬試劍。以勇略聞國中。彼蓋發强剛毅之人。非乃翁所能及也。既受命於挫敗之後。時國論紛紛未決。咸欲收拾餘燼。

與奧軍背城借一。王知力之不足以及此也。又知非大整內治不足以圖中原也。乃排羣議與奧媾和。與將拉狄奇迫以速廢憲法。乃議他事。前王以千八百四十七年已布憲法見第六節王毅然曰。將軍必以此相脅者。余雖拋千百之王冠以爭之。亦所不辭。我父既以是誓於我民父之誓言。即余之誓言也。將軍必欲戰乎。撒國雖小。余振臂一呼。集我老弱。峙我茭糧。蜂蠆有毒。將軍敢謂取數百萬撒的尼亞人民如縛雞乎。余以是死。榮莫甚焉。將軍乎。吾家有死王。無降王。將軍其圖之。

嗚呼。當大敵壓境。瘡痍滿目之餘。而敢於斷然捋虎鬚奮鵬翼。犧牲一身以爲國民權利之保障。王之爲王。可以見矣。坐是而全意大利之輿望。盡集於撒的亞尼王之一身。而加富爾漸有英雄用武之地矣。

瑪志尼之徒之在撒者。憤前王阿爾拔之一敗而挫。不始終其業也。加以賣國之惡名。謂其子不堪嗣位。乃再起內亂。奪志挪亞而據之。布共和政。瑪志尼實執拗之人也。守其主義而不拔者也。雖然。人既不欲以共和政定意大利。旋復被撲滅。而瑪志尼此後遂不得不隱於政界。

英瑪努埃即位。即舉達志格里阿爲首相。達氏方從先王於前敵。負傷未痊。以愛國故。力疾應命。時有以加富爾爲言者。王曰否否。今猶非其時。蓋以奥難未平也。達氏組織內閣。以桑德羅梭爲農商務大臣。桑氏者加富爾之政友。前此同創報館之人也。千八百五十年。桑氏卒。達氏乃擧加富爾繼其任。然達氏猶以爲未足。越二年。（千八百五十二年）卒託病乞骸骨。薦加富爾自代。於是加富爾遂爲撒的尼亞宰相。嗚呼。非有賢王不能庸奇才。非有名相不能讓賢。路達志格里阿亦人傑哉。

第十一節　加富爾改革內政

加富爾旣相。君臣一心。銳意改革。其改革奈何。加富爾以爲欲强國必先富民。於是（第一）奬厲殖產興業。採自由貿易政策（即免出入口稅之政策）是彼游歷英國時。受哥布丁（英國名士主張自由貿易政策否戰於議院卒達其志者也）之感化者也。（第二）開通全國鐵路。與英法比利時等國結通商條約。皆其隱於農事十八(小年所布畫者也。雖然。加富爾之大目的。尙不在是。彼之所志在使撒的尼亞脫外國干涉之羈軛。爲完全一獨立國。彼之所志。在以撒的尼亞連合全意諸小邦。還我祖國。以齒於歐洲列强之間。於是乎其（第三）著不得不汲汲於擴張其備籌兵必先籌餉也。於是乎其（第四）著不得不議增稅。以嬴爾小國承疲敝之後。增稅實一至難之問題也。富加富爾之初入閣也。國中敵視之者固不少。雖然彼滿腔愛國熱誠。盎睟於面。有以感人於不知不覺之間。使反對者皆表同情。彼終身不娶。而曰意大利吾之愛妻也。彼不治家人生產作業。而曰意大利吾之家庫也。以此之故。至誠感人。國民咸願犧其生命。絞其血汗。一以供相公之布畫。故雖在元氣未蘇瘡痍滿目之際。而增兵增稅之議案。竟毫無阻撓以通過於議會。嗚呼。大政治家之不可以不結信於民有如是哉。乃知其所以十六年不飛又不鳴者。正所以為今日一飛沖天一鳴驚人之地也。

其（第五）著之改革。則與民以言論自由集會自由出版自由。蠲除一切忌諱。與天下更始。於是衆心悅服。民智大進。雖然其（第六）事則加富爾內治第一危難之問題。即教民治外法權案是也。歐洲之有羅馬教皇也。其在中古。統一全洲。各國帝王莫不膜拜肘下。雖自馬丁路得創新教以後。其權力範圍日蹙。然意大利則教皇之所宅都也。故其威尙赫赫不衰。撒的尼亞人民。非惟受治於國王也。亦且臣隸於教皇。於是所謂教士教民者。有種種特權。橫行國中。莫敢誰何。有犯罪者。政府不得逮罰。而別由教皇治下之法廷裁判之。是十數萬之人民。立於治外法權下也。加富爾以爲國民不一致。則內之不能施政務。外之不能振國權。而一國中有二主權。則國民終不能一致。於是毅然提出改革案。剝奪教會之特權。使一切與齊民等。雖然以當時教會之勢力。輔以人民之迷信。異論蠭起。加富爾一身陷於四面楚歌之裏。時撒王之於加富爾。猶桓公之於管仲也。雖然王太后王后皆迷信最深。強聒王側。且責且勸。太后至迫王以加富爾若終不悛。將干涉王政。爲上帝除此魔賊。王純孝之人也。處此左右兩難之間。百計調停。智勇俱困。爲之絕食者累日。而加富爾以國家大局安危所係。前途榮悴所關。反覆譬陳。王意終決。乃毅然曰『余雖人子乎。猶國王也。國王之義務。余不可以不盡』遂不退加富爾。而此案卒獲厲行。於戲加富爾雖百折不撓之英雄。然非遇英明果斷之主如英瑪努埃者。亦安得成功名於後世耶。至是而撒的尼亞之內治。一切就緒。駸駸乎有神驥出櫪鷙鷹脫韝之志矣。

第十二節　加富爾外交政策第一段（格里米亞之役）

加富爾十九世紀歐洲外交家中第一流也彼自十餘年前即以慧眼觀察歐洲大局以爲處今日欲用蕞爾國以奏統一之偉業其勢不得不藉外交故當游歷各國時即隨在留意有所布畫至是撒的尼亞百政修明國步蒸蒸日上諸國咸以猜忌之眼睨之當時全歐專制之潮益達高點普奧等國不利撒的尼亞之改革也欲藉端干涉壓制之謂撒王曰『王其三思民權興則君權亡猛劇改革非國之福也王何不效意大利他國之政策以坊其民』王曰『謹謝客吾行吾意所欲爲』此實磊落之答辭也雖然又危險之答辭也如土耳其如希臘皆因不受他國之忠告卒蒙干涉以生國難斯不遠之前車也加富爾其熟計之矣以爲今日自力之微薄也如此壓力之強大也如彼以圖維持本國之獨立猶戛戛其難況乃進取以圖中原哉然則欲達此目的不可不乞援於歐洲一二雄國而其首注意者惟英國英最愛自由之國而加富爾舊遊地也其士大夫之賢者多所交識而瑪志尼久旅斯土屢著論各報中論意大利國情英人深同感焉此可爲與國者一其在法國路易拿破侖新得政野心勃勃隱然欲步哥悉克（拿破侖第一產地也）老雄之後塵加富爾察其必將與奧有隙也吾其利用之以復我國仇達我入

業。此可爲與國者二。蓋東連北拒之略。加富爾蘊蓄於躬耕時代者已十餘年。至是遂漸爲實施之期。

果也天贊意大利。加富爾入相二年餘。而格里米亞戰爭起。先是路易拿破侖既被舉爲法國大統領。包藏禍心。未幾即蹂躪國會。驅逐異己。遂篡帝位。稱拿破侖第三。時恰俄皇尼古剌第一。亦抱非常之遠略。思繼大彼得之志。席卷宇內。日夜睨土耳其。相機南下。拿破侖知之。以爲我新即帝位。國民未服。非耀威域外。以大捷臨之。不可以得志。且英國俄之敵也。吾若挑戰合縱以擊俄。歐洲必生大亂。吾乘其機。則伯父老拿皇之大業。可以復見。於是潛結英土以待時機。乃先挑釁。以保護聖墓爲名。向土耳其索耶路撒冷地（耶蘇墓所在地也）。俄皇聞之。亦要求特權於土。凡土國中從希臘教之人民。悉歸俄治下。俄法教權之爭。實格里米亞戰役原因也。俄皇欲先發制人也。忽發兵十五萬壓土境。土人告急於法。法乃說英國以相從事。英國疾俄之南下也。又自倭打盧後四十年無戰事。人心思動也。於是土法英聯軍抗俄。開格里亞米之大戰。實一千八百五十四年三月也。

加富爾以爲是千載一時之機也使歐羅巴全洲人知有我撒的尼亞國者將在今日。報百年夙仇加當頭一棒於强奧者將在今日乃以加盟土英法三國以抗俄之議案提出於國會雖然鯤鵬圖南、斥鷃笑之陽春白雪巴人嗤之國會譁然以爲不度德不量力何至如是加富爾昂然曰。

諸君諸君諸君非以意大利全國之前途爲念者乎今使俄人而捷也則不待君士但丁奴不（土京）之陷落而達達尼士、波士佛拉、已入俄手地中海之大權永在俄矣諸君寧能傍觀耶且我撒的尼亞何可妄自菲薄之甚自重者人恒敬之自輕者人恒侮之今也海陸軍制既已大整與各國合縱挫虎狼一舉而雪千年屈辱之汚名正在今日矣。

嘻、豪傑乎豪傑乎守如處子出如脫兎十餘年來舉國豪傑風起水湧之際而蟄伏一無所事天下之至怯孰過是也一旦以慧眼觀破大局遇可攫之機會則急起直追勿使逸凜然當一世之大敵而無所於慴天下之大勇又孰過是也當時國會既躊躇莫敢決而政府諸同僚亦無一人與彼同志者紛紛辭職去加富爾不屈不撓得請於撒王。以一身盡兼各部大臣之職壓輿論以行其志直發二萬五千大兵出黑海。大兵既行而加富爾手段之活潑尤有可驚者。彼直慫慂前宰相達志格里阿共侍撒王游歷英法二國。英皇域多利亞以非常熱誠歡迎彼等且語人曰英瑪努埃眞一世之將才也。而倫敦市長亦率市民以最盛儀饗宴撒王。其至法國也。拿破侖第三及其皇后皆親切懇篤相接待。到處交叉意法兩國旗以表同情。時意大利革命黨首領綿甯方在法京。前加富爾屢招與同事而不肯就者也。至是見交叉之國旗感極而泣。信加富爾之政策果足以救此國。乃來謁王及兩相曰『吾夙持共和論者也。雖然持此論之目的在統一意大利。今既見之吾復何憾焉。請致書瑪志尼使今後勿復與公等為敵也。』至是而加富爾之手腕益為舉國所同認矣。

第十三節　加富爾外交政策第二段（巴黎會議）

格里米亞之戰。俄軍遂北。是役英法之功雖高而意將馬摩拉善戰之威名亦忽轟於歐界。俄皇尼古拉聞敗憤死。列國乃開會議於巴黎議善後事宜。此實加富爾一生之最大舞臺也。時法帝拿破崙為主盟。英俄普奧土意諸使臣咸集。加富爾乃親當全權之任。參列此會。方攘臂扼腕以待開議。奧使忽抗言曰。『撒的尼亞半主之國耳。其使臣無參列會議之資格』。此非意外事而意中事也。撒的尼亞之加盟英法也。正如晴天一霹靂響於奧人頭上。其用意何在。奧人知之。法人知之。即歐洲列國亦誰不知之。然則今日奧使之抗議。是加富爾早熟計而逆料者也。至是而知前此撒王英法之游有妙算存焉矣。彼其於耳相語踵相躡之間。早已與拿破崙有成言。於是拿破崙以議長之力。直排奧使之議。命意國全權得占一席。當開議之始。加富爾默然不發一詞。議案益益進。而加富爾惟唯唯諾諾。時吐一二奇警之言。使人知此中有一人物而已。其關於大計者。終不齒及。噫嘻。大智若愚。加富爾其果愚哉。昔普皇維廉嘗語人曰。加富爾非革命的人才。加富爾果非革命的人才哉。加富爾實猛如虎。烈如爆之人也。果也。會議將終。而其谷風一嘯。百獸震恐之氣象。乃大發現。

加富爾既於會議之際。與列國使臣交使知我爲熱誠不屈之人物。爲瀕亡之國一大政治家。及議案將結。乃請於議長（議長爲法國外務大臣華利士忌）曰。願爲敝邦意大利人發一言。議長諾之。奧使雖憒憒。然無如何。加富爾乃徐振懸河之雄辯。歷敘數十年來意大利之歷史。其略謂「我國民比年以來。暴動又暴動。革命又革命。徒使生民塗炭。百務荒涼。此實革命家之罪。吾不能爲我國民諱者也。雖然、進而觀內部主權者強暴壓抑之狀。其生息於猛虎苛政之下者。誠亦可憐。民孰不好生而惡死。好安平而惡危亂。而乃甘於擲百千萬之頭顱血肉。塡苦海而不悔者。此必非可專爲斯民咎也」乃進而描寫意大利列國苛虐慘酷之形。人民呻吟呼籲之狀。舉座聞者。咸爲掩涕。遂請諸大國使臣。同以一公牘忠告尼布士王弗得南及其他諸邦使之改革。及演說將終。乃益直擣中堅。睨奧使而厲聲曰。

余所述種種慘狀。其原因何在乎。則奧大利是也。奧大利者。我之鐵鎖也。自由之敵也。獨立之讐仇。奧大利者。實一大惡魔。而爲我所代表之有歷史有名譽的意大利。全國自由民之蟊賊也。

噫嘻。此何等言耶。此實不啻對於奧大利而下宣戰書之言也。吾實不知此黎里一老農。其一身之中有胆幾許。乃敢斷然向萬山之中而捋虎鬚也。當時奧使目瞠然而不揚。顏勃然而屢變。乃復抗議曰。此非國際之言。請議長尼之。雖然、舉座諸使。已爲加富爾之摯誠猛烈的以太所感動。無一人表同情於輿使。惟相與錯愕贊嘆。心口相語曰。『不意阿布士山下一叢爾國乃能有此人才』嗟乎猛虎在山。藜藿爲之不採。苟有人焉。何小之云。君子讀加富爾傳。不禁吞聲飲淚而嘆彼之以千里畏人者。不知復何面目以立於天地也。

（未完）

學術

文學說例（續第九號）

章氏學

世謂希臘文學自然發達。觀其秩序。如一歲氣候。梅花先發。次及櫻花。桃實先熟。次及柹實。故韻文完具而後有散文。史詩功善而後有戲曲。（見澁江保希臘羅馬文學史）韻文先史詩。次樂詩。後戲曲。散文先歷史哲學。後演說。其所謂史詩者。一大史詩。敘述複襍大事者也。二裨詩。敘述小說者也。三物語。四歌曲。短篇簡單者也。五正史詩。即有韻歷史也。六半樂詩。樂詩史詩混合者也。七牧歌。八散文作話。吡于街談巷語者也。（同上）徵之禹域。秩序亦同。夫三科之條。五家之教。文質不同。繁簡亦異。然商周誓誥。語多磔格。帝典蕩蕩。乃反易知。由彼直錄其語。而此乃裁成有韻之史者也。蓋古者文字未興。口耳之傳。久則忘失。綴以韻文。則便于唫詠。而記臆爲易。意者蒼沮以前。亦直有史詩而已。下及勳華。簡篇已具。故帝典雖言皆有韻。而文句參差。恣其修短。與詩殊流矣。惟夫體廢于史官。而業存于矇瞽。由是二雅踵起。藉歎陳政。（詩序「雅者正也言王政之所由廢興也」）同波異瀾。遂各爲派別焉。春秋以降。史皆不韵。而哲學演說。亦由斯作。原夫九流肇起。分于王官。故諸子初興。舊章未變。一二三四。百官所以紀數。（用莊子天下篇義）則管子其遺則也。立均出度。柱下所以垂法。則老子其遺則也。逮孔墨二家。自我作故。既非敍數。亦不用韵。六國諸子。皆承其風烈矣。斯哲學所由昉乎。縱橫出自行人。短長諸策。實多口語。尋理本旨。無過數言。而務爲紛葩。期于造次可聽。溯其流別。實不歌而誦之賦也。秦代儀軫之辭。所以異于子虛大人者。亦有韵無韵云爾。名家出自禮官。墨師史角。固淸廟之守也。故經說上下。權與于是。龍施相紹。其流遂昌。辯士凌誶。固非韵文所能檢柙矣。然則縱橫近於雄辯。雖言或偭規。而口給可用。名家契于論理。苟語差以米。則條貫已歧。一爲無法。一爲有法。而皆隸于演說者也。抑名家所著。爲演說之元。則彼固施諸筆篇。猶與演說有殊。至於戰國游說。惟在立談。言語文學。厥科本異。凡纂錄文辭者。宜無取焉。

等是人言。出諸脣吻。而據實而書。不更潤色者。則曰口說。鎔裁刪刊。緣質構成者。則曰文辭。彼戰國陳說。所以異子羽之爲命。觀射父之訓辭矣。遷固所錄。若蒯徹說信。伍被諫安。仍其本語。無所增損。如鞫獄之錄辭。此所謂口說也。至景十三王傳載中山王泣樂對。語皆耦立。復施韵言。酒次讌談。亮非如是。蓋勝既卒意奏陳。退而撰次本言。施以藻采。史官傳述。遂若造膝所陳。語本若爾。此所謂文辭也。由魏逮唐。分異文筆。余以文既異筆。而口說復與文筆大殊。策士飛箝之辯。宜與宋儒語錄。近人演說。同編一秩。見其與文學殊塗。而工拙亦異趣也。（文選不錄口說此後人所宜法惟錄宋玉對楚王問蓋與漁父卜居同爲設難非眞有此對故獨有取爾）效戰國之口說以爲文辭者。語必傖俗。且私徇筆端。苟炫文采。浮言妨要。其傷實多。唐世杜牧。其最著也。然則溝分畛域。無使兩傷。在文辭則務合體要。在口說則務動聽聞。庶幾調適上遂乎。至乃上溯尚書誥誓諸篇。亦由口說。顧命「陳教則肄肄不違」。江氏集注音疏謂「重言肄者。病甚氣喘而語吃」。其說是也。夫以劇氣謇吃。猶無删削。是知佗篇記言。皆揃其本語。無一字出于史官潤色。與堯典禹貢殊矣。尚書詞語閎雅。誠非戰國時可比。然辨章科目。所謂傳之簡牘事異篇章者。又未始出其族類也。

自歷史變故。諸子繼起。意內言外。分析始多。昔之單純者。語不完具。無傷于達。惜今之分析者。文非孳乳。不足以集辭。故自有熊以降。下逮共和。社會日進。而史籀始爲大篆矣。自周宣以降。下逮嬴氏。社會日進。而李斯更爲小篆矣。上世語言苟簡。蓋與未開之國相同本無其事。固不必有其言也。案蒲斯門人種。以同部女子爲男子所公有。故無夫婦妃耦之言。婦人處子語亦無所區別。（見加藤弘之講論集）予尋鄦書。「婦服也。從女持帚灑埽」。曲禮「士曰婦人。庶人曰妻」。斯適人之定名可知也。然士喪禮言「婦人俠牀」。注婦人「謂妻妾子姓也」。此則語無區別。與蒲斯門種勿殊。蓋庖戲儷皮以前之遺語云爾。又父子君臣夫婦各有正文。而「昆弟」獨假于韋束之次弟。其後乃因緣以製「弟」字。鄦書「兄」雖訓「長」。毛公故訓。實說爲「茲」。蓋由茲長而爲長者。亦猶令長之引伸矣。斯則兄弟昆弟。古無其文。蓋亦無其語也。大宗嗣始祖。小宗嗣四親。族人爲宗服齊衰三月。蓋宗之重久矣。其始家族政體。宗猶羅馬之家父。亦若周世族人不得以其戚戚君也。尊嚴如父。崇絕如君。故餘子于適長。無敢有兄與昆之稱。而適長亦以臣子視餘子。未嘗言弟也。其諸庶相謂。則孟仲及季而已。本無兄弟昆弟之名。故亦不製其字。及其立名借字。則社會已開。必在虞夏以後也。又雖有君臣。已成國家。其初則有酋長而已。「酋」本「繹酒」。（說文）引伸則以酒官爲「大酋」。（月令）部落之長。曷爲以酋爲號。蓋生人大欲。火食最先。進求蕩性。必在酗醉。亦猶動頌舞蹈。勿能自已。有爲之炊釀者。則羣生所賴。實曰司牧。是故稷爲天官。黎稱火正。其尊之如是其至也。酒官崇貴義亦同茲。觀「尊」訓「酒官法度」爾雅釋文引說文如是而引伸爲「高」「貴」。廣雅釋詁尊高也孟子注尊貴也齊之稷下。猶稱長者曰「祭酒」。酋長名義。于是可知。若夫地處要荒。開化稍後。君臣既立。而酋長時代之遺語。蹤迹未亡。則其名號。又多錯襍。蓋「西旅獻豪」。見于書序。馬季長云「豪酋豪也」。而楚國以早夭之君爲「敖」。如若敖郟敖訾敖是也。以長官爲「敖」。如莫敖連敖是也。敖爲豪借。謂同聲通用之借君臣同稱。是即酋豪之舊俗矣。古者部落相爭。暫立酋長以司軍憲。故令長之號。先于侯王。楚之執政。實曰令尹。而君亦別言「靈修」。見于楚辭。訓者望文生義。實多穿鑿。不悟靈修即爲令長。古金石以「靈終」爲「令終」。則靈令之通可知也。淮南王諱其父長。其書稱「長」曰「修」。而楚辭傳本多出淮南。淮南王嘗爲離騷傳王叔師招隱士章句云「招隱士者、淮南小山之所作也」淮南王招懷天下俊偉之士、自八公之徒、各竭才智、著作篇章、分造辭賦、以類相從、故或稱小山或稱大山」此楚辭傳本多出淮南之證、則修長之變可知也。君臣同稱。又酋長之舊俗矣。良由楚在周初。尚棲篳路。開化既晚。故遺語猶存。斯皆不見六經。而可以推知代語者乎。又計物量數。可徵故言。蓋近世達馬拉人。以煙草二本。易羊一匹。煙草十本。易犢一頭。然其算數。知五而已。自五以上。無其語言。亦無其

五

會計。故見煙草十本則擴張二手以指切近。略知其合于二五之數。而不知其十也。又有知三而止者。而澳大利亞人則三數猶不能燎。（見角田柳作譯格得社會之進化）夫世無衡量籌算。則人之計數。固以指爾。以五指爲極數而不能使左右相代以定位。則五以上宜不能知也。汪容甫作釋三九篇。歷徵古籍。凡欲言多數者。或則舉三。或則舉九。余以爲舉九者。在社會開明而後。而舉三則上古之遺言也。當是時。以爲數至于三。無可增矣。且庖戲已有十言之教。而易言「天數五。地數五。五位相得而各有合。」律歷志言「五六天地之中合。」其他五行五色五聲五味之屬。大抵以五爲度。蓋當時亦獨庖戲知十耳。元元之民。則以爲數至于五。無可增矣。後世雖暫文明。而數極三五之說。傳之故老。習于胲頰。故亦相沿而弗普。由是觀之。語言文字之繁簡。從于社會之質文。豈不信哉。駢儷爲言。獨在中夏。而希臘文辭。務在對稱。亦如神社造像。肥瘠適均。（本希臘羅馬文學史）固知人情所必至。初無間于東西也。原其始造。必非文字單純之世。何者。皇世語言簡樸。或徒有義訓。未造正文。逮及姬周。則有一訓而數文者。若釋詁所陳。三十餘言。總持一義。雖多同聲通借。而本字亦不少矣。誠以八代殊名。方國異語。靡不集合。爲爾方言列訓大者十二語。訓至者七語。而云「初別國之言。不相往來。舊書雅記故俗語。不失其方。今則或同」。是知閉關裏足之世。人操土風。名實符號。局于一言。則文亦抱蜀也。若史通襍說載姚最梁後略述高祖語曰。「得既在我。失亦在予」。而謂「變我稱予。互文成句。求諸人語。理必不然。由儷辭盛行。語須偶對故也」。此于儷辭。故傷繁鄭。然莊子山木篇已云。「吾無糧。我無食」矣。近世多謂我爲餓借、然使辭遊繁複、則但云吾無糧足矣、亦不必有餓無食三字。釋文云「我一本作餓」者、亦當由文人臆改、齊物論云「今者吾喪我」吾我互易、則吾無糧我無食未必非互文也。使祇有我字而無同訓之予。則斯語不得就也。臧洪與陳琳書曰。「足下徼利于竟外。吾子託身于盟主」。尋其辭例。是亦同揆。使稱人者祇有吾子而無足下之號。則斯語亦不得就也。爰在柏舟。則「覯閔既多。受侮不少」。義趣兩同。而表裏各異。非一訓數文之限。若乃素王十翼。老子一經。捶句皆雙。儷辭是昉。尋其文義。獨多對待。然老云「爲天下谿。爲天下谷」。谿谷大同。釋水「水注川曰谿、注谿曰谷、」此廣陿之異。釋山「山豄無所通谿」說文、「泉出通川爲谷」此通塞之異、而廣雅釋山則直云「谿谷也」故謂大同 孔云「危者使平易者使傾」。繫辭 義有正負。文實互施。危傾同義平易同義、晉語韋解「傾危也」釋詁「平易也」陸績說此即云「易平也」 非有一訓數文。亦不得爲斯語矣。析言則谿谷有殊、危傾平易亦有小異、然施于是處、無取其異也又今老子本作「知其白、守其黑、爲天下式、」與莊子天下篇引作「知其白、守其辱、爲天下谷」不同蓋六國時傳本各異也、 雖然。儷體爲用。固由意有殊條。辭須翕闕子句無施。勢不可已。所以晉宋作者。皆取對待爲工。不以同訓爲尙。儀徵推崇斯體。上溯文言。（義自文心雕龍麗辭篇出）信哉其見之卓也。若夫華質之分。貞濫之辨。斯于散句故無低昂。百年以來。亦既明晳。夫承天籌邊。固比肩于晁。令周朗應詔。（見宋書本傳）亦雁行于賈生。馬劉二代。斯類實繁。體若駢枝。語反簡覈。豈與夫蘇軾陳亮苟爲辭費者同年而校乎。至大同以後。徐庾金樓之屬。流宕失居。義無機要。亦不足與于作者也。

明張燧作千百年眼十二卷。有說古人文辭一條。曰。「蘭亭序絲竹管弦本出前漢張禹傳。又如易曰。明辨晳也。莊子云。周徧咸。詩云。昭明有融。高朗令終。宋玉賦云。旦爲朝雲。古樂府云。莫夜不歸。左傳云。遠哉遙遙。邯鄲淳碑云。丘墓起墳。古詩云。被服羅衣裳。莊子云。吾無糧。我無食。後漢書云。食不充糧。古人文辭不厭鄭重。在今人則以爲複矣。」張氏書證駁多疏繆。尤信僞書。蓋明世積習爾然。時有一二卓犮過人如此條所舉。足證互文相變之法。故坿錄于此。

夫琴瑟專一。不可爲聽。分間布白。鄉背乃章。故儷體之用同訓者。十無一二。而非同訓者擅其全部矣。辭氣不殊。名物異用。于是乎辭例尙焉。雖然。辭例又不可執也。若言「上下無常。進退無恆。」易文言「處而不底。行而不流。」左襄二十九年傳斯二事者。一則同趣。謂上下與進退常與恆皆同趣一則僢馳。謂處與行底與流義相反對要其辭例則一。詞性亦同。義有正負。而度無修短者也。至如墨子經說下云「白馬多白。視馬不多視。」視馬謂馬之善視者白馬視白。辭例一也。而白為具體。視為抽象。謂白馬舉其全形視馬指其兩目觀念既殊。則詞性亦殊矣。謝惠連雪賦云「皓鶴奪鮮。白鷴失素。」奪鮮失素。辭例一也。而素為舉性。鮮為加性。墨子經上有「移舉加」之文謂言詞分移舉加三性經說釋之曰「狗犬舉也叱狗加也」蓋直指形質謂之舉意存高下謂之加如素即白色是為直指形質如鮮方言訓「好」淮南俶眞訓注訓「明好」好者由人意好之是為意存高下如平氣稱狗是為直指形質如激氣叱狗是為意存高下同一言狗而有舉加之別是猶長言短言固不系文字之殊矣至如鮮素之屬今世言形容詞者未能定其科別故今取墨子語定之曰「舉性形容詞」「加性形容詞」庶幾得其分際觀念既殊。則詞性亦殊矣。若膠執辭例而謂準度兩語分寸無差。至于白視素鮮。亦必穿穴形聲。為之改字易訓。則是削性以適例也。雖似渙釋。方更窮詰。抑亦賢智之過歟。自高郵始發辭例經義大明其後諸儒乃有削性適例者至今文士以王學為穿鑿良可嘆息者矣

武島又次郎作修辭學曰。「言語三種。適于文辭。曰現在使用法。國民使用法。著名使用法。是為善良用法。反之。國語所無。亦有三種。曰廢棄語。千百年以所必用而今亡佚者曰廢棄語外來語。新鑄造語。施于文辭。則非善良用法。世人或取丘墓死語。使之蘇生、語既久廢。人所不曉。

輒令神味減失。如外來語。既破國語之純粹。亦害理解。有時勢所逼迫。非他語可以傭代。則用之可也。若務爲虛飾。適示其言語匱乏而已。亞美利加詩人普來烏德氏嘗謂其友曰、「觀君文數用法蘭西文辭果使精練英語則無論何種感想皆自有言語可表何必用法語也」案美語貧弱亦如日本語不得不藉于他國輸入然普來烏德氏猶爲是言則外來語不得過用從可知也 新鑄造語。蓋言語發達之端。新陳代謝之用也。今世紀爲進步發見之時代。有新事物。誠非新造語不足指明。然當察其所以用此者。爲虛飾耶。爲實際必要耶。乃可以定其當否。衞古者日本思想簡單。得簡易之漢語。已足明其指趣。而作者輒喜用險難多畫之漢字以驚人目。豈不陋哉。」案武島以外來鑄造有時需用。特毋令濫。而廢棄語則直爲盲師所不材。是于日本容可云爾。至于禹域。進化雖紆。然其官府治具。社會人事。棼錯萬端。本非曩時之日本比也。頃歲以來。漸爲進步發見之代。常語簡單。有待鑄造。然尋檢雅詁廢語。多有可用爲新語者。東人尠通小學。不知其可相攝代。則宜以廢語爲一瞑而不復視也。夫南北極半歲見日。半歲晦冥。而「暨」字古義可用。說文「暨日頗見也」目視兩物不行。漸遠則成交角。而「皀」字古義可用。說文「皀望遠合也」予向作正名略例。嘗道其麤觕矣。語有惡其冗長。而施用遺言。則一二字可了者。于勢固最爲徑便。豈若盧仝樊宗師輩喜爲險怪者比耶。夫惟官號地望著于標題施于傳誌譜錄者必用今名而廢棄外來新造之語皆不得代此文辭之恆例也械器輿服古今異宜亦不得代故崔鴻易「撫盤」以「推案」「百藥」變「脫帽」爲「免冠」物非所有飾從雅言見譏于子玄矣（見史通敍事篇）今之言者非攄扈剖符之率而亟言「擊節」處髡首辮髮之俗而自述「抽簪」此之宜絕亦文辭之恆例也若乃雅俗稱名新故襍用是寧有厲禁耶至云人所不曉致滅神味說尤鄙倍夫廢棄之語固有施于文辭則爲閒見行于謠諺反爲達稱者矣顏籀作匡謬正俗嘗舉數條如釋詁云「略利也」而唐人謂礪刃爲「略刃」釋詁云「洋多也」而山東謂衆爲「洋」釋言云「恫痛也」而太原謂痛而呻吟爲「通喚」（顏云通即恫）晉令有「覆逴」而唐人謂檢察探試爲「覆坼」此並曠絕千年或數百稔不見于文辭久矣然耕夫販婦猶人人能言之至于今日斯例尚多方言云「佻（丁小切）縣也」今稱縣繫曰「弔」則其遺語也「寨安也」今杭人謂安寧曰「利寨」則其遺語也「崽（音枲）者子也湘沅之會凡言是子者謂之崽（聲如宰）」今粵人謂兒童曰「崽（聲如宰）」則其遺語也「僞（音訛）謂之仡（注船動搖之貌也）」今南人皆謂動搖船曰「划」則其遺語也自秦以後人臣不敢稱「朕」而今北人猶自稱「朁」斯朕之音變

矣。晉人言「寧馨」。唐人言「某亭」。（見匡謬正俗云「俗呼某人處爲某亭亭音火剛反」）今吳人並有是語。斯亦關雎之舊言矣。至于負重之呼「邪許」。痛苦之呼「燠休」。應人曰「若」。以「諾」而從若聲。拒人曰「否」。以「否」而從否語。如此類者何可勝道。故文辭則千年曠絕。謠諺則百姓與能。亦與顏籀所舉一也。吾儕足迹所涉無幾。猶能舉此數端。世有子雲。可勝記耶。然則不曉者僅一部之文人。而曉者乃幾徧于全部之國民。何爲其佶倔滅味也。故知廢棄語之待用。亦與外來新造無殊。特戒其過濫耳。若夫三者所施。各于其黨。則家實齋有言。「戰龍戴鬼。可入周易。不可以入書禮」。亞諾路得評判論亦云。「認現在使用與否之問題。其于言語。不在常談之有無。而視其施于格段關于目的者何如」。是二說也。可以起牻牻無常之病矣。

（完）

國聞短評

尺素六千紙

社員某

拜啓。今日路透電報言俄皇下詔書將本年二月（西歷）在墨斯科（俄舊京）鬧事之學生當時竄謫西伯利亞者今悉一一賜環云。其用意何在乎。稍有識者當能見之。世界民權風潮遂終非一二獨夫民賊所可敵。雖有悍狠陰騺者竟無奈此進化自然之運何也。今日全地球中以箇人之威力而論孰有過於俄皇者乎。今且不能不豎白旛以降於民黨之轅門矣。嘻獨夫民賊看者。雖然非有俄學生堅忍不拔百折不回之勇氣亦安克致此。彼其前此瀝血於絞臺瘐斃於鐵獄暴屍於漠野之學生不知幾千百人而始有今日也。聞俄皇有引用虛無黨人參議國政共圖維新之議。皇后及其餘貴族力諫。皇不爲動云。嘻尼古剌第二亦識時之俊傑哉。某頓首。七月十八日

東京學生事前號奉聞各節頃復得學生某君來書云間有失實之處。據云蔡氏並無向諸學生打恭作揖之事。彼非到會館之人亦無如此待學生之禮。又吳京卿之對蔡

池。並非如投信者所云云。惟一日文部省某往謁京卿。叩以留學生事。先生有何意見。京卿答以公使、失職、放棄權利。學生等、深明國家權限。值此自覺無顏。大半作歸計云云。謹更正奉聞。此事乃以一無權無勇之團體。與兩政府相交涉。不特中國前此所無。即在外國亦所僅見。其善後結果如何。專視內力。旁觀之為友為敵。似皆無足輕重。諸公以為何如。某白。七月廿二日

與日本政府交涉之方面。頃得留學生會館公函。知將已就緒。照錄原函如下。七月廿四日

拜啓。留學善後事宜。前由長岡子爵柏原文太郎君等出為轉圜。互商數次。旋於陽歷八月二十五日得復書。茲錄其條件譯如左。

一設學生總監督事。俟貴國政府決定後。日本應無異議。

一入文部省直轄學校者。由左記之三校保請外務省咨送。

一東京同文書院　一弘文學院　一清華學校

一志望軍事教育者。俟福島少將歸國後。再行商議。因第二條未定在學時限。而當時面晤。有在學至少以六月為度之約。翌日又往詢問。茲於二十七日又得復書。譯

條件如左。

一保送入文部省直轄學校者。須備左記二項。

(甲)在校六个月以上者。

(乙)由成年之留學生二名保證並納保證金三十圓以上者。

一在前記之三校中有不得已之事而令之退校或拒絕其保送者不能再由各該校咨請入文部省直轄學校。

其他書中未經敍明而當時曾得面許者。(一)軍事教育已允俟福島少將回京許爲從旁竭力斡旋(二)吳孫兩君歸國將來有機再來可無阻碍(三)保證金由在學之學校或由會館存寘銀行俟卒業後仍還本人。(四)所有三校以外之學生於總監督未來之前由中日士紳設法保送謹以報告即請公鑒 八月二十九日留學生會館幹事同啓

與本國政府交涉之方面。聞北京已有電諭令振貝子查辦。振已於昨日入東京。學生擬上一書。陳其原委。已由吳君止欺張君星五等十人代表往見云。振貝子約以八月

初四日應學生之招待往神田鈴木町會館云不知向後作麼生。 八月初一日

頃得陝西匿名投書題曰『醴泉宋芝洞被陷實錄』屬登本報惟查上海天津各報館。皆已將全文揭載本報續登未免明日黃花故從闕如此事全由陝臬樊增祥一人搗鬼樊乃榮祿門下最得力之鷹犬榮爲西安將軍時樊以知縣入其幕下極力納交榮識字無多樊稍解一二卑靡猥屑之詞章在腐敗學界中薄有才名因此互相狼狽及神京淪陷兩宮蒙塵便是樊增祥時來運來之候僅數月間由大令超升秦臬氣燄熏天秦中上自撫軍下至輿隸無不悚仄仰其鼻息其作威作福也亦宜獨惜宋芝洞遯居海上以來歛跡不問世事海上所謂新黨者方共笑其蝟縮以爲詬病而樊增祥乃以各報痛詆頑固皆宋嗾使也試問我海上同業諸君肯承認否耶往讀明史見馬士英阮大鋮當燕京淪陷思皇殉國之後猶著蝗蝻錄逮捕復社君子竊歎人之冥頑不靈何乃至是今觀此而知古人之洵非不可及也聞樊廉訪最嫻音律錦囊中燕子箋夜不久當出世但何苦爲將來著桃花扇者增一副淨脚色耶 七月廿六日

昨得都中來書述榮相國三大盛德一醇邸本旣有妻而榮强以己女妻之請聖母主

婚。是奪婚之盛德一。濤公不願向榮請雙腿安。榮以襲王爵取其歡心。濤已過繼承襲某長房之公爵。例不得奪移。而榮毅然爲之。是奪爵之盛德二。榮於數日前將其愛妾扶正。賀客盈門。其妾尚無子。今竟以爲妻。是奪嫡之盛德三。說者謂醇王濤公皆今上胞弟。榮知聖母風燭之年。故結此以自固云。雖然。唐高宗所謂此朕家事。卿勿預知。吾儕小民正不必過問也。某頓首。　七月廿七日

近日有復興海軍之議。袁慰帥請每歲籌常款百萬兩以從事。掃從前南北洋閩廣等界限。全國爲一。分常備豫備二艦隊。於芝罘上海南京江陰廣州五處分設海軍軍務所云。此計畫視李合肥前案頗高一籌。但今日中國之力能及此否。是一難決之問題也。且凡興作一事。必有目的。今日列國汲汲擴張海軍。皆爲實行帝國主義不得不爭海權。以軍艦保護商務。實經濟競爭之結果也。而我當道之效顰者。何爲吾非反對此議。吾信我國將來必有持進取方針之一日。但於今日之治此者不能無疑耳。又聞俄國許借旅順口爲我海軍屯泊所。俄人外交手段眞加人一等。某再拜。　七月二十八日

增稅免釐之上諭既已發布。釐金厲商之政。一舉掃之。同人快事。但關稅之權既爲債

主所握財權自今益移於外國將來我國民當革新之任者益困難耳一嘆。同日

俄人於滿洲撤兵後尙以保護爲名擬招集中國人當兵以充其任於吉林省千五百名黑龍江省一千三百名合二千八百名云英之滅印度非用英兵也用印兵也聞英人在威海衛募集中國兵以來華人之得入英伍者其威顏雖一人鄉紳不如也嗚呼將來此等現象擧國皆是豈直威海哉豈直吉林黑龍江哉 同日

某白近日西人經營長江上游不遺餘力德法兩國皆在宜昌新設領事聞德人日間並設領事於四川云英國之印度支那輪船公司已開通湖南航路前月昌和號輪船初次航行漢口岳州長沙虧損二千餘金云然西人不屈不撓將來內河航利終盡歸其手耳又自礦務章程頒行以後湖南各山地西人足跡無日無之如此江山坐付人誰之罪歟誰之罪歟某罪言 七月二十九日

某再白今年歐美學界特色之大著作頗少惟四月間英人頡德氏新著一書名曰『西洋文明之原理』可謂進化論之革命者蓋英國學派向主實利主義自霍布士洛克邊沁以來雖互有出入其大旨總不出於此達爾文斯賓塞興以生物進化之公例推

論之於政治道德學界壁壘一新然實利主義亦益光大頡德氏亦汲此主義之流者也但其大旨謂當犧牲箇人以顧團體當犧牲現在以顧將來實爲前此言實利言進化者痛下一鍼砭頡氏自謂此書必爲二十世紀學界生一大影響吾亦望頡氏此書爲我中國學界生一大影響某頓首。 七月二十九日

雜俎

史界兎塵錄

歐洲弱小之國

◎姆司加斯公國　在法國沿海州之裏。面積二十平方啓羅米突。人口凡一萬二千五百四十人。首都曰姆拿哥。瀕于地中海。其地山水秀美。兼帶海澳。加以氣候溫暖。夏冬之交。四方遊客麕集。常極殷闐。有著名的賭場。富豪家多來此呼盧喝雉。常一擲萬金。高興淋漓。是亦俗界之樂天地也。

國民係腓尼西亞及希臘植民之後裔。建國以來至于今。常不失其獨立。國爲公國。國公爲其主長。有內閣一。法庭一。知港廳一。以理國事。軍隊總數七十九人。憲兵及港兵四十四人。國家歲入之最大者係賭博稅。以賭博而維持其國。亦風流哉。

◎哇爾丹多共和國　在法國亞黎耶周州之南。爲法國政府與西國天爾嗟爾大僧正之保護國。全國面積四百五十二平方啓羅米突。人口凡六千。首都曰維耶霞。有人口一千自法王路易魯爹攻尼治而時。即爲獨立國。國民概爲樵夫牧子。國建于希尼峽間。地勢險阻。山嶽重疊。人不易到。惟沿其首都河源。以資來往上下。是豈歐洲之武陵桃源歟。其國現有大統領二人。隔年而當國政。又以爲法西之保護國。故一年入貢法國政府五百佛郎。一年入貢天爾咾爾法廳五百佛郎云。

◎沙瑪里共和國　在意大利之痲爾治州。沿以海灣。面積九十九平方啓羅米突。人口凡八千二百。其建國遠在三世紀。迨後當十三世紀。乃定國憲而爲立憲共和國。有大統領二人。每六箇月改選之。議會用兩院制。上院議員十二人。同時即以爲內閣員。下院議員百二十八人。兵額九百八十三人。歲入十三萬九千佛郎云。

◎里丁斯打仁公國　在德奧兩國之間。面積百五十七平方啓羅米突。人口幾及一萬。首都曰乎芝斯。有人口一千。其國公每迎奧廷一貴族爲之云。

◎莫列涅國　介于比利時德意志兩國之間。亦屬于比德兩國。不成獨立。乃一鄉也。鄉人隔年服兵役于兩國。故一朝兩國若開戰端。假令其戰亘于二年之久。則一年助德國以攻比國。一年助比國以攻德國。實一奇觀也。且最奇者。其人居于比德兩屬之地。而所操者係法語云。

高昌國遺蹟

高昌者西域之一國也。與西突厥接境。唐太宗統一宇內。其王麴文泰入朝。然原一獨立國。後不應唐之徵命。不來朝貢。唐使責之。則曰。鷹飛于天。雉伏于蒿。猫遊于堂。鼠噍于穴。各得其所。豈不能自生耶。太宗聞之大怒。發兵征之。文泰謂其國人曰。唐去我七千里。沙磧居其二千里。地無水草。寒風如刀。熱風如燒。安能致大軍乎云云。可以察知其國情與地位矣。不料唐兵猝至。舉其二十二城。八千四十六戶。一萬七千七百人。東西八百里。南北五百里之地。盡下之。終滅其國。改爲西州。此事見于唐書。是貞觀十四年時也。

物換星移。唐祚已絕。久之而西域之統治亦墜。古高昌國都之跡。亦無有知之者。今瑞典王夙好考古之學。多賜資學者。以探亞細亞古蹟。有一學者往訪其地。據于書史。質于口碑。至其國都之跡。滿目積雪皚皚。乃多役土人除其雪。雪底處處有家屋之存。千年古都。忽然出現焉。惟其家屋係木造。不如印度布哩古跡之美觀。學士乃撮影之。攜還而獻于王云。

布丹使臣入朝

葱嶺之南。有兩小獨立國。一爲洱波爾。一爲布丹。布丹人民。屬于漢族後裔。曾爲元世祖所征服云。

倫敦布里芝消博物院中。有中日戰役錦畫數幅。一日本畫。一中國畫。中國畫者乃繪日本戰敗。大使匍匐北京廷下。謝罪請和之狀。據聞當時戰役既開。風聞漸達于亞細亞西方。未知孰捷。會此畫來自中國。而轉傳到布丹。布丹驚議曰。聞之日本勇武冠于四隣。元世祖征之不能克。一敗而覆其全軍。今日本戰敗請和。中國之强可想。今不入貢。後患眞不可測。乃遣使六人。齎方物踰葱嶺。備嘗艱苦。以達北京朝廷云。但不知當日對其使者如何曉諭之耳。一笑。

小說

新羅馬傳奇

飲冰室主人

第五齣 弔古 （一千八百二十三年）

（淨扮加里波的水手裝上）

（破齊陣）孤嶽千尋壁立長風萬里橫行氷雪聰明雷霆精銳天付與男兒本性叵耐朝朝送客浮家慣著甚夜夜驚人匣劍鳴西風聞血腥

（鷓鴣天）浩浩天風轆耳過醒時涕淚醉時歌伏波橫海人才少枯苑蕪城入夢多驚駒隙感川波年來無奈古愁何誰將亡國無窮恨說與秦淮舊日河小生加里波的是也門閥寒微家計貧窶父親德爾尼航海爲業小生未離襁褓已涉波濤慕哥侖布通天鑿孔之風懷訥爾遜爲國同仇之志兼以性情孤憤膂力剛強若無百里之才願學萬人之敵典衣一醉結命士於風塵磨劍十年理不平於行路行年七歲承父母命入教會學校研究神學叵奈俺粗莽情懷不喜那陳腐教理因習些算學天文

航海兵法等學科。雖非專門。卻有心得。嗣因家貧廢學。仍尋海上生涯。今日隨船長皮津。航行羅馬。想這羅馬。乃我祖國首都。爲古今東西歷史上第一名譽之都府。今度儘俺游覽。好不壯快。(指介)你看前面海岸。葱葱鬱鬱。綠楊城郭。烟雨樓臺。國土莊嚴。川原雄壯。正是東西波浪兼天湧。今古風雲接地陰。羅馬羅馬。你兀的不愛煞儂也。

(油葫蘆)一霎涼風吹酒醒。正到洛陽城。望朝霞起。午雲捲。夕陽明。十丈軟紅塵。玉宇瓊樓。迴百戰舊山河。歷歷心頭影。一箇是扁舟天地無雙士。一箇是青史人間第一城。我便要整頓全神注定卿。

(作到介)呵呵。好羅馬。今日落到我手了。小生向讀國史。目注心營。雖則未遂壯游。却也已同身歷。今日不免將心中的羅馬。和目中的羅馬。逐一按圖索驥。比較分明則箇。(上岸行介)(作驚訝狀介)怎麼一箇整齊嚴肅的羅馬。卻這樣凌亂混雜起來呢。(再前行介)(驚介)噯呀。我記得歷史上的羅馬。何等殷闐繁盛。怎麼今日。卻是哀鴻遍野。春燕無歸。滿眼淒惶。都只一片蒼涼氣象也。(嘆介)自古道百聞不如一見。白非親到名城。怎知今昔之感。

(皂羅袍)原來是喬木廢池。如瞑甚黃昏淸角吹寒。賸有空城陣雲黯沒漢家營月華。破碎秦時鏡。淒涼草樹。鵑啼有聲。尋常門巷。燕來無情。難道我夢兒錯認了黃粱境。

我想羅馬城內。名勝古蹟。所在多有。等成順著路兒訪覽起來。(行介)志士淒涼閑處、老名花零落雨中看。呀。這便是凱旋門了。呀。這便是議會塲了。呀。這便是教會堂了。呀。這便是十三大劇園之一了。你看雄圖未沫。遺址儼然。我偉大國民的精神。好不令人生感。但係斷井頹垣。磚苔砌草。卻怎便零落到這般田地呀。

(駐馬聽)金碧飄零。北斗星沈天有恨。伽藍寂靜。南朝烟鎖佛無靈。神鴉社鼓斷腸聲。兎葵燕麥斜陽影。誰記省。觚稜夢冷秋前病。

(沈醉東風)你記得昔日啊定中原鐃歌健勁。你聽得今日啊哀江南詞賦淒零。雨打了花月痕。淘盡英雄影。望一片山殘水賸。都付與鳥啼。故國人泣新亭。樓空夜永。把十年好夢被風抖醒。

吱、羅馬羅馬。你兀的不痛煞儂也。(嘆介)我想古亦日月。今亦日月。古亦山川。今亦山川。我們這箇偌大羅馬。豈不是靠著從前那幾箇豪傑的心血魄力造出來的嗎。天公啊。怎麼你昏昏沈醉了幾百年。竟不肯替我們意大利再降一箇人才。

(五韻美)天無語。人如病。後來人。叫不出前人。應向那裏叫喚起國民魂性。似這山河破碎。待誰來擔荷。一身輕。(黑嘛令)便是俺無情有情。到這裏不由人魂驚目驚。猛回頭。紅淚飄零。……俺的羅馬啊。……只怕你也黯銷魂。憐我憐卿。……俺啊。……悶着那。滿腔兒歡聲哭聲。對著那大江心月明。淚明。抵多少棒喝兒儒經佛經。則索打疊前程。誓恢復神京舊京。

(自語介)俺想英雄事業。天不限人。豪俠情懷。今當猶昔。我加里波的生茲名國。方當盛年。難道古人能創立這羅馬。我們就不能再造這羅馬麼。但係天地悠悠。人心夢夢。正不知舉國中同茲感慨者。還有幾人。

(憶多嬌)是百年歌舞厭言兵。怕一木難支大廈傾。但覷到處天涯春。若有情趁着。那芳草初生。啼鴂未鳴。管領取這爛錦年華魂清夢清。

羅馬啊。俺今日便久淹留也增傷感。不若暫且作別。奔走江湖。訪尋同志。待到大業、告成、再來、和你、斷守罷。

（尾聲）我是多情卻似總無情解道莫近彈碁恨不平便揮手空濛一瞥山河影。

（下）

捫蝨談虎客批注

敘瑪志尼起筆於海濱一游敘加里波的起筆於羅馬一游皆係胎孕二雄壯志之地也是歷史上實事是劇曲上眞景二雄留此佳話似爲新羅馬傳奇地步

寫瑪志尼便活畫出一箇大學者寫加里波的便活畫出一個大軍人眞是寫生妙手

前半齣未到羅馬以前極意想望描出如錦如荼世界襯起後來失望益增棖觸所謂將軍欲以巧勝人盤馬彎弓故不發也

作者生平爲文每喜自造新名詞或雜引泰東泰西故事獨此書入西人口氣反全用中國典故曲中不雜一譯語名詞是亦其有意立異處

作者少年喜爲綺語故雖憂國之文亦往往以美人芳草出之不可不謂文人結習然其所以哀感頑艷者則亦以此

十五小豪傑

披髮生

第十一回 嘆望洋羣兒猜白点 憾造孽獸子泣黃昏

凡人杜足戶庭。潛蹤閭里。未嘗縱遊瀛海。飽看滄桑。怎知到世路崎嶇。人情叵測。人道如此。物情亦然。則處的海豹閱人積智。異常机警。每出游樂。輪班張守。偶耳足音。輒傳警報。故獵戶不容易近他身邊。可憐胥羅灣上的生長孤島。自脫胎以來。還未見過人倫。像似忘机的沙鷗。把那操心慮患的功夫。都閑過了。童子們見他這般。滿心歡喜。彼靠著礁石障身。漸漸逼前去。約離有八九丈遠。一字排開。橫截歸路。號聲一舉。衆鎗齊發。眼見二十餘頭。早已應聲而斃。其餘東奔西馳。竟逃入水中。連影兒都不見了。童子們意外大捷。不勝喜躍。忙把他曳到露營來。莫科用兩塊大石。絫了一竈。將大鐵鍋架上。氣蓬蓬的沸了一鍋大湯。俄敦等把那海豹皮剝得精光。去塊大塊的切了。投入鍋中。煑不上幾分鐘。見有膩膩滑滑的東西浮出水面。這就叫做海豹油了。沸的時候。有一種奇臭。觸鼻令人作嘔。各人也不暇顧。忙撇了浮油。澆入空樽。又將他肉投下再煮。

自是日下午。除寢食外。只知以此爲事。直至翌日傍晚。纔把那二十餘頭海豹煮畢。共得數斛清油。各人遂了心願。一夜安眠。詰朝早起拔營而行。這回盈盈滿載。車體重了。虧那兩隻獵馬力還强。慢慢的行了十二点鐘之久。纔得歸到洞來。恰是上燈時候。急將海豹油傾出一試。雖然不能大放光明。卻可免了黑暗地獄的慘處。自是無話。是月二十五日。係耶穌降生日子。西人算他是一年之中第一佳節。俄敦定議放假兩大大衆同樂。賴雅涅沙毗兩人苦心經營。先期一晚。早在洞內懸了許多大小國旗。陳設得十分妥當。到了這天。東方纔白。各人急忙起來。大放祝砲。各人握手爲禮。少不免說了幾聲恭喜。因爲胡太年紀最小。各人舉他作了總代。命他到俄敦總統處。恭恭致賀。可喜是日天朗氣清。風和日麗。各人走到湖邊。隨意要了一會。忽然再聞砲聲隆隆。各人知是午餐的時候到了。同進食堂。但見桌上鋪的布雪光照眼。瓶中插的花芳氣襲人。中間放着一座大花草。把無數小旗裝飾得十分悅目。更拿藥單一瞧。見寫著

炸「額支」(形狀似兎的四足獸)　薰小鳥　炙兎肉　七面鳥全隻　罐頭蔬　藥三種　点心一大盤　其外紅茶珈琲葡萄酒車厘酒俱備

各人從容坐定。莫科每端一菜來。都贊不絕口。食將半。武安離坐鵠立。頌了本島總統的功德。上酒爲壽。俄敦答詞。致謝。謹祝本殖民地日超繁盛。又遙憶故鄉親友。情見乎詞。說畢各浮一太白。其後胡太起立。代各年幼的謝武安平素相待之厚。勸各人奉觴致敬。其言論眞摯。大衆爲之感動。歡呼喝采之聲。響震石壁。這時武安的顏色。像似不勝感激。惟有杜番一人。獨自默然不語。首垂下視。過了一禮拜。早是西歷一千八百六十一年的新年。屈指計來。童子們流落這里。已閱十月。在南緯地方。年初天氣正是盛夏。各人念着冬烘時候。家畜遠在戶外。許多不便。因決議把那小舍移來洞側。又擬設一火爐。把煖氣送進小舍。俾那動物不至犯寒僵死。巴士他武安沙毗莫科等。爲這工程。忙了一個多月。及是時。杜番率着同黨三人。每日出外游獵。預備好些食物過冬。這也算各盡其職。他們嚮議到家族湖東岸。操望一遭。一則細查東方地平線上有無陸影。一則考察物產。望獲天然之利。一日武安與俄敦對語。談及此事。力言東方或有陸影。惜坡陰未嘗望見。當速往一勘。又道。我想足下心中亦必贊成我說。尋出陸地。早作歸計。我想足下是同我一樣。一息不能忘情的。俄敦道。君言甚是。我當與大衆商量。遲五六人伴君同行。武安道。五六人未免過多。如此多人同去。必要遶湖邊陸路。迂折了。反費事。愚見以爲不如用一小舟橫流而濟。更爲直捷。但小舟不能容得多人。我意兩三名同行便足。俄敦道此計甚妙。君欲選誰作伴。武安道。莫科。莫科稍識駕駛。我又素知其爲人。風順揚帆。逆則鼓櫂。走六七邁水路。無甚難事。據地圖而着。那邊有一小川。自湖中湧出。流注本島東灣。我欲溯此前往。俄敦道。甚好。惟多携一人同去。似更方便。武安道。我意中早已選得一人。就是舍弟佐克。我見他近日情形。更爲放心不下。我想他定是犯了甚麼大罪。有不可對人說的。我出盡方法嚇他。餂他。他總不則聲。若在無人之處。只對着我說猶未了。俄敦遽道。君言有理。同佐克去罷。自今日打點行李。趕速起程。則箇是日會齊衆人。把那三人遠行的事情告訴了。莫科久困洞裏。常覺欝欝。一聞此命。似久旱逢雨。喜的了不得。佐克與伯兄同行。自更無甚不願意。單有 番見不派到自己。心甚不平。屢向俄敦討情。俄敦把武安所說的活。暗地告他。又解明不能多人同行的緣故。杜番不聽猶可。一同俄敦說出這種話來。忿得滿面通紅。道這樣麼。俄敦。這回的事情。全爲着武安一人私事不成。俄敦道。杜番。你說的差了。你不獨寃枉武安。連我都誣蔑了。杜番雖然不敢再聲。瞧他面色。像心裏狠不舒服。悻悻然自走開了。武安等查驗小艇。把破損地方。逐處修整。又將胥羅船所用的三角帆。配置恰好。帶了兩口長鎗。三门短鎗。硝藥若干。毛布數張。及五日內的糧食。二月四日八点鐘。別了衆人。自紐西崙川。出了家族湖。是日天氣淸和。順的也是順風。急張了帆。但見微波蕩漾。舟行似箭。行不上半個時辰。回頭望那臨崖送行的良友。初猶如蟻。漸失所在。更過一点鐘後。連惡崙岡絕頂。都沒入地平線下。再不能見。自交午初。風力漸衰。比及正午。風全息。因下帆弄飯喫了。佐克執柁。兩人鼓掉。仍向北東前進。至四点鐘。望見東岸樹梢。低浮水面。若安莫科于漸疲。身漸熱。斜暉刺頭。汗流浹背。一望湖面。儼然明鏡。俯瞰水底。深可丈許。蘋藻繁生。游魚可數。六点鐘。艤船東岸一丘之下。松柏欝生。森森蒼翠。可恨斷崖爲削。苦無揷足。更北上半里。見一川口。武安道。這川定是坡陰地圖所載的莫科道。是盍替他起個名兒。武安道。就呼他東方川罷。是晚登岸露宿。翌早六点鐘。再下船解纜。駛進川口。時適潮落。順流而下。更不費力。莫科獨立船頭。東撑西持。提防觸岸。武安兄弟。安坐船尾。左右顧盼。見兩岸比紐西崙川還高。堤上萬木森森。松柏尤茂。川幅最濶之處。不過三丈。遠不及紐西崙川。川流急激。正爲此故。遠望林中有一種喬木。狀如張蓋。枝上垂垂結實。長四五寸。作圓錐形。武安雖不及俄敦多識草木之名。也知這種叫做「栦通巴銀」其實甚堅。可食又能製油。一路羽毛二族。如駝鳥野兎之屬。不時出沒。曾見兩頭臘馬自樹陰走出。忽復躲去。行十一点鐘以後。樹木漸疏。空氣之中。覺有鹹氣。知已近海。俄頃果見一道淺碧色。冉冉浮出地平線上。計東方川長不過五六邁。舟從流下。每点鐘約行一邁。未及正午。早已到了東灣。武安與莫科爭取千里鏡極目東方。只見雲水蒼蒼。烟波森森。片帆何處。朦朧鳥渡之蹤。彼岸儼然。倏忽蜃樓之氣。武安雖非預料這里定可望見大陸。到此也不免絕望。相顧悵然。因名他作欺騙灣。把舟繫住。上岸一張。這邊形勢。全與胥羅灣大異。既無沙灘阻岸。又無石壁撑天。只有無數巨石。層積疊布。就近細認。全是花崗石。美麗非常。處處有大小洞穴。頗適幽棲。若使胥羅船當日漂着這里。童子們那用費怎多功夫。纔覓得一個藏身地方呢。獨怪坡陰既當親到。見有如此幽洞。怎地不卜居這里。細想也有緣故。他既住了法人洞。人情安土重遷。本不足怪的。三人各處行探。忽逢一巨石。狀似蹲熊。因名他巨熊石。高約百尺。攀援而上。不容易躋了絕項。回邊大勢。一目瞭然。四首西望。森林積翠。把家族淛遮了。南方只是一片沙漠。蜿蜒起伏。遠接低雲。開見簇簇蟠松。幻成黑點。錯落可睹。北方水灣曲折。至一岬而止。有此以北、亦成一面沙漠。更將千里鏡轉注東方。仍是海澗魚躍。天空鳥飛。與舟中所見無異。望洋嘆了幾聲。正返身欲下。莫科忽牽着武安道。你瞧那。那是甚麼。武安照他手所指處。細望一番。見東北方水天相連之際。有一小小白點。初疑是片雲。熟視長久。見他儼然如故。武安道。若不是山。怎能如此不動。若果是山。亦怎能如此浮現。是時日已斜西。更過數分鐘。那白點迷離之間。漸不見了。武安始終疑他是山。莫科佐克疑他是日光反射的影兒。一路閑談。不覺已到舟次。將途中所獵的鷓鴣炙了。充了晚餐。時方西正。等到潮長。還有三點多鐘。莫科日間見左岸有許多「栖通巴銀」纍纍結實。垂涎的了不得。趁着空兒。獨自一人偷採去了。少頃歸到船上。卻失兩人所在。正在探頭張望。忽聞那邊樹裏飲泣之聲。與怒責之聲。隱約入耳。噯呀。這莫是他兄弟莫科。且驚且訝。跟着聲浪尋去。至相距數步。驟然停足。見佐克伏在武安腳下。只是啼個不住。時天色雖已沈黑。卻是仲夏時節。那黃昏微光。尚足把兩人照出。兩人却不知莫科潛來。莫科不好意志。急欲走回。卻已遲了。早把佐克對着其兄懺悔的話。無心聽得明白知道佐克所犯的罪了。聞武安盛氣道。畜生。今日諸君流落這里都由你來。又聞佐克哭道。恕我罷。哥哥恕我一時愚妄。武安聽着。半晌道。你常怕與諸君見面。原爲着這個緣故。我想諸君決不饒你。罷了罷了。你不必告訴諸君。暗地設法。將功贖罪過罷。莫科不意聞了人家兄弟的密話。懊悔萬分。如今縱然決這川水。淨洗兩耳。亦斷不濟事。決意索性搶白了。反覺安心。無何三人都歸到船上。佐克偶躲開。莫科乘間對着武安道。主公。我偶然聽見。武安正在低頭沈吟。聽着不禁失叫。道莫科正是

爲人莫作虧心事　半夜敲門也不驚

要知武安說出甚麼話來下回再表

文苑

飲冰室詩話

吾少年同學中相與共晨夕最久者惟番禺韓孔广布衣即其著述自署捫蝨談虎客者是也。孔广評騭人物最有特識常在尋常人褒貶毀譽之外嘗爲詠史絕句十餘章。其張子房一首云悲智彌綸徧九州空觀實證一留矦功成撒手人大去畢竟亡秦爲國仇其陳龍川一首云斬馬盜馬陳同甫千古英雄僅見之可惜漆光開眼日醉時心事已飛馳蓋孔广謂子房爲國家主義中之樂天派謂陳同甫爲儒生之有帝王思想者也

孔广復有熱心一首云熱心直欲爐天地落魄依然一國民病裏觀人原幻境夢中化蝶是前身交論血肉天應淚相到皮毛馬不眞我亦三千年睡足東方雄辯已驚神余昔在美洲時從報紙中見此詩酷愛之顧不知爲誰氏作後乃詢知其出我孔广也。

黃公度嘗語余云四十以前所作詩多隨手散佚。庚辛之交隨使歐洲。憤時勢之不可

爲感身世之不遇。乃始薈萃成編。藉以自娛。即在湘所見之稿也。公度既不屑以詩人自居。未肯公之同好。余又失之交臂。未錄副本。近於詩話中稱其詩。海內外詩人貽書索閱者甚多。然急切無從覓致也。念其官日本參贊時。如重野安繹森春濤龜谷行諸君。皆有唱酬。又聞天南某氏曾在新嘉坡領事署鈔存人境廬詩一卷。余因徵之。東瀛南島。幸得數十篇。自今以往。每次詩話中可必有一鱗一爪矣。但所刊錄。未必爲公度得意之作。要之公度之詩。獨闢境界。卓然自立於二十世紀詩界中。羣推爲大家。公論不容誣也。

公度嘗以光緒七年裁撤美國留學生。爲中國第一不幸事。然至今日。尚有公然與留學生爲敵者。公度聞之。感慨又當何如。錄其罷美國留學生感賦一首。噫。是亦海外學界一段歷史也。其中情狀。知之者已寡。知之而今能言之者益希矣。錄以流布人間焉。學生乎。監督乎。當道乎。讀之皆可以自鑑也。豈直詩人之詩云爾哉。……漢家通西域。正值全盛時。南至大琉球。東逮高句驪。有北同盟國。帝號俄羅斯。各遣子弟來。來拜國子師。皇帝臨辟雍。皇皇漢官儀。石經出玉篋。寶蓋張丹墀。諸王立橫巷。百蠻圜泮池。於戲盛德事。慨想軒輿義。自從木蘭狩。國弱勢不枝。環球六七雄。鷹立側眼窺。應制臺閣體。和聲帖括詩。二三老成謀。知難濟傾危。欲爲樹人計。所當師四夷。奏遣留學生。有詔命所司。第一選儁秀。其次擇門楣。高門掇科第。若摘頷下髭。黃背好八股。肯令手停披。茫茫西半球。極遠天無涯。千金不垂堂。誰敢狎蛟螭。惟有小家子。重利輕別離。紇干山頭雀。短喙日啼饑。但圖飛去樂。不復問所之。藍縷田舍奴。蓬頭乳臭兒。優給堂飧錢。槃頒行裝衣。舟人東西人。相顧驚復疑。此乃窶人子。胡爲來施施。使者挈乘槎。四牡光騑騑。鄭重詔監督。一一聽指麾。廣廈白數間。高懸黃龍旗。入室閴無人。但見空臬比。便便腹高臥。委蛇復委蛇。借問諸學生。了不知東西。各隨女師去。雛雞母相依。鳥語日啾啁。庶幾無參差。就中高材生。亦有出類奇。其餘中不中。太半悲染絲。千花紅氍毹。四窗碧琉璃。金絡水晶柱。銀盤夜光杯。鄉愚少所見。乍見輒意移。家書說貧窮。閒子今何居。我今膳雙雞。誰記炊扊扅。汝言盍無糧。何不食肉糜。客聞故鄉事。欲答顏忸怩。嬉戲替戾罔。游讌賀跋支。縱譚伊優亞。酣歌妃呼豨。吳言與粵語。病忘反不知。亦有習祆教。相率拜天祠。口嚼天父餅。手繙景教碑。樓臺法界住。香華美人貽。此間國極樂。樂不故蜀思。

新來吳監督其僚喜官威謂此泛駕馬銜勒乃能騎徵集諸生來不拜即鞭笞弱者呼謈痛强者反唇稽汝輩狼野心不如鼠有皮誰甘畜生駡公然老拳揮監督憤上書溢以加罪辞諸生盡佻達所業徒荒嬉學成供蠻奴否則仍漢痴國家糜金錢養此將何爲朝廷命使者去留審所宜使者護諸生本意相維持監督意亦悔駟馬舌難追使者甫下車含怒故詆諆我不知許事我且食蛤蜊監督拂衣起怒喘竹筒吹一語不能合遂令天地睽郎當一百人一一悉遣歸竟如瓜蔓抄牽累何纍纍當其未遣時西人書交馳總統格蘭脫校長某何誰願言華學生留爲國光輝此來學日淺難言成與虧頗有聰頴士利錐非鈍槌忽然筵席撤何異犂帶耜本圖愛相助今胡棄如遺相公答書言不過刖瑕疵一旦盡遣撤譁然稱我欺怒下逐客令旋禁華工來溯自西學行極盛推康熙算乘幾何學方集海外醫天士尤日宜南齋長追隨廣譯奇器圖諸器何夥頤惜哉國學舍未及設狄鞮矧今學興廢尤關國盛衰十年教訓力百年富强基奈何聽兒戲所遣皆卑微部婁難爲高混沌强書眉坐令遠大圖壞以意氣私牽牛罰太重亡羊補恐遲蹉跎一失足再遺終無期目送海舟返萬感心傷悲

按美國留學生於辛巳年裁撤奏請派往者曾文正公奏

集學生者豐順丁日昌率往者吳川陳蘭彬後派出使大臣前監督高州區諤良新會容增祥
後監督南豐吳嘉善其僚友爲金某初率學生繼派副使爲香山容閎備誌詩末以供參考

頃得上海一匿名書。自題東亞傷心人者。內新樂府一章。屬登報讀之。香山西堂不是過也。因急摭以實我詩話。惟葭蒼露白。伊人爲誰。不能無缺望焉耳。空谷跫然。尙希毋我遐棄。告以桃花源中人姓氏。豈勝忻慕。嘗鼎一臠。食指養養。瓊瑤之好。更望再投。詩如下

哀星軺　譏辱國也

使臣怒使臣怒使臣怒阿誰不怒赤阪妓不怒新橋女大夫學生汝太不曉事長揖
空階求不已不是龍門汝誤投市儈認作韓荆州從來市儈得志慣橫行未聞獻媚
蓄意殺學生使臣當日好肩背南洋負米東洋賣相公堂前袖獻票紙王爺膝下跪
呈扇子王爺心緒憂肥奴旁侍喘如牛親捧留聲機器奏牀頭翁在街頭賣卦命兒
走上房司門政兒今作貴人紫綬金章襯綠巾綠巾恥富貴功名由巾起吁嗟乎君
名不愧替錢死

問答

(十三)問、地輿一學。所關最大。僕于此學雖未深究。然每見異說。嘗窃誌之。以備參考。今以貴報第六號中國地理大勢論首揭曰。中國面積十五倍于日本云云。因以所知之說。錄呈高明。俾賜辨晰爲望。按中國面積十五倍于日本之說。亦僕所夙聞。而不知其所本。曾見龔古愚地輿圖攷云。皇朝一統。雖藩封不計。而幅員之廣。已南北相距五千六百九十五里。東西九千二百八十里。截長補短。約得三十兆三十五萬八千有奇方里。天津日日新聞云。十八省計地一千三百十二萬萬三千餘方里。又同新聞載林氏獬閩中女學會述略曰。一百五十三萬四千九百五十三方里。僕聞之于日本一友人。據西洋漢地輿書云。支那東部得一百三十五萬三千三百五十方英里。而日本通行本之世界新地圖云。支那本部一百三十三萬六千八百四十方哩。按此亦以英里計者。合滿蒙西藏準噶爾東土爾基斯坦。計四百二十一萬八千四百一方哩。以上諸說。言人人殊。而與貴報十五倍于日本之說。亦無一合者。貴主筆博極羣

書。遨遊遍天下。當必有確說以折衷之也。（笨庵）

（十三）答。鄙著所述。亦偶依舊籍。未經深考。今承糾正。悚謝何如。日本地誌之作。以山上萬次郎所著爲最名家。頃覆查其大地誌。据云中國大於日本二十七倍。復列一比較表。則日本面積二十七萬方里。中國面積七十萬方里。中國本部則二十萬方里也。（皆計日本里日本一里當中國七里有奇）前人屢稱十五倍者。殆專指本部言歟。鄙人晚學。於普通學悉未經按規則以從事。見笑大方者不少。望海內君子更辱教之。（飲冰）

（十四）問。貴報第九號。言讀東書有簡便之法。慧者一旬。魯者兩月。無不可以手一卷而味津津矣。其法若何。乞賜還答幸甚。（山陰孫鄺齋）

（十四）答。實通東文。固非易易。至讀東書能自索解。則殊不難。鄙人初徂東時。從同學羅君學讀東籍。羅君爲簡法相指授。其後續有自故鄉來者。復以此相質。則爲草和文漢讀法以語之。此己亥夏五六月間事也。其書僅以一日夜之力成之。漏略草率殊多。且其時不解日本文法。譌謬可笑者尤不少。惟以示一二親友。不敢問世也。後鄙人西游。學生諸君竟以災梨棗。今重數版矣。而一覆讀。尚覺汗顏。頃乞羅君及一二同學重爲增補改定。卷末復用此法譯東籍十數章以爲讀例。既將脫稿矣。將與鄙著東籍月旦及羅君新著和文奇字解合印之。名曰東學津逮三種。竊謂苟依此法。不求能文而求能讀。則慧者一旬鈍者兩月之語。決非夸言。書成後更當乞教。今恕不具。（飲冰）

（附）答蘇州徵埱生（原書略）、

辱書感佩無量。所規飲冰室詩話中語。文士窠臼。不克檢點淨盡。誠如大教相愛相勉之言。敢不服膺。此後謹勿復蹈也。儻有繆悞。仍乞屢賜諫言。無任延佇。賜書無住址。謹附報奉復。（飲冰）

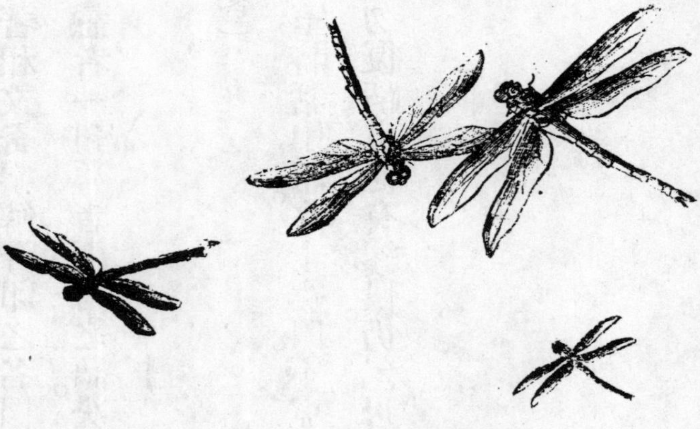

中國近事

◎諭令簽押　政府有旨諭令呂盛兩稅約大臣將所定中英商約簽押。聞兩欽使即擬于昨二十七日畫押云。

◎學務支應　京師近設一學務支應局。凡京師各處學堂應用之項。皆由此局撥給支用。聞局所係設于郎家胡同中學堂之內。

◎學校設司　直督袁宮保以直隸省會暨各府廳州縣徧立學堂。端緒紛繁。必須有人總司學務。特奏設學校司。設督辦一員以董其成。其中區分三處。一專門教育處。一普通教育處。一編譯處。各置總辦一員分理其事。奏保在籍前湖南按察使胡景桂爲督辦。翰林院庶吉士丁惟魯爲專門教育處總辦。北洋學習翰林院編修王景禧爲普通教育處總辦。并暫兼編譯處總辦事宜。

◎奏陳新政　肅親王曾于昨十七日具摺奏陳新政事宜。其最要者共有五端。一宜獎厲海外游學諸生。一宜擴充海陸各軍及各省警察。一宜大興工藝。如機器製造紡織棉布等。一宜嚴定敷設鐵路權限。不宜濫許外人。一宜通飭各省議訂防匪善策。以期消患無形。

◎大學招考　京師大學堂章程雖經奏准。惟今歲止能先將師範學堂及仕學院開辦。仕學院專招京官五品以下外官四品以下諸生在京城招考。師範學堂則大省取七名中省取五名。小省取三名。由各省督撫于八月底招考考取後給予川資咨送京城。

◎交路延期　關內外鐵路本訂于七月十一日交還。玆聞忽爾變議。至今未有准期。其故蓋有二焉。一沿鐵路車站。應派華兵駐守。胡燏棻擬派二千名。英國只准五百名。此事未定。故屆期所以不交也。有云。實由俄國暗囑法國阻撓。因自牛莊至山海關相近處中有一段。乃俄國借款。恐不能到手故也。又聞鐵路未交之故。實俄人有不願早交之意。因鐵路一交。俄于牛莊即少入許多欵項。而又迫于英人已許。碍難堅執。乃托詞于十一日係爲英人所許。未與俄謀。俄非英屬。豈有英步亦步。英趨亦趨之理云云。

又聞其中爲難者尚有一節。蓋關內外鐵路。與山海關萬里長城兩傍之車站。本不聯絡。庚子之亂。俄人即將該處城垣拆毀。敷設鐵路。使兩路得以連絡。故此段鐵路。約二里許。既不屬關內。又不屬關外。刻俄使即向中國全權聲言。不肯交還此段鐵路。

又聞瞿鴻禨胡燏棻曾于十六日會同往見俄使。詰其關外鐵路當于何日交還。乃俄使竟藉口線路附近馬賊猖獗。游移其說。不肯遽許。

又聞法國亦生齟齬。謂天津保定一帶鐵路。原爲法國人修築。該路權利。應歸法人獨攬云。

◎商派遊歷　近聞袁世凱密商于某國公使。請選派學識均優之某國人數員。以遊歷爲名。赴某某一帶地方。查看俄人動靜。其一切資斧。皆由袁供給。聞該公使業已允爲照辦。幷深佩袁之深謀遠慮。能知大體云。

◎駐俄使電　駐俄欽差胡惟德日前電達外務部云。接俄外務照會。稱恰克圖庫倫等處。盜匪充斥。有礙商務。將調可薩克兵駐防土謝圖境。以資保護云云。雖經堅辭拒絕。而彼藉口保商。意在必行。務請速咨該將軍都統添募若干營。分防各處。以清盜匪。

應可杜其口實。否則恐非筆舌所能挽回云云。

◎得一失一　當各公使議還天津時。某公使動輒掣肘。迨王之春得巡撫廣西之命。參議約文諸事。遂皆易于就緒。外間頗疑之。玆聞當時王曾與某使訂定密約。以廣西半省爲酬。求其贊成天津之議。故某使即時改易政策云。獨惜挽回者天津一埠之權。失去者廣西半省之權耳。

◎要求金礦　俄人近向外務部要求承辦東三省金礦。願以十成之二報效中國政府。外務部某公將允。某總辦聞之。力阻此議。謂即使以八成歸商二成歸官。華商亦未有不願承辦者。何必讓與俄人。

◎整頓侍衛　徐侍御德沅呈遞封奏。條陳整頓侍衛處。其大意謂武科侍衛除值日外。無事可辦。其中束身自好者固不乏人。而不知自愛之流。亦復不少。應請仿照翰林院章程。嚴定功課。能文者試韜鈐策論。不能文者習測量槍砲。優者量加升擢。劣者予以處分云云。聞已奉旨交領侍衛內大臣核議。因設館置器。籌款維艱。殆將作罷論云。

◎墾務難興　侍郎貽穀辦理東三省墾務。至今尚無頭緒。雖查得私墾之地甚多。然非曰教產。即曰蒙民。且多已賃于俄人。爲俄領事收租之地。頭緒繁多。無從著手。聞傳就現查出之地。其中已多與俄人轇轕。非三四十萬金不能贖回矣。

◎試辦農務　近有日本留學生歐陽頴胡宗瀛兩君。具稟于直督袁宮保處。請在直省。先行試辦農務公司。以爲各省表率。以期推行全國。並附呈所擬章程九則。均甚辭妥。聞宮保大爲嘉納。已批令與農務局籌商會辦矣。

◎永遠監禁　宋伯魯在陝被拘。奉旨交地方官管束。已紀前報。茲聞陝撫升允奉旨後。又復奏陳。略謂該革員不安本分。罪惡昭著。應如何加重辦理。伏候聖裁等語。故又奉旨著永遠監禁。

◎張園會議　昨十九日午後上海志士在張園安愷第聚會。約二百餘人。所議擬辦協助亞東遊學會。聞擬專派會員親赴東京。商定將來中國人願入成城學校者。可以徑由會中保送。以免內地有志遊學者。因入校艱難。懷疑裹足云云。

◎連英有子　李連英有兄弟三人。各以一子過房與連英爲嗣。李皆爲捐納郎中。分部行走。李福德分兵部。李福立分刑部。李福海本月亦辦驗看分部。三人皆少不更事。

捐官後始遍處向人探詢。某部有何差使。有何好處。現在李福德已得兵部司務廳稍辦差。惟刑部得差須按資格淺深。科分先後。絲毫不能遷就。將來李福立必須別尋保舉云。聞此事京中大招物議。有謂係連英親子云。

◎教士被害　湖南辰州近起一教案。因該處疾疫甚盛。教士于各處佈散醫藥。有服之無效而死者。于是土民紛紛謠傳。謂教士施放毒藥。糾衆攻打各處教堂。教士被害二名。英領事聞信。即致電湘撫及洋務局詢問。而官場茫然不知。蓋未據該處地方官禀報也。湘撫得電後。迅派勇丁前往彈壓。英領事館亦派兵艦赴岳。擬逕駛常德登陸赴辰查辦云。

海外彙報

半月大事記西曆八月下半月

▲十五日路透電。法國比利丁尼地方。天主女教士現仍抗諭不遵。法大臣坎娴士君曾在內閣言及彼等違抗諭旨。非天主教有意反抗。實法廷舉動急烈有以致之也。

同日電。紐約某報稱美政府現議將海地及聖都明谷兩島連合。

同日電。俄國奧打沙來電稱滿洲霍亂盛行。西伯利亞鐵路人員因疫斃差者甚衆。華人死者亦多。哈爾賓附近村鎮爲之闃無人跡。

▲十七日路透電。英皇曾以金十字架一枚頒給倫敦大禮拜堂。

同日電。英國士必黑海口水師大會。計兵艦一百零八艘。由提督六人統帶。軍容整肅。是日天氣亦甚晴和。

同日電。杜將底拉利寶薩底威特三人已抵首占姆呑地方。皆承洛伯基靑納兩元帥及理藩院大臣張伯倫熱心歡迎。且蒙英皇賜閱水師大會。惟三人並未遵諭前往。

二

同日電。澳大利亞上下議院議定章程。許婦人有公舉議員之權。

同日電。蘇格蘭克來的克某廠承造日本裝甲戰艦兩艘。

▲十八日路透電。波斯國王現抵英國刀爭爾地方。英皇諭金康諾親王前往代迎。

同日電。杜將寳薩底威特底拉利三人。帶同參贊一員。由倫敦恭詣御艇。覲見英皇。是晚仍返倫敦。

同日電。洛伯基青納兩爵帥在首占姆吞地方。與杜將等同乘小輪而至御艇。由基帥帶領覲見。皆蒙英皇溫諭。惟不提及政事而已。約一刻鐘杜將即告退。仍同基帥至名兵艦遊覽一週。

同日電。西印度拖利登羅海島因火山爆發。全島人民百五十人同歸于盡。

▲十九日路透電。日本及英屬各國派往會操各兵艦。已由英國分道返國。

同日電。波斯王現已行抵倫敦。由英太子代爲迎接。波王隨帶侍衛乘車抵毛爾白棚宮。一路皆有英兵排隊迎接。英臣嘗在皇宮設筵恭請波王。

同日電。杜國三將已往荷國。不久將返倫敦。其行抵荷國時。荷官頗熱心相待。

同日電。法廷欲將教門封閉。遂有非尼士太地方三城人民約數千人阻撓。法兵因是入屋將各人逐出。各人口中高歌。并將穢物亂擲。有某官因不奉行諭旨將女尼逐出。被囚于砲台之內。

▲二十日路透電。杜將行抵荷國時。衆皆熱心恭迎。惟道路觀者稀少。且不甚踴躍。

同日電。法廷欲將非尼士太地方教門學堂封閉。致人民與法官抗拒。已有二十七人傷斃矣。

同日電。駐美日公使曾對法廷述稱日本并無意佔守太平洋米威惠克兩島。

同日柏林電。瑞士國現在禁止女尼不准在國內居住。

同日電。一千九百一年。德國出欵較進欵多四千八百五十萬馬克。

▲二十一日路透電。英皇今日乘坐御艇西發。將向英國沿海岸而行。夜則停泊海口。至蘇格蘭亞伯丁城爲止。並往該處巴爾姆羅兒砲台遊覽一週。

同日電。杜將等曾往尤脱勒治城謁見前杜國總統古魯家。後即返荷京。初議欲往荷比兩國遊歷。今已作爲罷論。現已起程逕返倫敦。俟至理藩院商酌後。即在英國遊覽。

同日電。南非洲開普殖民地總督在該處議院宣言。將擬章程禁止亞細亞人非英籍者前往該地。又傳出章程。每年開普殖民地助國家水師費五萬金磅。

▲二十二日路透電。英皇已諭准建設英國大書院一所。專課史學哲學博學等科。

同日電。杜將克郎治及其夫人幷杜人千名。已由舉希連島乘輪遄返南非洲。

同日電。英屬開普議院有議員二十二人。以總督士及力未孚衆望。欲圖調去之。已舉士麥脫爲領袖矣。

同日電。俄國海軍部核計自前年開築西伯利亞鐵路以來。航業進欵減少二百九十萬羅布。

同日電。俄皇近下諭將二月時墨斯科滋事遣戍學生調回。

▲二十三日路透電。斯丹達報駐俄訪事函稱。滿洲俄兵能否踐約如期撤退。全觀俄人在黑龍江南岸之去留。蓋俄人以黑龍江南岸交還中國。有碍俄國地勢。俄京官場均望將黑龍江南岸仍歸入興安嶺管轄云。

同日電。太晤士報駐美訪事電稱日本外務大臣小村子爵曾。行文加拿大政府力駁其加倫布省所行禁止日人之例。語意甚爲激烈云。

同日電。開普會所第二次將議院及戶部賠欵章程宣讀衆知矣。

同日電。開普首相士皮力稱下禮拜可將軍律再行宣示。

▲二十五日路透電。法政府現擬在中國之廣州灣地方設一水師屯集基址。估值約需費百二十五萬金磅。

同日電。俄國某報近著論辯俄國現正應派員赴阿富汗國內講求通商。并派兩使駐紮該國哈布爾京城。是爲當務之急云云。

▲二十六日路透電。俄政府近出示將由中國入口茶葉每磅加抽三羅布。

同日電。美國兵官米爾將軍現往菲律賓查看軍務。

▲二十七日路透電。意大利王行抵土士坦皇城時。德皇歡欣迎接。

▲二十八日路透電。美總統羅斯福近在曼省某地演說。極贊前總統們羅主義。謂我合衆國應永遵守。勿使美洲爲歐洲各國殖民地云。

同日電。小呂宋毛勞地方。連次地震。該處與美國兵營甚近。傷斃土人六十名。美人則無一罹其災者。

同日電。前傳俄人加抽進口茶稅。係每鋪打加抽三羅布。非言每磅也。（案俄國一鋪打當英國四十磅）

▲二十九日倫敦電。印度政府擬建設孚耶兹他、與美基間之鐵道。以爲抵制俄國。

同日電。德皇昨在卜士坦宴饗意皇。并因三國繼續同盟之紀念。特贈意相沙那底以一勳章。

同日電。基魯斯氏新設一製糖局于烏亞孚華地方。該資本金五百萬元。

▲三十日西貢電。印度加魯列兹他地方。因患洪水。致淹斃數百人。

餘錄

上蔡公使書

欽使大人節下。日前迭來晉謁。未覩鈞顏。不數日間。乃日人遽來干涉。有吳孫二君退去之命。諸生惶恐。莫知所爲。不揣冒昧。敢竭愚忠。爲左右陳之。吾國晦盲否塞。孱弱極矣。內亂外侮。環視迭起。兵戈死喪之慘。牛馬奴隸之悲。中原四顧。爲期匪遙。我生不辰。罹此亘厄。嗟乎、上下之人。亦可以知所鑒戒。急圖救死矣。今同國之人。來寓斯土者。上有欽使。下有學生。爲欽使者。當如何竭誠盡忠。以稱其職。爲學生者。當如何勉強學問。以成其身。而欽使之與學生。當如何相勉相勸。期各致其力。以報其國家。故設欽使漠視學生。以學生爲不足恤。知已之可以爲力而不爲。或爲焉而不力。是欽使負學生。負學生。即負國家也。設學生薄視欽使。以欽使爲不足恃。知欽使可以爲力而不請。或請焉而不堅。是學生負欽使。負欽使。即負國家也。欽使不願學生負國家。學生亦豈欲欽使負國家哉。乃知事有大謬不然者。吾國留學生欲學陸軍。必入成城學校。入成城學校。必欽使咨送。是成例也。邇來有私費學生數人。求請咨送。未蒙俞允。竊謂私費留學。宜蒙獎勵。乃反遭擯斥。是何意耶。賢者用意。良非下愚所知。意者節下駐劄此邦。職重外交。故學生入學一事。可置之不問乎。然已入成城諸生。皆經咨送者也。抑官費學生。有王公大人之恃。當垂青眼。私費學生。下賤者多。宜遭白眼乎。然成城諸生。未嘗無私費者也。抑隆軍定額。節下預有成算。成城諸生學成而歸。已足干城之選。餘者可概置不理乎。抑後來諸生。均有宿仇。不宜輔虎以翼乎。數者均小人臆度。君子諒不出此。然可以爲力而不爲。學生等疑惑不解者一也。吳敬恒孫揆均等。亦留學生耳。熱心愛國。不忍坐視。於是有聯名環保之議。經吳京卿之請。而承節下允准。惟不願親自保送。逕以環保諸人向參署保送。該署因與向例不符。即行駁回。而節下不圖更正。延閣至今。夫始不肯送。繼因不得已而送。乃又不自保送。致參署照例駁回。而又不思更正。種種阻抑。學生等所疑惑不解者二也。吳孫二君因此入署請謁。面陳衷曲。時因欽使適有要公。無暇接見。吳孫等忍飢以待。自午至夜。無有倦容。既得賜見。坐地陳辭。未嘗失敬。全力爭辭職等語。緣節下非喜譽惡直者流。故不自居于失言之列。況父有諍子。君有諍臣。古人以爲美談。載之史册。吳孫之言。何以異此。上足追古人之遺風。下足矯當今之諛習。乃節下不察。始而忿不可遏。拂衣而去。繼而電請警察。押入警署。夫學生本國之學生。警察外國之警察。藉外人之威力。欺本國之學生。稍有人心。當不出此。而節下竟毅然爲之。是學生等大惑不解者三也。翌日復有學生二十餘人相率求見。而警察林立。如臨大敵。被捕者復有數人。辱士辱國。莫此爲甚。數日前日本政府遽命吳孫二君退去。警察遮護。無異虜囚。嗚呼、逐吳孫二君。辱學生。小事也。欽使與學生交涉而日本政府。强行干預。失國權。大事也。使退去之令。出于欽使之請。是欽使惟恐國權之不失。而求外人奪我權也。是惟恐學生有志。惟恐學生熱心。已無辭摧殘熱心有志之學生。假手於外人以償私志也。是惟恐熱心有志之學生。忠君愛國。君祚長。國勢强。已不能爲貪官汚吏。故挫辱之。使無所成也。是惟恐熱心有志之學生國家必愛護之。辱士辱國之臣子。國家必懲罰之。誣以國罪。治以國法。無從爲計。故不惜失國權而使外人治之也。嗚呼、如是者。尚得謂人乎。賢明如節下。豈忍出此。是必外人無故而干預也。然事經數日。豈不知之。而漠不動心。一無所謀。是學生等大惑不解者四也。要而言之。學生欲入成城學陸軍學生。未嘗自暴自棄以負國家也。環求咨送。堅請不已。未嘗薄視欽使。以負國家也。吳孫二君不忍旁觀。始而懇求。繼而諫諍。終而受辱。是厚待同學。重視欽使。熱心愛國者也。而節下始則不允咨送。繼則不肯親送。是失職也。負學生。負國家也。不責己之不盡職。不咎己之不納諫。反召外國之警察。捕本國之學生。及學生受無故被逐之大辱。仍袖手緘默若不聞。是大負學生。大負國家也。前事往矣。節下忍以之待學生者。學生決不忍以之待節下。來者可追。今學生請之。願節下允之。欽使職重外交。非專爲留學生一事而設。然欽使自有照料留學生之責成。留學生萬無要挾欽使之情理。若欽使不失其責成。學生何從而要挾。欽使苟失其責成。學生有懇請之實。自不得避要挾之名。此次鈕瑗等九人。尊諭本云徐圖轉圜。但徐而又徐。久之又久。吳孫二君既冒昧而受巨辱。諒節下必不因此而食前言。仍請照例咨送。俾遂鈕瑗等入學之願。書至此。又見第二次尊諭。因有革逐劣生辭退狂生在內。故礙難咨送云云。夫無論革逐辭退不當其罪。改過即謂無過 古聖明訓。夫人知之。即不邀寬宥。而九人中除劣狂諸生外。可不容波及。仍請照例咨送。至以爲禱。以正吳孫等急迫之罪。以明節下愛惜撫慰之心。此鈕瑗等所懇求者一也。吳孫等初次求見。有力爭辭職等言。是規諫非謾罵也。尊諭稱之曰謾罵。盡擧其詞。以服人心。伊等多名列膠庠之士。或登桂籍。或任方州。非若賈豎賤販者流。左棄篋筐。右紹組符之比也。況爲入學之事特來請謁，以禮列坐。長跪謹對。毫無失敬之容。而尊論中稱之曰突入。曰闖入。曰索送。曰要勒。非擬稿者措詞失當。即深文周納。藉曰有之。而使館爲治外法權之地。何損于日人。而日人干預之耶。至道上行走。通衢闤達。區區數十學生。豈遑不能容。而日本政府罪之曰妨害治安。竊所不解。即曰妨害。數日之內。前後趨謁節下者。不下百人。與孫所識者。僅居其半。而獨以妨害爲二人罪。是何以故。雖然、欲加之罪。何患無辭。此列强外交家之要訣也。彼日以進。我日以讓，得寸則寸。得尺則尺。涓流不息。將成江河。心所謂危。不敢不告。惟有仰求節下具文駁詰。聲明前事。囑其收回成命。彼如不允則力爭。力爭不允則要挾以辭職。欽使所以盡其職者在此。所以報國恩者在此。不然。學生求見欽使。彼即下令斥逐。求見欽使者益衆。被斥逐者亦益衆。勢必盡逐而後已。學生既盡。將繼之以商人。商人既盡。將繼之以欽使。緬想前途。慼焉心傷。因循任之。勢必至此。學生等所懇求者二也。所陳四惑。所求二事。容後趨謁臺從。恭聆訓誨。當言不言。學生即爲負國之民。當爭不爭。欽使即爲負國之臣。據理而諫。

以身徇道。當仁不讓。雖死無悔。嗚呼、嚣拳要君。左氏美之。言論自由。文明公理。國步艱難之日。非阿附諂諛之時矣。專肅敬請崇安。統希荃照不宣。　留學生秦毓鎏。張肇桐。吳榮鬯。胡克猷。楊我江。夏士驤。許家澍。鈕瑗。顧乃珍。沈宏豫仝上言七月初九日

上振貝子書　加拿大葉恩來稿

欽差貝子大人閣下。敬稟者。竊商等旅居異域。遠離故邦。瞻望宮闕。如在天際。下民喁喁之私。無由上達也久矣。頃聞貝子以天潢之貴胄。作周道之皇華。慶加冕于英京。拓遊踪於美地。斯誠本朝二百餘年來未有之異舉也。本朝舊例。親王不得出京師三十里外。督撫出城。雖如漢口武昌之近。必須奏請。求其周知外國之故。洞悉民間之情。蓋其難矣。而貝子獨以王子之尊。出遊列國。得觀歐美之文明。以擴胸中之見識。商等不惟爲貝子幸。且爲國家慶也。蓋自通商以來。外釁屢啓。屬國盡棄。沿海開埠。害入腹心。甲午之役。陵寢躪于戎馬之足。庚子之亂。宗廟翻夫五色之旂。乃至宮闈泥塗。衣冠溝壑。鑾輿驚而西狩。烽火達于長安。幸賴如天之福。和議就緒。得以復還舊京。漸延殘喘。若斯之禍。皆由宮廷樞府。庶職百僚。數十年來。狃于祖宗之法。祇以富貴爲樂。不通天

下之大勢。不思因時而變通，始于自驕。終于誤國。錯于防民，疎于弭外。所謂生于深宮之中。長于阿保之手。不知稼穡之艱難。不識民間之疾苦。苟且偷安。因循度日。前轍取亡。可爲太息。然而今日之危亡。尤有甚者。請爲貝子陳之。蓋國所以立。惟民是依。列邦之稱富强者。不曰國君之力。國臣之力。而必曰國民之力。民族之力。西國何以稱國民不稱國君。如是。以中國之賤士媚臣觀之。豈不駭爲尊卑紊亂。本末倒置也哉。然先儒之言曰。國家之本在人民。西哲之言曰。無人民則無國家。蓋國家者。因人民而立。人民衆多。不能不公立政府。以代治之。君若臣。代民治事之人也。代民治事。則國家之大事。必聽於民間之公議。如何而後君若臣行之。裨益國家。於是乎有議院之設。而猶恐國基不鞏固。君民之間。不相親愛也。於是乎有憲法之立。上下臣民。悉守憲法。君不輕民。民愛其上。君臣一心。上下一體。故今日列强之國。雖謂萬年無禍亂可也。今朝廷之於民也，如防盜賊。如待奴隸，既不大行改革。授人民議政之權，而又日夜抽捐。敲膏吸髓。嚼盡其財。利則無有。害則盡歸於民。樂則無有。苦則盡歸於民。民雖至愚。豈其堪此。觀各省紛紛告變。莫不由掊克民財所致。民不聊生。挺而走險。其事可惡。其情亦可憐矣。

然而朝廷政治上。有種種之不平。殊足令天下士庶。扼腕而咨嗟者。其禍方未有艾也。何言乎政治上之不平。請一言以明之曰滿漢之界未去。雖日事練兵。日言新政。日加警察。終亦必亡而已矣。何也。父兄防其子弟如盜賊。則其家必亡。朝廷視其人民如奴隸。則其國必亡。歷覽亡國之史。未之或爽者也。本朝龍興遼瀋。入主中夏。踐漢人之土。食漢人之毛。府庫之財。則漢人供之。勞苦之事。則漢人任之。有大災難。則漢人救之。有大禍亂。則漢人平之。政府安坐其上。垂拱太平者。二百餘年。漢人之爲功于本朝。可謂至矣。然而宮庭樞府。待我漢人者。尤有間焉。一則戊戌之推翻新政。一則今日之假行新政。二者皆因滿漢之界未去。而不知國之安危。俱繫于此。此界不去。未有能久安長治者也。夫以戊戌之行新政也。乃以臺澎既割。膠島繼之。中國土地。既日就于澌滅。大清威靈。不日增其衰頹。皇上有鑒于此。故決然排衆議而行之。百日之間。百度維新。中外愛戴。列國咸以中國即强相賀。誠以强中國即强大清也。乃爲賊臣所廢。誣之曰維新者保中國不保大清。與剛毅漢人强滿人亡之謬說。恭親王練兵以防家賊之毒謀。皆發滿人之口。其傷天理害情人。謬妄固不待言。今試問大清在中國之中乎。抑在中國之外乎。中國是大清乎。抑不是大清乎。若中國非是大清。大清非在中國。則可曰中國自中國。大清自大清。今入漢人之中國。而反客爲主久矣。因漢人之中國改號爲大清久矣。是中國大清原無分別。漢人滿人。不啻同處一室。休戚相關。不能歧異。中國保則大清亦保。中國不保則大清亦必不保。未有中國不保而大清能獨存者也。乃推翻新政之案。竟以是語爲題。無他、諸人皆存謬見于胸中。謂維新有益漢人。有損滿人而已。商等姑不具辨。但觀戊戌八月以後。維新已推。 皇上既廢。大阿哥既立。訓政之簾亦既垂。則大清宜即强矣。乃何以武衛全軍數十萬之師。縱拳滅洋。一戰而失津沽。再戰而失京畿。兩宮出走倉皇。西兵追入晉豫。大清之祚。不絕如縷也。毋亦阻止維新妒忌漢人之故乎。夫以阻止維新妒忌漢人之故。數十代祖宗所傳之寶器積蓄之精華。俱轉入異邦人之手。邦畿首善之區。咸有洋兵駐紮。與政府駐防各省無異。與爲他人之屬國無異。宮庭樞府。觸目既非。萬壽山前之月。頤和園內之花。其有不撫景悲傷。臨風惆悵者乎。竊意政府諸公。追思肇亂之由。必有淚下沾襟。痛定思痛。發奮圖治。力洗前愆。以爲善後之策。以服中外之心者。乃眞行維新之 皇上。仍然無權。首倡變法之新黨。依然錮禁。其手執大柄。假行新政者。乃昔之統武衛全軍廢　皇上惡新政扶拳匪滅洋人保大清而不保中國之人也。夫果欲保大清。則東三省者大清發祥之地也。蒙古新疆者大清創業首先歸附世僕之封土也。今則今日言割東三省。明日言割蒙古。後日言割新疆。棄其祖宗所艱難手創之大清。不遺餘力焉。不知出于宮庭爲保一族之計乎。抑出于樞臣私爲保一身之計乎。樞臣爲一身計。而割祖宗發祥臣僕故封之地。則是賣國。宮庭爲保一族計。而割祖宗發祥臣僕故封之地。則是棄國。蓋民之所仰望而保護之者朝廷。朝廷不爲實行新政、開民智。伸民權。阜民財。振民氣。與萬國並立是務。而徒棄其疆土。以託庇俄人宇下。以求自己一族之安。天下臣民。其謂朝廷何。是使之聞風而解體也。夫今國基日動搖。外交日緊迫。殆哉岌岌矣。然而猶擁有二萬里之地。四萬萬之民。疆土之廣。人口之衆。雖歐美强大之國。未之能及焉。誠能勸垂暮之慈宮。歸政于眞行新政之　皇上。更召用深明新政之新黨。實行改革。不事因循。歲月之間。必有大可觀者。十年之內。天下莫强矣。商等不解政府諸公封疆大吏何以絕口不言。而專以賣國棄國爲事。羣虎耽耽。豈求一國爲庇而遂可安乎。是直招羣虎入室。而求盡其骨肉而已。朝廷私求外國之庇。是先棄其臣民。臣民亦何不可求外國之庇。而棄朝廷乎。是相率而亡國耳。亡國之慘。民亦何堪。商等尤不解今日宮庭樞府迭經大亂。而猶不醒悟。尙以園囿絃歌嬉笑晏安爲樂。假行新政。以欺民人。私割疆土。以求自庇。而不知危亡之在即也。昔波蘭印度緬甸安南其初在上者皆以外國爲親。與民人爲仇。乃今其帝王之族下儕匹夫。所享權利。或不能望齊民。則棄民而不發奮者。又何爲乎。殆其亡國爲布衣乎。且夫今日列强並立。無不以民族帝國主義爲方針。故其國民團合。視國家爲一體。競競焉與萬國爭强。今滿漢也。皆黃種也。同一民族也。同一民族。則宜團爲一體。不宜歧視。爲令天下各州縣開地方自治議會。准其自治。久之開各省議會。又久之開議院于京師。確立憲法。漢滿民族。同擔義務。同享利權。則中國不數年而强。大淸之統。不萬年而存未之有也。若棄此不務。而徒下滿漢通婚之議。以圖欺飾。其情不相洽。志不相孚。如故耳。豈有濟哉。況　皇上無權。猶昔內外官吏。藉賠款之名。抽剝民財。以飽私囊。所在皆是。天下之民。苦矣。恨入骨髓矣。而政府猶是昔年縱拳釀亂之人。一切新政。僞而不行。行而不實。實以生亂。欲國之不亡。不可得已。商等身在異邦。心懷故國。念國家盛衰興亡之故。惻然于中。今因星軺戾止。謹擧其大端。以效芻蕘。異日歸國。請敬告我后。誠使我國有維新之日。商等願忍死須臾以觀太平也。又華人經商各國時有被人禁逐之慘。轟斃之慘。每歲數十計。欽差領事。從無伸理。國勢不强。人民受害。言之可爲寒心。然民心猶固者。則望　皇上復出維新。中外推服。國基一振。民志得伸耳。不然。在國內者必受瓜分。在國外者亦遭鋤斃。數年之後。貝子雖欲從容而享今日之尊榮。豈可得哉。豈可得哉。商等誠不忍見銅駝在荆棘中也。冒昧上言。不勝屏營之至。敬請鈞安。旅居美洲各埠代表人加拿大葉恩等稟

米國製笛獨逸式製作

同文館製造

改良風琴

大日本帝國官立東京音樂學校御用品

音律正確◉音調鮮明

第一號形金拾八圓
第二號形金二十八圓
第三號形金三十八圓
第四號形金四十五圓
第五號形金五十三圓
第六號形金六十圓
第七號形金七十圓
第八號形金八十圓
第九號形金九十圓
第拾號形金百圓
第拾一號形金百卅圓
第十二號形金百五十圓

構造堅牢◉價格低廉

大日本帝國官立東京音樂學校證明書受領品

樂器標本器械

製造發賣元

東京市神田區錦町二丁目

同文館樂器校具店

出版圖書廣告

東亞各港志	全一册	定價三角
明治政黨小史	全一册	定價一角
外國地理問答	全一册	定價二角
理學鈎玄	全二册	定價五角五分
近世歐洲四大家政治學說	洋裝精本	定價二角
日本維新慷慨史	全二册	定價五角
國憲汎論		近刊
英國憲法史		近刊
英國憲法論		近刊
羣學		近刊
萬國官制志		近刊
萬國選舉志		近刊
萬國商務志		近刊

歷史哲學	近刊
新編中學教科書第一種 倫理教科書	近刊
新編中學教科書第二種 泰西史教科書	近刊
暗射世界大地圖	定價五圓
中國暗射地圖	定價五圓
中國十八省地圖	定價一圓二角
中外方輿全圖	定價四圓
實測精密 東亞新地圖	定價一圓
戰地必携 極東地圖	定價一圓六角
教科適用 東亞三國地圖	定價一圓五角
最新滿洲圖 附圖說一本	定價一圓
學校要品 徑尺地球儀	定價八元五角
五彩 坤輿全圖	定價一元二角五
新譯 英和辭典	定價二圓

本支店所在地

東京（本店）　大坂　京都　横濱　神戸
名古屋　廣島　下關　函館　大津
和歌山　四日市　長崎　小樽　足利
横須賀　三池　門司　深川（東京）

資本金　五百萬圓

合名會社　三井銀行横濱支店

横濱市本町二丁目二十一番地

電話　五五番、八九〇番、九八六番

公積金五百廿五萬圓

存金利息

一定期存金六月以上　週息六分五厘
一隨時存金每百圓每日壹錢二厘
一特別隨時存金每百圓每日壹錢五厘
一通知存金利息隨時面議

明治三十五年七月十日　支店長　矢田績

三松堂編輯局編纂

最新 大清國疆域分圖

◢石版密刻彩色入 定價金五角

大清國地圖其本多矣而爲最近調查且又完全精美者捨本書固無庸他求本書首載大清國旗章次載地球圖世界圖亞細亞全圖各一幅再次則分載十八省疆域圖自都府縣廳以至鐵道航路山脈江河等靡不詳盡中間以彩色尤易搜覽直瞭如指掌故本圖不特適用于學校教科書即行軍經商航海旅行者亦不可不各備一冊也

製圖家之泰斗 赤松範靜先生製圖

最新 東亞三國地圖

定價金四角

吉倉精次郎先生編

教科適用 新案萬國地圖

定價三角五分

赤松範靜先生製圖

近世萬國地圖

定價一圓二角五分

新刊 地球儀

改良着色石版印刷

●大形 徑一尺二寸 定價三圓五角

●中形 徑一尺 定價二圓五角

東京京橋區方町

發行所 松邑三松堂

十七

文學博士重野安繹河田羆兩先生同輯

訂正再版 支那疆域沿革圖

支那疆域沿革圖向無善本讀史家不無遺憾本圖據最精最確之本復參以正史及秘書數十部精心結撰而成自都會州郡之變更位置以及名山大川等著名之地無不詳細畢載旁及塞外諸國之沿革于歷代諸國之興亡伸縮兼兩瞭然外附略說一本誠讀史家所當人手一編也

河田羆吉田東伍尚備陳日二先生同輯

富山房編輯部編輯

圖面縱一尺七寸、橫一尺二寸、石版着色略說共全二冊定價二圓五角、小包料目方四百匁內

六版

宮車考證 日本讀史地圖

略說共全二冊石版着色圖大判五拾二葉 定價貳圓

小包料四百匁內

陸軍教文波出雄甫先生編

四版

世界讀史地圖

略說共全一冊大小圖數百十五圖定價壹圓七角五分小包料四百匁內

最新刊

最新日本地圖

縱一寸、橫一尺一寸 十六面石彩色、定價上製金壹圓、並製八角、郵稅金上製八分並製六分、

此爲日本地圖最新之本自上以至物產交通無不詳細備載鮮明細密實爲最精最良之圖也

發兌元 富山房

東京市神田裏神保町九番地合資會社

製造各種活版石版機械
發客價格甚相宜

明治五年設立

既經二十有一年

大日本東京市京橋區常盤町二番地

諸機械製造業 金津平四郎

啓者本店專製造各種活版器物發客美麗鮮明價甚相宜久爲海內外所推許近更大加改良從廉發售以廣招徠諸尊光顧請移玉步貨眞價實格外克已玆將各種活字器物列下

一電氣銅版　一大小活字模
一厚鉛片　一薄鉛片
一黃銅厚片　一黃銅薄片
一黃銅活字（釘裝用）
其餘各種活版器物

大日本東京市京橋區入舟町六丁目一番地

電氣銅版活版附屬品製造所 松藤善勝

電話新橋三千三百八十一番

本報各代派處

如有欲閱本報者請向下開各處所定購或逕寄函本社購取亦得但必須將報費郵資先行付下本社自然按寄無悞

上海總代發行所廣智書局
又四馬路同文滬報館
又四馬路惠福里選報館
又四馬路廣學會邱禮清先生
又四馬路望平街中外日報館
又五馬路寶善街普通學報館
又棋盤街三茅閣橋商務日報館
又大東門內育材書塾王培孫先生
又樊王渡約翰書院晋侑先生
東京譯書彙編社
又神田東京堂
長崎新地宏昌號
朝鮮仁川怡泰號
天津日日新聞社
又大公報館
烟台順泰號
北京琉璃廠日日新聞分社
又琉璃廠西門內有正書局
又燈市口廣學會
南京花牌樓中西書局
又夫子廟前明達書莊
又三牌樓西明達別墅
又鐵湯池益智書局
安慶拐角頭皖省藏書樓

蘇州蕭家巷姚公館方康安先生
又同里鎮任閣學第陳佩忍先生
吳中圖書會社
無錫北門內道長巷梁溪務實學堂
常州城內青雲里楊第
又打索巷許芝年先生
杭州浙西書林
又東文學社
又梅花碑方言學社
又白話報館韓靜涵先生
揚州新勝街東文學社
又政法學會
紹興東湖通藝學堂孫翼中先生
南昌百花洲廣智書莊
又馬王廟背賦梅山房
又馬王廟背陶君節先生
如皋東門朱獻侯先生
漢口黃陂街江左漢記
溫州正和信局
福州南臺閩報館
汕頭今學書局
又育善街嶺東日報館
又振邦街上海莊黃敬堂先生
香港上環海傍和昌隆
又荷李活道聚文閣

又中環水車館後街錦福書坊
廣東省城雙門底開明書局
又聖教書樓
又黃文裕公祠內萃廬
又大馬站口林裕和堂
又十八甫華洋書局
海防同昇昌陳堯羹先生
石叻大葛街謙和號
巴城大港唇聯興號
庇能檳城新報館
吉隆王澤民先生
暹羅陳斗南先生
檀香山新中國報館
域多利埠廣萬豐號
域多利二埠英泰號
溫哥華埠永生號
砵侖李美近先生
舊金山文興報館
又中西報館
又翰香報館
雪梨方澤生先生
個郎羅藻雲先生
美利畔黃世彥先生
紐西侖呂傑先生

廣智書局出書廣告

二〇四八

日本維新三十年史

全六册　定價一元六角

第一編　學術思想史　第二編　政治史　第三編　軍政史
第四編　外交史　第五編　財政史　第六編　司法史
第七編　宗教史　第八編　教育史　第九編　文學史
第十編　交通史　第十一編　產業史　第十二編　風俗史

第三種郵便物認可
叢報第十五號　明治三十五年九月二日發行

第拾陸號

光緒二十八年八月十五日
明治三十五年九月十六日

◉本號要目

大彼得像　亞歷山大像
澳洲初次會議聯邦之圖
加拿大下議院議事之圖
◎論合羣（新民說十四）
樂利主義泰斗邊沁之學說（完）
析疆增吏篇
論書法（新史學五）
◎意大利建國三傑傳（續）
◎論中國學術思想變遷之大勢
◎南海先生辨革命書
◎論留學生之責任與其箴言

每月二回朔望發行

新民叢報第拾陸號目錄

光緒二十八年八月十五日

售報價目表

全年廿四冊	半年十二冊	每冊
五元	二元六毫	二毫五仙

美洲澳洲南洋海參威各埠全年六元半年三元二毫零售每冊三毫正

郵稅每冊壹仙外埠六仙

廣告價目表　刊資先惠論前加倍

一頁	半頁	一行四號十七字起碼
十元	六元	二毫八仙

凡欲惠登告白者須于本報定期發刊之前五日交到價須先惠欲登長年半年者價當面議從減

編輯兼發行者　馮紫珊

印刷者　西脇末吉

發行所　橫濱山下町百五十二番館　新民叢報社

印刷所　橫濱山下町百五十二番館　信箱二百五十五番　新民叢報社活版部

東京發賣所　東京神田區表神保町三番地　東京堂

新小說報社廣告

本社報費定價以日本銀爲準但銀價漲落無常內地不免費事今酌中率定爲每加一成即定閱全年者實收中國通用銀四元四角半年者二元四角二分零售者每冊四角四分其在日本各地郵以前號所登日本通用銀爲準此佈

再者前天津國聞報有「本館附印小說緣起」一篇從弟六號起連登十餘號者海內諸公如有藏本能將全文抄錄副本見贈謹以半年六冊之新小說報奉酬此佈

徵詩廣告

新小說報中有新樂府一門意欲附輶軒之義廣採詩史傳播宇內爲我文學界吐一光燄海內大雅感懷時事寄託遙深名篇傑搆想當不乏伏望不我遐棄惠以瓊瑤秋水蒹葭豈勝想望

徵詩例

一詠史樂府　如尤西堂明史樂府之體論西史尤妙

一感事樂府　如白香山新樂府之體專以指陳中國今日時弊爲主

一寄稿一章者以印出之本號報奉謝常年寄稿每年在十二章以上者以全年小說報奉謝惟不錄者不在此例

橫濱山下町百五十二番　新小說報社啓

四版 **李鴻章**

減價發售　原價六角　減價三角

李鴻章一書出版未及數月已風行海內外刷印之數不下二萬本社爲思想普及計特再付印四版減價出售苟欲知近四十年來之中國與此老怪傑之關係何如者請急手一編

新民叢報社

飲冰室主人著

近世歐洲四大家政治學說

洋裝精本　定價三角

有學理然後有實事今日歐美之政治皆前此諸哲發明新學說之結果也本書纂譯英儒霍布士洛克法儒孟德斯鳩盧梭之學說之關於政治者雖不能盡近世之政治學理然可以代表其最精最要之一斑矣有政治思想者盍一研究之

發行所上海廣智書局

餘杭章炳麟譯

群學

原名社會學

日本岸本能武太原著

自喀謨德斯賓塞諸哲興於是羣學遂成爲一完全之科學且將合各種無形有形之學於一爐而冶之羣學誠現今及將來第一重要之學科矣且其上下千古旁羅萬象引證繁博趣味濃深抑尤有非他學所能及者其披靡一世不亦宜乎日本譯著之書題社會學者近頗夥多求其簡要精博引人入勝者以岸本氏之書爲最今由章枚叔先生精心繙譯譯者文名久播海內無待贅揚好學深思之士幸先覩爲快焉現已付印不日出書

上海 **廣智書局**

湘鄉周逵譯

英國憲法論

日本 天野爲之 石原健三 原著

本局認憲法思想爲中國今日第一急務故所聘通人著譯之書多注重於此點湘鄉周伯勳先生**前著憲法精理**及**萬國憲法志**已受一時學界之歡迎今復譯此編以餉學者其自序云**英國憲法列國憲法之母也**曰三權鼎立曰兩院之制曰司法之獨立曰議員之言論自由曰大臣責任之主義曰陪審制度皆列國今日憲法之大原則而究其原由皆取範于英國**故欲知立憲政治之眞相則先當明英國之制度**云云亦可見此書爲政治學上第一重要之籍矣至**著者爲日本斯學大家**譯者之學識文章既爲江湖所同認無待本局詞費也現已付印不日出書

上海 廣智書局

中國麥孟華譯

英國憲法史

日本專門學校講師松平康國著

今日稍有識者論中國自強之道皆曰莫急於立憲英國爲憲法政治之祖國凡世界立憲國皆於此取法焉然則研究憲法莫要於英國雖然英國之憲非以人力一時制作者也而自然發達逐漸成長者也故必尋其起源變遷發達乃能究英國憲法之眞相故憲法史爲最要矣此書爲日本專門學校講師松平君積數年之力蒐集輯著者不徒爲政治家之寶典凡治民族心理學歷史學羣學者所皆當研究也譯者麥君文名久播於海內外以半年之力覃精繙成譯筆之佳無待喋述現已付印不日成書海內有志經世者當必先覩爲快也

發行所　上海南京路同樂里　廣智書局

七

鶴山馮邦幹編著

萬國通志第三篇

萬國官制志

近刊

官制爲行政之樞紐今日中國官度不舉皆官制紊亂之害爲多有志改革者宜亟亟留意矣本編釐爲三卷曰歐羅巴之部以英德法三國代表曰亞美利加之部以北美合衆國代表曰亞細亞之部以日本代表蓋君主立憲國民主立憲國聯邦立憲國之官制皆備矣學者据此以研究行政學其如航海之有方針乎現已付印

萬國通志第四篇

萬國撰舉志

近刊

萬國通志第五篇

萬國商務志

近刊

日本市島謙吉著

政治原論

洋裝全一册 定價七角五分

欲求治政術者不可不通政治學而欲通政治學者當提綱挈要先擇其通要者讀之本書在日本學界中號稱名著都分三卷上卷論政体中卷論憲法下卷論行政廣搜衆說證論明通凡國家機關所由組織之故讀此自能了然誠有志經世者必讀之書也本局特爲選譯以餉我學界至于譯筆之條暢明達讀者自知不待贅言

發行所 上海南京路同樂里 廣智書局

日本小野梓著

國憲汎論

近刊

憲法爲立國之本稍有文明思想者皆能知之矣此書爲日本名士小野梓先生所著其所以特優於羣書者以此書之著在日本未開國會以前當時東人猶未具知憲法之眞相著者乃繁徵博引條分縷晰搜列各國名儒學說而折衷其是非徧引各國憲法成例而剖斷其得失日本人能爲立憲國民受此書之賜居多焉而今日之中國人讀之尤爲適當矣因亟譯之以餉同胞原書博大浩瀚今先將上中卷出版以供先覩之快焉不日出書

美國威爾遜原著
番禺羅雅譯

歷史哲學

近刊

歷史哲學者何也以哲學之理論觀察歷史也尋常歷史譬猶形質歷史哲學譬猶精神其重要不待言矣是書凡分上下二篇上篇爲章五曰埃及文明論曰叙利亞文明論曰希臘文明論曰希臘盛衰論曰羅馬文明論下篇爲章六曰中世史論曰宗教改革論曰英國革命論曰法國革命論曰美國革命論曰近世史論苟欲治新史學者烏可不一讀

發行所 上海英界同樂里 廣智書局

十

政治學中卷憲法編

洋裝全一冊
定價三角五分

本局譯印之政治學上卷既已不脛而走此書之聲價已爲識者所同認矣茲者中卷**憲法編**已精校出版憲法爲立國之本原今日愛國之士既知我國不可不採行立憲政體則研究憲法自爲第一要端此書出德國碩儒之手其理論精透考據詳博無待喋喋學者既讀上卷知國家之起原及其組織不可不急讀斯編也

國際公法志

定價五角

立國之要不外內治外交外交本原公法尚矣中國前者譯出公法之書雖有數種然皆數十年前之舊籍不適於今日之用讀者憾焉此書編者久留學日本**參取公法學專門名家之著述十數種**纂成此書分爲平時國際法戰時國際法之兩部此編則其平時部也**法理精嚴綱目燦備**有志講求外交者亟宜熟讀**現已出書**

發行所 上海南京路同樂里 **廣智書局**

俄皇大彼得遺像

Peter the Great

俄皇亞力山大第一遺像

Alexander

澳洲初次會議聯邦之圖

Meeting of the Australian Federal Convention at Adelaide in 1897.

加拿大下議院議事之圖

The Canadian House of Commons in Session

論說

新民說十四

中國之新民

第十三節　論合羣

自地球初有生物以迄今日。其間孳乳蕃殖。蠕者泳者飛者走者有覺者無覺者有情者無情者有魂者無魂者。其種類其數量何啻京垓億兆。問今存者幾何矣。自地球初有人類以迄今日。其間孳乳蕃殖。黃者白者黑者棕者有族者無族者有部者無部者有國者無國者。其種類其數量何啻京垓億兆。問今存者幾何矣。等是軀殼也。等是血氣也。等是品彙結集也。而存焉者不過萬億中之一。餘則皆萎然落澌然滅矣。豈有他哉。自然淘汰之結果。劣者不得不敗而讓優者以獨勝云爾。優劣之道不一端。而能羣與不能羣。實為其總原。

合羣之義。今舉國中稍有知識者。皆能言之矣。問有能舉合羣之實者乎。無有也。非惟國民全體之大羣不能。即一部分之小羣亦不能也。非惟頑固愚陋者不能。即號稱賢達有志者亦不能也嗚呼苟此不羣之惡性而終不可以變也則此蠕蠕芸芸之四百兆人遂不能逃劣敗之數遂必與前此之萎然落澌然滅者同一命運夫安得不痛夫安得不懼吾推原不羣之故有四因焉

一曰公共觀念之缺乏　凡人之所以不得不羣者以一身之所需求所欲望非獨力所能給也以一身之所苦痛所急難非獨力所能捍也於是乎必相引相倚然後可以自存若此者謂之公共觀念公共觀念者不學而知不慮而能者也而天演界之優劣即視此觀念之強弱以爲差夫既曰不學而知不慮而能矣然其間又有強弱者何也則以公觀念與私觀念常不能無矛盾而私益之小者近者往往爲公益之大者遠者之蟊賊也故眞有公共觀念者常不惜犧牲其私益之一部分以擁護公益其甚者或乃犧牲其現在私益之全部分以擁護未來公益非拂性也蓋深知夫處此物競天擇界欲以人治勝天行舍此術末由也昧者不察反其道以行之知私利之可歆而不知公害之可懼此楊朱哲學所以橫流於天壤而邊沁之名理所以爲時詬病也此爲不能合羣之第一病

二曰對外之界說不分明　凡羣之成必以對待苟對於外而無競爭則羣之精神與形式皆無所著此人類之常情無所容諱者也故羣也者實以爲我兼愛之兩異性相和合而結搆之有我見而自私焉非必羣之害也雖然一人與一人交涉則內吾身而外他人是之謂一身之我此羣與彼羣交涉則內吾羣而外他羣是之謂一羣之我同是我也而有大我小我之別焉有我則必有我之友與我之敵既曰羣矣則羣中皆吾友也故善爲羣者既認有一羣外之公敵則必不認有一羣內之私敵昔希臘列邦干戈相尋一遇波斯之來襲則忽釋甲而相與歃血焉對外之我見使然也昔英國保守自由兩黨傾軋衝突曾無甯歲及格里迷亞戰爭起雖反對黨亦以全力助政府焉對外之我見使然也昔日本自由進步兩黨政綱各異角立對峙遇藩閥內閣之解散議會則忽相提携結爲一憲政黨以抗之對外之我見使然也故凡結集一羣者必當先明其對外之界說即與吾羣競爭之公敵何在是也今志士汲汲言合羣者非以愛國乎非以利民乎既以愛國也則其環伺我而憑陵我者國仇也吾公敵也舍是則無所爲敵也既以利民也則其箝壓我而朘削我者民賊也吾公敵也舍是則無所爲敵也

苟其內相敵焉則其羣未有不爲外敵所摧陷而夷滅者也而志士顧昧此焉往往舍公敵大敵於不問而惟斷斷焉爭小意見於本團無他知小我而不知大我用對外之手段以對內所以鷸蚌相持而使漁人竊笑其後也此爲不能合羣之第二病

三曰無規則　凡一羣之立也少至二三人多至千百兆莫不賴有法律以維持之其法律或起於命令或生於契約以學理言則由契約出者謂之正謂之善由命令出者謂之不正謂之不善以事勢言則能有正且善之法律尙也若其不能則不正不善之法律猶勝於無法律此羣學家政學家所同認也今志士之倡合羣者豈不以不正不善之法律之病民弱國而思所以易之耶乃夷考其實或反自陷於無法律之域幾何不爲彼黨所藉口以相鋤也不寧惟是而使本羣中亦無所可恃以相團結已集者望望然去未來者裹足不前旁觀者引爲大戒則羣力安得擴張而目的何日能達也吾觀文明國人之善爲羣者小而一地一事之法團大而一國之議會莫不行少數服從多數之律而百事資以取決乃今之爲羣者或以一二人之意見武斷焉梗議焉其無規則者一也善爲羣者必委立一首長使之代表全羣執行事務授以全權聽其指揮

乃今之爲羣者只知有自由不知有制裁其無規則者二也叩其故則曰以少數服從於多數是爲多數之奴隸也以黨員服從於代表人是爲代表人之奴隸也嘻是豈奴隸之云乎人不可以奴隸於人顧不可以不奴隸於羣不奴隸於本羣勢必至奴隸於他羣服從多數服從職權即代表人正所以保護其羣而勿使墜也而不然者人人對抗不肯相下人人孤立無所統一其勢必相率爲野蠻之自由與未爲羣之前相等雖無公敵猶不足以自立而况夫日有反對者之乘其後也此爲不能合羣之第三病

四曰忌嫉　吾昔讀曾文正戒子書中忮求詩而悚然焉其言曰「善莫大於恕德莫凶於妒妒者妾婦行瑣瑣奚足數已拙忌人能已塞忌人遇已若無事功忌人得成務已若無黨援忌人得多助勢位苟相敵畏偪又相惡已無好聞望忌人文名著已無賢子孫忌人後嗣裕爭名日夜奔爭利東西鶩但期一身榮不惜他人汚聞災或欣幸聞禍或悅豫問渠何以然不自知其故」嗚呼此雖曰老生常談乎然以今日之誤解邊沁學說者實當頭一棒之言也吾輩試夙夜一一自省焉其能悉免於如文正所訶乎吾國人此等惡質積之數千年受諸種性之遺傳染諸社會之習慣幾深入於人人之腦

中而不能自拔。以是而欲求合羣。是何異磨甎以作鏡。蒸沙以求飯也。夫宗旨苟不同。則昌言以攻之可也。地位苟不同。則分功以赴之可也。乃若宗旨同地位同。則戮力同心以共大業。善莫大焉。夫所謂戮力同心者。非必强甲之事業而使合於乙也。同歸而殊途。一致而百慮。目的既共指於一處。其成也則後此終必有握手一堂之日。即不然。或甲敗而乙成。或乙敗而甲成。而吾之所志固已達矣。事苟有濟。成之何必在我。仁人君子之用心。不當如是耶。又就令見不及此。而求競勝於一時。專美於一己。則亦光明磊落。自出其聰明才力。以立於天演界中。苟其優也。雖千萬人與我競。亦何患不勝。苟其劣也。雖無一人與我競。亦何恃不敗。天下之事業多矣。豈必排倒他人而始容卿一席耶。嗚呼。思之思之。外有國難。內有民賊。同胞半在酣夢之中。前途已入泥犂之境。吾力而能及也。則自拯之。獨力不能也。則協力拯之。吾力而無濟也。則望他人拯之。其尙忍擢萌拉蘗。爲一國之仇讐。効死力耶。愚不肖者。吾無望焉。無責焉。顧安得不爲號稱賢智者。正告也。此爲不能合羣之第四病。

此其大畧也。若詳語之。則如傲慢。如執拗。如放蕩。如迂愚。如嗜利。如寡情。皆足爲合羣之大纛。有一於此。羣終不成。吾聞孟德斯鳩之論政也。曰專制之國。其元氣在威力。立憲之國。其元氣在名譽。共和之國。其元氣在道德。夫道德者無所往而可以弁髦者也。然在前此之中國。一人爲剛。萬夫爲柔。其所以爲羣者。在强制而不在公意。則雖稍腐敗。稍渙散。而猶足以存其鞹以迄今日。若今之君子。既明知此等現象不足以戰勝於天擇。而別思所以易之。則非有完全之道德。其奚可哉。其奚可哉。吾聞彼頑固者流。既聒有辭矣。曰今日之中國。必不可以言共和。必不可以言議院。必不可以言自治。以是畀之徒。使混雜紛擾。傾軋殘殺。以猶太我中華。不如因仍數千年專制之治。長此束縛焉。馳驟焉。猶可以免滔天之禍。吾惡其言。雖然。吾且悲其言。吾且慚其言。嗚呼吾黨。其猶不自省。不自戒乎。彼輩不幸言中。猶小焉者也。而坐是之故。以致自由平等權利獨立進取等最美善高尚之主義。將永爲天下萬世所詬病。天下萬世相以談虎色變。曰當二十世紀之初。中國所謂有新思想新知識新學術之人。如是如是。亡中國之罪。皆在彼輩焉。嗚呼。嗚呼。則吾儕雖萬死。其何能贖也。

學說

樂利主義泰斗邊沁之學說（續第十五號）

中國之新民

邊沁之政法論

邊沁之學說其影響於社會最大者則政法論也。今一一略敘之。

（第一）主權論　主權者代表一國而國中一切官職皆由其所左右者也。邊沁以為此主權不可不歸諸人民。何則。政治之目的在為國民謀最大幸福。故他人代為謀。不如國民之自為謀。昭昭然也。但如前此盧梭等所謂國民全體最大幸福者。邊沁以為其範圍太廣漠。能言而不能行。故不如從多數焉。於是定主權所屬當在一國中有權選舉之人民。（人民必具如何資格然後可有權撰舉邊沁別有所論詳下節）

（第二）政權部分論　立法行法司法三權鼎立之說。自希臘之亞里士多德既已論及。至孟德斯鳩而大倡之。美國獨立。採其學理著諸憲法。於是諸國靡然效之。此義幾成金科玉律矣。惟邊沁駁之。以為有所未備。邊沁曰。若謂國家之政權盡此三者而已。

二

而其所闕漏者有二大政。一曰選舉議員之政。二曰解散議會（指半途解散者）之政是也。論者每以解散國會爲行政長官之一任務。（今列國解散議會之權大率在首相）是甚謬也。國會爲一國至重之地位。今不及期而解散。其關係自不輕。行政官者。立法官之次也。今舉此權以畀之。其悖理亦甚矣。至選舉議員。實爲本中之本源中之源。今之政論家每視爲民間一瑣事。僅託司法官監督之而已。是不潔源而欲淸其流也。故邊氏以爲於三權之上。必更立一政本之權。而此三職者。皆自之出。

（第三）論政本之職　邊氏既立政本職以爲一國最上權。若是則此職當何屬乎。曰能盡此職之義務者。必在人民。人民於何知之。曰徵諸理論而知之。驗之比較而知之。何謂徵之理論。夫政治固以最大多數之最大幸福爲目的者也。國中最大多數者。非人民而誰。人之本性。莫不好其利己者而惡其害己者。故以此權歸之。其必能盡此責任無疑也。此一證也。凡各人一己之私事。有時不能躬親而託諸代理人。其以己意所擇之代理人。多能盡職。以此推之。則合各人以成一國。其委託公事之代理人。亦猶是矣。此二證也。何謂驗諸比較。夫以千萬人而謀千萬人之幸福。以視夫一人或數人謀之者其宅心必較公正而用意必較周密彼一人之君主數人之貴族雖極賢智豈願肯犧牲一已之幸福而爲人謀哉豈願使其他多數人之幸福加已一等哉此三證也故邊氏以爲政本之職舍國民莫屬也。

按邊氏謂當有政本以總此三權其理固不可易蓋苟鼎立而不相統則易陷於政權分裂之弊而危及國家前途不少也雖然凡諸權者必各有代表之之局院而其權乃得實行如國會之代表立法權政府之代表行政權理官之代表司法權是也若此政本權者將以何局院代表之耶邊氏既謂此權在國民然今日之國必非能如疇昔之雅典斯巴達集全國市民之一場也其勢不得不選舉代議者若是則亦與下議院之性質有何差別徒添出一議院而於邊氏所謂政本之意仍無當也。又按余未能得邊氏原著之書盡讀之不過據譯本及他書所引耳竊意邊氏必當有說以處此姑列所疑以俟考而近世主張君主主權說者或遂以此最上之政本權謂當歸於君主而箇人之利益被蹂躪者多多矣故立言不可以不愼也。

（第四）議員全權論　邊沁曰。凡立法官必當有全權既被舉爲議員則其在職中不得受他人之掣肘。使之得行其志。以副一國之輿望。而謀人民之利便。此爲第一要事。

（第五）廢上議院論　邊沁又論議院只可有一。不能有二。其言曰。論者或謂於第一院（即下議院）之外。尚當別設所謂第二院（即上議院）者。使貴族與平民共政權。此頑舊之讆言也。貴族之世襲壟斷此大權。有百害而無一利。夫豺狼害人者也。然時或殺之而用其皮。若夫上院之貴族。其害民甚於豺狼。無力殺之則亦已耳。既殺之。則並其皮亦不可用也。試舉其害。一曰誤時。蓋每事必經兩院之討論。空費時日也。二曰耗費。蓋既立上院。則其任議員之貴族。勢不可不予以俸廉。以民脂而供國蠹。何爲也。三曰以少數壓多數。蓋當上院多數之意見。與下院多數之意見不合也。而兩院合議之。則下院亦必有少數與上院同意者。若以此獲勝。是眞多數爲僞多數所壓也。四曰使政界日加混雜。夫政出多門。非國家之福也。既有下院以代表民意。而復以上院掣肘之。是治絲而棼也。其無益也如此。其有害也如彼。故吾以爲上院者。不過貴族政體之餘孽。苟在眞文明之國。不可不芟夷蘊崇。而勿使能殖也。

按約翰彌勒李拔等。皆主張兩院之利。力駁邊氏說。語繁不錄。但今六大洲中置國會者不下七十國。除日耳曼列邦中有一二小國僅行一院制。餘則皆從二院制。蓋亦利害相權。舍此取彼耶。邊說未盡可據也。

（第六）普通選舉論　下院議員之選舉權。學者有兩異說。一曰普通選舉。二曰限制選舉。而邊氏則持普通論者也。其立法論綱之緒言曰。選舉之權利。不可不公諸於衆人。若曰甲宜有而乙宜無。則不可明言其可以無之之理。夫下流貧者之幸福。亦人羣幸福之一部分也。其關係於一羣之榮悴者。與彼上流富者之幸福何擇焉。而爲政者妄生差別焉。此吾所大不解也。夫所以必舉立法權而畀諸民間者何也。將以坊主治者之弄權也。而以此權獨歸於一部少數之人。其矛盾孰甚也。云云。其言可謂深切著明。雖然邊氏之意。固非能謂全無限制者。不過其限制之法。不以貧富耳。彼又言曰。凡人不論男女。苟未成年者。不得有選舉權。其理有二。（一）未成年者不能躬親各事。勢不得不怙恃他人。（二）以年限不以人限。則其限不過暫時之事耳。於普通之義無悖也。既而又曰。女子及未成丁之男子。不能識字讀書者。皆不得有選舉權。此邊氏普通論中之限制論也。

（第七）直接選舉論　選舉議員之法復有兩異說。一曰直接選舉謂由選者直投票以舉被選者也。二曰間接選舉謂由選者投票以舉代選者。復由代選者投票以舉被選者也。邊沁則持直接論。言間接之弊有二。曰使議員對於人民之責任較輕。弊一。間選人數勢必較少易生朋黨。弊二。

（第八）匿名投票論　選舉法中又有記名匿名利害之爭。邊氏則主匿名論者也。彼以爲記名有兩大弊。一曰脅嚇。謂富豪之家其手下傭役服屬之人不少。或不喜其主人而欲舉他人則有所慴而不敢也。二曰賄囑。謂欲中選者輒以財力通賂使小民貪一時之小利以放棄正當之權利也。故其立法論綱持秘密之論甚强。

（第九）議員任期論　邊沁以爲每年選舉於理最完。其利不一而足。而尤著者有二。一曰議員有瀆職者得早罷之毋使久尸其位也。二曰抑制議員之野心使其有所憚而不敢害羣也。雖然其制亦有可難者。曰屢屢選舉徒滋冗費一也。選舉競爭屢生激動二也。時期過短或使一人不能終其議政之業三也。故邊氏之論各國實行之者少。而任期不許過長。實天下之通義也。

（第十）論議院起案權　前此各國或雖有議院而議員無自起草法案之權如古代之斯巴達近世拿破侖時代之法國是也邊沁以爲議院不可不有此權其理有三（一）使起案之權全歸行政官之手則議員自放棄其識見有爲之士無從展其驥足而議院之政治思想日以萎微（二）起案權全在行政官則當其欲行某弊政也議院雖得箝制之至欲求先事防弊之法則議院之術窮矣（三）議員若無起案權惟就行政官所提出之案討論其得失而已則議院欲示其實力惟有反對以廢棄原案之一法屢激於意氣或至並其良者而廢之故惟使政府議院同有起案權則此三弊者可以蠲除

（第十一）論行政官專職　邊沁以爲行政官之職宜以一人專任一事其理有十五(1)以一人當其職則天下之耳目集之(2)禍害之責歸於一身(3)怨恨之來無人分之(4)利已之私無人助之(5)曠職之責無可推諉(6)有爲之譽無人奪之(7)人民愛敬得自專之此七者皆所以全行政官之道德者也(8)負責任則不得不發奮愈發奮則智慧聰明愈出焉此開官智之妙術也(9)數人共事則互相推諉而必惰一人專責則無所逃避而自勤此勸勤勉之法門也(10)若職權不專屬一人則不能獨行已見(11)不能

不、常、詢、同、僚、之、意、嚮。(12)屢、受、無、謂、之、疑、問。(13)屢、起、無、益、之、爭、辨。(14)以、此、四、障、故、施、政、不、能、迅、速(15)以、此、五、障、故、屢、失、時、耗、費、爲、國、家、之、累、此、六、者、皆、所、以、除、行、政、之、阻、力、者、也。

案前述邊氏所論立法官各條在泰西立憲國固屬最切之問題以今日中國觀之。則貧子說金而已獨此條則直接以針砭中國時弊之言也天下安有一部七長官今制各部皆有一管部二尙書四侍郎而能舉其職者哉。

(第十二)行政首長論 行政官必有首長即指君主或大統領而此首長當由世襲乎當由選舉乎邊氏則主張選舉之說其言曰無論何種政體其掌行政之大權者不可不自人民出身苟非爾者必爲人民之敵專制君主固敵也立憲君主亦不免於敵若使一國人立於其治下是受治於敵人也。

案或有疑於此說謂如今日英國號稱政體最美之國是邊氏之論得毋太酷乎不知英國行政之首長實在人民出身之大宰相國王則有其名無其實也讀前號鄙著君主無責任義一篇自明。

(第十三)行政官責任論 邊沁曰凡立一法者必以其法之實行爲目的欲其實行

則必使之有不得不實行者此責任之所以必當明也苟其不明則所謂最大多數最大幸福之宗旨遂將掃地明之之實奈何則懲罰是也論者謂僅以賞譽可以勸職雖然畏罰之念過於趨賞是人類之天性然也故與其恃賞毋甯恃罰罰行政官有三法一曰治罪二曰贖刑三曰褫職是也故必據此三要以定條例將議院彈劾之權著諸憲法然後責任之實乃可舉雖然又不徒法律上之懲罰而已若輿論亦一種無形之法制也然必在立憲之國政治一切公布言論一切自由然後輿論乃有力故苟無憲法無民權而欲以他力箝制強暴病民之政府其道無由

（第十四）論選擇司法官之法　邊沁曰使人民自選立法官宜也使之並選司法官非所宜也蓋司法官之性質能力孰適孰否決非人民所能知也苟使其選之則一政黨之首領必有與法官相結託而謀其私利之事是實公益之蟊賊也或有謂使議院公舉之者邊氏以為議院不能知司法官性質能力之適否與人民同又有謂由行政官委任之者邊氏謂其弊有三(一)行政官決不能知誰某之可當此職(二)使行政官選司法官則權力集於一處其危害莫大焉(三)行政官與司法官相結則立法權必為所

蹂躪。故邊氏謂必當定一資格。而使法官中合於此資格者一人或數人專任選擧之事。雖然彼又論法官若有失職者。則當由人投票以彈劾之罷免之。然約翰彌勒謂此論流弊甚多。反開法官以趨避之路云。

（第十五）論陪審官　陪審官之制。孟德斯鳩李拔等皆極稱道之。惟邊沁則大以爲不可。其言曰。裁判之有陪審。非無利益。然利不足以償弊也。故非萬不得已必不可用。請擧其弊。（一）使法廷有纏擾紛雜之憂也。（二）使法官對於公衆而輕其責任也。（三）選擇陪審人甚覺繁難。徒使一人或衆人（即指陪審者）空費其日力也。（四）訟獄不得速決。使原被兩造俱生煩厭也。邊沁於是別立准陪審官之法。即於每府縣中定一資格。擇出若干人。以抽籤之法使應其役。苟遇疑難之案。則徵集之云。

此邊沁氏政法論之大概也。要之邊氏著書雖數十種。其宗旨無一不歸於樂利主義。如項莊舞劍。意在沛公。如常山蛇陣。首尾相應。圓滿周徧。盛水不漏。雖謂樂利主義之集大成可也。更以一言概括之。則邊氏之意。以爲凡擧一事立一法。不論間接直接。苟能使過半之人民得利益者。皆可取之。其使過半之人民蒙損害者。皆可捨之。無論世俗所稱若何大聖若何鴻哲若何明君若何賢相苟其所發論所措施與此正鵠相繆戾者則昌言排擊之無所顧戀無所徇避快刀斷亂麻一拳碎黃鶴善哉善哉此所以邊氏之論一出而全地球之道學界政治界劃然爲一新紀元盖有由也更質言之則邊沁實英國學派一重要之代表人也英國今日樂利之結果其食邊沁之賜者非一二也邊氏亦人傑哉若夫貌襲其似不究其原以獨樂獨利而自託於邊氏之徒恐邊氏有知必當戟手於九原曰是非吾子吾賊也

（完）

邊氏之說博大精深其著書浩如烟海著者既未能徧讀而各譯本中亦未有薈萃其精義爲一篇可供重譯者（西籍中當或有之恨未得見）本篇之作以有限之日力涉獵原著兼取材於各書所徵引者頗極艱辛雖然東鱗西爪其不能盡揭邊氏學說之精華無漏無誤也明矣玆將所引用書目列後學者欲窺全豹請更就左記各籍而瀏覽之

利學正宗　陸奥宗光譯

Theory of Legislation.　邊沁原著

理學沿革史　中江篤介譯

綱島榮一郎著	西洋倫理學史
同	主樂派之倫理說
山邊知春譯	倫理學說批判
竹內楠三著	倫理學
田中泰麿譯	西洋哲學者略傳
杉山藤次郎著	泰西政治學者列傳
小野梓著	國憲汎論
岡村司著	法學通論
有賀長雄著	政體論

政治

析疆增吏篇（續第十三號）

明夷

一學業之事宜。辦皆限于形式體制。故事鮮得實。而寡進益。惟合衆講求。因其職之所關。或性之所好。則周詳深入。可以弊無不去。而利無不興。故泰西官職。恒附以會。聽本職之官。或縉紳名士入會。合共研求。故其進化甚驟。然皆有重官以領之。貴紳以輔之。多官入焉。故權大而事易舉。如學士會。測地學會。學問衛生會。土木會。農學會。商學會。動物學會。植物學會。社寺保存會。古物保存會。醫學會。美術會。蠶業講習所。水產講習所。皆合衆力備器用。搜物質以究物理。故日進無疆。來者日衆。故會力亦厚。愈厚愈進。各道皆當于各學業設一會。募衆力以講求。或于各縣相宜之地。位置增加。以大臣或諸職事長官自領之。則民智必大開矣。學士會爲國所有。改爲學人會。公舉一道之名士爲之可也。即如中國名勝古物。多不能存者。令民無所觀感。損益以害文明。所關非細。其廟寺亦關風俗。傳流甚遠。可考甚多。即僧尼亦關一大教所存。萬無沙汰之理。況今已式微。且當保存之以存一教。且及古物。戊戌變法時。奉旨毀淫祠。非毀有教之廟寺也。而無賴藉端索詐。致僧尼受累。實非朝旨之意。今除淫祠外。其寺觀廟菴尙當分別設保存之會也。

一舊有按察使。即以充首道。全道上控之訟事。兼廉察諸吏。爲行政法官。增添副按察數人。評事數人。文案椽史皆酌其地之多寡設之。

一各道皆設按察司。設按察一人。副按察數人。評事數人。分等。文案椽史皆酌其地之繁簡而定員數。夫各道在明及乾隆二年前。原爲正四品按察副使。正五品按察僉事。今即復之。以領全道之訟事。而統諸縣通判。兼廉察諸吏。爲行政法官。其按察請照國初副使舊制。爲正四品。其副按察照僉事例。升爲從四品。其評事皆分等。各國審官必數人。無一人者。以禁私也。並有陪審紳士。此孟子與衆共之之意。故每道必須按察數人。

一按察爲司法之官。當獨立。直隸法部。不隸于督撫大臣。其體制應如學政。其各道按察副按察皆請旨簡放。給事御史及刑部曹郎爲之。各知府既裁。其道內實缺知府累經州縣熟于讞審者。並許大臣奏明請旨簡放按察或副按察。各縣內判官即由按察奏派。其地方小判官由按察派委。

一設軍務司。因今制營務處而增重之。俾與布按合爲三司。此明之遺制。亦古者司徒司馬司空之意也。設參謀長領之。其參謀數人。分等差。官數人。分等爲之。皆有椽史工師技人。分五局。曰軍法局。有長有椽史。曰軍醫局。有長有員。曰獸醫局。有長有員。曰監督局。有長有士官。曰經營局。有長有士官。有海疆者並設海軍司。體制皆同。其兵制及民兵之制。別見他篇。今不詳。

一學政官可裁。其學政局總辦。由大臣自擧翰林部曹官數人。請旨簡放。學政創于明世。原爲提學道。但如今制。不解原官。其欲還京供職者聽。其學應每道設一大學。其高等中學普通中學小學。各縣日勸增置。募經費。定章程。選教習。其農學商學各種工業學美術學染學盲啞學商船學礦學。擇地爲之。皆宜每縣置一。諸實業學乃殖產阜財之本。極要事也。其學制別見他篇

一設議事會。凡道之政事。合羣長官議之。自民政按察軍政學政及諸局總辦。皆許預

議。參贊官三分舉一預議。而大臣爲之長決焉。其會置文案官椽史數人知雜事。

一設民議會。每歲各縣公民所舉之代議士合集公議。舍少從衆。而大臣爲之長決焉。歲暮十一月開議、至二月閉會。開會閉會皆聽大臣主之。凡在國律之內。一道中之政例賦稅學會。皆由衆議決定。各局官乃施行。

一第二政區爲縣。漢世以太守領縣。唐宋以刺史知州領縣令。其制最美。蓋彊吏皆爲國與民之機關。而太守刺史知州爲國寄之官。通達于上。縣令爲逮民之官。傳宣于下。皆不可少者。而國土太大。尤爲不易之法。若于通上逮下之中再加一層。則机軸滯阻。全器不靈。若再加多層。則机器緩解。鏽生而機爲廢矣。且古者卿大夫州長黨正族師之層級。方伯連帥率正屬正之等第。皆姑爲監督。而非如今者有堂屬之分。蓋諸侯之國。直隸天子。鄉官直隸于司徒也。未聞少有關礙也。不得引比今制。漢武帝之設刺史。此如外國之行政裁判官。非地方官也。官僅六百石。非居于太守之上以治地也。漢末士夫不通此意。改刺史爲牧。魏晋遂有都督諸州者。魏齊吏有行臺。又于都督諸州上加一層矣。夫以太守爲不可信。則豈刺史都督行臺盡可信耶。以爲可信。則何事牀上架床屋。上架屋。自是累朝令之上有三級。乃逮于國朝。抑疏遠。机之不行極矣。然明世司道府雖不能獨立。而知縣猶許上書。未有若國朝縣令之卑賤隔絕者。凡有事須先上府。由府乃上司道。由司道乃上督撫。自非告變不能踰越。踰越者罪之。道路不通。省地濶大。多有經月不能至省會者。知縣卑而衆多。督撫亦幾忘之。凡百之權。皆收之于上。故隔絕疏遠。一切民事。皆敗于成案文書。數千里經月之程。以當今電線鐵路之世。士民自由平等之國。其机之靈敏飛動。隔滯不行者。何相反之遠也。雖有賢吏。欲爲民理寃滯。興利除害。相机因應。其亦無能爲役矣。至其選官。可以捐輸數千金而得實缺。則一匯豐銀行之銀紙。可以盡買半天下之令官。其他保舉勞績之遷授。皆自佐雜來。久爲不齒。至士人釋褐。唐宋僅得簿尉。今則以知縣初階。秩僅七品。下惟典史巡檢數人。無士人爲之佐屬。無鄉官爲之基址。選之之輕。待之之賤如此。而乃以數百里數十萬之社稷人民。古者公侯之國。卿大夫如麻。而治之者乃寄之。而責其治。豈不悖哉。乃者教案之興。知縣多不能以情疾捷告于督撫。如同治十一年。天津之教案。知縣先走告法領事。卑之不肯見。致釀大禍。出于級多即卑之故。此机關之失所位置。而令全器鏽澀。乃至廢毁。可不懼哉。故今各國爲吾州縣地者。皆號爲獨立官。譯爲督撫。亦以吾督撫譯爲其州縣之官。司道尚有可譯。至于府縣則彼皆譯爲鄉官。無足比數。宜其卑之也。故其官事皆問司道。而置府縣于不理。以馴致禍患。豈知吾小府或大縣之地。治尚過于彼所謂巡撫者乎。漢世萬戶以上。其令千石。比今正三品。令得辟其僚。縣廷大者千人。亦不賤矣。故今制以言內治如此。其難以言外交如此。其損考之古義。較之各國。皆相反。然則超升位秩。而廣增官僚。不可不變計矣。

一議縣皆直隸于道。由大吏領之。其知府悉裁去。俾無層級之隔礙。

一縣長官即升爲府班。近者多以道府直州同通委署。其實缺大縣。亦多帶道府官者。今知府既裁。應升爲從四品班。儀同知府。漢唐宋令皆分等。宋制皆以京官領之。或分爲三等。過百萬人者爲正四品。而不及十萬人者正五品。其翰林郎中員外應簡放者皆改放大縣。主事放小縣。名曰領某縣民政事。不解京銜。以候補道府補用。或同通州縣之有才者升用。名曰某縣民政領事。其同通州縣秩卑資淺者。皆名曰護理。以示尊崇。

一知府之裁。裁其事權等級也。一道之地甚大。且府治必當要衝。稍多一重官以監鎮之。未必無益。如總督之節制巡撫。亦無礙也。今制直州自有治地。今請以知府官領府之首縣。如總督之自領首道。既定道與縣爲二級。中間不得有加。則府之與縣。亦猶道之與藩司。總督之與巡撫。體制平等。雖歸節制。各自直達。大事乃會同耳。如此則無層級之害。而有監察之益。今但以道與縣爲實政分劃之大小二實區。以省與府爲監臨會同之二虛區。將來人才既多。鐵路既通。必復唐宋之法。用歐美之制。每府必爲獨立官。而道亦裁矣。故今之府不妨姑存其區名案牘以俟後來。

一府官名曰總領事。其首縣兼之。結銜曰某縣領事兼某府總領事可也。此亦如閩浙總督之兼銜曰兼管福建巡撫矣。一縣領事既升爲從四品。總領事當升爲正四品。巡道既裁。宜以班儀同道。

一知縣幕中設文案數人。椽史百數十人。皆酌議缺之繁簡。定其額。文案即以幕友充之。

一縣分四曹。曰民局。曰稅局。曰警局。曰學局。並法官之通判。如古侯國之五官。爲縣之大夫矣。其局長佐名曰總辦提調。即以候補同通州縣班充之。皆由領事擇人詳請督辦大臣派委。或即名曰同知通判。如州同州判然。大縣秩從五品。中縣秩正六品。小縣秩從六品。或質名曰某局長。崇之曰某局大夫。尤妥。各有文案椽史。以佐雜舉貢諸生書吏爲之。

一各局皆分曹。民局有五曹。曰庶務曹。掌一切庶務。農商曹掌農商之政。土木曹掌營造道路橋梁市塲廣塲。鄉治曹掌各鄉之政治報告登記。會計曹如道之理財科矣。稅局分三曹。曰地丁曹。曰印花曹。曰雜稅曹。其局官兼銀行監理官。警局分三曹。曰警務曹。保安曹。巡查教習所。每曹皆設提調一人。警局則有巡檢典史。吏目餘設文案椽史或工師技人。皆酌其縣之繁簡定人數。大縣立學曹者有專門普通實業三曹。小縣學務簡者歸併民局。設一學務曹可也。各曹提調州縣或州同判小京官舉人充其學曹。即以教官充之。皆由局長與縣長選任。縣長派充。其各文案椽史。以佐雜舉貢諸生吏目補用。惟警官以武官充補。

一警局分署。酌量其縣地之大小人民多寡設置。名曰警察分局長。其局有巡檢典史吏目警長。酌地大小民多寡設員。大局數十。小局十數可也。分局之下。爲各鄉局之巡檢官警長警士矣。其都邑市鎭繁盛者當多設。

一兵制既變。兵額盡裁。武科亦撤除。驍勇者可招爲勇。外其兵之識字有聰明者。及武生武童可用爲警士。日本如吾四川之大。而用警部十萬。則吾國須用至百萬人。舉國綠旗原額不過六十萬人。經裁三成。不過四十萬人。然則武生武童裁兵裁勇裁官。但患不識字不通文理。不患無官無業矣。其把總外委武舉武生可爲吏目警長。其千總武舉可爲巡檢官。其都司守備武進士可爲分局長。其副參遊侍衞可爲縣局總辦幫辦。其提鎭可爲每道總局總辦會辦幫辦。日本始欲變法時未設警察。一切不行。及設警察。然後政之纖微悉達。故欲變法自鄉達縣。以設警察爲先。今北京先行。蓋知之矣。但當亟推行於直省鄉縣。此則警察教習所當每縣先立一所矣。

一設法院。以判民訟。隸于按察司。立通判官一人。判官數人。大縣或十數人。有訟必以數官公審。從其多者。皆有文案吏酌其缺之繁簡設置。今法律未設學。幕友寥寥。知縣既裁。本習審案。即以補通判官。升爲六品可也。其判官分等數。其一等以七品小京官候補知縣班曾署缺審案者爲之。其二等舉貢佐貳曾辦案曾習幕者爲之。其三等以佐雜曾辦案及諸生人士之曾習幕者爲之。其文案官亦同。史以諸生人士吏爲之。今知縣不過以審案收稅二者爲事。餘皆置之度外。法院乃獨立之官。隸于按察。與地方官比肩。縣領事既超升原任知縣。苟非以才擢授平調。只可就諸曹。莫如就法官矣。其有不願就者。聽就稅曹。或皆不願就。其民曹學曹皆聽其自願。歐美審員必用讞習數人。無一人者。以戒其私。故今制官皆用多員。又有檢事官一人或數人。班制選用與判官同。其各縣中置小法院。皆置判官院數人。多少隨地配定。惟院數不可太濶遠。太疎少。德國萬人以上皆置矣。大約如今縣下各司之地。即改爲小法院可也。小法院得斷六月監禁罰百金以下之事。自此以下。爲鄉民自治之息訟所矣。

一設司獄官。有長。以七八品官領之。隸于警局。其局有三曹。曹長以椽爲之。史以吏爲之。有看守長官。酌其地定其額數。縣之繁市大鄉。皆有獄。亦設司獄官看守。有史。並以佐雜或諸生人士拔充。

歷史

新史學五

中國之新民

論書法（懸談二）

新史氏曰。吾壹不解夫中國之史家。何以以書法爲獨一無二之天職也。吾壹不解夫中國之史家。何以以書法爲獨一無二之能事也。吾壹不解夫中國之史家。果據何主義以衡量天下古今事物。而敢嚚嚚然以書法自鳴也。史家之言曰。書法者本春秋之義。所以明正邪別善惡。操斧鉞權。褒貶百代者也。書法善則爲良史。反是則爲穢史。嘻。此讆言也。春秋之書法。非所以褒貶也。夫古人往矣。其人與骨皆已朽矣。孔子豈其不憚煩而一一取而褒貶之。春秋之作。孔子所以改制。而自發表其政見也。生於言論不自由時代。政見不可以直接發表。故爲之符號標識焉。以代之。書尹氏卒。非貶尹氏也。借尹氏以譏世卿也。書仲孫忌帥師圍運。非貶仲孫忌也。借仲孫忌以譏二名也。此等符號標識。後世謂之書法。惟春秋可以有書法。春秋經也。非史也。明義也。非記事也。使春秋而史也而記事也則天下不完全無條理之史孰有過於春秋者乎後人初不解春秋之爲何物胸中曾無一主義摭拾一二斷爛朝報而規規然學春秋天下之不自量孰此甚也吾敢斷言曰有春秋之志者可以言書法無春秋之志者不可以言書法」

問者曰書法以明功罪別君子小人亦使後人有所鑒焉。子何絕之甚、曰是固然也雖然史也者非紀一人一姓之事也將以述一民族之運動變遷進化墮落而明其原因結果也故善爲史者必無暇斷斷焉褒貶一二人亦決不肯斷斷焉褒貶一二人何也褒貶一二人是專科功罪於此一二人而爲衆人卸其責任也上之啓梟雄私天下之心下之墮齊民尊人格之念非史家所宜出也吾以爲一民族之進化墮落其原因決不在一二人以爲可褒則宜俱褒以爲可貶則宜俱貶而中國史家只知有一私人之善焉惡焉功焉罪焉而不知有一團體之善焉惡焉功焉罪焉以此牖民此群治所以終不進也吾非謂書法褒貶之必可厭吾特厭夫作史者以爲舍書法褒貶外無天職無能事也

今之談國事者。輒曰恨某樞臣病國。恨某疆臣殃民。推其意若以爲但能屏逐此一二

人。而吾國之治。即可與歐美最文明國相等者然。此實爲舊史家謬說所迷也。吾見夫今日舉國之官吏士民其見識與彼一二人者相伯仲也。其意氣相伯仲也。其道德相伯仲也。其才能相伯仲也。先有無量數病國殃民之人物而彼一二人乃乘時而出焉。偶爲其同類之代表而已。一二人之代表去。而百千萬億之代表者方且比肩而立接踵而來。不植其本不清其源而惟視進退於一二人其有濟乎其無濟乎。乃舉國之人。莫或自識自貶而惟識貶此一二人。吾不能不爲一二人呼冤也。史也者求有益於羣治也。以此爲天職爲能事問能於羣治有絲毫之影響焉否也。

且舊史家所謂功罪善惡亦何足以爲功罪善惡。彼其所紀載不外君主與其臣妾交涉之事。大率一切行誼有利於時君者則謂之功謂之善反是者則謂之罪謂之惡。其最所表彰者。則死節之臣也。其最所痛絕者。則叛逆及事二姓者也。夫君子何嘗不貴死節。雖然。古人亦有言。君爲社稷死則死之。爲社稷亡則亡之。苟爲己死而爲己亡。非其親暱。誰敢任之。若是乎死節之所以可貴者在死國非在死君也。試觀二十四史所謂忠臣。其能合此資格者幾何人也。事二姓者。一奴隸之不足而再奴隸焉。

其無廉恥不待論也。雖然。亦有辨焉、使其有救天下之志而欲憑藉以行其道也。則佛肸召而子欲往矣。公山召而子欲往矣。伊尹且五就湯而五就桀矣。未見其足以爲聖人病也。苟不爾者。則持祿保位。富貴驕人。以終身於一姓之朝。安用此斗量車載之忠臣爲也。綱目書莽大夫揚雄死。後世言書法者所最津津樂道也。吾以爲揚雄之爲人。自無足取耳。若其人格之價値。固不得以事莽不事莽爲優劣也。新莽之治。與季漢之治。則何擇焉。等是民賊也。而必大爲鴻溝以劃之。曰事此賊者忠義也。事彼賊者奸佞也。吾不知其何據也。雄之在漢。未嘗得政。未嘗立朝。即以舊史家之論理律之。其視魏徵之事唐。罪固可末減焉矣。而雄獨蒙此大不韙之名。豈有他哉。李世民幸而王莽不幸。故魏徵幸而揚雄不幸而已。吾非欲爲儇薄卑靡之揚雄訟冤。顧吾見夫操斧鉞權之最有名者。其衡量人物之論據。不過如是。吾有以見史家之與人羣渺不相涉也。至於叛逆云者。吾不知泗上之亭長。何以異於漁陽之戍卒。晉陽之唐公。何以異於宸濠之親藩。陳橋之檢點。何以異於離石之校尉。乃一則夷三族而復被大憝之名。一則履九五而遂享神聖之號。天下豈有正義哉。惟權力是視而已。其間稍有公論者。則犯顏死諫之臣時或表彰之是已雖然其所謂敢諫者亦大率爲一姓私事十之九而爲國民公義者十之一即有一二而史家之表彰之者亦必不能如是其力也嘻、吾知其故矣霸者之所最欲者則臣妾之爲之死節也其次則匡正其子孫之失德而保其祚也所最惡者臣妾之背之而事他人也其尤甚者則發難而與己爲敵也故其一賞一罰皆以此爲衡漢高豈有德於雍齒而封之豈有憾於丁公而殺之所謂爲人婦則欲其和我爲我婦則欲其爲我詈人耳而彼等又知夫人類有尚名譽之性質僅以及身之賞罰而不足以懲勸也於是鼎革之後輒命其臣妾修前代之史持此衡準以賞罰前代之人因以示彼羣臣羣妾曰爾其效此爾其毋效彼此霸者最險最黠之術也當崇禎順治之交使無一洪承疇則本朝何以有今日使多一史可法則本朝又何以有今日而洪則爲國史貳臣傳之首史則爲明史忠烈傳之魁矣夫以此兩途判別洪史之人格夫誰曰不宜顧吾獨不許夫霸者之利用此以自固而愚民也問二千年來史家之書法其有一字非爲霸者效死力乎無有也霸者固有所爲而爲之吾無責焉獨不解乎以名山大業自期者果何德於彼而必以全力爲之擁護也故使克林威爾生於

中國吾知其必與趙高董卓同詬使梅特涅而生於中國吾知其必與武鄉汾陽齊名何也中國史家書法之性質則然也

吾非謂史之可以廢書法顧吾以爲書法者當如布爾特奇之英雄傳以悲壯淋漓之筆寫古人之性行事業使百世之下聞其風者贊歎舞蹈頑廉懦立刺激其精神血淚以養成活氣之人物而必不可妄學春秋侈袞鉞於一字二字之間使後之讀者加注釋數千言猶不能識其命意之所在吾以爲書法者當如吉朋之羅馬史以偉大高尚之理想褒貶一民族全體之性質若者爲優若者爲劣某時代以何原因而獲强盛某時代以何原因而致衰亡使後起之民族讀焉而因以自鑑曰吾儕宜爾吾儕宜毋爾而必不可專獎厲一姓之家奴走狗與夫一二矯情畸行陷後人於狹隘偏枯的道德之域而無復發揚蹈厲之氣君不讀龍門史記乎史公雖非作史之極軌至其爲中國史家之鼻祖盡人所同認矣史記之書法也豈嘗有如廬陵之新五代史晦菴之通鑑綱目咬文嚼字矜愚飾智斷斷於緦小功之察而問無齒決者哉

傳記

意大利建國三傑傳（續第十五號）

中國之新民

第十四節　加富爾外交政策第三段（意法密約）

加富爾經巴黎會議以後。盛名忽轟全歐。而意大利本族中若倫巴的、若卑尼士亞、若羅馬、若尼布士、若他士卡尼諸地人民。咸奔走以賀撒國之戰捷。至合贈大砲百門。以為防衛撒奧交界亞歷山德利亞砲臺之用。加富爾既昌言奧大利為我公敵。其不啻對於奧而宣戰也。既宣戰矣。必求同盟。若英若法。雖表同情。至於結攻守之約。是皆未可恃也。當加富爾之初謁拿破侖也。拿則問曰。吾將以何助君。加徐答曰。求助於陛下者正多多。雖然未明言也。彼何以不明言。彼知拿皇極詭秘而不可恃也。故以為與其親法。毋寧親英。乃私於英使格黎靈敦侯（即英國派遣巴黎會議之全權公使）曰。吾國與奧之開戰。殆終不可避。自今以往。或為奧人一完全奴隸國。或恢復千年已墜之英名。二者必居一。於是君侯其圖之。格侯領之而歸。雖然英國素以保守著。雅不欲與大陸列强輕生衅隙。其倭打盧一役。格里迷亞一役。不過悪其窒本國力征經營之路。自爲計以出於戰耳。今一旦助意而與奧爲仇。於己無絲毫之利。而於奧貫莫大之怨。英人不爲也。加以適遇達紐布諸侯連絡之事。英法坐是有隙。英人卻有與奧相結之勢。加富爾不得已。乃決取聯法之方針。

計畫未熟。無端而一意外之事變起。則瑪志尼黨人之所爲也。先是瑪志尼弟子有阿西尼者。曾與於米亞蘭之役。（即一八四八年革命之役見第八節）有戰功。其後遁於英國。嘗美領事桑達士饗意大利革命黨於倫敦也。阿氏與瑪志尼加里波的巴士奇諸豪皆列席焉。赫赫有名於英意間。其後瑪志尼南襲士乙兒。北襲倫巴的。（皆一八四八年以後之事）而皆不成。遂是復編敢死隊八十人。謀狙擊奧國將校。阿西尼雖與聞其事。然以爲無益。不肯相從。乃獨往巴黎。謀刺拿破侖第三。時千八百五十八年。拿皇方挈其后赴劇場。忽大爆彈轟裂於車旁。聲震天地。侍從十人死之。其負傷者百六十。而帝后竟幸免。阿西尼被縛。鞫之則曰。『今日之事。意在殺拿破侖。使法國起革命。而傳其熱於我意大利人民』。既而在獄中復上書拿皇曰。卿非曾爲意大利人有所盡乎。（按拿破侖第三微時曾入燒炭黨）何變節之速也。卿猶不。

悛不思自贖則吾黨人欲爲我所爲者不知幾許卿今後其無安枕之時矣拿破侖得書大驚乃微服訪獄中而慰諭之曰朕必守卿之戒不敢忘未幾阿西尼遂斬於市瀕死莞然而笑曰拿破侖誓踐其言吾死瞑矣時加富爾方以全力交懽法國驟聞警報忐忑不自安方致一極誠懇之慰唁書於拿皇爲國民謝無狀而拿皇自見阿西尼後悚然若冷水澆背以爲若不及今貫民望於彼國則第二之阿西尼遂不可免乃急召加富爾於布耶比里殿相與結意法密約嗚呼瑪加二傑雖曰政敵而瑪黨之舉動往往或以直接或以間接或以正動或以反動以助加富爾之成此亦其一端也君子觀於此而益嘆大易同歸殊途一致百慮之語之不吾欺也

意法密約以攻守同盟爲目的其大意如下

一戰勝之後割奧屬之俾尼西亞倫巴的使合併於撒的尼亞國

一以此之故撒的尼亞將其所屬之沙波尼士兩地割讓法國以爲報酬

一以達士卡尼爲中心點而建設中央意大利國

一合羅馬及尼布士爲一國使教皇主之

一以撒王英瑪努亞之女某嫁於法帝拿破侖之從弟某。割沙波割尼士。固非撒的尼亞所欲。雖然其地本犬牙錯於法境。居於此者多屬法民。以茲叢爾者比諸倫巴的俾尼西兩大地。其得失非可同日而論。至建一王國而屬諸教皇。其爲後患。固屬不小。教皇常依法國以自重。此實法人自植其勢力之險謀也。果爾則奧去而法來。前虎拒而後狼進。以加富爾之智。甯不知之。雖然彼以爲吾旣乘戰勝之威。併倫巴的俾尼西。則土地人口皆已三倍於今日。泱泱大國之基已立。然後徐挑釁於中央。中央之民。其不甘服法軛也明矣。加富爾旣有成算。定步步爲營得寸進尺之計。於是遂徇法請。

第十五節　意奧開戰之準備（加富爾加里波的之會合）

布郎比里密約。除拿破侖加富爾英瑪努亞三人之外。舉天下無知之者。然英瑪努亞嘗語人云。吾不久將定吾之位置。不爲全意大利之國王。則爲沙波之一平民。聞者以其夙抱大志。不之怪也。未幾又爲千八百四十八年挪巴倫之役。從先王死國難之戰士。建一紀念碑。鑄一勇士之像。於絕頂揮劍以睨奧國。而拿破侖亦汲汲修戰備不怠。

雖夢中之奧大利。亦不問而知其故矣。加富爾當此孤注一擲之時。厲精殫慮。不遑啓居。內之防政府之間生異議也。自兼各部大臣。使事權得歸於一。外之懼革命黨之生支離也。竭力與之交通周旋。密告以大計。令其少安毋躁。又欲借英國之聲援也。乃乞哀於巴彌斯頓侯。（當時英國首相也）巴侯雖表同情。然明告以不能兵力相助。至是而戰機已迫眉睫矣。

加里波的者。素持共和論。瑪志尼之黨人。而加富爾之政敵也。至是加富爾知挫奧之功。非此君莫屬。以書禮聘之。使出共事。加里波的天人也。其心目中惟知有國家。不知有黨派。至是察大勢之所趨。審機會之將熟。乃欣然諾之。蹶起於卡菩列拉之山澤。著廣袖壓漬之赤外套。戴緣纓下垂之破帽。直抵焦靈王宮。求謁相國。問其名。昂然不答。閽者駭其形貌之瑰異也。入以語主人。主人曰。『然是或我故鄉之貧兒。欲有所請託而來。其納之便』至是而意大利之大政治家與大將軍。始相合并。讀史至此。不禁爲彼數千萬苦壓制望自由之意大利人民。浮大白而呼萬歲也。兩雄相見。其壯快固無待言。加富爾即以撒王之命。命加里波的爲軍團長。募阿布士山下之義勇兵。以待時機雖然加將軍者尼士之產而拿破侖之所惡也加富爾知其然也故隱其任用加里波的之事而不使拿破侖知恐失拿破侖也又隱其割讓尼士之事而不使加里波的知恐失加里波的也嗚呼英雄之深算可敬英雄之苦心亦可憐矣

千八百五十九年一月拿破侖當賀年之際接見奧公使瞿然曰「縱使奧法兩國之關係不能如我所期然朕與奧帝之私交更無異疇昔」奧使以其言之閃爍也大詫異之然已察其用意之所存同時撒的尼亞王臨國會演說曰

我邦乎我邦乎以壤地褊小之我邦儼然列歐洲會議博信用而荷榮譽是我地雖小而所代表之理想所感之同情實大且深也雖然今日非我君民上下高枕爲樂之時吾儕深願遵守條約但我同胞疾痛慘怛呼籲之聲自意大利之各方面而來集者吾不能充耳而不聞於戲我協我力我正我權尚其慎重剛毅以敬俟皇天上帝之休命

國會之歡迎此勅語則何如當時有目擊之者紀其實曰『王每發一語輒間以國王陛下萬歲!之聲至疾痛呼籲之一句甫離王舌滿堂若電氣刺激者然其慷慨激昂之

狀非筆所能記非口所能傳上院議員下院代議士及旁聽者皆蹴席騰躍全身幾爲熱情歡聲之所破裂法俄普英諸公使目擊此狀心胆俱奪尼布士大使面色忽蒼忽白高聲喝低聲語曰「嗚呼吾儕無告之流民！」曰「記憶吾儕痛苦的國王！」曰約以國予吾儕的國王！」感動讚歎語無倫次和以狂不可耐之拍手雜以湧潮飛瀑之老淚意大利各地之代表者既已感激固結描寫一意大利全國統一之共主於其胸中矣』

奧人聞此等言固欲默不得默前此既建戰死之碑今玆復爲挑釁之語乃使公使質撤廷促其回答英國見事機之迫也出而任調人之役其調停之大略曰奧法兩國皆撤去兵備勿使在教皇屬地內也曰奧國將保護門的拿巴馬之權廢止也曰奧人宜許意大利諸州以改革也是實英人欲弱法奧勢力於意境而使撤的尼亞掌其實權之微意也雖然法奧豈能許之奧人乃應曰先使撤的尼亞撤戰備乃議他事而法帝拿破侖亦非利撤國之得志也又聞加里波的之在撤軍也頗悔前約而欲翻覆之炯眼敏腕之加富爾窺其然也乃急如巴黎脅嚇拿王曰『事已至此一旦退縮功虧一

賛陛下席捲中原之雄圖亦成泡幻矣臣無已請以布耶比里之密約公之於世以明其事之出於陛下」拿破侖之意乃決奧人聞拿破侖之躊躇也謂機不可失宜以今日先發制人碎撒的尼亞於一擊之下則法人雖欲助恐終袖手乃以千八百五十九年四月二十三日下哀的美敦書於撒政府使其以三日內盡解兵備撒人不應戰端遂開

第十六節　意奧戰爭及加富爾之辭職

拿破侖既受加富爾之責言乃於月之二十六日告其駐奧公使曰若奧軍渡志西諾河即以法蘭西之敵國論遥宣戰二十九日奧軍果渡河於是法意同盟抗奧之局成五月二日撒的尼亞王誓父墓下詔布告戰事於國內親率五軍赴前敵瀕行以匳封遺詔以授羣臣曰『朕若不生還後事取決於此』法帝旋自率近衛兵來會於志那亞而加里波的亦奮其神變不可思議之運動別爲游擊隊以五月九日率義勇兵三千七百發焦靈同盟軍鋭厲不可當一月之間勢如破竹六月四日捷於麥京達八日入米倫二十四日大戰於梭菲里那是役也同盟軍十五萬而奧軍又增之雖然加里波

的也英瑪努埃也拿破侖也皆一世之飛將軍決非奧人之所能敵也於是敵軍遂死傷一萬五千餘卒退卻於斯時也加富爾之雄心忽飛躍九天之上彼其數十年來吞聲飲淚停辛佇苦晝想夜夢之事業一旦湧現于眼前英雄快心孰有過此者耶月明何預浮雲事偏向圓時故故生佳期易誤好夢難圓嗚呼以一私人身世之經歷猶且往往千波百折且躓且進且起且伏若有造化小兒播弄之試驗之使之備嘗甘苦而後達其目的而況於建設一國者乎加富爾之雄心正達極點無端意外一大波瀾又起戰事正酣軍中忽失拿破侖所在咄此公何往乎蓋拿破侖非有愛於意大利者也彼以爲吾之所以挫奧者苟如是是亦足矣過此以往則撒的尼亞將羽翼大就橫絕四海而非復縶繳之所能施於是乃微行入奧軍與奧帝佛蘭西士會賣撒王賣加富爾獨斷以結和約所謂肥拉甫耶卡條約是也其大略曰

奧人割倫巴的之地使合於撒的尼亞也　於意大利之中央戴羅馬教皇而設聯邦也　於達士卡尼及門的拿諸地逐革命黨而還其舊主也

依此條約則俾尼士仍爲奧屬教皇仍握重權而其他意大利中央諸地之人民日夜

引領想望謂當脫附庸奴隸之苦軛以進入自由天國者忽遇此報嘆息痛恨殆將絕望拿破侖歸自奧軍齎此私約以示撒王促其畫諾不甯惟是且更市恩而索沙波尼士之兩地加富爾聞報震怒欲裂直馳入陣營見兩君不復顧外交之禮義不復顧閣臣之節制相如睨柱頭與璧其將碎原軫唾廷聲與淚而俱厲以傍若無人之概奮迅獅吼於兩君之側汚辱嫚罵之聲殆如雨下最後乃要其君曰「必勿許此約必勿受倫巴的苟爾者臣惟有披髮入山不復能爲我王效馳驅矣」王見法帝之意已變而不可復挽也又見獨力而不足以抗奧法也卒不用加富爾之言竟與奧平加富爾遂挂冠去復爲黎里一老農

綜觀加富爾一生之歷史其意氣用事不能自制者惟此一役而已此役也蓋英瑪努埃之判斷力實遠優於加富爾也雖然是不足以爲加富爾咎也彼其於開戰以前積憂積患積思積慮積智積謀積勞積瘁天下古今歷史上之人物未見其比彼以一身立於舉國怨毒最深感情最烈義俠最迫騷擾最劇窘厄最甚之盤渦中內之壓制如沸如騰之革命外之睨覗如虎如狼之大敵旁之應付如鬼如蜮之列邦而又揣摩大

勢。攫得千載一時之機會於其手中故以至靜制天下之至動以至柔制天下之至剛。始終以沈着愼重溫和忍耐之態度出之沈着愼重溫和忍耐者實加富爾一生成功之不二法門也當是時也加富爾以眇眇之身兼任總理大臣外務大臣軍務大臣內務大臣之各要職搬寢室於軍務省內夜則著寢衣自此省往來彼省處置警察之事務監督外交之文書指揮戰爭之準備衣不解帶目不交睫者殆半年故當時撒的尼亞人相語曰『吾儕有一政府有一國會有一憲法而其名皆名加富爾』嗚呼其堅忍若是其刻苦若是其勞瘁若是凡以收一大希望一大結果於今日也乃功已垂成一旦而敗之雖聖如孔子佛如釋迦猶將不能無失望無憤激而況於憂國如焚之加富爾耶君子觀於此而益歎外力之萬不可恃雖熱誠如加富爾機變如加富爾鷙銳如加富爾猶且不免爲人所賣苟非有意大利全體人民之實力以楯其後者則此役其又將爲一千八百四十八年之續矣嘻可畏哉可畏哉

第十七節　加里波的之辭職

加富爾既去王慰留不可乃以拉達志代之拉達志者無主義無定見因循姑息非亂

世宰相才也受事之後即命撤散義勇兵（義勇兵愛國人民報效而來加里波的所統也）加里波的不可乃自下令於軍中曰

政事之方針非吾儕軍人所得與聞雖然今日何日今時何時此必非吾人可以釋兵甲拋宿志之秋也吾他無所知焉吾惟知奉我英明神武之陛下益討軍實使歐洲列國知我意大利男子决非一蹶即挫之小丈夫嗚呼諸君其同斯懷抱乎吾敢信捲土重來之機會震天鑠地之奇觀其決不遠也

未幾撤王命往佛羅靈爲中央意大利軍總督加里波的既至此地仰其威名望風歸附者絡繹不絕瞬息之間而達士卡尼門的拿巴馬及教皇屬地之一部幾全落其手

當是時加將軍之威望如日中天焉乃木秀於林風則摧之新任軍務大臣福安治（拉達志內閣之軍務大臣）等嫉其能媢其功也乃出陰險卑劣之手段以防障其大業之成就盖自千八百四十九年以來撒的尼亞之黑暗時代莫此數月爲甚矣加里波的乃長歎曰『已矣乎吾其復爲卡普列拉島之一老農乎』撤王百計慰諭溫留之莫能挽也乃自解其御用常佩金裝燦爛之獵鎗贈之以志愛慕而加將軍遂去

將軍既去全意大利。嘆息苦悶之聲偏於境內。其部下之將校。亦紛紛乞骸骨將軍聞之乃自卡普列拉島發一書以慰撫之曰。

嗚呼中央意大利同志諸君　諸君勿以鄙人一時失職而忘其神聖之主義冷其如焚之熱心也鄙人之與所敬所愛之代表意大利自由諸君相分携也吾悲不自勝雖然吾知我必有復與諸君握手戮力以成就我輩所夢寐不忘一大事之日吾以是自信吾以是自慰諸君乎諸君乎頑陋之外交家固不足以語國家之大事或且目諸君爲輕躁爲冒昧雖然彼外交家之休戰條約決非可永續吾儕固非欲侵略外國以自誇耀至我祖宗我兄弟所固有之土地雖尺寸不得以授人吾儕以此決心立於天地其有犯不韙而與吾抗敵者則吾與自由與彼俱斃榮莫大焉使彼公敵者知吾地雖可以力取吾民不可以威服諸君乎諸君乎我輩苟堅持此主義雖復中道以死而此同仇敵愾之念猶將傳諸我子孫我輩以鎗砲與獨立心遺子孫彼國仇民賊決不能高枕而臥也

（未完）

學術

論中國學術思想變遷之大勢

中國之新民

第四章 儒學統一時代（續第十二號）

第四節 其結果

儒學統一之運。既至兩漢而極盛。其結果則何如。試舉犖犖大者論之。

一曰名節盛而風俗美也。儒學本有名教之目。故砥礪廉隅。崇尚名節。以是爲一切公德私德之本。孝武表章六藝。師儒雖盛。而斯義未昌。故新莽居攝。頌德獻符者徧天下。光武有鑒於此。故尊崇節義。敦厲名實。以經明行修四字。爲進退士類之標準。故東漢二百年間。而孔子之所謂儒行者。漸漬社會。寖成風俗。至其末造。朝政昏濁。國事日非。而黨錮之流。獨行之輩。依仁蹈義。舍命不渝。風雨如晦。雞鳴不已。讓爵讓產。史不絕書。或千里以急朋友之難。或連軫以犯時主之威。論者謂三代以下風俗之美。莫尚於東京。非過言也。夫當時所謂名節者。其果人人出於眞心與否。吾不敢言。雖然。孟德斯鳩不云乎立君之國以名譽心爲元氣孔子之政治思想（專就其小康之統言）則正孟德斯鳩所謂立君政體也故其所以維持之者莫急於尙名治至東京而儒效極矣南史有云『漢世士務修身故忠孝成俗至於乘軒服冕非此莫由』顧亭林亦云『名之所在上之所庸而忠信廉潔者顯榮於世名之所去上之所擯而怙侈貪得者廢錮於家即不無一二矯僞之徒猶愈於肆然而爲利者』又曰『雖不能使天下之人以義爲利猶使之以名爲利』名節者實東漢儒教一最良之結果也雖其始或爲「以名爲利」之一念所驅而非其本相乎至其寖成風俗則其欲利之第一性或且爲欲名之第二性所掩奪而舍利取名者往往然矣是孔學所以坊民之要具也

二曰民志定而國小康也　孔子之論政雖有所謂大同之世太平之治其所雅言者總不出上天下澤君臣大防故東漢承其學風斯旨最暢范蔚宗之論以爲『桓靈之閒君道秕僻朝綱日陵國隙屢啓自中智以下靡不審其崩離而權强之臣息其窺盜之謀豪俊之夫屈於鄙生之議（後漢書儒林傳論）所以傾而未顚抑而未潰豈非仁人君子心力之爲乎』（同左雄傳論）誠哉其知言也儒教之結果使然也自茲以往二千餘年以此義爲

國民教育之中心點宋賢大揚其波基礎益定凡縉紳上流束身自好者莫不兢兢焉義理既入於人心自能消其梟雄跋扈之氣束縛於名教以就範圍若漢之諸葛唐之汾陽近世之曾左皆食其賜者也夫共和之治既未可驟幾則與其亂臣賊子繼踵方軌以暴易暴誠不如戢其戾氣進之恭順而國本可以不屢搖生民可以不塗炭兩漢以後所以弒逆之禍稍殺於春秋而權臣日少一日者儒教治標之功不可誣也此其結果之良者也若其不良者則亦有焉

三曰民權狹而政本不立也　儒教之政治思想有自相矛盾者一事則君民權限不分明是也大抵先秦政論有反對極端之兩派曰法家曰道家而儒實執其中法家主干涉道家主放任惟干涉也故君與民爲强制之關係惟放任也故君與民爲合意之關係即近於契約之關係惟强制關係也故重等差惟合意關係也故貴平等惟等差也故壓制暴威惟平等也故自由自治此兩者雖皆非政治之正軌要之首尾相應成一家言者也儒家則不然其施政手段則干涉也保民牧民皆干涉政策之極軌也　其君臣名分則强制也所謂君臣之義無所逃於天地之間　其社會秩序則等差也中庸親親之殺尊賢之等禮所生也　惟其政治之目的則以壓制暴威爲大戒夫以

壓制暴威爲大戒豈非仁人君子之極則耶而無如不揣其本而齊其末道固未有能致者也儒教之所最缺點者在專爲君說法而不爲民說法其爲君說法奈何若曰汝宜行仁政也汝宜恤民隱也汝宜順民之所好惡也汝宜採民之輿論以施庶政也是固然也若有君於此而不行仁政不恤民隱不順民之所好惡不採民之輿論則當由何道以使之不得不如是乎此儒教所未明答之問題也夫有權之人之好濫用其權也猶虎狼之嗜人肉也向虎狼諄諄說法而勸其勿食人此必不可得之數也謂余不信則試觀二千年來孔教極盛於中國而歷代君主能服從孔子之明訓以行仁政而事民事者幾何人也然則其道當若何曰不可不箝制之以民權當其暴威之未行也則有權以監督之當其暴威之方行也則有權以屏除之當其暴威之既革也且有權以永絕之如是然後當權者有所憚有所縛而仁政之實乃得行儒教不然以犯上作亂爲大戒猶可言也寖假而要君亦爲大不敬矣猶可言也寖假而庶人議政亦爲無道矣。儒教亦多非常異義。如湯武革命順天應人之象。視民草芥視君寇讎之義。聞誅一夫未聞弒君之言。皆所以限制暴威之不二法門也。雖然爭權而必出於革命慘矣傷矣。且革命之後。復無所以限其君權者。前虎退而後狼進。是革之無已時而國將何以立也。故徒殺虎殺一狼。不可也。必求所以絕虎狼之跡者。即不能。亦必使虎狼不能食人。由前之說。則共和政體是也。由後之說。則立憲君主

(政體是也。欲成郅治。舍此何以哉。而惜乎儒者之有所顧忌而不敢昌言也。此所以雖有仁心。而二千年不能蒙其澤也。)是何異語人曰吾已誠虎狠勿噬汝汝但恭順俯伏於其側雖犯汝而不可校也雖曰小康時代民智民力未充實或有不能遽語於此者乎雖然其立言之偏流弊之長則雖加刀於我頸我固不得爲古人諱也故儒家小康之言其優於法家者僅一間耳法家以爲君也者有權利無義務民也者有義務無權利儒家(專指小康)以爲君也者有權利有義務民也者有義務無權利其言君之有義務也是其所以爲優也雖然義務必期於實行不然則與無義務等耳夫其所以能實行者何也必賴對待者之權利以監督之今民之權利既怵於學說而不敢自有則君之義務其何附焉此中國數千年政體所以儒其名而法其實也(吾非崇道家言道家思想之乖謬而不完全更甚也)故夫東京末葉鴻都學生郡國黨錮諸君子膏斧鉞實牢檻而不悔往車雖折而來軫益遒以若此之民德若此之士氣苟其加以權利思想知要君之必非罪惡而爭政之實爲本權則中國議會之治雖興於彼時可也徒以一間未達僅以補衰闕爲責任以清君側爲旗幟曾不能乘此實力爲百世開治平以視希臘羅馬之先民其又安能無媿也嗚呼吾不敢議孔子吾不能不罪荀卿焉矣四曰一尊定而進化沈滯也　進化與競爭相倚此義近人多能言之矣蓋宇宙之事理至繁賾也必使各因其才盡其優勝劣敗之作用然後能相引以俱上若有一焉獨占勢力不循天則以强壓其他者則天演之神能息矣故以政治論使一政黨獨握國權而他政黨不許容喙苟容喙者加以戮逐則國政未有能進者也若是者謂之政治之專制學說亦然使一學說獨握人人良心之權而他學說不爲社會所容若是者謂之學說之專制苟專制矣無論其學說之不良也即極良焉而亦阻學問進步之路此徵諸古今萬國之歷史而皆然者也儒教之在中國也佛教之在印度及亞洲諸國也耶教之在泰西也皆曾受其病者也但泰西則自四百年來異論蠭起舉前此之縛軛而廓清之於是乎有哲學與宗教之戰有科學與宗教之戰至於今日而護耶教者自尊之如帝天非耶教者自攻之如糞土要之歐洲今日學術之昌明爲護耶教者之功耶爲攻耶教者之功耶平心論之兩者皆與有力焉而赫胥黎斯賓塞之徒尤倜乎遠矣而泰東諸國則至今猶生息於一尊之下此一切羣治所以瞠乎後也吾之爲此言讀者勿以爲吾欲攻孔子以爲耶氏先驅也耶氏專制之毒視中國殆十倍焉吾

孔子非自欲以其教專制天下也末流失眞大勢趨於如是孔子不任咎也若耶則誠以專制排外爲獨一法門矣故羅馬教會最全盛之時正泰西歷史最黑暗之日吾豈其於今日乃欲摭他人吐棄之唾餘而引而親之但實有見夫吾中國學術思想之衰實自儒學統一時代始按之實跡而已然證之公例而亦合吾又安敢自枉其說也吾更爲讀者贅一言吾之此論非攻儒教也攻一尊也一尊者專制之別名也苟爲專制無論出於誰氏吾必盡吾力所及以拽倒之吾自認吾之義務當然耳若夫孔子則固云萬物並育而不相害道並行而不相悖孔子之惡一尊也亦甚矣此乃孔子之所以爲大所以爲聖而吾所頂禮讚歎而不能措者也

或曰儒教太高尙而不能逮下亦其結果不良之一端焉蓋當人智未盛之時禍福迷信之念在所不免顯儒教全不及此使騃愚婦孺無所依仰夫以是而不得不出於他途坐是之故道家入之釋家入之馴至袁了凡派所謂太上老君文昌帝君者紛紛入之未始非乘儒教之虛隙而進也雖然以禍福迷信之說牖民雖非無利而利或不勝其敝吾中國國教之無此物君子蓋以此自喜焉

（第三章完）

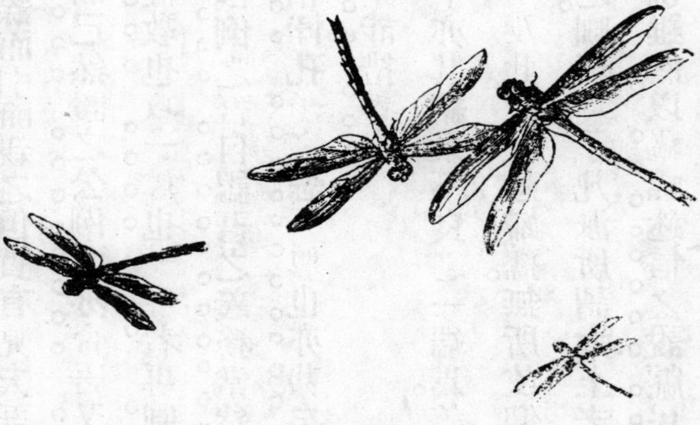

名家談叢

飲氷室師友論學牋

南海先生辨革命書　壬寅六月

(前略)又今言自立則必各省相爭即令不爭而十八省分爲十八國此日本人之所所常言而旅日者之所深惑也然使果分十八國則國勢不過爲埃及高麗而已更受大國之控制奴隸而已如印度之各省自立授之外人而已比爲今日大中國之民猶有所望者其相去亦遠矣夫今地球競爭爲何時乎自吾長大所見弱小之邦歲月被滅不可勝數若琉球之滅於日本若安南突尼斯馬達加斯加之滅于法若緬甸波國之滅于英若霸科爾士爾尼特之滅于俄若古巴檀香山小呂宋之併于美皆近二十年間事非洲既全分矣二十年中變滅之急如此自爾之後霸國之義大倡日人稱爲帝國主義者也小國必爲大國所併殆于必然觀春秋時二百餘國至戰國所餘僅七國耳雖有魯衛中山不過如南安之隸入藩屬盖自今以後第二等國以下亦必不能存

弱肉强食鯨之吞鯢乃理勢之自然也計百數年後所存必僅數大國自英美俄德法五國外其餘皆不可知者矣我中國人民之衆居地球三分之一土地等于歐洲物產豐于全美民智等于白種蓋具地球第一等大國之資格可以稱雄于大地而自保其種者也吾同胞何幸生於此文明之大國當如何自喜自奮自合自保以不至儕于高麗暹羅之列而爲印度安南緬甸之續乎凡物合則大分則小合則强分則弱物之理也畢士麻克生當歐洲盛言革命之後近對法國盛行革命之事豈不知民主獨立之義哉而在普國獨伸王權開尊王會卒能合日耳曼二十五邦而挫法合爲德國稱霸大地嘉富洱乃力倡民權者而必立薩諦尼爲共主備力設法而合十一邦以爲意國故能列於衆大爲歐洲之强國使二子者但言革命民主則日耳曼羅馬紛亂數十年必永爲法奥俄所分割隸屬而已豈能爲强霸之國哉夫普意本以小國而畢士麻克嘉富洱則苦心極力而合衆小爲大以致强霸吾中國本爲極大國而革命諸人號稱救國者乃必欲分現成之大國而爲數十小國以力追印度求致弱亡何其反也使畢士麻克而絕無知識也則可使畢士麻克之合衆小而得霸而爲有識也則革命者力爲

分裂其愚何可及也使印度各省自立而能保全也則可法也印度不數十年而全滅則是豈不可鑒也人不分割我而我自分割之天不弱亡我而我自弱亡之奈之何號稱志士救國者而出此下策哉幸于一時之自立而忘同種之分崩顧于目前之苟安而不計百年之必滅何其無遠慮也甯攻數百年一體忘懷之滿洲以糜爛其同胞而甘分數千年一統大同之中國以待滅于强國若此之謀一何與畢士麻克嘉富洱相去遠也發憤捨身不爲大中國而爲小埃及布加利牙乎以我之愚竊愛大中國愛一統若其如印度焉分爲衆小以待滅此則我之愚所不敢知不敢從也與强國合者昌與亡國合者亡我甯從畢士麻克之後安能法印度乎（中略）

（中略）談革命者開口必攻滿洲此爲大怪不可解之事夫以開闢蒙古新疆西藏東三省之大中國二百年一體相安之政府無端妄引法美以生內訌發攘夷別種之論以創大難是豈不可已乎夫革命之義出于孔子之稱湯武而孟子以誅紂爲誅賊不謂之弑君此法之殺路易英之殺查理士號稱國之公敵者也故君而無道虐民雖在漢人乎逐周厲王於彘而立共和誅紂于太白而封亳社可也英之查理士法之路易

豈非英法之人乎。若其有道舜爲東夷之人。文王爲西夷之人。入主中國。古今稱之。史記稱匈奴之先祖田淳維夏后氏之苗裔。張晏注曰。淳維以殷時奔北邊。逐水草隨畜移徙。故中國謂之匈奴。然則北方之人皆吾同種。若泰伯爲太王之子。以居吳斷髮文身。則不以爲諸夏耳。楚之先鬻熊爲文王師。以在楚百蠻之中。篳路藍縷。以啓山林。故亦不以爲諸夏耳。其實春秋之所謂夷。皆五帝三王之裔也。及戰國時。無以楚爲夷者。漢高祖亦楚人也。而亡秦爲帝天下。古今無斥其爲夷狄異種者。蓋楚行華夏之禮久矣。然則滿洲蒙古皆吾同種。何從別而異之。其辮髮衣服之不同。猶泰伯斷髮文身耳。且中國昔經晉時氐羌鮮卑入主中夏。及魏文帝改九十六大姓。其子孫徧布中土。多以千億。今中土之姓劉、姓石、姓符、姓高、姓姚、姓容、姓楊、姓段、乃若侯莫陳祟分爲陳姓侯姓莫姓。紇狄于之分爲狄姓于姓。庫連之爲連姓。若此者不可勝數。又大江以南五溪蠻及駱越閩廣。皆中夏之人與諸蠻相雜。今無可辨。當時中國民數僅二三千萬。計今四萬萬人中各種幾半。姓同中土。孰能辨其眞爲夷裔夏裔乎。若必並此而攘之。恐無從檢姓譜而行之也。若如此則莽操革命可攻。漢高爲楚夷而北省引義可鄙。江浙荆廣之人爲蠻種矣夫夷夏之別出于春秋然孔子春秋之義中國而爲夷狄則夷之夷而有禮義則中國之故晉伐鮮虞惡其伐同姓則夷晉矣鄭伐許惡其伐喪則夷鄭矣魯伐邾惡其凌諸夏之小國則並夷魯矣楚莊王入鄭不取邲之戰則夷晉而中國楚矣春秋當此之時惟德是親然則孔子之所謂中國夷狄之別猶今所謂文明野蠻耳故中國夷狄無常辭從變而移當其有德則夷狄謂之中國當其無道則中國亦謂之夷狄將爲進化計非爲人種計也楚先稱荆而後稱楚定哀之世吳子爵而不殊蓋據亂之世內其國而外諸夏升平之世內諸夏而外夷狄至于太平之世內外大小若一故曰王者愛及四夷又曰王者無外又曰遠方之夷內而不外也國朝入關二百餘年合爲一國團爲一體除近者榮祿剛毅挑出此義已相忘久矣所謂滿漢者不過如土籍客籍籍貫之異耳其教化文義皆從周公孔子其禮樂典章皆用漢唐宋明與元時不用中國之教化文字迥異蓋化爲一國無復有幾微之別久矣若衣服辮髮則漢人化而同之雖復改爲宋明之服反覺其不安又歷朝皆少失德無有漢桓靈唐高玄宋徽光明武熹之昏淫者若夫政治專制之不善全由漢唐宋明之舊而非滿洲特

制也。然且舉明世廷杖鎭盜大戶加稅礦政之酷政而盡除之。聖祖仁皇帝定一條鞭法。納丁于地。使舉國四萬萬人數百年子子孫孫永復差徭。無復有車轔馬蕭弓箭在腰。爺孃妻子走送。哭聲直上干霄之苦。此則唐虞至明之所無。大地各國所未有也。亦可謂古今至仁之政矣。夫所謂奴隸者。若波蘭之屬于俄。印度之屬于英。南洋之屬于荷。呂宋之屬于西班牙。人民但供租稅。絕無政權。不得爲高官長吏。國民一切不得平等者耳。否亦如元朝之置南人于色目漢人之下。（元謂契丹爲漢人宋爲南人）賤其品流。不得爲宰相。不用中國文字。是則不能不憤而求自立耳。若國朝之制。滿漢平等。漢人有才者。匹夫可爲宰相。自同治年來。沈文定李文正翁常熟迭相柄政。曾文正左文襄李文忠則爲外相。倚畀極重。而若孫毓汶之奸邪。獨當國十餘年。滿人側目無可如何。除近年榮祿以預廢君之謀。獨專大政外。舉國四十年政權。皆在漢人之手。恭醇二邸位雖最高。但拱手待成耳。即今除榮祿慶邸外。何一非漢人爲政乎。軍機除榮祿外。王文韶鹿傳霖瞿鴻禨三相皆漢人也。若袁世凱劉坤一張之洞三督之權。至于朝廷不敢去之。若將兵之權。尤國所倚。則袁世凱馬玉崑宋慶蘇元春張春發何一非漢人乎。滿人無一統大兵者。即爲總督者。僅一嵩蕃耳。其極邊將軍大臣之用滿人。則以用滿蒙文字爲漢人不識之故。而將來亦必改之。觀新疆改省可見。即今步軍警察改用漢人。東三省亦擬改行省矣。故除京官滿漢並設。滿籍人少。遷移較易。似爲占優。然當時分滿漢者已自有故。乾隆時舒赫德曾請删除滿漢。謂開國時　聖祖本欲删除。後恐滿大臣權大至使漢人無官。有若元時。故特分滿漢之缺。然則所以分之之故。蓋專爲漢人計也。且江蘇廣東人才相等。而廣東進士額少至十數。天下原不能極平。豈廣東可以此攻江蘇歟。若外官則惟才是視。絕無滿漢之分。至海關織造等官。明世原用閹人。而士人不屑爲之。今滿籍者之貪橫。尚不如明世宦官之甚也。然若東三省新疆西藏蒙古爲本朝開闢之地。而漢人今得官其間。此宋明漢人之所無。亦足以少相補矣。此外惟八旗兵餉數百萬。獨爲虛糜。然自滿大學士舒赫德松筠等皆嘗欲改爲屯田以養之。袁太常昶亦嘗言之。昔盛祭酒伯熙與吾言。滿兵挾弓箭坐食。日益窮。不如改業農工商賈。反足自謀。除選練精强。仍充兵籍。餘聽爲民籍謀生。則滿籍人亦知其弊。以爲宜改矣。余昔亦言之。皇上然之。則此事之改必矣。　皇上復辟。必妥籌良法。安置而改之。然則國朝之開滿洲蒙古回彊青海藏衞萬里之地。乃中國擴大之圖以逾漢唐而軼宋明教化既益廣被。種族更增雄厚俄羅斯所以爲大國者豈不以旁納諸種之故然則滿洲之合于漢者乃大有益于中國者也苟未至民主之時帝室統系。必有一家。終非人人所能爲。亦不過如前朝之漢劉唐李宋趙明朱耳且惟滿蒙乃稱奴才。漢人則與宗室並稱臣。皆比肩事主。無所屈下。今徵論聖主變法自强。能公天下。即使太后榮祿或後之當國者。更肆專橫。亦豈能禁四萬萬人而不聽其開議院參政權哉。以戊戌推翻新政。而辛丑、己後、行之近日有滿漢通婚之諭。然則大勢所趨即頑錮權强亦不能不俛首而移變然則吾四萬萬人之必有政權自由必可不待革命而得之可斷言也。夫以平等權利如此。英普奧意荷璉班葡日本人自爲國政不過如是但不如法美人之得爲大統領耳是豈可以奴隸言之哉。今者割地鬻民。賠款剝民。誠可痛恨。然此但太后榮祿一二人之罪耳。于滿洲全籍人無與也。且捨身救民之聖主。去千數百年之敝政者。亦滿人也。其餘余所識宗室之英。士夫之秀。通達大義。樂于維新者甚多。何爲因太后榮祿剛毅一二人之故而盡攻之哉。文明之國。科罪不及妻孥。野蠻之刑。株連不過十族。今革命者日言文明何至併一國而坐罪株連之革命者曰言公理何至併現成之國種而分別之是豈不大悖謬哉夫以太平之理大同之道言之無論黃白棕黑之種同爲天生皆爲兄弟並宜親愛之今縱未能然而大地既通萬國合較凡蒙古回部西藏之人言語未通教化未同猶當在內其國之例與之加親吾遊印度北邊遇廓爾喀西藏哲孟雄人待吾加親開室以居吾煮麥以食吾凡遇中國人尊之曰叔而敬禮之以不通言語不同教化之人緣念同國且及[illegible]屬其敬恭親愛如此悠然動吾內其國之想何況滿人之合爲一朝同化中國教化禮樂言語服食無一不同者乎故滿洲在明時則爲春秋之楚在今則爲漢高之楚純爲中國矣或者動引揚州十日之記兩王入粵之事皆當時之螫毒若思復九世之仇者此蓋古時文明未開敵國相攻之常項羽白起亦中國人也而項羽坑秦新安降卒且二十四萬白起坑趙長平降卒且四十萬矣故在開國之時萬國未通之日分別內外猶之可也方今大地既通諸種並遇匈牙利土耳其說者方引而親之以爲同宗況滿之與漢雖非謂同母之兄弟當亦比于同父異母之兄弟猶爲一家也然以同父之子乃惡異母之兄弟之襲爵當羣盜環伺之時乃惡而欲逐之

且實因襲爵者之妾母之管家擅權。私自盜賣田舍于隣家。乃併其襲爵之兄弟。及其異母之群季。一概欲盡誅逐之。不顧外患。惟事內訌。同室操戈。他人入室。無端生此大波立此亂說。于倫理爲悖而不順。于時勢爲反而非宜。翩其反而。何未思也。夫今日中國積弱。衆強環視。合漢之與滿割而爲臺灣。亡而爲印度波蘭。則必不得政權平等自由之利。是則可憂也。然既非其比矣。則國人今日之所當憂者。不在內訌。而在抗外也。欲抗外而自保。則必當舉國人之全力。聚精會神而注于是。或可免也。方當同舟共濟之日。若爲內訌。則兄弟鬩牆。外禦其侮。恐爲阿坤鴉度之能脫于西班牙而適利美國之漁人。至時則永爲奴隸。亦無自立。求如今者不可得也。乃國之志士。不能審此。而顛倒誤用之。吾恐若印度眞奴之不遠也。昔戊戌在京時。有問政體者。吾輒以八字言之曰。滿漢不分。君民同體。 皇上甚韙之。因言魏文改姓遷都事。 皇上決將滿漢二字删除。凡官之分滿漢缺者亦删去。其任官惟才。不問何籍。各地駐防。皆附其地。聽其謀四民之業。其滿洲舊姓。皆取一字而行之。如魏故事。故只有所謂中國。無所謂滿漢。帝統宗室。不過如漢劉唐李宋趙明朱。不過一家而已。不築堤防。何有水漲。雖欲攻滿洲。

何從攻之。近者粤督陶模曾上滿漢不分之摺。吾今論政體亦是滿漢不分君民同治八字而已故滿漢於今日無可別言者也實爲一家者也且即以爲別種歐洲各國且有迎君于異國者不可勝數蓋歐洲但求民權自由耳若君則如一大席位耳終有人領之不必其同國也如一省之官不必本省紳士爲之也孟子所謂天子一位者耳。若其無道則去之何爲併其全國一律攻詈之乎揣革命者之必爲此言外引華盛頓印度波之拒英阿坤鴉度之拒西班牙自此以謂保全其種不爲人奴也今上推滿洲種族則出于夏禹下考政教禮俗則全化華風帝位只如劉李趙朱滿族類于南陽豐沛其餘無不與漢人共之與漢人同之豈得以奴比之哉漢人科第仕宦權任亦與唐宋明同豈如英之與印度西班牙之與非律賓種族教化禮俗服食言語無一同者比哉政權大官無一分授權利自由無一平等者比哉豈與美國本出各國合衆者比哉豈與波斯滅比哉豈與羅馬尼西門的內哥布加牙利不同國教比哉而妄引比例情事不同君而無道不能保民欲革命則革命耳何必攻滿自生內亂乎（後略）

雜俎

史界兎塵錄

一眼隊

◎埃及自古不務遠略。凡內國之戰爭。外患之防禦。惟面勞苦人、土耳其人、及亞留馬似兵、當其任。農民祇從事耕作。然面勞苦人及亞留馬似人時有舉叛旗。廢太守之積習。埃王欲爲國家將來之計。固應廢絕之而別備新軍。一千八百二十二年。埃王謨罕麥德阿黎。乃布新令普募國民爲兵。聘法人使之訓練。于是國人皆嫌惡嫉視。或有抉一目斷一指以免徵集者。阿黎大怒。選一眼者編成一隊。又編手足之畸形者作輜重隊以懲戒之云。

長人癖

普魯士王腓利的列維廉。性節儉。質朴而少文。宮中所費。恆不及中人家也。唯有一事。則揮霍異常。一擲千金弗顧。蓋其生平所最好者。唯長人。若有身軀奇偉而爲王所悅者。則不辭勞苦必得之而後已也。旣徵選於境內而不足又廣求於四方若有所遇而召之不來則或以賄賂或以欺騙不得則不休也其所編之長人隊約有二千四百人中有長至八尺者有一意大利人乃以四萬五千元購得之亦可見其不惜重資之一端矣。所派募集長人之委員無數每有因誘拐隣國之人而起交涉者而王弗顧也其所得之長人如此其不易。故愛之如拱珍寶如撫孤兒。不敢稍拂其意也。

吸烟議會

◎腓利的列維廉。更有一事。其兒戲亦類於長人隊者。嘗開一吸煙議會其議員於臨會之時必須連吸不止即或有暫停片刻者亦須口含煙管也而王則於煙氣濛濛之間高談濶論以議國家大事

君臣鬚

◎彼得之治俄也。更新百度。一掃從前之積習。易長袖委蛇之服制。并下令除敎士之外不得蓄長髯。若有蓄者。則課以罰金。量各人之身家以爲輕重之率。當時其臣下有紐於舊習而不肯奉命者。彼得乃自持剪刀執其髯而截之君臣之義合則留不合則

去若俄廷之鬚者眞可謂之爲君臣鬚矣

查理第十二

◎瑞典王查理第十二。不世之雄主也。與俄彼得同時當時有北方狂夫之名。歐人又許之爲古今無雙之偉人。少年時縱橫無度。常斬犬羊以試刀。投其首於樓下以驚行人。囿中之畜。殺戮殆盡。此事與晉靈公從樓上彈人頗相似。而兩主之優劣。非可擬矣。

男性之女王

◎英王占士。性極怯。見白刄則瑟縮戰慄。常衣厚衣以防刺客之害。已雖盛暑不敢離也。當時國人擬之爲女王。其無丈夫氣可知矣。

帝王與海賊

◎歷山大王。嘗獲一海賊而鞫之曰。咄汝即著名巨匪惡業滿盈之「斯利士」强盜乎。賊應之曰。予乃「斯利士」人。而爲兵者也。王曰咄。汝兵卒也而盜竊、刼掠、殺人。爲國家之害。汝之勇氣雖可稱。然汝之行業可惡。汝之罪惡可罸也。賊曰。汝之所言。予都不解。汝今狂呼怒罵者。果何故歟。

王曰。汝非犯吾威權。蔑吾命令。擾亂公衆之平和。賊害無辜。以刼奪爲業者乎。賊曰。予今被縶。爲汝之囚。人烹之宰之。唯命是從。雖然予之精神。固巍然不屈也。願爲大王言之。王曰可。

賊曰。予今問汝。汝以何者爲業乎。王曰。朕之業。英雄之事業也。乃當今第一之雄主。絕對之征略家也。

賊曰。汝之名譽。亦嘗聞之矣。然予之猛將勁卒。自問亦可以橫絕地球。然予不屑爲高言也。

王曰。咄。汝等鼠竊狗偷。舍殺掠之外。復何所長。尚敢妄言以嚇老夫乎。賊曰。試問戰勝者其事云何。亦不過一橫行世界妨害平和之職業耳所謂不守法律違背道德無廉恥以恣殺戮者非耶抑予唯以從卒百餘人出沒於林壑以爲予之所爲耳汝乃率數百萬衆蹂躪四國剝奪人民其視予之焚擊村落打家刼舍其罪惡爲何如矣予不幸而生於平民之家故其事業甚小而難汝僥倖生而爲帝王故事業較大而易耳此汝之所以强於予也此汝之所以能爲大盜也然則我兩人之事業果何別乎唯有大小之

差異而已

王曰。雖然。朕之征伐。不過竄其王而再易之。覆其國而更建之耳。且予於工藝、技術、哲學、商法、諸學科。常鼓舞而獎勵之也。賊曰。予亦取富豪者之財物而分與不自由之貧困者而已。豈有他哉。今汝所說之哲學。余亦知之。雖然予與汝之所爲其傷天害理之罪孼恐永世而不能償也。王默然有間。令從者解其縛而宥其罪。

木乃術

◎埃及人尊敬保護死屍之情。可稱世界第一。當人之死也。親戚朋友相會而議保存之法。其中雖有貧富品位之別。然其方法之大概。第一自鼻拔取其腦。然後以鋭石劍割其左腹。去其汚物。洗以桃椰酒。實以珍香。復縫其創口。以鹽漬其全身七十日後。復洗滌之。卷以麻布。以物塗其上。因富而異。其金銀五色。中等者約費二三百元。其後使如生人立之室中。親戚朋友悲哀而祭。而後送之墓地。其喪祭爲人民之所最重云。是因崇拜祖先之遺靈。因而務保存其死屍。蓋古來「木乃」之術。（即保存死屍之法）比醫尤盛云。

埃及之婚嫁

⊜埃及婦女天癸之至甚早。故婚嫁亦隨之而早。概在十歲至十五六歲之間。未滿十歲而成婚。亦不以爲奇。十五六歲而爲母。殆一國之風也。故十八九歲而不嫁。則鄉人甚爲詫異。

婚姻之法。皆用媒妁。非成婚之日。男女常不見面。而媒妁或親戚爲之執柯。然亦有以媒妁爲業者。既得兩家之承諾。男家須出多少之金。其金額雖因婦之美惡家之貧富不同。然中等家族。約費百五十元左右。夫死之後。非有大故不去。蓋其財產或以一半及三分之一與婦人云。

婦人概舉五六子。然下等婦人所養育者不過二三人。其餘于產出之際。有稍薄弱及形體不具者。悉棄之不顧。蓋一以貧窮不能養育多子。一以爲資質薄弱者生長亦不能强健而永年。却不如于其初生時棄之。以免他日長成而死。其感傷尤爲慘痛云

小說

十五小豪傑

披髮生

第十二回　三條票風波掀醋海　五里霧烽火鬧冰天

却說武安聞莫科說聲偶然聽見。便倉皇失措道。甚麼、佐克告訴我的話。你。莫科道。是。主公。請你恕他罷武。安道莫科。你意諸君也肯恕他麼、莫科荅應道。這也難說。不如莫告訴諸、。單我三人知道罷了。武安聽說。不覺伸手握着莫科。連呼好莫科好莫科幾聲。少選佐克返來。時已潮長。忙解纜開行。是晚滿月當空。清輝如畫。舟行甚穩。交了子正。潮流乍轉。停船露宿。等至東方初白。即復開行。九點鐘時候。早駛出家族湖來。恰值東風大作、莫科急把帆掛了。武安自聞了佐克懺悔的話。思前想後。心緒如焚。無精無采。一言不發。莫科也不便開口。三人面面相覷。不覺早到了法人洞前。雅涅正在湖邊垂釣。望見了。急返洞中報知。俄敦忙率着衆童子迎接進洞、慰勞了一番。武安也把踏勘情形。詳細述了。各人想着那一點白點。無論是否山影。即果是山。又或是大洋中一無人小嶼。不犯着了許多勞苦。造個新船。冒着千艱萬險查探他去。同嘆了幾聲時乖命蹇。武安聽了。心中更爲不安。自此不多共別人說話。見各人死心等着外援。汲汲準備過冬。便率着佐克終日勞作。比別人分外出力。凡有甚麼險難的事情。又常薦佐克擔當。俄敦本是個細心人。見武安近日舉動。與往日不同。料他定有緣故。屢欲乘間質問。但是武安也時時留意。見俄敦將談及此事。輒託詞趨避。務使不得開口。俄敦無法。更爲留心細察。早猜着他兄弟間各把心事說明。更立了甚麼密約了。是月中旬。韋格在湖邊散策。忽見一隊撒丁魚。自湖中遊泳。竟入紐西崙川而來。自此結網而漁。所獲甚夥。後來用盡心力。在背羅灣造了一個鹽場。將食不了的鮮魚。都醃了。至三月初間。杜番提議查勘紐西崙左岸南澤地方。又獵取無數飛禽。他們冬中食物。就準備殼了。單有薪炭一件。鑒于去冬。總要預備多些。俄敦因指揮大衆。每日往沼澤林陷穽樵採。如是半月。早把洞內洞外。堆積如山。童子們雖然日日要勞作幾點鐘。俄敦却不許曠了讀書功課。一來復之中。仍開討論會兩次。杜番在衆人之中。最稱辨才無礙。頭裏大家都敬服他。可惜杜番因此生了矜心。大有旁若無人之概。他後來失却人望。正爲着這個原故。郤說童子們每日除了勞作讀書之外。仍然不廢運動工夫。或泅水。或升木。

或競走。藉此行樂。記得四月二十五日下午。杜番領着乙菩韋格格羅士。武安領着巴士他雅涅沙毗。各爲一隊。同在寬處拋環爲戲……你道拋環戲是怎樣呢。用兩條鉄針。竪在兩邊。戲者分爲兩隊。劃定了立足界限。各執直徑八九寸的鉄環。望着鉄針投去。貫中的算作兩點。雖未貫中。觸着鉄針的。算作一點。共投三回。將所得點數多少算分勝負的就是……是日杜番武安兩隊。既投了兩回。初回武安隊以七點得勝。第二回杜番隊以六點得勝。今只爭一回。正是決雌雄的緊要關頭。兩隊童子俱已投了。俱得五點。目下還有杜番武安兩人。各執一環。還未投。乙菩大呼道。杜番。這回輪到你了。總要發奮。我隊的勝負。全靠着你這一擲了。杜番道。你放心。乙菩。說著閉口蹙眉。眼定定望着鐵針。熟視良久。叫道。你看。便見那個鐵環。向著鐵針。差不多貫將下去。不意歪了幾分。把鐵針一觸。便跌下地來。格羅士投足道。可惜。敗了。韋格道。還算一點。若使他的不能命中。正未知鹿死誰手哩。又聞那邊沙毗。舉手道。武安。留神。武安并不作聲。只點一點頭。立住足。定了準頭。盡力一擲。但見那鐵環。不偏不倚。鏘然一聲。穿在鐵針上頭。還要轉動。沙毗拍手道。兩點。總共七點。我隊萬歲。說猶未了。杜番忙張兩手大叫道。

三

不要忙。不要忙。這回勝負。我却不算。巴士他道。爲甚麽。杜番跳到武安立足地方。指一指道。你們看。武安弄假。武安忽然變了面色道。你說我弄假。杜番道，武安之足踏出界限外。沙毗喝道。杜番。你錯了。武安之足是常在界限內的。武安接著道。你且來看我的靴痕。他說我踏出界限外。不是他看錯。是他說謊。杜番道。說謊。說著走近武安身邊。乙菩格羅士兩人跟著上前。有稱助杜番動手之勢。那邊沙毗巴士他也立在武安背後。磨拳擦掌。武安頭裏憤極怒，氣冲天。忽又壓住了無明業火。低聲道。杜番。你既侮辱我了。還要挑鬥。杜番睜眼見。你怕了麽。武安道。我以爲這種小事。不值傷和氣。杜番道。這就是怕了。武安悻悻然道。你說我怕。杜番道。你總是沒有胆。武安聽說。更不能忍。兩隊遂用起武來。正在酣戰。忽見俄敦氣喘喘的走來。原來兩隊口角的時候。旁觀的土耳胡太等。早跑回洞中。報知俄敦。俄敦知他兩人素來不睦。定要鬧出事來。所以匆匆跑來攔住道。武安。杜番。杜番道。他罵我說謊。武安道他先誣我弄假。又笑我沒有膽。俄敦厲聲道。杜番。我知武安斷非好事。這一定又是你先鬧出來的。杜番憤然道。多謝你了。俄敦。你每事貶我。我感謝你的好意。俄敦道。使我要貶你。是你的罪過。杜番道。是了是了。我再感謝你的好意。你的敎訓。也十分了。請你暫時行開。俾我們做了我們的事。俄敎正容道。你說甚麼。杜番。我忝爲首長。斷不許你們這樣胡鬧。牽著武安道。你先返洞裏去。又指著杜番道。你隨意去逛一逛。等下了氣。平了心。再回來見我。璞立呆視各童子們。除了乙菩韋格格維士三人之外。齊聲道。俄敎說得有理。杜番不得已走了。至晚上纔跑回洞來。只是一言不發。翌晨起來。雖然照常勞作念書。但見他一言一動。都露出一種忿忿不平之氣。自不消說。轉眼已是五月。寒威漸烈。洞內設了火爐。晝夜燃著。這時凡有飛鳥。都要尋個暖和地方避冷。童子們偶然捕了十餘頭燕子。因將自己漂流始末。作了一篇文字。又寫著拾得此紙者。望即報知紐西崙首府奧蘭。請即派船來救。繫在燕子翼下。祝了幾聲捷報佳音。盡行放了。二十五日。陰雲密合。早飛下雪來。比去冬還早幾天。各人心裏疑著今年定要比去年冷了。可喜一切準備。都算十分。也不要害怕甚麼。光陰似箭。俄敎任期至六月十日早已滿了。俄敎在任一年。常爲公益。嚴定法律。這原是出于不得已的。不料因此買了人怨。那幼年的常因汚損衣服破靴失鈕。屢遭嚴罰。或要減食。或要杜足。每有怨他太過刻薄。盼他早日離任。不時聚語。

怎得我武安作了總統。俄敦也知自己不爲衆人所喜。絕無再想復任的心事。武安雖然得人心。知自己是個法國人。自然不敢作在英人殖民地作總統的妄想。單有杜番。常自想著這回公舉總統。舍我其誰。韋格乙菩格羅士三人。也常在他面前說。繼俄敦後任。惟杜番最爲適當。至選舉之前。杜番更爲懸念。幾乎不能成寐。這也不足怪他。因他在衆人之中。有才能。又有膽勇。若非他剛愎自用。這總統應該沒有人能占他的了。到了初十日下午兩點鐘。俄敦坐了選舉長席。每人派了一張式票。令各寫上所選之人。又押了自己名字。投入一個箱裏。大衆肅然恭恭敬敬的照法行了。俄敦起立。從容把十二條票閱過。……你道島中十五人。何以止有十二條票。因爲莫科是個黑人之子。照例無選舉權。俄敦杜番也把選舉權棄了。所以止有十二條。……高聲朗叫道。武安八票。杜番三票。俄敦一票。這個聲浪還在空中旋轉時候。但見杜番臉上忽然變了土色。忽然又變了鐵色。瞪目瞋視。并不作聲。武安見事出意外。不禁驚駭。正欲起身推讓。忽又轉了念頭。瞧了佐克一眼。徐道多謝諸君。謹拜尊命。事畢。佐克窺無人在側。密語武安。哥哥。你竟應承作本島總統。武安道。我與你常欲爲諸君效力。今得作總統。萬事俱便。所以不復推辭。佐克兩眼不覺流下淚來。說。多謝哥哥。若有生死關頭的艱險事情。請哥哥記得派我辦去。武安點頭答應了。自是忠勤奉職。整理庶務。俄敦首聽指揮。爲衆表率。童子們都欣然受命。推杜番黨那四人。心中不服。舉動之間。常帶醋意。武安極意撫慰他。也總不悛。雖然。也不敢公然逆命。那時晉羅灣上的國旗。早已破了。武安趁著寒氣還未十分。急令巴士他在湖邊採些蘆荻。造了一個大圓球。把他吊上竿頭。代了國旗。已而寒風慄烈。皓雪繽紛。童子們終日在洞內用功。善均伊播孫士耳及胡太等。學問自然進了多少。容易過了六月七月。至八月初旬。那寒暑針有三四日竟降至零点三十度以下。各人不敢出門一步。有爲著廐中動物。不得已一往巡視。比及回來。手足僵了。早像個半死的人。自初九日西風似虎。連吹了十來日。陷穽林沼澤林的樹木。有傾倒的。有折落的。無何風色定了。暖氣也漸漸回過來。到了下旬天氣恰與北半球的二月杪相等。早有跑出洞來。隨意運動。可惜湖上厚冰。依然未解。捕魚之業尚未可爲。武安一日發議。欲作走冰之戲。衆人歡天喜地。齊口贊成了。遂即吩咐巴士他趕速造了冰靴。二十五日早起飯罷。把伊播孫士耳胡太三個年輕不懂此道的交付莫科照料。其餘十一人驩呼雀躍。出洞一張。見近處冰面。凹凸起伏。不便行走。只得沿著湖邊。北行約有一邁路。見一面瑠璨。茫無涯際。衆人齊道。這里行了。武安乃會齊衆人。高聲喝令道。一不許乘興衒能。故爲冒險。二不許擅離隊伍。任意遠行。若有尖路者。余與俄敦必在此間。始終立等。三各人聞吹號筒。必速歸來此處。各人答應一聲。即跑下湖來。穿了冰靴。一見俄敦發了號令。便在冰面東奔西跑。電逐星馳。兎起鶻落。可不快煞人也。杜番與格羅士。素稱精於此道的。誰知強中有強。那佐克走的圈線曲線縱橫馳驟。回轉自如。比他兩人。更爲熟手。喜得衆人拍手喝采。杜番自覺沒趣。忙走出界線。跟著格羅士道。君不見那處有一羣水鴨。格羅士看了一會道。是在那邊灘上。杜番道。惟我與爾。照例帶得鎗來。盍往取之。格羅士道好是好。奈何武安不許我們離隊遠行。杜番道。請你勿再說武安的名字。快跟我來。說着便走。那邊武安俄敦。正在看得得意。忽見兩人匆匆往那邊跑去。不堪詫異。武安道他們將作那里。俄敦道。莫非瞧見什麼動物。要往捕他。言論間。見那兩人早變了兩點小黑影。忽然不見了。時方正午。等至日沒。尙有許多時候。本不慮他們迷路。不能歸來。惟是日來空氣。瞬息劇變。風向偶轉。

不難降雪。或者噴起霧來。衆人當心候着。時辰表剛報兩點。忽見薄霧霏霏漫天而來。不及片時。早把湖上罩得暗暗淡淡。武安跌足道。我早已防到如此。所以豫禁各人離隊遠行。今在此五里霧中。他們怎能尋得歸路。俄敦道。且先把各人召還。再作道理。說着吹了號筒幾聲。各人早已齊集。更輪流接着號筒吹了一會。以爲他兩人聞了。定必發鎗答應。各人傾耳聽了多時。仍是寂然無聲。各人正在張皇。見那霧氣逐漸濃厚。隔二三丈的距離。就連人都認不清楚。俄敦道。怎生是好。武安道。我們想個法兒。盡力營救他能。我想選一位跟着他的去路。吹着號筒尋去。使他們聽見。說猶未了。巴士他道。此計甚妙。請派我去。又有兩三位童子齊說我去我去。武安道。你們不用爭了。我自去。佐克聽說。遽進前道。哥哥這個差事。還是派我辦去較爲的當。因爲冰上行走。本是我最熟手的。武安望一望佐克。說道。是了。佐克就派你去罷。你且行且吹。他們聽見必定發鎗相應。你必要留心聽着。佐克答應。拿了號筒。便走入霧裏去了。過了半個時辰。不特杜番格羅士兩人。渺無影響。連那尋去的佐克。也都沒有動靜。沙毗道。恨無火器在這里。武安道。正是。正是。快跑回洞去。連發鎗炮。使他們好知本洞所在。衆人發足飛也似的。不及三十分鐘。跑了三邁許路。早歸到法人洞來。平時雖是愛惜彈藥。如珠如玉。今也貴人賤物。絕無吝意。快裝塡了兩門大砲。連珠轟發。每發一聲。響震數里。可恨湖上寂然。依然無甚消息。至五點鐘時候。忽聞北東一角。驟有兩三發鎗聲。衆人大喜。復連發大砲。少選。見有兩個人影。自重霧中走來。衆人高聲騰呼。那兩人早已到了。只是杜番格羅士。却不見了佐克。兩人說。我們并未聽見他吹號筒的聲音。……原來杜番兩個在北方徘徊。佐克却向正東尋去。所以兩不相値。……武安聽了。心中着急。衆人也想着天氣這麼冷。倘佐克尋不得歸路。在雪中露宿一晚。恐怕九死一生了。人人相對無言。呆呆等着。不覺暮色蒼蒼。轉盼之間。湖上沈黑起來。衆人商議道。這樣昏昏夜色。莫如舉火爲號。議定。韋格巴士他沙毗等。忙將槁木枯柴。移堆濱上。正擬點火。俄敎急止住道。不要忙。你們且看那里。似有甚麼東西。搖搖動動。說着。把千里鏡遞與武安。武安向着北東方。注視一會。歡喜道。謝天謝地。果是他。果是佐克。童子們一齊歡呼。見那佐克尙在半英里以外。惟是他穿着冰靴。走的快。眼見他向這里奔來。漸看漸近。巴士他忽然大叫道。似有一個什麼東西。跟着他跑來。俄敎舉首一望。見隔着佐克二丈來遠。果有兩個黑影。跟着跑來。忙說。的是什麼。巴士他道。這不是人。韋格道。不然。像是個走獸。杜番提了鎗。喊了一聲。狠便一溜煙跑去了。正是

同是天涯淪落客　卿憐我我亦憐卿

要知詳細且聽下回分解

文苑

詩界潮音集

讀新民叢報感而作歌　　在宥民

甌濱一士空山居。朝朝局促困書帷。忽從海外得鴻秘。腦球意界頓發舒。有時徘徊起立。疾拔屝。藁然狂走周旋數十圍。思想自由入非非。忽躍九天忽蟄九淵腦電飛。有時放眼碧海鎖尾閭。潮來潮去洪鈞大氣相吸噓。曉日初出夜月湧。丈夫對此生雄圖。嗚呼丈夫對此生雄圖。安得適彼扶桑之帝都。觀政求學出其途。嗟余之生燥髮即受書。至今八千六百四十日有餘。讀書何爲思之每汗雨。未能跳出學界奴隸之範圍。往者已矣來可追。誓將改良兮易轍而驅。況値二十新紀世界文明進一級。全球變動風靡潮湧雲奔馳。自歐而墨而亞九萬里。大地之運一躍再躍乃東迤。起點崑崙極禹域。招國魂兮渡太平洋而來歸。文明膨脹塞宙合。輸入我華國漸蘇。東方頑夢大棒喝。老大已轉少年時。吾生幸福大且奇。不先不後恰置身二十世紀之初期。文明母國支那東南之海湄既自喜又自疑喜我腦筋之中日日湧新知開闢心球理想古無之生平讀書枉千卷何如一篇餉我神魂飛乃想古來學界之士如煙海紛紛孔見不足供胡盧陸王黃顏亦傑出鳳毛麟角無乃稀其餘漢學宋學淸學書充棟盤旋奴界寸步不敢踰世界思潮至此忽大變衝突網羅決藩籬犁庭掃穴爭倡大革命打破學界奴性獨立而不羈」一疑我腦筋之漿已漸漓輸入文明思想微乎微童年腦力初發達誤疲神經斲文詞生平所學亦何事璧陰虛擲悔已遲又況世界文明愈進學愈演一切專門科學之多如鯽魚我披其書瞠目視腦印迷離歧路歧措大之家靑氈更何物年年承乏此席殊可嗤橫經北面擁皐比張頤欲語忽囁嚅嗟乎普通學之未窺豫備科之弗知而乃靦然抗顏高坐爲人師失之東隅收桑榆吾將舍此兮倀倀而何之嗚呼安得適彼扶桑之帝都」扶桑之都大好一廛居乘風破浪士爭趨談瀛海客興不淺紛紛東渡有如赴壑魚吾聞海東帝國崛興方卅載驤首天空獨立雄亞輿吸取歐西文明食而化豈徒區區形質相規摩帝國黃民此特立奴性銷爲日月輝組織教育有特色學校如錦士如荼又聞留東諸公皆血士數千里外客星聚一隅咄哉桃源避地別

有新世界文明海國古所無鐵血未寒心不死自由獨立喚起國民奴我讀其篇語咽絕血淚盈簡兩糢糊徘徊出戶東望長欷歔何時置身三島相追隨胸中萬千塊壘突兀起濁酒一斗不足以澆之吾欲如宗元幹兮破浪吾欲如溫太眞兮絕裾思之思之計已熟及今圖之猶可爲不行萬里非丈夫鬱鬱居此胡爲乎海雲極目東渺渺潮聲到耳如相呼嗚呼安得適彼扶桑之帝都

物我吟八首　慧雲

自由思想出天天水灑楊枝遍大千驂駕春虬被明月人生何處不神仙

萬山原仗五丁開智勇雙修地獄來色即是空空是色眞光烱烱現靈臺

酒酣起舞寶刀橫航海誰同萬里行鸞鳥鳳凰日以遠獨居無樂哀吾生

恒河沙數可憐蟲鼓鑄齊歸大冶中絕去惡根培善本重仁襲義最從容

腦筋發達即奇兵東亞全圖繪不成誰與芳洲搴杜若悠悠白日太無情

夫君天末渺難望恨水沈沈似帶長荃蕙化茅蘭芷變枉稱香草了無香

寸心神妙孕乾坤濯茁靈苗劖鈍根夢裡忽然生六翮扶搖任意上崑崙

水中花月鏡中春。入世緣同出世因。獨救衆生排一切。無眞非幻幻非眞。

辛丑中元羈泊海上望月有懷南中諸君子

金楚青

望美人兮天一方。長相思兮不能忘。欲往從之道阻長。舉頭望月思故鄉。雲漢迢迢遙相望。恨不乘雲任翺翔。側身四顧何蒼茫。百端交集我心傷。愧彼鴻鵠摩穹蒼。乃爾燕雀謀稻粱。願飛無翼渡無梁。夜光朗朗照乘黃。按劍疾視叱不祥。彳亍歧路嗟亡羊。古今哀樂夢一場。酣睡沈沈夜未央。蕭艾不臭蘭不芳。鴟鴞矯翼逐鸞凰。九天閶闔試引吭。請與濁世掃粃糠。手挽銀河洗欃槍。沐日浴月慶重光。此心耿耿何時償。

北行感興五首之一

鄭齋

淮陰古名郡。長堤如蜿蜒。漂母不可見。遺塚留荒阡。頗聞今太守。仁愛民稱賢。風好泊不得。榜人爭向前。豈知十里外。關吏呼停船。船空百無有。有無皆索錢。橫征乃如此。商旅殊可憐。何不去關吏。太守嗟無權。

晚思

仝

翩翩飛鳥過。日暮投深林。繽紛浮雲流。隨風歸故岑。遠遊在天末。感此傷我心。還家杳

無日骨肉如商參徘徊不能語泣下沾衣襟

庚子秋興八首之二　仝

鑾輅蒙塵虎節斜不堪回首望京華坐令韋粲拋忠骨猶許張騫返漢槎海內紛紛傳羽檄城頭歷歷作胡笳長門寂寞宮人去秋雨秋風長蘚花

登高忍看舊河山趙漢旌旗一瞬間乍報乘輿過隴水忽傳敵騎下秦關相公議欵眞能手諸將蒙恩亦厚顏寥落從臣三五輩傷心猶自序朝班

春日信步過陶文毅公祠偶題　仝

東風吹不到海國得春遲二月無芳草何時見柳枝長堤宜散步曲水護崇祠各有千秋業欣看鬢未絲

贈明夷　烏目山僧

于飛埀股哲人夷正法爭傳有大師一移寶相祇樹下大乘獅吼中興時

衛城清磬送斜陽曾剖心肝奉素王身毒烟雲通震旦鷲峯頭上涕淋浪

贈任公　仝

洗刷乾坤字字新。攜來霹靂剖微塵。九幽故國生魂死。一放光明賴有人。

筆退須彌一塚攢。海波爲墨血磨乾。歐風墨雨隨君手。洗盡文明衆腦肝。

贈觀雲　仝

怪雲幻海渺無涯。夜刹羅叉門角牙。獨住無生法忍地。自耽芳逸弄天葩。

贈太炎　仝

神州莽莽事堪傷。浪藉家私藏客王。斷髮著書黃歇浦。哭麟歌鳳豈佯狂。

贈君遂　仝

朱雲血棒韓公喝。震觸天庭鐵石人。簾影沈垂風雨晦。青門瓜事老淞濱。

輿論一斑

論政府將來必至之舉動　上海中外日報

凡爲治者不進而愈上。必退而愈下。此必然之勢也。吾國自受外侮以來。垂數十年。政事不振奮。人才不遴選。故治道陵夷。益入迷罔之域。而近年愈甚。鉅政要職。大率付之纖夫庸豎之手。若使孺子負千鈞之重。而不慮其蹶也。是以甲申甲午。與外人有違言。而咸受覆師償款之給。至庚子而禍烈矣。宮廷播破。元首蒙塵。公卿暴露。喪貲億兆。君子曰。革而慮歟。其更而故歟。懲違弼失。新我王路。殆茲時矣。然自回鑾半載。其上逞慾棼賄。其下營私苟安。競求外援。無復廉恥。其受敲扑搜括之禍者。獨小民耳。嗚呼。觀其已往之迹。以測其將來之事。則其將來之爲將來者。蓋可知也。夫公使者。外交要任也。今或未簡放。而先詢外人矣。或以外人之拒。而更命矣。督撫者。疆藩重職也。或以外人之言。而調任矣。其州縣官。以教士一言而罷任。或褫職者。不可縷數。從是言之。則將來自督撫以逮州縣。有實任之官。皆將探詢外人意旨。以爲去留歟。而外交諸官。更無論矣。講武者吾國固圉之謀也。今他國人多有謀握我武備之權者。而俄人迫我東三省營中須延俄國教習一節。幸猶拒之。然爭求不已。而我國復不能力持。則各國將並起力索。其必使各省就其受範圍之國而延使教習武備洋操歟。而教育及路礦等事無論矣。使臣入覲之儀節。既極隆崇。俄親王入覲。且答拜矣。而宮中兩燕各使臣之眷屬。爲例外之媚悅。由是言之。其將以禁苑爲外人游燕之地。而萬乘且日臨使邸歟。樊國梁甫經召見。而李提摩太旋經特詔褒獎。已爲兩教爭長之漸。其必致以重臣而爲兩教之調人。而勅建兩教之教堂。將徧於列縣歟。需次之員。以教士一言而得差者有之。獲咎之吏。以教士一言而復職者有之。犯令之民。以外人之庇而赦罪者有之。免捐者有之。積釀既久。其必盡四萬萬而盡入西籍投西教。而纓弁之徒。且靦然自列於門生義子之列矣。挂洋牌懸洋旗之商人。既得逃重稅免釐捐矣。教民且得免房捐矣。萬一率天下之人而如是。則賠欵將無所出。勢必將國家財賦從出之源。押與外人。首及釐金。次及田賦。而人民土地將隨之矣。新政不行。固有行新政之名。新學不振。固有興新學之言。將見有志國家之士。沈滯不起。而巧佞之徒。且藉是以獲寵利矣。保富貴之心切。則忌才之意熾。懼草野之勢迫。則抑新之謀多。而近來平權自由之說。又足以觸其網。即使有所忌憚。不得明施禁戮。亦必多爲之途。以施其遏抑之術。而我國一綫生機。亦將斷絕矣。嗟乎我生不辰。逢斯慘酷。九天之上。階升無路。九淵之下。懷石何由。裂眥視天。悲忿何極。雖然。吾猶幸吾言之不驗。而受妄言之咎也。

論媚外之禍　上海新聞報

中國之政策。往往有目的而無義務。有成見而無辦法。戊戌以後。庚子以前之舉動。皆原於排外之目的。排外之成見也。辛丑以後。則一變而爲媚外之目的。媚外之成見。夫排外有排外之義務。有排外之辦法。媚外有媚外之義務。媚外之辦法。有目的而無義務。有成見而無辦法。則排外之禍。庚子已爲殷鑒。而媚外之禍。亦必與庚子無異也。夫人必親其近而疏其遠。故親本國而疏他國。情之常也。況乎損我辱我侵漁我至於若是。猶是不知羞恥。毫無排外之心。豈復爲人類者哉。然欲排外。必先知其義務及辦法。見外人之富强。而考求其何以富强。見外人之智巧。而考求其何以智巧。於是使我之富强。我之智巧。過於外人。而外人無所恃其富强。無所施其智巧。此所謂排外之義務也。外盡交情。內修政事。戰勝於朝廷。而排外於不覺。此所謂排外之辦法也。不此之務。而欲以我之愚勝彼之智。以我之虛勝彼之實。如拳匪之擧。謂之無義務無辦法。故其結果爲庚子之禍也。今者鑒庚子之禍。而不知當時之無義務無辦法。遂一變排外之目的爲媚外。一變排外之成見爲媚外。而無義務無辦法則如故。夫無義務無辦法則媚外之結果。豈有異於排外之結果哉。當此國步艱難羣雄環視之會。非結外人之歡心。則不能養國民之元氣。非養國民之元氣。則不能復主國之威權。故此日之媚外。未始非臣妾事吳臥薪嘗膽之成規也。然欲媚外。亦必有義務有辦法。以今所爲。謂之無義務無辦法可也。如宴會往來。原可以通情素。然亦祇偶一爲之而已。若一切外交之術不及講。而今日請聽戲。明日請游園。但以宴會往來爲事。甚至在宴會往來之候。受外人無理之要求。亦何取乎有此媚外之技也。又如爭論利權。亦外交之公理。乃今日之賞罰。則以決裂與否爲衡。而不以利權之失否爲衡。夫動輒決裂。誠難免辦理不善之罰。然苟有萬不可失之利權。而有萬不能不決裂之理勢。則固不可以予罰。有萬不致決裂之理勢。而失萬不可失之利權。則固不可以予賞。今也不然。但能與外人不決裂者。無論失若大之利權。必膺上賞。則何如拱手而盡讓其權於外人。亦何取乎有此媚外之技也。夫能師其富强之長術。步其智巧之後塵。外盡交情。內修政事。排外之義務。即媚外之義務。排外之辦法。即媚外之辦法也。不務開民智。除弊政。以克盡此義務與辦法。而以能與外人酒食徵逐者爲第三等人材。能敷衍彌補者爲第二等人材。能賣國求榮者爲第一等人材。不惜以小民之權利。小民之脂膏。以媚外人。小民不願。且將假外力以壓之。閉極而裂。熱極而漲。今日之媚外。必能蘊釀而成排外之禍。故曰後此之庚子。無異於前此之庚子也。不特此也。籌欵則云爲賠欵也。調某督撫革某牧令。則云由有敎案也。起某人任某官。則云外人之所喜。或外人之所增也。變法則云我不變法外人將代我而變也。是一切內政。且已爲媚外之目的。所指歸媚外之成見所束縛。安能有義務。安能有辦法。嗚呼。獻媚之術必窮。而貪得之心無厭。其結果固可以預知也。

論自强而後有持平之約　　上海蘇報

約可以存人國。約亦可以亡人國。有平等之權力。有親交之形勢。因而立約者。爲共保平和。爲互持軒輊所以存人國者也。若夫視其國土如屬地。視其國民如奴隸。視其國之君若相如傀儡。而乃以兵威我。不以兵亡我。歛千磅之砲彈。藏百勝之兵鋒。一以約爲之代表。噫嘻吁可畏哉。是約也。殆較烈於千磅之砲彈百勝之兵鋒。非所謂亡人國之約耶。今各國施之於我中國者是已。

我中國無外交二千年矣。國勢强則犬羊域外。如漢之於匈奴。唐之於突厥。雖婚姻急難。權宜一時而已。國勢衰則舉國屬人。宋之於金元。明之於本朝。雖割地輸金。遷延歲月而已。其故由於無約。由於雖約而先自視爲不必信守之約。然則我中國與外人交。無約亡。有約亦亡。幾幾於莫所適從矣。而豈其然哉。

約也者。視其國之自立與否。以分別運用者也。其存之也。其自存之也。其亡之也。其自亡之也。先自有存亡之見端。而後約乃得而存亡之。以我與日本提論之。四十年來。我之與西人訂約不一。日本之與西人訂約亦不一。顧我之所訂。一次有一次之失敗。日本之所訂。一次有一次之收復。彼用約者視受之者之何如。以爲進退。取亂侮亡。推亡固存。仲虺之言。今歐人用之矣。

是故以我今日之國勢。不先求自强。而希望約之寬我。猶學堂之學生。日荒廢其業。而冀得卒業之執照也。婉詞以持之。赧顏以承之。一旦約成。動色相慶曰。此非某某之力不爲功。嗚呼。飲酖以止渴。積薪以厝火。人以爲捨肢體以存元首。補救之功不小。吾以爲輸精血而存軀殼。死亡之期彌近。蓋約愈多而病愈深。今不自强。無及今速自强。亦已幾於無及矣。而論者乃以苦心焦慮於約之成。失尺得寸於約之就。遂爲深喜大幸。豈不惑哉。

論蘇撫恩壽稱臣遭斥事　　星架坡天南新報

〔前略〕夫大學士也。某部尚書也。某省督撫也。此固入贊樞機。出持節鉞。專摺奏事。榮何如之。乃繙閱邸鈔。動見有某大學士某尚書某督撫官銜之下。加以奴才二字冠於名上。嗚呼、詎以此而示君上之尊貴。則滿朝皆奴才。尊貴何在。謂以此而示主子之恩榮。則作官亦奴才。恩榮又何在。詩言率土之濱。莫非王臣。一臣字足矣。若易爲率土之濱。莫非奴才。其亦何以自解乎。且奴才之稱。既有定制。亦幾二百餘年矣。昔日閉關自守。自尊自大。帝者稱孤也可。下民稱蟻也可。即舉天下之臣民而皆令稱奴才也亦無不可。今則中國主權盡失。正滿漢交懼爲奴之時也。但使舉國臣民。各有恥爲奴隸之思想。則中國之强。自可計日而待。況朝廷日言變法。祖制變更。亦非一端。此等奴才名號。正宜早爲改革。以振起旗滿人自主之心。庶幾瀋陽長白之遺黎。終不至有爲隸爲奴之辱也。今蘇撫恩壽之稱臣而不稱奴才。其爲誤忘旗滿定制。與恥署奴才舊號。雖不可得而知。然朝廷見此。苟有變法之眞心。正當明頒諭旨。革除此奴才二字。爲旗滿人提振其精神。以生其開新之念。否則亦當置諸不議不論之列。毋容再提此不署奴才之名號。以見罪臣工。脫令他國聞之。繙譯其事。謂中國某撫臣因偶然不稱奴才。便受嚴譴。豈不疑吾國之官盡奴才乎。試思撫臣之上加以奴才四字連絡相讀。不倫不類。孰甚於此。而朝廷以舊制之故。終不肯忘。吾觀此而益知中國之守舊如故也。易言履霜堅氷至。一恩壽欲求不爲奴而不得。恐四萬萬人終不免有爲奴之一日矣。噫。

中國近事

◎京師大學堂章程（第一章綱領）第一節　京師大學堂之設。所以激發忠愛。開通智慧。振興實業。謹遵此次諭旨。端正趨向。造就通才。爲全學之綱領。第二節　中國聖經垂訓。以倫常道德爲先。外國學堂於智育體育之外。尤重德育。中外立教本有相同之理。今無論京外大小學堂。於修身倫理一門。視他學科更宜注意。爲培植人材之始基。第三節　歐美日本所以立國。國各不同。中國政教風俗。亦自有所以立國之本。所有學堂人等。自教習總辦提調學生諸人。有明倡異說。干犯國憲。及與名教綱常顯相違背者。查有實據。輕則斥退。重則究辦。第四節　京師大學堂主持教育。宜合通國之精神脈絡而統籌之。現奉諭旨。一切條規。即以頒行各省。將來全國學校事宜。請由京師大學堂將應調查各項擬定格式簿。分門羅列。頒發各處學堂。於每歲散學後。將學堂各項情形。照格塡註。通報京師大學堂。係彙齊每年編訂成書。恭呈御覽。第五節　京師大學堂本爲各省學堂卒業生升入專門正科之地。無省學則大學堂之學生無所取材。今議先立豫備一科。本一時權宜之計。故一年之內。各省必將高等學堂暨府廳州縣中小學堂一律辦齊。如有敷衍遲延。大學堂屆期請旨嚴催辦理。 第六節 同文館歸併之後。經費無著。變通辦法。擬於豫備速成兩科中設英法俄德日本五國語言文字之專科。延聘外國教習講授。 第七節 學堂開設之初。欲求教員。最重師範。現於速成科特立專門之外。仍擬酌派數十人赴歐美日本諸邦學習教育之法。俟二三年後卒業回華。爲各處學堂教習。 第八節 現在諸事創舉。尙待考求。一切章程。勢不能悉臻完善。所有增添更改之處。應准隨時陳奏辦理。 第九節 此次所奏定之章程。擬譯成西文東文各一分。俾外國教習一律照辦。不得歧誤。 第十節 環球各國。合上下之精神才力。尤注重練兵。兵之所以精。則以通國皆兵。又無一不出於學。中國陸軍海軍。應請廣立專門學堂。不在各學分科之內。 第十一節 約束學生規則及辦事章程。此次奏定各條。皆係約舉大要。其涉於繁碎者。須俟開辦後體察情形。詳立各門。以資遵守。

◎**籌欵新章** 京師擬設順直籌欵局一事。玆聞陳璧與袁世凱議定先將各州縣所有賦稅陋規各項進欵。盡行歸入籌欵局。可以積成巨欵。至州縣辦公之費。擬分繁簡。每月津貼一二百金不等云。

◎保舉新章　聞吏部近重定保舉新例。其大略如下。一專使出洋不得保異常。必俟駐外洋三年任滿。方許以異常開保。一軍營出力准保異常。一洋務交涉。乃地方官職分應爲之事。不得輒以辦理得法開保。必俟三年無過。亦只准保尋常一次。又翎枝非軍功不能開保。

◎被劾述聞　御史王昌年于七月二十六具摺嚴參陳京兆璧。并涉及某相某尚書。詳述其拜門迎合結黨袒護情形。淋漓盡致。不留餘地。又將上次查辦之摺。逐條痛駁。正摺之外。又將陳氏私罪另開一單。共計六條。如買民女爲妾。朱大脚之女。某捕頭之妹。皆能實指其名。及丁惟忠如何爲之物色情狀。並言陳身爲地方大員。并漁色及於彈子班歌妓。以致某妓等在外招搖。陳在籍爲紳士。氣燄極大。强令地方官派輿輪排隊迎接。及去年至吏部查案時。欲獨據中座。如管部王爺中堂者然。吏部不可。僅置之私堂。於是大怒。今年張尚書到吏部。始到大堂入座一次。位在侍郎之上。尚書之次。又會辦五城時。亦係居中特設一座。此外歷數其爲街道御史時外面極能做事。時人稱之。而其暗中索賄。如同仁堂藥店瑞蚨祥綢緞店。皆有實事可證云云。摺既上。因涉樞臣故全案不便追究。惟順天府大班王進祿一欵因係命案。不能湮沒。故特提出此條。交刑部提取人證歸案審訊。陳璧既知又被參劾。當求人代擬一摺。請將五城會辦開去。以冀暫息物議保全本職。連夜繕寫。於廿八日入奏。旋即奉旨將會辦一差准其開去云。

◎榮相之言　駐日蔡使與留學生兩不相能。衆議紛紜。莫衷一是。近日傳聞政府本有更換公使之意。嗣爲榮相所止。謂無論蔡之是非。斷不能因學生之言而易公使。今更換事至易耳。倘將來學生相習成風。其所失更多云云。

◎總教被譏　京師大學堂總教習吳摯父京卿游東時。東人士頗厚遇之。北京頑固大臣等。因即譏于慶邸曰。吳汝綸現在東洋主持民權自由之說。不先殺之。不足以警衆也云云。

◎稅逾常額　崇文門稅務。歷任每年只交十三萬兩。肅邸自充監督以來。洋兵退後。

北京交還不過一年零二十餘日。而收數至七十餘萬之多。除一切經費實用外。全數解納。洵自立稅司以來絕無僅有之事。按外省厘捐收數逾額。常有請獎之舉。今崇文門當交涉繁難之際。收數逾額多至數倍。吏部竟將保案議駁。想其中必別有他故也。

又聞慶邸榮相接辦崇文門稅務後。一切政令均尚寬大。近日官商之入城者。或查或不查。不似肅邸前時之嚴禁需索。認眞搜查。故一時官商人等。交口稱便。

◎**奉天將軍** 奉天將軍增祺。與俄人交接事事降心相從。另訂有永遠保護其身家之私約。故一切設施。悉遵俄人之意旨。聞其迭次奏報之俄人在奉情形。皆掩飾廻護。未可深信。前次裕尚書擬揭參之。到奉後。增將軍即百計迎合彌縫。得保無事。近日中國官民無不亟思東三省俄兵之速退。關外鐵路之交還。而增將軍私意則適與此相反對。政府以其在俄人範圍之中。不得不敷衍之。且不得不撫慰之云。

◎**交路近聞** 聞交還鐵路一節。中國擬請英國先行交還。使俄人無所藉口。近與英國公使再三會商。聞已有首肯之意云。

又聞關外及遼河西南一帶鐵路。俄人已允於西十月六號以前交還。關內鐵路。英人亦允於一禮拜內交還云。

◎西藏交涉　聞西藏交涉日來頗爲棘手。政府諸公。一再籌商。尙無定見。又聞自俄人欲使西藏自立以便已圖以來。西藏遂有不穩之勢。近日動機稍作。英人已派兵至哲孟雄云。

◎俄人照會　聞俄人昨有照會外部云。貴國與英人所訂商約。殊失中國自主之權。若果無異議。則東三省地面。斷難依限交還。外部已達政府諸公。明知其有意尋隙。尙不知作何答詞。

海外彙報

半月大事記 西歷九月上半月

▲九月一日路透電。昨日英政府在北閱垣獎敍戰功時。贊博廉宣言國家屢次籌欵。吾民多不樂助。此次所以幸獲成功者。實賴吾民之俠氣云云。倫敦某報大爲不然。謂如彼所言。則英國尚得謂爲文明之國乎。某時報則以贊君此言意在英國不能常蓄練兵二十五萬。所異者彼以全藉民氣爲主義。不知無兵無以宣威。故此語雖頗近理。實無裨于國家也。

同日電。本日英皇召見贊博廉君。詢以前日所言之故。贊君奏對云。國家養雄兵二十五萬人。似非保全太平之局云云。

▲二日路透電。加拿大總督在溫哥華閱視香港所派赴慶賀英皇加冕各軍并美國某營護兵。

同日電。中英商約就緒後。美人擬于美屬之加力弗尼亞地方設立公司。集股一百萬元。以備擴充中國商務。又聞此事已有成議。并請中國此後宜向紐約採買棉花。不必前往力斐坡。各棉商亦擬于中國通商口岸設立銀行云。

▲三日路透電。美國大總統羅斯福并大臣數輩。出璧士田駕車前往廉瑙薩地方。其車忽碰電桿。電火怒發。總統幸祇輕傷。其餘車夫僕從死者頗衆。

▲四日路透電。茲有某輪由瑪丁斯尼開往倫敦。據船中人云。附近瑪丁尼之磨鳥魯村火山轟裂。熱泉飛噴。居民死者靡有孑遺。亞阻巴伯倫村則火石飛空。擊死人民無數。該島之東十里某處。竟沈入海中。聞火山轟裂時。係在前禮拜之夕。同日電。美國某政治家近著一書。詳述美國人民不欲與他國更修商約情形。以及各等交通條欵。

▲五日路透電。南非洲英大臣敷拉君覲見英皇時。力言英必須誘掖華人。開辦中國各種礦產。同日電。英兵部大臣畢博路達君。與英將亨美通坎尼君。同赴德京伯林商議要事。同日電。昨晚瑪丁尼火山忽又炸裂。傷斃者約有二十人。

同日電。英相斯斐理君新立便民要政四條。一籌銀二百七十九萬五千四百磅爲修理提博爾力士白東倫敦沙漠四處海口之費。二修造灌溉田園各機器。三修理各處鐵路。四籌銀一百六十一萬六千二百七十七磅、爲新造鐵路之費。

▲六日路透電初四日瑪丁尼火山炸裂。喪失人命實數尚未盡知。

同日電本日下午英將軍博士坒幷丁蘭利二君曾與英大臣賛博廉君在理藩院會議兩点鐘之久。理藩院大臣克洛尼幷烏斯洛二君均在座。

同日電此番英杜各大臣在理藩院衙門議事時。各杜官議論言語均係荷文。然後再譯英語。

同日電杜國償款一節、已在南非洲會議三次。

▲七日路透電、本日英將軍博士坒君又往理藩院會晤賛博廉君。聞因杜將昨日所增條約。英政府難以允從。嗣復會議。杜將已願從前議、議畢之後。杜將即啓程前往荷蘭。惟其心頗不滿意云。

同日電。英大臣烏拉巴畢路達二君。現已行抵德京柏林。極蒙德皇厚待。

同日電。日本商務大臣刻已行抵英屬滔利亞地方。擬與英政府商議遣派日本農學家前往該處。布種日本各種土產。并設立船廠。以便製英日兩國輪船。

同日電。俄國某報論及目下各國水師情形。略云英日聯盟後。太平洋各處英日兩國水師。頗能協力相助。俄國不得不于中國各海口以顯其水師之威云。

同日電。附近聖彬森密弗烏利地方。初三日九点鐘火山忽又轟裂。直至次日十一點鐘始止。聞此番炸裂之狀。尤甚于前云。

▲八日路透電。德國某兵艦停泊高尼弗士海時。見某砲船忽有匪黨多人擁入一德國輪船。搶奪軍火甚多。

▲九日路透電。德國品沙砲船因知斐烏拉輪船有匪藏匿其中。欲攻擊該匪。遂令該船各水手于五分鐘內盡行逃避。以便轟擊。該輪管駕因五分鐘爲時太促。請寬限五十分鐘。品沙砲船隨即允諾。各水手甫經登岸。其輪忽自著火。品沙砲船開砲五十次。始將該船擊沈。按斐烏拉輪係遐汀砲船。因有匪藏匿其中。故品沙砲船以匪船待之。當各水手未登岸時。該匪等已將船內火藥房預備。使其自裂云。

同日電。附近璺彬森之烏拉伯格地方現在仍有火烟。飛沙走石。附近海岸並蔭弗力山峰自崩頽以後。其高遠不及于前云。

同日電。英國一等砲船利柏石駛到波斯灣時。曾與某船開仗擊斃該船中人一人。其餘受傷者甚衆。

▲十日路透電。暹汀斐烏拉砲船管駕凱理君當品沙砲船開砲轟擊該船時。仍在船中火藥艙縱火。旋被擊斃。

同日電。美人現在紐約設立專來往亞洲各海口輪船公司。每月均有輪船由紐約駛赴亞東各處。

同日電。荷蘭首相本日與某杜將會晤。談暢良久。

▲十一日路透電。近有多數之俄兵俄人。前往滿洲駐北京俄公使巳勸令該軍統帶將該處各洋關英人。盡行派入郵政局辦事。

同日電。日來埃及吐瀉盛行。昨一日之間因患吐瀉而亡者千三百五十人。統計自本年七月十五起截至今日患吐瀉者共二萬零三百廿九人。因此而亡者共一萬一千二百九人。

同日倫敦電。中美洲哥倫比亞叛亂。革命軍與官軍戰于沙他瑪地方。革命軍得大捷。降官軍二千人。押留于巴拿馬。美國巡洋艦巴沙號則駐其地以保護美商。

同日電。在哥烏阿與施夫剌之間試驗無線電信。甚覺有効。

▲十二日倫敦電。美國政府因哥侖比亞亂事。鎖閉巴拿馬地峽。已決意再派遣一巡洋艦于其地。俾與現在巴拿馬之戰鬥艦相合。至軍隊之增遣否。則不可知。

▲十三日路透電。據報因南非戰爭損害事件。賠償荷蘭人再追加三百萬金磅。至英人及中立外人之罹災者。則賠償三百萬金磅。俾復其舊狀云。

同日電。英國本年凶作。爲千三百六十年以來所未有云。

▲十四日路透電。據美國輿論。現任大統領羅斯福甚得人望。巴科丹黨最近會議。已選定羅氏爲次期大統領之候補云。

餘錄

論留學生之責任與其箴言

愛國者

問中國諸種社會中其前途最有望而能負擔將來之中國者。則必曰留學生。中國腐敗。如官吏社會無識。如細民社會愚頑。如八股家社會。皆氣息奄奄。若塚中骨。若俎上肉。雖外人奴之辱之臠之割之。而皆莫可如何。而留學生則不爾。受文明之教育。染他國之良風。而又加之以愛國心。賦之以青年之血氣能力。故留學生者。中國未來之主人也。未來之統制者也。問中國之前途而求其可以任國事者。則留學生而已。

西儒之言曰。「國無論爲文明爲野蠻。而皆擧全國之多數者。受少數者之統制。專制國無論矣。即如共和國雖曰專主民權。實則統制之者。亦唯大統領行政諸官及議員。大統領行政官議員。置之全國人民中。其少數者也。」夫謂大統領與行政官議員等爲統制一國。猶其形式上也。實際上則統制一國者。常在無權勢無門地無官階之少數之人民。昔日本維新以前。吉田松陰與其門人。欲事洋學而無師。欲盡國事而無權。

唯羣聚于六疊小室之內日夜談陽明學太息天下事然其後唱尊王討幕之論風靡日本全國者即其門人故遠觀日本之運命知統制日本者即此無權力無門地無官階之吉田松陰與其門人也是故欲任天下事不必有統制天下之權力統制天下之門地統制天下之官職而唯宜有統制天下之能力與智慧孟子所謂當今之世舍我其誰以此故也

國何以必有教育蓋國無論政治之美軍力之強其力之所能及唯現在之國民而教育之力所能及者則將來之國民也吾覘國者入其國不問其政治如何社會如何而先詢其教育是何也全國之青年皆統制於教育之下青年有能力有智識則國雖弱而強青年之能力薄智識不足則國雖強而亡嗚呼青年之於國其任不誠重矣哉

留學生中國青年之重者也欲求中國之吉田松陰與其門人則先求之于中國之留學生之中留學生統制未來之中國者也非以其權勢非以其地位以其能力與智識也是故中國而如印度如埃及永蹶而不振是留學生之咎也中國而如意大利如日本有自強之一日亦留學生之任也壯哉留學生一身雖微國實賴之任重道遠幸勿

自餒

俄羅斯之革命熱近年日以進步識者謂俄國不出數年將有大改革之事出然其爲革命之主動力者則俄國之學生也日本尊王討幕之聲日騰于國舉國大振而伊藤井上之流猶留學于外國迄不爲動後乃歸而立憲政爲國之巨擘焉此等人吾愛之敬之吾願吾國留學生內顧國勢之衰外羨他人之美而視之無少讓也然吾國留學生何如吾願爲之進一言

留學生之智力由其境遇與天性相觸相化而生者也天性習于所生之地境遇習于所處之地留學生之天性習于中國境遇習于日本（留學歐美者茲不論之故單指日本）故欲明其智力以視其能勝其責任與否則先爲言中國人之特性與日本現在之風氣

外人恒曰中國人之奴隸性質大重奴隸性質者何無獨立之力無堅定之心凡事依于人一切無定力不見各督撫大臣先之媚政府者今轉而媚外人乎不見各省人民先之稱大清順民者今轉而稱大日本順民大英順民乎是皆奴隸之性深根於其心遂冥冥然隱隱然爲此寡廉恥無血氣之事而不自覺也留學生生長中國習聞父

兒之所勸勉官吏之所誥誡。當亦各具是性而不能免。

日本近日東洋之特出也。然其政治雖文明。而社會之風紀不甚振。公德私德之上或不足以抗西人。且宗教心大薄。無迷信則事事不爲無恐懼則事事皆爲其立憲法未十數年而當民間之選舉。鑽營奔走較之今日中國之官場殆有甚焉。加之島國人之恒性事事近于狹隘。其風氣能養成小智小慧之人物。而不能養成大智大勇之人物。能令人愛小利。能令人寡廉恥。而不能高尚其志氣。且大學高等學校之教育。其關于政治者。皆以令人屈服于國憲。盲從其政府爲目的。故中國之留此既久者。苟非具大識力。則亦染之而不自覺。

今日吾國留學于此者既已六百有餘。想中國之前途不能不爲國賀。然文弱書生。上逢政府之壓力。下有父兄之拘束。內狃腐儒之迂論。外服監督之禁制。故留外多年而知大勢者鮮。處于憲政之國。而政治思想缺乏。尚有不知國爲何物留學爲何事。此身爲何人者。此種人吾不怪之。而唯怪其政府其父兄其腐儒其監督。且又知其少遇教育。必將發達也。然而留學生之大半則如此矣。此所宜自省者一。

亦有知國之衰由於民之愚民之愚由于政府之不善而思所以改革之開明之駸駸。然有政治思想矣然其政治思想非愛國之政治思想而愛身之政治思想習于日本人之運動議員。中國人之鑽營官階。而日皇皇然謁公使。拜游歷官。立社開會。以求聲名。而忘其所拜謁者爲何人。所行者爲何事。所居者爲何心。其目的則一教習而已矣。一小官而已矣。是亦中國人奴隸之性質日本人島國之風氣馴染而使然亦不足怪然而留學生之翹楚者則多如是矣。是所宜自省者二。

此外則政治思想亦未嘗不有鑽營之事亦鄙而不爲循循然似令人可敬也然而少年恒性逸則思淫既不願人之監督又不以外事擾其心于是流而爲喪行敗檢之事此種人固內外所共擯學生社會所不容然而來者既衆流品自雜一薫一蕕在所不免此所宜自省者三。

以上三種吾固不言留學生盡人而如此也吾又不確知留學生之中果有此等人也然使不幸而中則吾國留學生以視俄國何如以視伊藤井上等何如留學生社會尚如此則其他可想負擔將來中國之運命者尙如此則中國可想嗚呼留學生留學生

五

其以言爲山膏抑以予言爲良藥。

右東京學生某君來稿也以局中人談局中之利弊其言深切著明因亟附錄以資切磋　本社識

出版圖書廣告

東亞各港志	全一册	定價三角
明治政黨小史	全一册	定價一角
外國地理問答	全一册	定價二角
理學鈎玄	全二册	定價五角五分
近世歐洲四大家政治學説	洋裝精本	定價三角
日本維新慷慨史	全二册	定價五角
國憲汎論		近刊
英國憲法史		近刊
英國憲法論		近刊
羣學		近刊
萬國官制志		近刊
萬國選舉志		近刊
萬國商務志		近刊

歷史哲學	近刊
新編中學教科書第一種 倫理教科書	近刊
新編中學教科書第二種 泰西史教科書	近刊
暗射世界大地圖	定價五圓
中國暗射地圖	定價五圓
中國十八省地圖	定價一圓二角
中外方輿全圖	定價四圓
實測精密 東亞新地圖	定價一圓
戰地必攜 極東地圖	定價一圓六角
教科適用 東亞三國地圖	定價一圓五角
最新滿洲圖 附圖説一本	定價一圓
學校要品 徑尺地球儀	定價八元五角
五彩 坤輿全圖	定價二元二角五
新譯 英和辭典	定價二圓

十四

本支店所在地

東京（本店）　大坂　京都　横濱　神戸
名古屋　廣島　下關　函館　大津
和歌山　四日市　長崎　小樽　足利
横須賀　三池　門司　深川（東京）

資本金　五百萬圓

合名會社　三井銀行横濱支店

横濱市本町二丁目二十一番地

電話　五五番、八九〇番、九八六番

公積金五百廿五萬圓

存金利息

一定期存金六月以上　週息六分五厘
一隨時存金每百圓每日壹錢二厘
一特別隨時存金每百圓每日壹錢五厘
一通知存金利息隨時面議

明治三十五年七月十日　支店長　矢田績

三松堂編輯局編纂

最新 大淸國疆域分圖

▲石版密刻彩色入　定價金五角

大淸國地圖其本多矣而爲最近調查且又完全精美者捨本書固無庸他求本書首載大淸國旗章次載地球圖世界圖亞細亞全圖各一幅再次則分載十八省疆域圖自都府縣廳以至鐵道航路山脈江河等靡不詳盡中間以彩色尤易搜覽直瞭如指掌故本圖不特適用于學校教科書即行軍經商航海旅行者亦不可不各備一冊也

製圖家之泰斗　赤松範靜先生製圖

最新 東亞三國地圖

定價金四角

吉倉精次郎先生編

教科適用 新案萬國地圖

定價三角五分

赤松範靜先生製圖

近世萬國地圖

定價一圓二角五分

新刊 地球儀

改良着色石版印刷

大形徑一尺二寸定價三圓五角

中形徑一尺定價二圓五角

東京京橋區弓町

發行所　松邑三松堂

新民叢報發賣元

書籍 博文館發兌圖書雜誌特約店

雜誌 文武堂發兌圖書特約發賣

本店今次擴張業務凡各處出版之書籍雜誌皆廣羅以備貴客購採價格低廉發送快捷取扱誠實懇切批發零售均甚相宜凡各種書籍雜誌如在本店定購比之在該發行所省付價付信各費實較便利如蒙光顧多少隨意

又發賣圖書雜誌目錄如要者請寄郵券二分製本出來當次第送呈

委托販賣部大擴張本店爲便利各士商起見特設委托販賣部廣備各處之書籍雜誌今次更大加擴張凡各處出版之書籍雜誌如蒙委托販賣無不誠實可靠但有相委乞于發行前付下切盼

東京神田區表神保町三番地 東京堂書店 電話特（本局）貳百四拾八番

湘報文編出書廣告

湘學報彙編近日風行幾於家置一編人懷一帙而戊戌年湘中另有湘報主筆者類皆有奇特俶詭之才故所撰論說各類大都條理蒨濩意指岑奥盪掃陳言闡明新義其卓識巨力精思沈學殆視湘學報所作有過之而無不及本主人現覓得原本一册特延請名宿精選二百餘篇付諸鉛印顔曰湘報文編用潔白拷貝紙裝成三巨册准七月十五出書定價一元批發另議

又子史切要表爲讀子史門徑書每册定價五分

上海總發行所廣智書局南京總發行所明達書莊分售處北京有正書局湖南明達書莊上海各書坊

本報各代派處

如有欲閱本報者請向下開各處所定購或逕寄函本社購取亦得但必須將報費郵資先行付下本社自然按寄無悞

上海總代發行所廣智書局
又四馬路同文滬報館
又四馬路惠福里選報館
又四馬路惠福里采風報館
又四馬路廣學會邱禮清先生
又四馬路望平街中外日報館
又五馬路賓善街普通學報館
又大東門內育材書塾王培孫先生
又樊王渡約翰書院晋尚先生
東京譯書彙編社
又神田東京堂
長崎新地宏昌號
朝鮮仁川怡泰號
天津日日新聞社
又大公報館
烟台順泰號
北京琉璃廠日日新聞分社
又琉璃廠西門內有正書局
又燈市口廣學會
南京花牌樓中西書局
又夫子廟前明達書莊
又三牌樓西明達別墅
又鐵湯池益智書局
安慶拐角頭皖省藏書樓
蘇州蕭家巷姚公館方康安先生

又同里鎮任閣學第陳佩忍先生
吳中圖書會社
無錫北門內道長巷梁溪務實學堂
常州城內青雲里楊第
又打索巷許芝年先生
杭州浙西書林
又東文學社
又梅花碑方言學社
又白話報館韓靜涵先生
又回回堂史學齋
又三趾橋總派報處董青心先生
揚州新勝街東文學社
又政法學會
紹興東湖通藝學堂孫翼中先生
南昌百花洲廣智書莊
又馬王廟背賦梅山房
又馬王廟背陶君節先生
如皋東門朱獻侯先生
漢口黃陂街江左漢記
温州正和信局
福州南臺閩報館
汕頭今學書局
又育善街嶺東日報館
又振邦街上海莊黃敬堂先生
香港上環海傍和昌隆

又荷李活道聚文閣
又中環水車館後街錦福書坊
廣東省城雙門底開明書局
又聖教書樓
又黃文裕公祠內萃廬
又大馬站口林裕和堂
又十八甫華洋書局
海防同昇昌陳堯龔先生
石叻大葛街謙和號
巴城大港啓聯興號
庇能檳城新報館
吉隆王澤民先生
暹羅陳斗南先生
檀香山新中國報館
域多利埠廣萬豐號
域多利二埠英泰號
温哥華埠永生號
砵崙李美近先生
舊金山文興報館
又中西報館
又翰香報館
偲郎羅藻雲先生
雪梨方澤生先生
美利畔黃世彥先生
紐西侖呂傑先生

（近刊）

日本專門學校教授松平康國著
新會梁啓勳譯述
飲冰室主人案語

世界近世史

史也者敍述羣治之原因結果也因果不一而最繁賾者莫如近世史**近世史者十九世紀史之母也**此編起十五世紀末迄十八世紀其中如學問之復興宗教之革命君權之變遷諸大業皆孕育百年來之文化者也故**欲知最近世史之果不可不求其因於近世史**此篇爲專門學校講義**煌煌巨帙**東國史籍中**第一善本**也譯者夙有家學文辭斐然復經飲冰室主人校閱**加案語百餘條**將書中要點逐一剔出以**卓特之學識雄奇之文筆**論斷之而**一以資鑑於我祖國**學者苟讀一過則於史學之常識思過半矣現已付印

浮田著西洋上古史現已開譯過半敬告海內諸君勿複譯爲幸　梁啓勳謹白

發行所　上海英界同樂里　**廣智書局**

第三種郵便物認可
新民叢報第拾六號　明治三十五年九月十六日發行

SIN MIN CHOONG BO
P.O. Box 255
YOKOHAMA
JAPAN

新民叢報

第拾柒號

光緒二十八年九月一日
明治三十五年十月二日

◉本號要目

新世界開幕二偉人像
英國議院圖
法國凱旋門圖
敬告我同業諸君
生計學學說沿革小史
論中國貴族政治之消滅及其原因結果
女傑羅蘭夫人傳
意大利建國三傑傳
孟子微
飲冰室自由書
十五小豪傑
詩界潮音集
留學善後事宜質疑
本號新增靑年思潮一門

每月二回朔望發行

新會梁任父先生著

飲冰室文集

香山何天柱編

飲冰室主人爲我國文界革命軍之健將其文章之價値世間既有定評無待喋喋此編乃由其高足弟子何君所編凡**著者數年來之文字搜集無遺**編年分纂凡爲八集曰丙申集丁酉集戊戌集己亥集庚子集辛丑集壬寅集而以韻**文集**附於末焉其中文字爲**各報所未載者**亦復不少煌煌數百萬言無一字非有用之文雖謂中國集部空前之作殆無不可卷首復冠以著者所作**三十自述**一篇及**照像三幅**一爲時字報時代造像二爲淸議報時代造像三爲新民叢報時代務像海內外君子有表同情於飲冰室主人者乎得此亦足代嚶鳴求友之樂也**現已付印**不日出書

發行所 上海英界南京路同樂里 **廣智書局**

新民叢報第拾柒號目錄

光緒二十八年九月一日

◉圖畫

哥侖布士像　瑪丁路德像

英國議院之圖　法國凱旋門之圖

二

售報價目表

全年廿四冊	半年十二冊	每冊
五元	二元六毫	二毫五仙

美洲澳洲南洋海參威各埠全年六元半年三元二毫零售每冊三毫正郵稅每冊壹仙外埠六仙

廣告價目表 刊資先惠 論前加倍

一頁	半頁	一行 四號十七字起碼
十元	六元	二毫八仙

凡欲惠登告白者須于本報定期發刊之前五日交到價洎先惠欲登長年半年者價當面議從減

編輯兼發行者 馮紫珊
印刷者 西脇末吉
橫濱山下町百五十二番館
發行所 新民叢報社
橫濱山下町百五十二番館 信箱二百五十五番
印刷所 新民叢報社活版部
東京神田區表神保町三番地
東京發賣所 東京堂

日本中江篤介原著

理學鈎玄

全一冊
定價五角五分

此書實總匯哲學之綱領而比較評論其是非得失也著者**中江兆民先生**爲日本法國學派第一人在彼都有**東方盧梭**之目且深於漢學善能以泰西之新理針砭泰東之舊弊去年物故其遺稿出世一月間重版至二十一次爲則著者之聲價可想見矣此編乃其蚤年之作持論和平析理明達且當日本哲學未興時特著此以牖後學故其書尤適於中國人今日之用本局特繙譯之以餉我學界之研究哲理者現已出書請快先覩

日本維新慷慨史

全二冊
定價五角

世界中無論何國其能成維新之業者未有不自民間愛國之志士揮血淚以易之也日本與我比鄰其歷史上習慣亦多與我相類其與泰西各國交通後于我而今已儼成一新國儕于歐美第一等文明國之列豈有他哉彼有民間慷慨家而我則無耳故欲造新中國者與其讀各國維新以後史不如讀其維新以前史若此書者亦廉頑立懦之一助乎吾願愛國之士日以之自隨

廣智書局

順德麥仲華重譯

歐洲十九世紀史

美國法學博士札遜原著

十九世紀者歷史上**空前之名譽時代也**欲識人類之價値不可不讀十九世紀史欲觀天演之作用不可不讀十九世紀史欲養國家之思想不可不讀十九世史紀雖然著十九世紀史者不多而善本尤少今所最著名者則菲佛氏苗拉氏馬懇西氏之三家馬氏之書坊間有譯本題爲泰西新史攬要者譯筆太劣讀者不慊焉札遜博士之書**最晚出兼諸家所長而有之**故一殺青後重版十數各國繙譯之者亦踵相接其書敘事簡而不漏論斷卓而不偏趣味濃深如讀說部無怪爲學界所大歡迎也此編爲日本專門學校譯本重譯者麥君曼蓀久留學東京文學夙著譯本價値自無待言現已**印成**方在**裝釘**不日出書

發行所 上海英界同樂里 **廣智書局**

湘鄉周逵譯

英國憲法論

日本 天野爲之 石原健三 原著

本局認憲法思想爲中國今日第一急務故所聘通人著譯之書多注重於此點湘鄉周伯勳先生**前著憲法精理**及**萬國憲法志**已受一時學界之歡迎今復譯此編以餉學者其自序云**英國憲法列國憲法之母也**曰三權鼎立曰兩院之制曰司法之獨立曰議員之言論自由曰大臣責任之主義曰陪審制度皆列國今日憲法之大原則而究其原由皆取範于英國**故欲知立憲政治之眞相則先當明英國之制度**云云亦可見此書爲政治學上第一重要之籍矣至**著者爲日本斯學大家**譯者之學識文章旣爲江湖所同認無待本局詞費也現已付印不日出書

上海 廣智書局

鶴山馮邦幹編著

萬國通志第三篇 **萬國官制志** 近刊

官制爲行政之樞紐今日中國百度不舉皆官制紊亂之害爲多有志改革者宜亟亟留意矣本編釐爲三卷曰歐羅巴之部以英德法三國代表曰亞美利加之部以北美合衆國代表曰亞細亞之部以日本代表盖君主立憲國民主立憲國聯邦立憲國之官制皆備矣學者据此以研究行政學其如航海之有方針乎現已付印

萬國通志第四篇 **萬國撰舉志** 近刊

萬國通志第五篇 **萬國商務志** 近刊

日本市島謙吉著

政治原論

洋裝全一册 定價七角五分

欲求治政術者不可不通政治學而欲通政治學者當提綱挈要先擇其通要者讀之本書在日本學界中號稱名著都分三卷上卷論政体中卷論憲法下卷論行政廣搜衆說證論明通凡國家機關所由組織之故讀此自能了然誠有志經世者必讀之書也本局特爲選譯以餉我學界至于譯筆之條暢明達讀者自知不待贅言

發行所 上海南京路同樂里 **廣智書局**

日本小野梓著

國憲汎論

近刊

憲法爲立國之本稍有文明思想者皆能知之矣此書爲日本名士小野梓先生所著其所以特優於羣書者以此書之著在日本未開國會以前當時東人猶未具知憲法之眞相著者乃繁徵博引條分縷晰搜列各國名儒學說而折衷其是非徧引各國憲法成例而剖斷其得失日本人能爲立憲國國民受此書之賜居多焉而今日之中國人讀之尤爲適當矣因亟譯之以餉同胞原書博大浩瀚今先將上中卷出版以供先覩之快焉不日出書

美國威爾遜原著
番禺羅雅譯

歷史哲學

近刊

歷史哲學者何也以哲學之理論觀察歷史也尋常歷史譬猶形質歷史哲學譬猶精神其重要不待言矣是書凡分上下二篇上篇爲章五曰埃及文明論曰叙利亞文明論曰希臘文明論曰希臘盛衰論曰羅馬文明論下篇爲章六曰中世史論曰宗教改革論曰英國革命論曰法國革命論曰美國革命論曰近世史論苟欲治新史學者烏可不一讀

發行所　上海英界同樂里　廣智書局

十

新世界開幕二偉人

（其一）

亞美利加開闢者哥倫布士

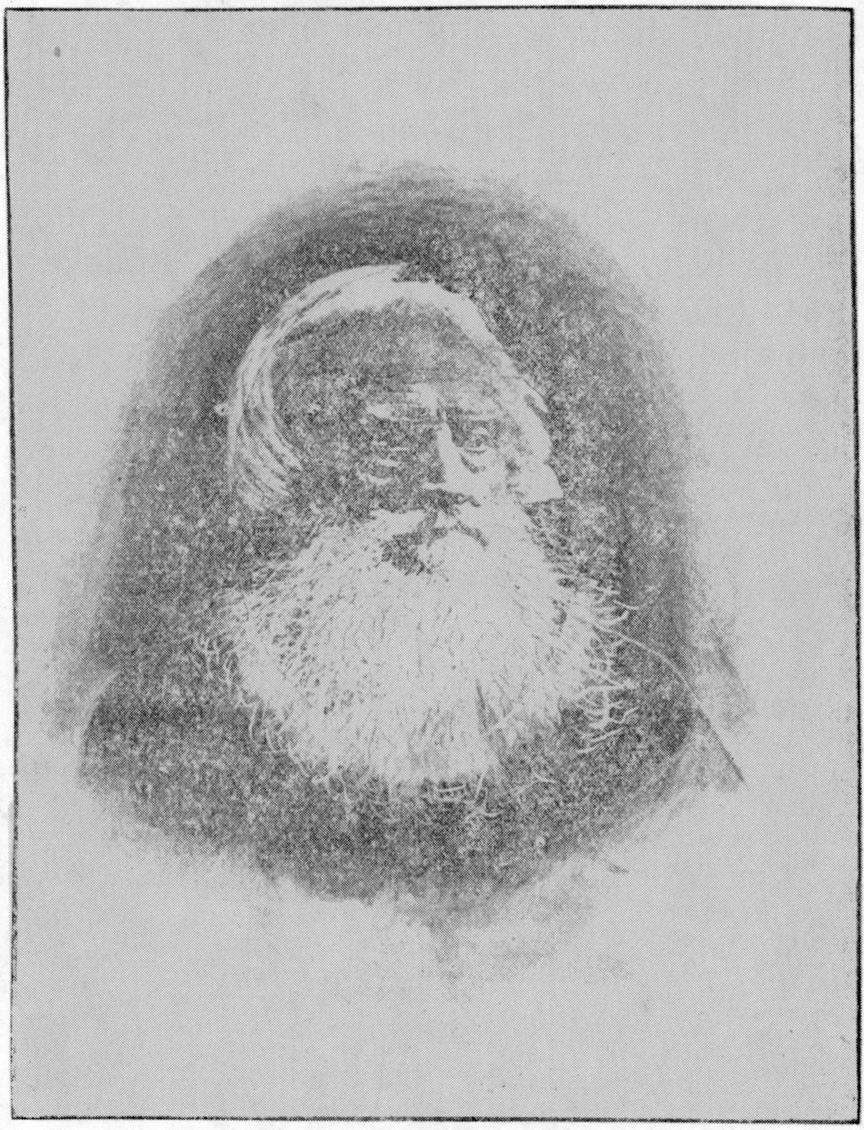

Columlus

新世界開幕二偉人

(其二)

宗教改革者瑪丁路德

Martin Luther

英國議院之圖

Parliament House

法國凱旋門之圖

Arch of Triumph, Paris.

論說

敬告我同業諸君

中國之新民

某頓首上書於我同業諸君閣下。

嗚呼。國事不可問矣。其現象之混濁。其前途之黑暗。無一事不令人心灰望絕。其放一綫光明。差强人意者。惟有三事。曰學生日多。書局日多。報館日多。是也。然此三者。今皆在幼稚時代中。其他日能收極良之結果歟。抑收極不良之結果歟。今皆未可定。而結果之良不良。其造因皆在今日。吾儕業報館。請與諸君縱論報事。某以爲報館有兩大天職。一曰對於政府而爲其監督者。二曰對於國民而爲其嚮導者是也。

所謂監督政府者何也。世非太平。人性固不能盡善。凡庶務之所以克舉。羣治所以日進。大率皆藉夫對待者旁觀者之監督。然後人人之義務。乃稍完。監督之道不一。約而論之。則法律上之監督。宗教上之監督。名譽上之監督是也。法律監督者。以法律强制之力。喻示其人曰。爾必當如此。爾必不可如彼。苟不爾者。將隨之以刑罰。此監督權之最有力者也。宗教監督者。雖不能行刑罰於現在。而曰善不善報於而身。或曰善不善報於而後身。而使中人以下咸有所警焉。報於身後之說中土宗教家言是也所謂積善之家有餘慶積不善之家有餘殃皆言因果之在子孫也報於後身者西方宗教家言如佛如耶皆是也謂人雖死而魂不滅因果業報應之來生也此兩義皆監督人類之一大法門今以非本論目的不詳論之此亦監督權之次有力者也。名譽監督者。不能如前兩者之使人服從使人信仰使人畏憚。然隱然示人曰爾必當如此。爾必不可如彼。苟不爾者。則爾將不見容於社會。而於爾之樂利有所損。此其監督之實權。亦有不讓於彼兩途者。此種監督權誰操之。曰輿論。操之輿論無形。而發揮之代表之者。莫若報館。雖謂報館為人道之總監督可也。政府者受公衆之委託。而辦理最高團體今世政學家謂國家為人類最高之團體之事業者也。非授以全權。則事固不可得舉。然權力既如此重且大。苟復無所以限制之。則雖有聖智。其不免於濫用其權。情之常也。故數百年來政治學者之所討論。列國國民之所競爭。莫不汲汲焉以確立此監督權為務。若立法司法兩權之獨立。政黨之對峙。皆其監督之最有効者也。猶慮其力之薄弱也。於是必以輿論為之後援。西人有恒言曰。言論自由。出版自由。為一切自由之保障。誠以此兩自由苟失墜。則行政之權限萬不能立。國民之權利萬不能完也。而報館者即據言論出版兩自由以襲行監督政府之天職者也。故一國之業報館者苟認定此天職而實踐之則其政治必於是出焉。拿破侖常言『有一反對報館則其勢力之可畏視四千枝毛瑟鎗殆加甚焉』誠哉報館者摧陷專制之戈矛防衛國民之甲冑也。在泰西諸國立法權司法權既已分立政黨既已確定者而其關係之重大猶且若是。而況於我國之百事未舉惟恃報館爲獨一無二之政監者乎。故今日吾國政治之或進化或墮落其功罪不可不專屬諸報館。我同業諸君其知此乎。其念此乎。當必有瞿然於吾儕之地位如此其居要吾儕之責任如此其重大者。其尙忍以文字爲兒戲也。抑吾中國前此之報館固亦自知其與政府有關係焉矣。然其意曰吾將爲政府之顧問焉。吾將爲政府之拾遺補闕焉。若此者吾不敢謂非報館之一職。雖然謂吾職而盡於是焉。非我等之所以自處也。何也。報館者非政府之臣屬而與政府立於平等之地位者也。不甯惟是。政府受國民之委託是國民之雇傭也。而報館則代表國民發公意以爲公言者也。故報館之視政府當如父兄之視子弟。其不解事也則教導之。其有過失也則扑責之。而豈以主文譎諫畢乃事也。夫吾之爲此言非謂必事事而與政府爲難也。

教導與扑責同時並行而一皆以誠心出之雖有頑童終必有所感動有所忌憚此乃國家所以賴有報館而吾儕所以盡國民義務於萬一也抑所謂監督云者宜務其太者遠者勿務其小者近者豺狼當道安問狐狸放飯不懲乃辨齒決苟非無識其必有所規避取巧矣某以爲我同業者當糾政府之全局部而不可挑得失於小吏一二人當監政府之大方針而不必摭獻替於小節一二事苟不爾者則其視獻媚權貴之某報亦百步與五十步耳吾儕當盡之天職此其一

所謂嚮導國民者何也西哲有言『報館者現代之史記也』故治此業者不可不有史家之精神史家之精神何鑒既往示將來導國民以進化之塗徑者也故史家必有主觀客觀二界（參觀本報第三號歷史學之界說篇）作報者亦然政府人民所演之近事本國外國所發之現象報之客觀也比近事察現象而思所以推繹之發明之以利國民報之主觀也有客觀而無主觀不可謂之報主觀之所懷抱萬有不齊而要之以嚮導國民爲目的者則在史家謂之良史在報界謂之良報抑報館之所以嚮導國民也與學校異與著書亦異學校者築智識之基礎養具體之人物者也報館者作世界之動力養普通之人物

者也著書者規久遠明全義者也報館者救一時明一義者也故某以爲業報館者旣認定一目的則宜以極端之議論出之雖稍偏稍激焉而不爲病何也吾偏激於此端則同時必有人焉偏激於彼端以矯我者又必有人焉執兩端之中以折衷我者互相倚互相糾互相折衷而眞理必出焉若相率爲從容模棱之言則舉國之腦筋皆靜而羣治必以沈滯矣夫人之安於所習而駭於所罕聞性也故必變其所駭者而使之習焉然後智力乃可以漸進某說部嘗言有宿逆旅者夜見一婦人摘其頭置案上而梳掠之則大驚走至他所見數人聚飲者語其事述其異彼數人者則曰是何足怪吾儕皆能焉乃各摘其頭悉置案上以示之而客遂不驚此吾所謂變駭爲習之說也不寧惟是彼始焉駭甲也吾則示之以倍可駭之乙則能移其駭甲之心以駭乙而甲反爲習矣及其駭乙也吾又示之以數倍可駭之丙則又移其駭乙之心以駭丙而乙又爲習矣如是相引以至無窮所駭者進一級則所習者亦進一級馴至舉天下非常異義可怪之論無足以相駭而人智之程度乃達於極點不觀夫病海者乎初時渡數丈之澗猶或瞑眩焉及與之下三峽泛五湖則此後視橫渡如平地矣更與之航黃渤之海

駕太平大西之洋。則此後視內河亦如平地矣。國民之智識亦然。勿徵諸遠。請言近者。二十年前聞西學而駭者比比然也。及言變法者起。則不駭西學而駭變法矣。十年以前聞變法而駭者比比然也。（王安石變法爲世詬病數百年來變法二字爲一極不美之名詞吾於十年前在京師猶習聞此言今則消滅久矣）及言民權者起。則不駭變法而駭民權矣。一二年前聞民權而駭者比比然也。及言革命者起。則不駭民權而駭革命矣。今日我國學界之思潮。大抵不駭革命者千而得一焉。駭革命不駭民權者百而得一焉。若駭變法駭西學者殆幾絕矣。然則諸君之所以嚮導國民者可知矣。諸君如欲導民以變法也。則不可不駭之以民權。欲導民以民權也。則不可不駭之以革命。當革命論起。則並民權亦不暇駭。而變法無論矣。若更有可駭之論倍蓰於革命者出焉。則將並革命亦不暇駭。而民權更無論矣。大抵所駭者過兩級。然後所習者乃適得其宜。（如欲其習甲則當先駭之以乙繼駭之以丙然後其所習者適在甲當其駭乙時駭乙者十之七而駭甲者猶十之三及駭之以丙則彼將以十之七駭丙以十之三駭乙而甲已成爲習矣）某以爲報館之所以導國民者。不可不操此術。此雖近於芻狗萬物之言乎。然我佛說法。有實有權。衆生根器。既未成熟。苟不頫權法。則實法恐未能收其效也。故業報館者而果有愛國民之心也。必不宜有所瞻徇顧忌。吾所欲實行者在此。則其所昌言者不可不在彼吾昌言彼而他日國民所實行者不在彼而在此爲其究也不過令後之人笑我爲無識訾我爲偏激而已笑我訾我我何傷焉而我之所期之目的則既已達矣故欲以身救國者不可不犧牲其性命欲以言救國者不可不犧牲其名譽甘以一身爲萬矢的曾不於悔然後所志所事乃庶有濟雖然又非徒恃客氣也而必當出以熱誠大抵報館之對政府當如嚴父之督子弟無所假借其對國民當如孝子之事兩親不忘幾諫委曲焉遷就焉而務所以喻親於道此孝子之事也吾儕當盡之天職、此其二。

以上所陳。我同業諸君其謂然也。則願共勉之。其不謂然耶。則請更據鴻論有以教我。吾儕手無斧柯。所以報答國民者惟恃此三寸之舌。七寸之管。雖然、既儼然自尸此重大之天職而不疑。當此中國存亡絕續之交。天下萬世之功罪。吾儕與居一焉。夫安得不商榷一所以自效之道。以相勸勉也。由幼稚時代而助長之成立之。是在諸君矣。某再拜。

學說

生計學學說沿革小史（續第十三號）

中國之新民

第七章　十八世紀上半期生計學　部甲第二期之四　闕

本章純屬過渡時代無甚新創之學說而家數頗繁蹟登諸報中使讀者厭倦故暫闕之以待他日印單行本始補入焉　著者識

第八章　重農主義　部甲第二期之五

十八世紀之下半羣治組織殆將一新其時之哲學文學種種異彩皆爲思想革命政治革命之媒箇人主義漸得勢力所謂民約說人權論等漸風靡一世務以排除政府之干涉放任人民之自由凡百學說皆然而生計學亦其一端也生計學之自由主義大成於斯密亞丹而法國之重農學派實爲其先河故敍述學史者常或以重農學派爲斯學之新時期蓋有由也

重農學派本稱性法學派 Physiocrat School 以其所持論偏重農本故通稱今名此

派之鼻祖。爲法國之奎士尼。Francois Quesney 1694-1774 奎士尼者律師之子也。生於鄙野。長而習醫學。聲望日高。爲法王路易第十五之侍醫。大見寵貴。然秉性剛直。不爲當時腐敗政界所移。以生於鄙野。故習知農事之利弊。其說之常趨重農務。蓋有由也。所著有「生計論」「國計格言」「生計學質疑」「工商業論」等書。最後乃著「性法論」一千七百六十八年。取當時政治法律哲學之新思想。以調合於生計學理。於是完全之一新學派乃成。今請綜奎氏學說之綱要而論之。

第一性法論　性法亦謂之天然法律。即政治學家所謂天賦人權說也。當時學者如盧梭輩。大倡天賦權利之論。謂人羣者由各人之分體結集以成者也。政府者由各人同意之契約委任以治事者也。故統治之權力。必當有所制限。除奉行契約之外。不可任意干涉。即以生計上論之。各人皆有以其勞力易其快樂之權利。一言以蔽之。則財産者神聖也。人民勞力之作用。必不可稍有所障碍。稍有所束縛。而勞力所得之利益。皆必當完全自有之。而不爲人所掣。奎士尼乃斷言曰。世界上有根於天然一定不變之法則存。一切人類。皆生息於此法則之下。生計界其一端也。若設種種人定法以與天然法相背戾其害羣莫甚焉故關於民間一切生計之事政府宜一聽其自勞自活自由自治而絲毫不可有所干涉苟干涉者則是揠苗助長之故智而已

第二重農論　奎士尼以爲一切產業中惟農業爲生利其餘工業商業等皆分利而已何以故一切有形之物品無不由土地與天然力和合而成惟土地爲能生新利是即生利之性法也土地所產之物除其耕作之費用其所餘者則爲純贏此純贏中以一部分納租於政府以一部分納稅於地主其再餘之大部分則應歸農民自由享用之農業興則純贏多純贏多則國家之富强基是焉若夫工商業則非能生新利者也工業者不過變物品之形而增其價耳商業者不過易物品之位而增其價耳而此變之易之之勞力不免銷耗於無益而農本天然之利反爲所分分之者衆非國之福也故欲謀一國之富舍獎厲農事外其道無由

第三貨幣論　奎士尼痛駁重商派好貨之論其言曰貨幣多之國則爲富國斯固然也雖然非以多貨幣故能富正以其富故能多貨幣也重商派之論所謂誤果爲

因也故貨幣者不過富之代表而決不足以致富致富之道非使農產物日增不能而彼重商論者反保護分利之工商業使之奪本而蠹民是緣木求魚之類也

第四租稅論　奎氏以爲租稅只當直接以課諸土地蓋土地者富之本源也此外各種間接稅畢竟亦歸農民之負擔徒使收稅法益以煩雜而費用益以加多甚無謂也

此奎士尼學說之大概也奎氏又取一國之人民而區爲三種

一曰生利者即耕治土地之農民是也

二曰監督者即地主是也地主者不躬親耕作之大農也奎氏不以地主爲分利者彼以爲此種之人爲國防及種種國事皆奔走盡力且擔荷其經費也

三曰分利者即不屬於前兩項之人民皆是也工商業者皆歸此項

奎氏欲將其學理施諸實事於是擬出種種方策(一)農民之耕治土地一切自由也(二)土地所產之物品或交易之於國內或交易之於國外一切自由也(三)耕作者之身體不得被束縛其物品不得被制限也(五)開通道路也(六)普施教育也(七)

政府時以特別之利益奬厲農民也(八)如專賣之例如工商聯行之例皆當禁廢使得自由競爭而農夫乃食其利也

奎氏之新學說旣出世其門弟子熱心闡播之影響忽波及於各國其在法國則有米拉般氏 Mirabeau 哥爾尼氏 Gournay 渣爾嚆氏 Turgat 其在英國則有謙謨氏 Enme (即哲學大家兼以歷史名者也其生計學實開斯密之先導) 在法國則有夏列德文氏 Schlettwein 等而意大利之宗其說者亦不少云

請言重農學派之得失(一)彼以工商業爲分利而非生利是其謬見之最甚者也蓋生產云者非專指物之自無而有者言耳凡以人力加於天然物而產出之或增多之者皆謂之生產此通於農工商而皆有效者也奎說之謬後此斯密亞丹掊擊之無餘蘊矣至其所以賤蔑工商之故大抵由重商主義之反動力而該派之學者又獨尊天然法(即性法)因此凡物之附屬於天然者皆特重之以土地爲天然物也則其加鄭重也亦宜亦以當時法國農民大爲上流人士所賤蔑沈淪困頓苦不忍言救時之士益斷斷三致意焉蓋有由也(二)其所謂性法者近今學者多排斥之(德國尤甚)以爲國計政策

隨時不同隨地不同斷無所謂貫古今通萬國之一定理法者存雖然當時風氣所趨一切政治法律哲學皆毗於此論無足怪者(三)其主張直稅排斥間稅畢竟終不可以爲完全之租稅法雖一時偶有勢力而今亦陵夷衰微矣此等諸說其影響及於後世者蓋寡可勿深論(四)重農學說之最有關係於羣治者則產業自由論是也此論殆取前此歐洲諸國政府管理產業之方法拔其本而淸其源也重農主義未興以前列國競靡於所謂哥巴政略(見第五章)者徒取一時權宜之策誤其目的愈趨愈甚政府干涉產業之極乃至人民起居日用之瑣事皆一一監督之掣肘之凡一切製造之方法貿遷之機關皆有立法權以爲之制限流弊既極於是非難之聲大作重農派學者乘之革新學理以排擊時政雖其所謂放任之義者未免過度時或軼出範圍以外雖然實革命時代自然之現象使然也而此重農論亦孕育革命之大原因也蓋當時人心漸變各部分之學說皆將翻數千年之案而一新之其中如政治學部內所謂民約說所謂主權在民說皆爲摧陷積弊之利器而於生計界所謂各人貿易自由爲天賦權利之說首足以使人知實利之所存又隨以商人利益與公衆利益一致之說因勢利

導而託美名於公利此實足以震撼當時階級秩序之社會而所向無敵者也。故後世論者或謂重農學派偏重箇人主義幾與無政府黨相類殆非誣也。此等學說自今日視之其偏激固無待言。揆諸彼時之事勢殆有不得已者存未可膠柱以詆昔賢也。要之重農學派其紕繆之見過激之論固不少。至其變革羣治之面目改良生計之學理厥功甚鉅不可誣也。其排擊干涉主張自由實驟開斯密亞丹以後一新天地。其勢力不亦偉耶。不亦偉耶。

政　治

中國專制政體進化史論

中國之新民

第三章　貴族政治之消滅（由寡人政治趨於一人政治）

本章語句。與第八號所載本論第二章。間有重複。但今既重爲體例。彼章盡廢。其歷史上事實。不得不於此補敍。非故爲詞費也。讀者諒焉。

貴族政治爲專制一大障礙。（專制有廣狹二義。吾今所論。專指狹義之君主專制言也。若以廣義。則貴族政體固專制矣。即今日之議會政治。學者猶謂爲多數之專制。此非本論界說之範圍也。）其國苟有貴族者則完全圓滿之君主專制終不可得行。貴族何自起。起於族制起於酋政。（見第八號本論第一章）故地球上一切國無不經過貴族政治一階級。而其盛衰久暫亦常隨其特別之原因。且常演出特別之結果。故談政者必於此中觀消息焉。

吾欲言我國之貴族政治。請先言他國之貴族政治。泰西數千年歷史。實貴族與平民相鬨之歷史而已。其阻力也在是。其動力也在是。故貴族二字。在泰西史實爲政治上一最大之要素。泰西政治史發源於希臘羅馬。希臘之斯巴達。貴族政治也。希臘之雅典。自梭倫定律以前。貴族政治也。羅馬自紀元前五百年以前。皆貴族政治也。此後二百年間皆貴族平民軋轢時代也。自紀元前七十九年以後。所謂三頭政體者。又貴族政治也。降及中世。封建糜爛。蠻敵憑陵。雖完全之政治。無可表見。而於人羣中最占勢力者。皆貴族也。洎於近世。反動力大起。數百年間。以兩族之角鬥。勝敗相終始。君主之與平民結也。爲挫貴族也。宗教革命。爲挫貴族也。法國大革命。則舉貴族權力而一埽之也。十九世紀。全歐之擾攘。皆承法國大革命之餘波。剗貴族之前孽也。今日俄羅斯之虛無黨。亦與貴族爲仇也。然直至今日。而歐洲各國。猶不能滅絕貴族。偉矣哉貴族之勢力。重矣哉貴族之關係。

貴族政治者。最不平等之政治也。他國以有貴族故。故常分國民爲數種階級。其最甚者爲「喀私德」Castes 之制。其次甚者爲「埃士梯德」Estates 之制。喀私德者。諸凡古代東洋諸國。如埃及波斯等。皆有之。而印度爲最嚴。印度之「喀私德」其第一種曰婆羅門 Brahmans 彼中稱爲自神之口而出者。一切學問宗教法律。皆歸其掌握。其第二種曰剎利 Kshatriyas 彼中稱爲自神之脇而出者。軍人武門屬焉。案釋迦牟尼即出此族也。其第三種曰毘舍 Uisas 彼中稱爲自神之膝而出者。農工商牧等業屬之。其第四種曰首陀羅。Sudras 彼中稱爲自神之足而出者。奴隸屬焉。此四族者。婚姻不相通。職業不相易。自數千年至今日而其弊猶未革。此爲貴族政治流弊之極點。「埃士梯德」者。其形狀與「喀私德」略同。而其性質則稍異。「喀私德」者一成而不可變者也。「埃士梯德」者。隨時勢而有轉移者也。「埃士梯德」之制。極盛於中世之歐洲。而條頓民族尤爲整嚴。彼中謂太初有神。厥名黎哥 Rigr 茲生三子。其先產者名曰背羅 Thral 爲奴隸之祖。其次產者名曰卡爾 Karl 爲農民之祖。最後產者名曰這爾 Jarl 教之武藝。爲貴族之祖。彼其理想。固與印度之「喀私德」絕相類。故歐洲所謂「埃士梯德」者。大率亦分四族。一曰教士。二曰貴族。三曰自由民。四曰奴隸。其階級亦與印度之四「喀私德」相應。自希臘羅馬以至中世及近世之初期。此種階級常橫截歐洲之政界。雖各國之權限伸縮不同。而其概一也。各國國憲之變動。往往因此「埃士梯德」之關係而起者。十居八九。其在中古。各級各爲法律。不相維廁。第一第二兩種。常握政治上大權。其第三種稍維持民權於一二。其第四種則全有義務而無權利者也。及至近世。乃始漸脫樊籬。至最近世。乃一躍而廓清積習。要而論之。則歐洲數千年來之政治最不平等之政治也最不自由之政治也（第一第二兩種太自由故第三第四兩種太不自由）雖以亞里士多德之大哲猶謂奴隸制爲天然公理以希臘羅馬之文明而其下級社會之民被虐待者慘無天日其所謂沐文明之膏澤者不過國中一小部分耳至如美國當十九世紀尙以爭買奴而動干戈法國既改共和政體而世襲之爵猶沿而不除即如我東鄰最近之日本亦有「非人」「穢多」等稱號至維新後而始革盖貴族政治之極敝衍爲階級其現象及其影響乃至如此彼其國中所以軋轢不絕者皆此之由抑其君主專制之政所以不能極盛即盛矣而不能持久者亦此之由

吾今請言中國我祖國之歷史有可以自豪於世界者一事曰無「喀私德」無「埃士梯德」此實由貴族政治之運不長所致也然則吾中國亦嘗有貴族政治乎曰有貴族政治者亦國家成立所必經之級而不可逃避者也豈吾中國而能無之太古之事邈矣尚書託始於堯舜而彼時即貴族政治最盛之時代也當時之貴族或擁彊土以俱南面或踞中央以握政權爲君主者不過爲貴族所選立而奉行貴族之意而已何以知君主爲貴族所選立也黃帝崩元妃之子玄囂昌意皆不得立而次妃之子少昊

代焉少昊不得傳位其子而昌意之子顓頊代焉顓頊亦不得傳位其子而玄囂之孫帝嚳代焉後世史家据今日之思想以例古人以爲是宋宣公吳壽夢宋藝祖之類由先君之遺命以定所立也而豈知皆貴族之勢力左右其間也其尤著明者則帝嚳之長子帝摯既立僅九年而諸侯廢之以立帝堯夫廢君之事自後世史家觀之鮮不以爲大逆不道而當時若甚平平無奇者蓋貴族政治之常習然也其後堯欲讓舜而必先讓四岳俟四岳舉舜然後試之所以示不專也使堯而果有全權也意中既有一舜豈不能直擧而致諸青雲之上乃必於四岳焉一嘗試其讓使四岳而竟慨諾之則堯又將奈何吾有以信堯之果無奈何也及舜受堯禪而必先自避於南河之南禹受舜禪而必先自避於陽城待朝覲訟獄謳歌之皆歸然後之中國踐天子位亦視當時貴族爲趨向而已何以知君主必奉行貴族之意也吾昔讀古史而有一不可解之問題彼鯀者四凶之一也當堯之時惡德既顯堯咨治水於四嶽四嶽擧鯀堯斷斥其方命圮族而不能不屈意以用之以至九載無功使堯果有全權則以如許重大之事委諸明知其不可之人堯不重負天下乎又如所謂八元八愷者皆堯之親族其中如稷

五

如契則堯之異母兄弟也堯豈不知之而不能舉無他爲貴族所阻撓而已此後舜欲授禹等九官亦必詢於四岳任其推薦然則用人行政之大權四岳操其强半也明矣四岳者何也白虎通云總四岳諸侯之事者也然則四岳之官實代表全國諸侯而總制中央左右君主者以理勢度之其職權殆與斯巴達之「埃科亞士」Ephors絕相類（參觀第十二號斯巴達小志）埃科亞士凡五人而四岳則四人皆貴族所以平均其勢力也此爲我國貴族政治最盛之時代及堯舜禹皆以不世出之英才汲汲以集權奠國爲務堯在位七十二年舜在位六十一年此占三十三年中中央政府漸加整頓權力日盛能漸收豪族之權於帝室而禹之大功又足以震懾天下故堯不能誅四凶舜不能服有苗而禹則會諸侯於塗山防風氏後至直取而戮之蓋主權之雄强迥非昔比矣至是君主世襲之權確定而四嶽之官至夏亦不復見於是貴族政治受第一次之裁抑而專制政體一進化

夏殷之事史文闕漏今不具論周革殷命廣置封建而京畿之內二伯分陝權力猶埒王者厲王無道國人流之於彘而共和執政國人云者吾不敢信爲全國之人民也殆

貴族而已。當時民權頗發達。而我國又向無分民爲階級之弊。故晉文聽輿人之誦 子產採鄉校之議。或者平民有權 亦未可知 吾不敢遽下斷案也 但觀共和執政 則貴族權之強盛 有斷然者此後見於史傳者。如周召畢鄭虢祭單劉尹等諸族。常左右周室司政權焉。不待五霸之興。而王者固已常如守府矣。故周之一代。實貴族政治之時代也。夏殷亦當然 但不可考耳 然以視堯舜時。則其權稍殺。蓋彼則王位由其廢置。而此則假王之名以行事者也。春秋列國亦然。在齊則有國高崔慶。在魯則有三桓。在鄭則有七穆。在晉則有欒郤胥原范荀。在楚則有昭屈景。在宋則有武繆戴莊桓之族。其餘諸國。大率類是。右族相繼。持一國之大權。政府即貴族 勢力過於國君。國君之廢立。常出其手。國君之行。爲能掣其肘。觀孟子告齊王以貴戚之卿。反覆諫其君而不聽則易位。滕文公欲行三年之喪。父兄百官皆不欲。則幾不能盡於大事。亦可見當時貴族權力之一斑矣。周代貴族權所以獨盛者何也。其一由於人羣天然之段級使然。其二亦由人力有以助長之也。蓋國家本起原於家族。但國勢愈定。則族制自當愈衰。周之興。去黃帝時代已一千載。宜其家族之形體漸革。而今反不爾者。周制實以家爲國也。故有最齊整最完備之一制度。曰宗法。所謂「別子爲祖。繼別爲宗。繼禰者爲小宗。有百世不遷之宗。有五世始遷之宗」。此制度者。

王室與同姓諸侯之關係賴之諸侯與其境內諸族之關係賴之乃至國中一切大小團體所以相維持相固結者皆賴之周代羣治悉以此制度爲中心點故曰國之本在家又曰家齊而後國治此誠實制非空言也以此之故貴族政治大伸其力雖以孟子之卓識猶云『所謂故國者非有喬木之謂也有世臣之謂也』亦可見貴族政治入人深矣逮至戰國而社會之風潮一大變秦始用客卿以强列國繼之及孔子沒後二百餘年而貴族之權與周室同盡矣於是貴族政治受第一次裁抑而專制政體一進化

周末之貴族政治所以能就漸滅者何也吾推其原因有兩大端（其一）由於學理之昌明孔子最惡貴族政治者也故其作春秋也於尹氏卒（隱三年）齊崔氏出奔衛（宣十年）皆著譏世卿之義焉於仍叔之子來聘（隱五年）曹世子射姑來朝（隱九年）皆著譏父老子代從政之義焉春秋於大夫主權之舉無不貶絕溴梁之會（襄十六年）信在大夫而春秋偏刺之蓋孔子深見夫當時貴族政治之極弊故救時之策以此爲第一義故曰天下有道則政不在大夫摧滅貴族政治者孔子之功最偉矣墨子亦然言尙賢言尙同至老子之芻狗一切者更無論矣故孔墨老宗旨雖不同而皆力倡萬民平等之大義與二千年

陋俗爲教其弟子亦多出身微賤名聞一時（子張駔儈也顏涿聚大盜也學於孔子禽滑釐大盜也學於墨子。）天下相與化之以觀亞里士多德之主張畜奴大有異矣故經諸大師大力鼓盪之後而全羣之思想皆大變」（其二）出於時勢之趨嚮自春秋之末以至戰國兼并盛行列國之競爭最劇相率以登進人材擴張國勢爲務其雄鷙之主知僅恃貴族不足以豪於天下故敬禮處士招致客卿自秦人首用由余百里奚以霸西戎此後商鞅范雎蔡澤張儀李斯凡佐秦以成大業者無一不起自遠客賤族而吳越亦以伍子胥范蠡等之崛起南服主盟中原至戰國之末列雄始悟優勝劣敗之所在然後相率以躡其後於是樂毅劇辛鄒衍淳于髡蘇秦公孫衍魯仲連廉頗藺相如李牧之徒始皆以處士權傾人主矣當時如齊孟嘗趙平原魏信陵實爲貴族政治回光返照放一異彩而其所以能爾者乃實由紆尊降貴自放棄其貴族之特權以結懽於處士故雖謂三公子爲貴族之自伐者可也」至是而黃帝以來二千年之貴族政體一掃以盡漢高起阜澤作天子其本身既已不帶一毫貴族性質其左右股肱蕭曹韓彭平勃之流皆起家賤吏牙儈屠狗致身通顯君臣同道益舉自有人類以來天然階級之陋習。

震盪而消滅之漢高復以刻薄悍鷙之手段芟夷功臣無使遺種故自漢興而布衣將相之局已定初不待武帝時之卜式以牧羊爲御史大夫公孫弘以白衣爲丞相也功臣既殄而親藩又不得留京師參與政故在漢代無可以生出貴族之道若必求其近似者則后族當之矣若西漢之呂氏竇氏田氏霍氏上官氏王氏東漢之鄧氏竇氏閻氏梁氏皆氣燄熏灼權傾一時雖然舉不足以當貴族之名也泰西之所謂貴族與中國古代所謂貴族皆別爲一階級不與齊民等而其族之人亦必甚多受之於世襲而非附一二人之末光以自尊顯而又傳諸其胤不以一二人之失勢而喪全族之權利具此諸質乃可謂之貴族若漢之后族則何有焉衛青霍去病以一異父同母之私生姊妹蒙蔭以尸大位自餘諸族亦大率類是而已其間惟哀平間之王氏雖不能全具貴族之性質而頗有其一二故謂新莽之亂爲貴族之小餘波可也然其影響於數千年之政治界者抑甚微矣東漢之末袁氏以十二世爲漢司徒四世爲漢司空紹術兩豎子因乘餘蔭竊方鎭者十餘年似亦足爲貴族勢力之一徵焉然所成就既無可表見且於中央政府無絲毫關係夫安得以貴族政治論至如曹氏之於漢司馬氏之

於魏。亦全由箇人權力處心積慮。以相攘奪。尤與貴族政治不相涉。故謂兩漢三國全無貴族決非過言也。於是專制政體又一進化

自魏陳群立九品中正取士之制。沿至晉代。至有所謂上品無寒門下品無世族者。故戰國以後至今日中間惟六朝時代頗有貴族階級「舊時王謝堂前燕飛入尋常百姓家」。右族與尋常百姓之區別。頗印於全社會之腦中矣。及南北朝門第益重視。後門寒素。殆如良賤之不可紊。史稱趙邕寵貴一時欲與范陽盧氏爲婚盧氏有女父早亡叔許之而母不肯又崔巨倫姊眇一目其家議欲下嫁巨倫姑悲戚曰豈可令此女屈事卑族又何敬容與到溉不協謂人曰到溉尚有餘臭遂學作貴人是其例也而單門寒士亦遂自視微陋不敢與世家相頡頏。史稱右軍將軍王道隆權重一時到蔡興宗前不敢就席良久方去興宗亦不呼坐又宗越本南陽次門以事黜爲役門後立軍功啓宋文帝求復次門等是其例也其有發跡通顯得與世族相攀附則視爲莫大之榮幸。史稱王敬則與王儉同拜開府儀同儉曰不意老子遂與韓非同傳敬則聞之曰我南沙小吏徼倖得與王衛軍同拜三公夫復何恨又孫搴寒賤齊神武賜以韋氏女爲妻韋氏本士族時人榮之等是其例也甚至風俗所趨積重難返雖以帝者之力欲變易之而不可得。史稱宋文帝寵中書舍人宏興宗謂曰卿欲作士人得就王球坐乃當判爾若往詣球可稱旨就席及至宏將坐球舉扇曰卿不得爾宏還奏帝曰我便無如此何他日帝以勸球球曰士庶區別國之常也臣不敢奉詔又稱紀僧眞嘗啓宋武帝曰臣小人出自本州武吏他無所須惟就陛下乞作士大夫帝曰此事由江斆謝瀹我不得措意可自詣之僧眞承旨詣斆登榻坐定斆命左右移吾牀讓客僧眞喪氣而退告帝曰士大夫固非天子所命等是其例也此等習尚沿至初唐而猶極盛。史稱唐太宗詔羣臣刊正姓氏第爲九等而崔氏猶居第一太宗家列居第三詔曰變中南北分析故以王謝崔盧爲重今則天下一家矣遂

合三百九十三姓千六百五十一家爲氏族志頒行天下而李義府傳猶云自魏太和中定望族七姓子孫迭爲婚姻唐初作氏族志一切降之然房元齡魏徵李勣仍往求婚故望不減云則固非太宗所能禁矣及中唐猶未革唐書杜羔傳云文宗欲以公主降士族曰民間昏姻不計官品而尚閥閱我家二百年天子反不若崔盧耶可見唐之中葉其風不衰也若此者殆與泰西所謂「喀私德」「埃士梯德」者相類實吾中國數千年來社會上一怪現象也其原因所自起吾不能確言大率由於虛名非由於實力也彼之所謂門第者於政治上權力毫無關係雖起寒門可以致其位於將相雖致將相而不能脫其籍於寒門故六朝時代可謂之有貴族而不可謂之有貴族政治其於專制政體之進化毫無損也

自此以後並貴族之跡而全絕矣元人以獷族奪我國土壓制我種族於是有分國人爲四階級之制一曰蒙古人二曰色目人即非蒙古非漢族之諸小蠻族三曰漢人指滅金時所掠河北人民四曰南人指滅宋時所掠江南人民政權全在蒙古人色目人次之漢人南人最下南人尤甚一切百官皆蒙古人爲之長漢人南人從未有得爲正官者終元之世漢人得爲伴食宰相者二人而已史天澤賀惟一而漢人與蒙古人同官者亦皆跪起京白如小吏莫許抗禮元氏一百年中吾國民遂束縛於階級制度之下雖然此非我民族自造之現象也國破滅而爲敵所鉗夫安得已也此百年中可謂貴族政治然彼貴其所貴非吾所謂貴吾蓋不屑以污我楮墨焉

然彼以彼之貴族擁護彼之專制而專制政體亦一進化

有明三百年中變遷蓋少至本朝入主中夏亦生小小階級滿洲人爲一級最貴蒙古漢軍爲一級次之漢人爲一級最下然以視胡元之畛域則有間矣其政權分配之制則滿漢各半以五百萬滿洲之貴族而占其半以四萬萬漢人之平民而僅得其半不可不謂貴族政治之成績也然以別此階級之故而猶得其半較諸元代則吾輩惟有歌頌聖德而已中葉以來全化漢俗咸同以後以物競天擇自然之運政權歸漢人手者十而八九故本朝政治亦可列諸數千年歷史以常格而論之語其實際則本朝亦非有所謂貴族政體者存中葉以前之滿人中葉以後之漢人皆多起寒微參預大政而天潢貴胄反不得與聞政事蓋自晉八王以後帝者皆以畏偪之故裁抑親藩也久矣是亦專制政體進化之一大眼目也自熱河蒙塵以後始置議政王位軍機大臣上後雖裁撤而軍機常以親王領班貴族政治似稍復萌蘖焉然前者以恭邸醇邸之尊親其權不能敵文祥沈桂芬李鴻藻翁同和孫毓汶徐用儀近則如禮王久擁首座之虛銜最近則慶王肅王嶄然顯頭角然其權亦不能敵榮祿剛毅蓋貴族政治之消滅

久矣天之所廢誰能興之吾敢信自今以往吾中國必無或復先秦時代貴族政權之舊也至是而專制政體之進化果圓滿無遺憾矣

「喀私德」「埃士梯德」之陋俗吾中國誠無之也（元代之辱我者不計）雖有之而其族亦甚微無所影響於政治六經古史中奴僕等字不多見然禮記有獻民虜者操右袂之語然則戰勝而俘人為奴殆古俗所萬不能免者左傳屢稱某人御戎某人為右御戎可謂賤役也而為之者大率皆貴族孔子則樊遲御冉有僕子路執輿闕黨童子將命是孔子終身無用奴僕之事是或聖人平等之精意則然然我古代斷無所謂如希臘羅馬之奴隸充斥者可斷言矣（井田之制論者或謂其未嘗實行使果行之則人人受田百畝餘夫亦受焉安有所謂奴隸者乎）然至漢世下詔免奴婢者史不絕書苟前此無此物則何免之可言故謂中國絕無階級制度者亦非然也漢高定制令賈人不得乘車衣繡齊明帝制寒人（即寒門）不得用四幅繖此亦階級制之施諸奴隸以外者也凡進化之公例世運愈進則下等級之人民必漸升為高等而下等之數日以消滅乃吾中國則若反是自唐宋以前奴婢之種類蓋不多見而近今六七百年若反增益者吾推度之殆有兩原因焉一由胡元盜國時掠奪之禍極慘漢人南人

率爲俘虜以入奴籍（趙甌北陔餘叢考記之極詳）一由前明中葉以後中使四出誅求無饜人民相率投入戶以避禍「投大戶」者當時之一名詞蓋以身體財產全鬻諸權貴有力之家甘永世爲其服役借作護身符以救一時也以此兩端故近世以來奴籍轉增於前古而本朝之制凡曾鬻身爲人僕者曾在公署執皂隸之役者曾爲倡優者及隸蜑戶者皆謂之身家不清白其子孫不得應試入仕計此類特別階級亦當不下全國民數五十分之一然則竟謂之無階級焉固不可也但以較諸歐洲中古以前及近世所謂隸農制度者則吾之文明終優於彼焉耳（案此一段與專制政體之進化無甚關係因論階級制度故並及之）要而論之則吾國自秦漢以來貴族政治早已絕跡歐美日本人於近世最近世而始幾及之一政級而吾國乃於二千年前而得之其相去不亦遠耶如前所云云貴族政治者最不平等之政治也最不自由之政治也吾中國既早已剗除之宜其平等自由達於極軌而郅治早隆歐美而上乃其結果全反是者何也試縱論之

貴族政治者雖平民政治之蟊賊然亦君主專制之捍敵也試徵諸西史國民議會之制度殆無不由貴族起希臘最初之政治有所謂長者議會者存其議員即各族之宗

子。Fathen-sovereign 而常握一國之實權者也。此議會其後在斯巴達變爲元老議會 Gerusia 及國民議會。其在雅典。變爲元老議院 The Senate of the Vreopagus 及四百人議院。Pro-bouleutic senate 羅馬最初之政治。亦有所謂元老院 Senete 者存。其後變爲百人會議。Comitia Cenuriata 平民會議。Concilia plebis 而保有世界最古之成文憲法。所謂金牛大憲章者之一國。（即匈加利）亦由貴族要求於國王而得之者。推英國今日民權最盛之國也。考其國會發達之沿革。其最始者爲賢人會議。The Witenagemot 以王族、長老、教士充之。是貴族之類也。次之者爲諾曼王朝之大會議。The Great of the kings tenants-in-chief 謂國王治下貴族士人之會議也。以曾受封土及教會長教士等充之。亦貴族也。然後漸變爲所謂模範國會者。Model Pariament（千二百九十五年始命各州選二名士爵議員各市府選二名市民議員後世國會多取法于此故史家稱爲模範國會）此後逐漸改良進步。然後完全善良之國會乃起。由此觀之。貴族政治。因有常爲平民政治之媒介者焉。凡政治之發達。莫不由多數者與少數者之爭而勝之。貴族之對於平民。固少數也。其對於君主則多數也。故貴族能裁抑君主而要求得相當之權利。於是國憲之根本即已粗立。後此平民亦能以之爲型。以之爲楯以彼之裁抑君主之術還裁抑之而求得相當之權利是貴族政治之有助於民權者一也君主一人耳既用愚民之術自尊曰聖曰神則人民每不敢妄生異想馴至視其專制爲天賦之權利若貴族而專制也則以少數之芸芸者與多數之芸芸者相形見絀自能觸其惡感起一吾何畏彼之思想是貴族政治之有助於民權者二也一尊之下既有兩派則疇昔君主與貴族相結以虐平民者忽然亦可與平民相結以弱貴族而君主專制之極則貴族平民又可相結以同裁抑君主三者相牽制相監督而莫或得自恣是貴族政治之有助於民權者三也有是三者則泰西之有貴族而民權反伸中國之無貴族而民權反縮蓋亦有由矣吾非謂中國民權之弱全由於無貴族然此殆亦其複雜原因之一端也。

十八世紀之學說其所以開拓心胸震撼社會造成今日政界新現象者有兩大義一曰平等二曰自由吾夙受其說而心醉焉曰其庶幾以此大義移植於我祖國以蘇我數千年專制之憔悴乎乃觀今日持此旗幟以呼號於國中者亦非始無人而其效力不少概見則何以故吾思之吾重思之彼泰西貴族平民之兩階級權利事務皆相去

懸絕誠哉其不平等也君主壓制之下復重以貴族壓制羅網重重誠哉其不自由也惟不平等之極故渴望平等惟不自由之極故日視自由反動力之爲用豈不神哉若吾中國則異是謂其不平等耶今歲蓽門一酸儒來歲可以金馬玉堂矣今日市門一駔儈明日可以拖青紆紫矣彼其受政府之朘削官吏之笞辱也不曰吾將以何術以相抵禦而曰吾將歸而攻八股吾將出而買財票苟幸而獲中則今日人之所以朘削我笞辱我者我旋可還以朘削人笞辱人也謂其不自由耶吾欲爲游手政府不問也吾欲爲盜賊政府不問也吾欲爲棍騙政府不問也吾欲爲餓殍政府不問也聽吾自生自滅於此大塊之上而吾又誰怨而誰敵也於是乎雖有千百盧梭千百孟德斯鳩而所以震撼我國民開拓我國民之道亦不得不窮何以故彼有形之專制而此無形之專制故彼直接之專制而此間接之專制故專制政體進化之極其結果之盛大壯實而顚撲不破乃至若是夫孰知夫我之可以自豪於世界者用之不善乃反以此而自弱於世界乎噫、

傳記

近世第一女傑羅蘭夫人傳

中國之新民

『嗚呼自由自由天下古今幾多之罪惡假汝之名以行』此法國第一女傑羅蘭夫人臨終之言也

羅蘭夫人何人也彼生於自由死於自由羅蘭夫人何人也自由由彼而生彼由自由而死羅蘭夫人何人也彼拿破侖之母也彼梅特涅之母也彼瑪志尼噶蘇士俾士麥加富爾之母也質而言之則十九世紀歐洲大陸一切之人物不可不母羅蘭夫人十九世紀歐洲大陸一切之文明不可不母羅蘭夫人何以故法國大革命爲歐洲十九世紀之母故羅蘭夫人爲法國大革命之母故

時則距今百五十年前實西歷一千七百五十四年三月十八日於法蘭西之都巴黎之市般奴佛之街金銀彫工菲立般之家有一女兒揚呱呱之聲以出現於此世界是即瑪利儂名菲立般姓女士而未來之羅蘭夫人也其家本屬中人之產父性良懦母

則精明有丈夫氣。父母勤儉儲蓄。爲平和世界中一平和市民。以如此之家。而能產羅蘭夫人如彼之人物。殆時勢產英雄。而非種姓之所能爲力也。稍長受尋常社會之教育。雖然彼以絕世天才。富於理解力想像力。故於規則教育之外。其所以自教自育者所得常倍蓰焉。年十歲卽能自讀一切古籍。每好讀耶穌使徒爲道流血之傳記。與刺伯士耳其內亂之劇本。文家旅行游歷之日記。荷馬但丁之詩歌。而尤愛者爲布爾特奇之英雄傳（案布爾特奇 Plutarch 羅馬人。生於西歷紀元後四五十年頃。其所作英雄傳。傳凡五十人。皆希臘羅馬之大軍人大政治家大立法家。而以一希臘人一羅馬人兩兩比較。故共得二十五卷。每卷不下萬餘言。實傳記中第一傑作也。其感化人鼓舞人之力最大。近世偉人。如拿破侖俾士麥。皆酷嗜之。拿破侖終身以之自隨。無一日不讀。殆與羅蘭夫人等也。）嘗置身卷裏以其中之豪傑自擬。每從父母到教堂祈禱。必手此書偷讀焉。往往自恨不生二千年前之斯巴達雅典。則掩卷飲泣。父母訝之。而不能禁也。彼其兄弟姊妹六人。不幸悉殤天。故夫人少年之生涯。極寂寞之生涯也。惟寂寞故。故愈益求親友於書卷之中。感情日以增。理想日以遠。彼後年寄其夫羅蘭一書有云。「妾之多感。殆天性然矣。生長於孤獨教育之中。愛情集注一點。愈熾愈深。歌哭無端。哀樂奔會。當尋常兒女忙殺於游戲衎衎於飲食之頃。而妾往往俯仰天地。常若有身世無窮之感。」云云。其少年奇氣。

觀此可見一斑矣。

彼之熱心。先注於宗教。十一歲得請於父母入尼寺（天主教之信女不嫁者所居也）以學教理者一年。出寺養於外祖母家者又一年。乃始歸家。以彼之慈愛謙遜敏慧。故擧家愛之親友慕之。如是度平和之歲月者有年。

雖然外界之生涯則平和也。而其內界之精神忽一大革命起。當時法國政界革命之前驅所謂思想界革命者。已膚寸出沒起於此女豪傑有生以前。至是愈漲愈劇。無端而滲入此平和家庭之戶隙。而彼神經最敏之一少女。已養成一種壯健高尚之原動力於不知不覺之間矣。彼其日以讀書窮理爲事。已自悟遺傳權威習慣等爲社會腐敗之大本。日益厭之。日益思破棄之。常有一種自由獨立不傍門戶不拾唾餘之氣概。於是乎其革命亦先自宗教起。彼於新舊約所傳摩西耶穌奇蹟。首致詰難。以爲是誕妄不經之說。教會神甫勸讀耶教證據論等書。反覆譬解。彼一面讀之。又一面讀懷疑派哲學之學說。慮論不敵實理。彼女當十六七歲頃。終一掃宗教迷信之妄想。但不欲傷慈母之意。故猶循形式。旅進旅退於教會。蓋其磊落絕特之氣概。苟認爲道理所否定者雖臨以雷霆萬鈞之力不能奪其志而使枉所信彼之特性則然也其後此所以能以纖纖一弱女之身臨百難而不疑處死生而不屈放一文明燦爛之花於黑暗法國大革命之洞裏者皆此精神此魄力爲之也

彼其讀「布爾特奇」（布爾特奇英雄傳省稱布爾特奇泰西學界之常語也）而心醉希臘羅馬之共和政治又竊睨大西洋彼岸模倣英國憲法新造之美國而驚其發達進步之速於是愛平等愛自由愛正義愛簡易之一念漸如然如沸以來往於彼女之胸臆間雖然彼之理想則然耳至於言實事彼固望生息於革新王政之下爲王家一忠實之臣民路易十六之即位也彼以爲維新之大業可以就人民之幸福可以期千七百七十五年麵包之亂彼猶咎人民之急激而袒政府之政策蓋彼慈愛之人非殘酷之人也樂平和之人非好暴亂之人也嗚呼自古革命時代之仁人志士何一非高尙潔白之性質具視民如傷之熱情苟非萬不得已夫豈樂以一身之血與萬衆之血相注相搏相糜爛以爲快也望之無可望待之無可待乃不得不割慈忍愛茹痛揮淚以出於此一途嗚呼以肫肫煦煦之羅蘭夫人而其究也乃至投身於千古大慘劇之盤渦中一死以謝天下誰謂爲

之而令若此。

未幾與羅蘭名福拉底姓結婚。羅蘭者里昂市人。全恃自力以自造福命之人也。十九歲即孑身游亞美利加。復徒步游歷法國一周。其後爲亞綿士之工業監督官。常著書論工商問題。嘖嘖有名於國中。好旅行。好讀書。宅心誠實。治事精嚴。操行方正。自奉質朴。然自信力甚強。氣魄極盛。亦自幼心醉共和政治。故與瑪利儂夙相契。至千七百八十年。乃舉結婚之禮。時羅蘭四十五歲。瑪利儂二十五歲。自此瑪利儂以羅蘭夫人之名。轟於世。

羅蘭夫人之生涯。以險急而終。以平和而始。結婚後二年。舉一女子子。未幾。羅蘭遷里昂市工業監督官。擧家移於里昂。羅蘭之學識人物。大爲此地所尊敬。時當里昂工商業衰頹之極。羅蘭汲汲講整頓恢復之策。常有所論著。發表已見。輿望益高。而夫人實一切左右其間。羅蘭之著述。無一不經夫人之討論筆削。猶復料理家事。撫育幼女。又以餘力常從事於博物學植物學。蓋羅蘭夫人之一生。最愉快最幸福者。惟此四五年。

雖然天不許羅蘭夫人享家庭之幸福以終天年也。法蘭西歷史世界歷史必要求羅蘭夫人之名以增其光燄也。於是風漸起。雲漸亂。電漸迸。水漸湧。譆譆出出！法國革命！！嗟嗟咄咄！法國遂不免於大革命！！！

其時之法國。承路易十四十五兩朝之後。所播之禍種已熟。新王路易十六。既有不得不刈其祖父餘殃之勢。火山大爆裂之期將近。此處見一縷之烟。彼地聞陰陰之響。大亂固已不可避。而新王之柔懦不能調和此破裂而反激之。雖有賢相尼卡亞。見事不可爲。引身而退。於是國王之優柔。內廷權奸之跋扈。政革之因循。賦斂之煩重。生計之窘迫。種種原因。相煎相迫。人民之忍之也一次復一次。其待之也一年復一年。卒乃於千七百八十九年。破巴士的之獄。解放罪犯。而革命之第一聲始唱。

巴士的破獄之凱歌。即羅蘭夫人出陣之喇叭也。夫人以慧眼觀察大局。見尼卡亞之舉動。國會之舉動。無一可以躊躇滿志者。乃距躍忽起。以爲革命既起。平生所夢想之共和主義。今已得實行之機會。夫人非愛革命。然以愛法國故。不得不愛革命。彼以爲今日之法國已死。致死而之生之。舍革命末由。於是夫妻專以孕育革命精神。弘布革命思想爲事。羅蘭首創一里昂俱樂部。夫人自著鼓吹革命之論說。撮集盧梭人權論之大意。印刷美國布告獨立文。無夙無夜。自携之以散布於遠近。於是所謂羅家小冊子者。如雨如霰。散落於巴黎里昻之間。友人布列梭。創一愛國報於巴黎。友人占巴尼。創一自由報於里昻。夫人皆爲其主筆。呼風喚雨。驚天動地。號神泣鬼。駭龍走蛇而法國中央之氣象一變。

千七百九十一年。里昻市以財政困難之故。乞援助於國會。羅蘭被舉爲委員。於是夫妻相携。留滯巴黎者七閱月。彼等之到巴黎也。其旅館忽爲志士之公會塲。友人布列梭、比的、阿布科、羅拔士比等。相率引同志以相紹介。每間日輒集會於羅氏之寓。夫人於彼時其舉動如何。彼嘗自記曰。『余自知女子之本分。雖日日於吾前開集會。吾決不妄參末議。雖然。諸同志之一舉一動。一言一議。吾皆諦聽牢記。無所遺漏。時或欲有所言。皆必嚙吾舌以自制』云云。嗚呼。當此國步艱難之時。袞袞英俊。圍爐抵掌以議大計。偶一瞥眼。則見彼眉軒軒。目燗燗。風致絕世。神光逼人。口欲言而唇微嚙。眼屢閃而色逾厲之一美人。監督於其側。夫人雖强自制。而其滿腔之精神。一身之魔力。已隱然擧一世之好男兒而盧牟之亭毒之矣。

此七月間。既徧交諸名士。加盟於所謂同胞會者。又屢聽俱樂部之演說。與國會之討論。夫人憾革命進行之遲緩也。則大憤激。乃致書於布列梭曰。『我所愛之士亞羅乎（按士西羅者羅馬民政之領袖也當時羅蘭夫人及其同志以心醉共和政治故往復書簡常以希臘羅馬共和時代之名人相呼）盍投卿之筆於火中。翩然以入於草澤乎。今之國會。不過腐敗壓塊之一團塊耳。今日之內亂。早已非凶事。我等固死也。有內亂或猶得而蘇甦之。今也無內亂。則無自由。我等猶懼內亂耶。猶避內亂耶』此實夫人當時急進之情形也。夫人既怒國會之因循。遂憤然不復入傍聽席。其年六月。路易第十六竊遁去。被捕而再歸巴黎。夫人以爲當時當實行革命。而猶不實行。嗟悅益甚。竊歎息曰。『我等今日必不可無一度革命。雖然人民其果猶有此魄力與否。吾甚疑之』自是怏怏然偕其夫共歸里昂。歸途撒布羅拔士比之革命檄。以激大衆。夫妻歸里昂之月杪。解散國會。而別開所謂立法議會者。以七百四十五名之新議員組織而成。同時工業製造官之缺裁撤。羅蘭乃專從事筆舌。益盡瘁於愛國之業。十二月。舉家移於巴黎。

彼時法國之大權。全在立法議會之手。而議會中實分三派。一爲平原派。以其占坐席於議場平坦之地。故得此名。實平凡之人物所結集也。二曰山嶽派以占議場之高席。故有此名。實極端急激派。而此後以血塗巴黎之人。如羅拔士比、丹頓、馬拉亞輩。皆此派之錚錚者也。三曰狄郎的士派。以其議員多自狄郎的士之地選出。故有此名。此派當時最有勢力。布列梭、布科、魯卡埃、諸賢。皆出於此中。其人率皆受布爾特奇英雄傳及盧梭民約論之感化。年少氣銳。志高行潔。以如鏡之理想。與如裂之愛國心相結。而鼓吹之。操練之。指揮之者。實爲羅蘭夫人。狄郎的士派之黨魁。名則羅蘭。實則羅蘭夫人。此歷史家所同認也。

至是內外之形勢益急。禍迫眉睫。彼奄奄殘喘之路易第十六。乃不得不罷斥誤國舊臣。而代之以民黨。於是羅蘭以輿望所歸。被擧爲內務大臣。時千七百九十二年三月。夫人受命移居於官邸。羅蘭之入謁內廷也。服常服。戴圓帽。履舊靴。如訪稔熟之親友者然。宮中侍者。莫不失驚。

（未完）

意大利建國三傑傳（續第十六號）

中國之新民

第十八節　加富爾之再相與北意大利之統一

自千八百二十年燒炭黨革命以來迄於今日實爲千八百六十年時瑪志尼五十五歲加里波的五十三歲加富爾五十歲此四十年中騷亂繼以騷亂蹉跌繼以蹉跌意大利志士之腦之血亦既已絞盡矣大業垂成遂爲奸雄拿破侖所賣名相名將相繼辭職意大利之黑暗至是而極雖然積數十年來萬數千志士之腦之血固斷非無結果以終古至是而意大利統一之業既已如壁上畫龍鱗爪俱現其點睛飛去直需時耳果也不數月而加富爾復相

雖然自肥拉甫郎卡條約以後大局之形勢一變既非復巴黎條約時代之舊其在法國務堅守肥拉甫郎卡約使中意大利之附庸小侯王皆復其舊其在奧國與法同意而更促撒的尼亞以實行其在英國則漸解意大利之眞相謂必當從民所欲以施政治其在意大利人民則切望統一深恐復蹈千八百四十九年之覆轍而惴惴皇皇不可以終日於是加富爾既再出山有不可不含垢忍辱者一事何以故加富爾今日之

政策莫急於防輿法合縱故防輿法合縱則不得不踐前諸割沙波尼士兩地於法以買其歡心故時撒的尼亞志士若達志格里阿若菲里尼之徒游說奔走於四方以鼓舞其人民或往波羅格拿或往門的拿或往達士卡尼亞巴爾摩羅馬格拿諸地慫恿其民使圖自立各地雲集響應莫不執干戈以逐其傀儡之君主而求合并於撒國彼時爲撒國者何以待之亦一困難之問題也其納之乎是間接以蔑棄肥拉甫郎卡之條約授强敵以口實也其拒之乎彼等之來本出於加富爾輩所奬厲始亂之而終棄之是使撒的尼亞之威信墜於地也加富爾乃說拿破侖曰『今事勢已至此且爲奈何我直割沙波尼士與貴國貴國其許我自由以處置彼等乎』拿破侖猶豫而未應加富爾曰『事變終不可以無著諸地憒輿既極今非合於撒則合於法耳今革命黨既得勢力雖其首領之意多向我撒然民心猶未可定盍徵諸各地輿論使人民各投一票從法從撒唯其所擇三占決二以多票爲衡任之天運不亦可乎』拿破侖曰諾於是爲全國普通投票卒以大多數而前舉之諸國悉合併於撒的尼亞拿破侖愕然而意大利萬歲

！萬歲!! 萬歲!!! 之聲遂震天地

千八百六十年四月二日意大利開第一次國會凡新合併諸國皆各選出代議士齊集於焦靈加富爾之喜可知矣時沙波尼士雖割於法國尚未實行瑪志尼自故鄉那亞加里波的自故鄉尼士皆選出爲議員尼士之割固加富爾所不欲而加里波的所尤痛心者也乃於四月十六日在國會場拍案厲聲痛罵加富爾之無狀詈之爲犬詈之爲狐詈之爲卑劣之奴詈之爲意大利之敵最後乃放言曰『若加富爾者以無情之手段而賣國於外以挑發我同胞相殘相殺之禍以若此之政府而欲使余與彼握手共事余有死不能』而瑪志尼等復相與應和之其咆哮無禮實難名狀加富爾初聞惡言亦憤懣幾不自制一刹那間忽復其沈着之舊態徐答言曰『余知余與所最敬愛之加將軍其間若有一深淵使我兩人隔絕者存余以割地之事勸諸我王質之我國會是最我傷心之義務而亦爲完我一生種種之義務不得已而爲之者也當日余之所經驗所悔恨（案此指去年辭職之事也）亦不減於加將軍余冀以此自解於將軍若將軍必不解而不我恕者然吾敬愛將軍之念終不以此而稍渝也』雖然加里波的盛怒之

四

下。終不可壽。其日國會議場。紛擾不知所極。議長乃命停議。自後各有志者頻出調和。而兩人之溝壑終不可破。國王憂之。卒乃於焦靈城外之離宮召二人密談。爲加里波的討論國運內外之實情。辨明前此政府所取之方針不得已之故。加富爾亦披肝瀝膽。請將軍解怒顧大局。於是此第一大政治與第一大將軍復握手於其所尊所愛國王陛下之前。齊呼意大利萬歲。共戮力以圖將來。

（未完）

學術

孟子微（續十三號）

明夷

孟子見齊宣王曰所謂故國者非謂有喬木之謂也有世臣之謂也王無親臣矣昔者所進今日不知其亡也王曰吾何以識其不才而舍之曰國君進賢如不得已將使卑踰尊疏踰戚可不愼與左右皆曰賢未可也諸大夫皆曰賢未可也國人皆曰賢然後察之見賢焉然後用之左右皆曰不可勿聽諸大夫皆曰不可勿聽國人皆曰不可然後察之見不可焉然後去之左右皆曰可殺勿聽諸大夫皆曰可殺勿聽國人皆曰可殺然後察之見可殺焉然後殺之故曰國人殺之也如此然後可以爲民父母

此孟子特明升平授民權開議院之制蓋今之立憲政體君民共主法也今英德奧意日荷葡比嗹日本皆行之左右者行政官及元老顧問官也諸大夫上議院也一切政法以下議院爲主與民共之以國者國人公共之物當與民公任之也

孔子之爲洪範曰。謀及卿士。謀及庶人。是也。堯之師錫衆曰。盤庚之命衆至庭。皆是民權共政之體。孔子創立而孟子述之。惜後世人君爲老子韓非刑名法術督責鉗制尊君卑臣所亂。此法不行耳。然斟酌于君民之間。升平之善制也。

孟子曰。民爲貴。社稷次之。君爲輕。是故得乎丘民而爲天子。得乎天子爲諸侯。得乎諸侯爲大夫。諸侯危社稷。則變置。犧牲既成。粢盛既潔。祭祀以時。然而旱乾水溢。則變置社稷。

此孟子立民主之制。太平法也。惟天生民。一切皆自民起。民聚則謀公共安全之事。故一切禮樂政法。皆以爲民也。但事衆多。不能人人自爲。公共之事。必公舉人任之。所謂君者。代衆民任此公共保全安樂之事。爲衆民之所公舉。即爲衆民之所公用。民者如店肆之東人。君者乃聘用之司理人。民爲主而君爲客。民爲主而君爲役。故民貴而君輕。易明也。衆民所歸。乃舉爲民主。如美法之總統。而總統得任羣官。羣官得任庶僚。所謂得乎丘民爲天子。得乎天子爲諸侯。得乎諸侯爲大夫也。社稷者國所立也。因天生之種俗地勢。合成國體。即爲衆民之所依託也。國能立社稷有祀則民生得所庇樂國不能立社稷邱墟則種族爲之殘夷故國次于民而貴于君然君國民三者時爲輕重者也當亂世時君主專制期合團體則舍衆人而從一人故抑國民而伸其君此君貴也古皆行之當升平世以國體立法固結團體則舍少者從其多者抑君民以伸國此社稷貴也今歐洲各國行之至太平世人人獨立大同無國則惟有民爲貴耳然無論何時貴君必以保民爲詞貴國亦必以保民爲義其主在民則普天亘古仍以民爲貴也禮運述孔子微言以天下爲公選賢與能爲大同以正君臣固城郭溝池爲小康孟子述孔學故首重民義蓋惡亂世君主專制之害而預開大地太平大同之風也孟子發此公理而民知大貴不得賤視大有功于斯民可謂非常大義矣

禹稷當平世三過其門而不入孔子賢之顏子當亂世居于陋巷一簞食一瓢飲人不堪其憂顏子不改其樂孔子賢之孟子曰禹稷顏回同道禹思天下有溺者由己溺之也稷思天下有飢者由己飢之也是以如此其急也禹稷顏子易地則皆然今有同室之人鬬者救之雖被髮纓冠而救之可也鄉鄰有鬬者被髮纓冠而往救之則

惑也雖閉戶可也。

春秋要旨分三科據亂世升平世太平世以爲進化。公羊最明。孟子傳春秋公羊學故有平世亂世之義。又能知平世亂世之道各異。然聖賢處之。各因其時。各有其宜實無可如何。蓋亂世各親其親。各私其國。只得閉關自守。平世四海兄弟。萬物同體。故宜飢溺爲懷。大概亂世主于別。平世主于同。亂世近于私。平世近于公。亂世近于塞。平世近于通。此其大別也。孔子豈不欲即至平世哉。而時有未可。治難躐級也。如父母之待嬰兒。方當保養攜持。不能遽待以成人之規。故獨立自由之風。平等自主之義。立憲民主之法。孔子懷之。待之平世。而未能遽爲亂世發也。以亂世民智未開。必當待君主治之。家長育之。否則團體不固。民生難成。未至平世之時而遽欲去君主。是爭亂相尋。至國種夷滅而已。猶嬰兒無慈母則棄擲難成人。蒙學無嚴師則游戲不能成學。故君主之權綱統之設。男女之別。名分之限。皆爲亂世法而言之。至于平世。則人人平等有權。人人飢溺救世。豈復有閉門思不出位之防哉。若孔子生當平世。文明大進。民智日開。則不必立亂世諸義。必令人人平等獨立人人有權自主人人飢溺救人去其塞除其私放其別而用通同公三者所謂易地皆然故曰禮時爲大禮運記孔子發大同小康之義大同卽平世也小康卽亂世也故言父子平世不獨親其親子其子亂世則各親其親各子其子言夫婦平世則男有分女有歸分者有所限歸者能獨立男女平等自立也亂世則以和夫婦言君臣平世則天下爲公選賢與能亂世則大人世及爲禮言兄弟平世則老有所終壯有所用幼有所長鰥寡孤獨廢疾有所養亂世則以睦兄弟而已言貨力則平世貨惡其棄于地也不必藏于己力惡其不出于己身也不必爲己亂世則貨力爲己凡此道相反而堯舜大同禹湯文武小康亦易地皆然也中庸所謂道並行而不悖通此乃知孔道之大如不揣時地而妄議聖人則是生于冬者而譏夏時不用重裘長于赤道者譏冰海人之不衣葛豈非井蛙不可以語海夏虫不可以語冰曲士不足以語道哉此爲孔子第一大義六經皆當以此通之否則雖聖人之制作亦有不可用矣豈知孔子爲聖之時者哉孟子此說可証公羊爲學孔學之正法學者由此學孔道方有可入由此言進化治教方不

歧誤耳。春秋三世。亦可分而爲二。孔子託堯舜爲民主大同之世。故以禹稷爲下世。以禹湯文武周公爲小康君主之世。以顏子爲亂世者。通其意不必泥也。

孟子曰萬物皆備於我矣。反身而誠。樂莫大焉。彊恕而行。求仁莫近焉。

人之靈明包含萬有。山河大地。全顯現於法身。世界微塵。皆生滅于性海。廣大無量。圓融無碍。作聖作神。生天生地。但常人不識自性。不能自信自證自得。舍卻自家無盡藏。沿門託鉢。效貧兒耳。如信得自性。毫無疑惑。則一念證聖。不假修行。自在受用。活潑潑地。程子識仁篇所謂識得此理。渾然存之。不勞防險。不勞搜索也。記曰清明在躬。志氣如神。人之精爽神明。有此境界。此固人人同之。不問何教。禪者養其靈魂。秘爲自得。後儒不知。斥爲異氏之說。豈知孟子特發秘密之藏。神明之妙。以告天下學子。後世儒者何大愚。割此天府腴壤于人而不認哉。今特發明之。以恢復舊地。與天下有性善種者。共證此樂焉。至于推行。爲太平道。則推己及人。莫如強恕。則人己不隔。萬物一體。慈憫生心。即爲求仁之近路。曾子言孔子之道。忠恕而已。仲弓問仁。孔子告以己所不欲。勿施于人。子貢問終身行。孔子告恕。故子貢明太平之道曰。我不欲人加諸我。吾亦欲無加諸人。人人獨立。人人平等。自主。人人不相侵犯。人人交相親愛。此爲人類之公理。而進化之至平者乎。此章孟子指人証聖之法。太平之方。內聖外王之道。盡于是矣。學者宜盡心焉。

孟子曰。廣土衆民。君子欲之。所樂不存焉。中天下而立。定四海之民。君子欲之。所性不存焉。君子所性。雖大行不加焉。雖窮居不損焉。分定故也。君子所性。仁義禮智根于心。其生色也。睟然見于面。盎于背。施於四體。四體不言而喻。

性者人之靈明。稟受于天。有所自來。有所自去。記曰。體魄則降。知氣在上。又曰魂氣則無不之。故不隨身之生死而變滅。或稱明德。又曰德性。精言之謂神明。粗言之曰魂靈。其實一事也。常人不足言。神明若君子所性。從無始來。積仁積智而習成。經歷萬變而不壞。其生于世。偶然之過。猶日光中之留影也。影之軒冕泥塗。于神明何預。太虛過雲。明鏡照花。色相瞥然。何所增損哉。故被袗飯糗。超勝無與。絕糧曲肱。寬然自樂。不爲外物所累。故其外觀湛然。莊子曰。藐姑射之山。有神人焉。肌膚若冰雪。綽約如處子。乘六氣。御蒼龍。浮游于天之外。與造物者爲伍。生色睟面盎背不言而喻也。中庸曰。肫肫其仁。淵淵其淵。浩浩其天。溥博淵泉而時出之。仁義禮智根于心也。凡聖者之自得。皆超然天天之上。視人間世皆腥羶培塿。視皇王帝霸皆塵垢粃糠。不足當一噱也。至舍身劬體以爲之。則因不忍人之心盛大熱烝。不能自已耳。孔子曰。吾非斯人之徒與而誰與。天下有道。丘不與易也。

公孫丑問曰。夫子加齊之卿相。得行道焉。雖由此霸王不異矣。如此則動心否乎。孟子曰。否。我四十不動心。曰。若是則夫子過孟賁遠矣。曰。是不難。告子先我不動心。曰。不動心有道乎。曰。有。北宮黝之養勇也。不膚撓。不目逃。思以一毫挫於人。若撻之於市朝。不受於褐寬博。亦不受於萬乘之君。視刺萬乘之君。若刺褐夫。無嚴諸侯。惡聲至。必反之。孟施舍之所養勇也。曰。視不勝猶勝也。量敵而後進。慮勝而後會。是畏三軍者也。舍豈能爲必勝哉。能無懼而已矣。孟施舍似曾子。北宮黝似子夏。夫二子之勇。未知其孰賢。然而孟施舍守約也。昔者曾子謂子襄曰。子好勇乎。吾嘗聞大勇於夫子矣。自反而不縮。雖褐寬博。吾不惴焉。自反而縮。雖千萬人。吾往矣。孟施舍之守氣。又不如曾子之守約也。曰。敢問夫子之不動心。與告子之不動心。可得聞與。告子曰。不得於言。勿求於心。不得於心。勿求于氣。不得於心。勿求于氣可。不得於言。勿求於心不可。夫志、氣之帥也。氣、體之充也。夫志至焉。氣次焉。故曰。持其志無暴其氣。既曰志至焉。氣次焉。又曰持其志無暴其氣者何也。曰。志壹則動氣。氣壹則動志也。今夫蹶者趨者。是氣也。而反動其心。敢問夫子惡乎長。曰。我知言。我善養吾浩然之氣。敢問何謂浩然之氣。曰。難言也。其爲氣也。至大至剛。以直養而無害。則塞乎天地之間。其爲氣也。配義與道。無是餒也。是集義所生者。非義襲而取之也。行有不慊于心則餒矣。我故曰。告子未嘗知義。以其外之也。必有事焉而勿正。心勿忘。勿助長也。無若宋人然。宋人有閔其苗之不長而揠之者。芒芒然歸。謂其人曰。今日病矣。予助苗長矣。其子趨而往視之。苗則槁矣。天下之不動苗長者寡矣。以爲無益而舍之者。不耘苗者也。助之長者。揠苗者也。非徒無益。而又害之。何謂知言。曰。詖辭知其所蔽。淫辭知其所陷。邪辭知其所離。遁辭知其所窮。生于其心。害於其政。發於其政。害於其事。聖人復起。必從吾言矣。宰我子貢善爲說辭。冉牛閔子顏淵善言德行。孔子兼之。曰。我於辭命則不能也。然則夫子既聖矣乎。曰。惡、是何言也。昔者子貢問於孔子曰。夫子聖矣乎。孔子曰。聖則吾不能。我學不厭而教不倦也。子貢曰。學不厭。智也。教不倦。仁也。仁且智。夫子既聖矣。夫聖。孔子不居。是何言也。昔者竊聞之。子夏子游子張。皆有聖人之一體。冉牛閔子顏淵則具體而微。敢問所安。曰姑舍是。曰伯夷伊尹何如。曰不同道。非其君不事。非其民不使。治則進。亂則退。伯夷也。何事非君。何使非民。治亦進。亂亦進。伊尹也。可以仕則仕。可以止則止。可以久則久。可以速則速。孔子也。皆古聖人也。吾未能有行焉。乃所願則學孔子也。伯夷伊尹於孔子若是班乎。曰否。自有生民以來。未有孔子也。曰、然則有同與。曰有。得百里之地而君之。皆能以朝諸侯。有天下。行一不義。殺一不辜。而得天下。皆不爲也。是則同。曰敢問其所以異。曰宰我子貢有若智足以知聖人。汙不至阿其所好。宰我曰。以予觀於夫子。賢于堯舜遠矣。子貢曰。見其禮而知其政。聞其樂而知其德。由百世之後。等百世之王。莫之能違也。自生民以來。未有夫子也。有若曰。豈惟民哉。麒麟之于走獸。鳳凰之于飛鳥。泰山之于丘垤。河海之于行潦。類也。聖人之於民。亦類也。出于其類。拔乎其萃。自生民以來。未有盛于孔子也。

此明孟子之學術。知言養氣不動心。而歸于學孔子。尊孔子。盖能反身而信。萬物之備于我。能見性而知大行窮居之無加損。則于諸天之中而有地。渺乎其小。況于地中而有中國乎。中國而有齊。于齊中而爲一卿相。曾否大山之一石。大海之滴水也。而足動心乎。孟子故言其不難。而發出不動心之法。告子之學。禪家麻三斤乾矢厥之義也。一念萬年。其法直捷而易。惟浩然之氣。集義而生。配義道而無餒。至剛大而直養。無少害之。則剛者益剛。大者同大。及其至也。則塞乎天地之間。此爲孟子所特有自得。而爲性善擴充之極功。得此乃能歷刼不磨。轉輪無礙也。其直養之法。則曰必有事焉。勿助勿忘焉矣。孟子之善言養氣也。不有事則忘。忘則蕩而氣散矣。太用心則助。助則暴而氣亂矣。若是者皆害之也。輪扁之斲輪也。不疾不徐。得之于心。而應之于手。官知止而神知行。得必有事。不助忘之意也。宋賢言從理。孟子言養氣。夫人氣之爲也。以氣配理而養之。乃足以助精魄而强神明。鄭伯有以取精用宏而能爲厲。齊王子以居移氣養移體而大。其居魂魄毅兮爲鬼雄。氣剛大之爲神明。乃義之至也。知言者知類通達。明無不照。學無不透洞灼顯微辨窮是非孔子之四十不惑也夫浩氣大勇也知言大智也惟大勇大智而後能擴充其不忍人之心以保四海所謂大仁也盖孟子之學在仁而用力則在勇智學之能事畢矣孟子之道一切出于孔子盖孔子爲制作之聖大敎之主人道文明進化之始太平大同之理皆孔子制之以垂法後世皆當從之故謂百王莫違也孔門多言百世三十年爲一世百世則三千年莫有違孔子者故中庸曰百世以俟聖人而不惑公羊曰制春秋之義以俟後聖以太平大同之理發而未光有待後聖也三統之禮無所不通樂則韶舞見揖讓之德焉故行一不義殺一不辜而得天下皆不爲此足見大仁之公太平之道足以照灼大地而共尊親矣由古言之生民未有其盛由今言之天地未有其聖也

孟子曰人之所以異於禽獸者幾希庶民去之君子存之舜明于庶物察于人倫由仁義行非行仁義也孟子曰禹惡旨酒而好善言湯執中立賢無方文王視民如傷望道而未之見武王不泄邇不忘遠周公思兼三王以施四事其有不合者仰而思之夜以繼日幸而得之坐而待旦孟子曰王者之跡熄而詩亡詩亡而後春秋作晉之乘

楚之檮杌魯之春秋一也其事則齊桓晉文其文則史孔子曰其義則丘竊取之矣孟子曰君子之澤五世而斬小人之澤五世而斬予未得爲孔子徒也予私淑諸人也此孟子明人禽之界即在仁義與不仁義之分進化退化相去幾希言之深切因歷舉諸聖而自明傳孔子之道也陳白沙爲禽獸說不止文明野蠻之相去而已明于庶物則智崇而格于物察于人倫則禮卑而不異于人禹湯文武周公皆撥亂而文明者也而孔子承之此即末章稱由堯舜以至孔子傳道統之義惟孟子之言孔子不稱其盛德至聖但言作春秋一事好辨章述三聖稱孔子亦同又于春秋別白事與文皆非孔子惟義乃孔子所取定下又云春秋天子之事然則春秋一書爲孔子素王改制之書而傳說春秋之義乃爲孔子親裁之微言大義可決矣中庸惟天下至誠爲能經綸天下之大經鄭玄注曰大經者春秋也孝經緯孔子曰吾志在春秋盖春秋有三世進化之義爲孔子聖意之所寄孔子之所以賢于堯舜功冠生民者在是孟子學孔子之道嘗傳春秋學故知孔子之大義微言然則求孔子之道當于春秋而考孟子之道亦出于春秋矣其詳見吾所著春秋爲素王改制之書考及春秋鄭

（春秋筆削微言大義考孟子傳公羊學考）私淑諸人者。子思也。史記孟子列傳。學于子思之門。蓋孔子爲教之發始。孟子爲孔子後學之大宗也。如佛之有龍樹馬鳴。耶之有保羅。梭格拉底之有亞里士多德矣。

（未完）

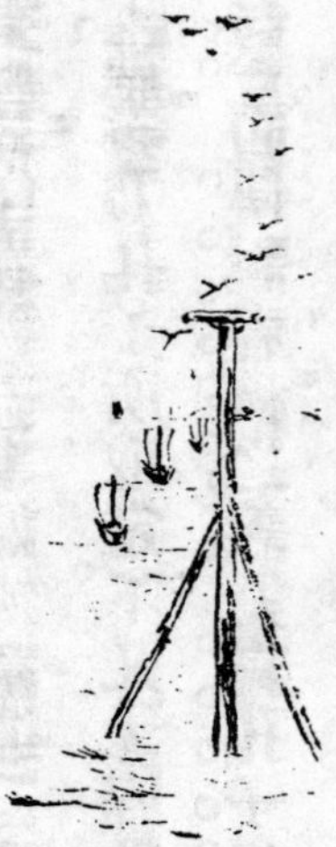

談叢

飲氷室自由書

飲冰子

干涉與放任

古今言治術者不外兩大主義一曰干涉二曰放任干涉主義者謂當集權於中央凡百皆以政府之力監督之助長之其所重者在秩序放任主義者謂當散權於箇人凡百皆聽民間自擇焉自治焉自進焉其所重者在自由此兩派之學者各是其所是非其所非皆有顛撲不破之學理以自神明其說泰西數千年歷史實不過此兩主義之迭爲勝負而已於政治界有然於生計界亦有然大抵中世史純爲干涉主義之時代十六七世紀爲放任主義與干涉主義競爭時代十八世紀及十九世紀之上半爲放任主義全勝時代十九世紀之下半爲干涉主義與放任主義競爭時代二十世紀又將爲干涉主義全勝時代

請言政治界中世史之時無所謂政治上之自由也及南歐市府勃興獨立自治之

風略起爾後霍布士陸克諸哲漸倡民約之論然霍氏猶主張君權及盧梭興而所以掊擊干涉主義者不遺餘力全世界靡然應之演成十九世紀之局近儒如約翰彌勒如斯賓塞猶以干涉主義爲進化之敵焉而伯倫知理之國家全權論亦起於放任主義極盛之際不數十年已有取而代之之勢噫昔謂國家恃人民而存立甯犧牲凡百之利益以爲人民者今則謂人民恃國家而存立甯犧牲凡百之利益以爲國家矣自今以往帝國主義益大行有斷然也帝國主義者干涉主義之別名也

請言生計界十六七世紀重商學派盛行所謂哥巴政略者披靡全歐各國相率倣效之此爲干涉主義之極點及十八世紀重農學派興其立論根據地與盧梭等天賦人權說同出一源斯密亞丹出更取自由政策發揮而光大之此後有門治斯達派者益爲放任論之本營矣而自由競爭之趨勢乃至兼并盛行富者益富貧者益貧於是近世所謂社會主義者出而代之社會主義者其外形若純主放任其內質則實主干涉者也將合人羣使如一機器然有總機以紐結而旋掣之而於不平等中求平等社會主義其必將磅礴於二十世紀也明矣故曰二十世紀爲干涉主義全勝時代也

然則此兩主義者。果孰是而孰非耶。孰優而孰劣耶。曰、皆是也。各隨其地各隨其時而異其用。用之而適於其時與其地者。則爲優。反是則爲劣。曰、今日之中國。於此兩主義者當何擇乎。曰、今日中國之弊在宜干涉者而放任。宜放任者而干涉。竊計治今日之中國。其當操干涉主義者十之七。當操放任主義者十之三。至其部分條理。則非片言所能盡也。

不婚之偉人

老子曰。人不婚宦情欲失半。此其言殆有至理焉。頃讀某報。列舉近世不婚之偉人。如史學家之吉朋、諫謨、柏格兒。哲學家之笛卡兒、巴士卡爾、斯賓挪莎、康德、霍布士、陸克、盧梭、邊沁、斯賓塞。科學家之奈端、斯密亞丹。文學家之福祿特爾。格黎。政治家之維廉鼈特、加富爾、梭馬。皆終身獨居之人也。此外尚多不能枚舉舉其最知名者耳文豪索士比亞、擺郎、皆有妻而極言有妻之害。謂天才與妻不能兩立者也。而近世大政治家。若格蘭斯頓、若俾士麥。若的士黎里。則自謂生平之成功。得於賢內助者居多云。兩者孰爲正理。吾以爲欲以不婚率天下。非可行也。而早婚與多婚。二者之陋俗不除。則國民之聰明才力。消沮於

是者不知幾許有志改良羣治者其勿以爲一私人之事而忽之

嗜報國民

今世文明國國民皆嗜讀報紙如食色然而發達最速者莫如美國美國當五十年前即西歷一千八十五十年全國報館僅有二百五十四種讀報者七十五萬八千人至今年（一千九百二年）有報一萬一千二百二十六種讀報者一千五百十萬人五十年前全國報館印出報紙總數四萬爲零二千六百四十萬部今年增至八十一萬萬零六千八百五十萬部今年統計全國報館平均支出費用美銀一萬萬零九千二百四十四萬元內主筆訪事及司理人等共二萬七千五百餘名支出薪俸美銀二千七百萬元職工共九萬四千八支出薪俸美銀五千萬元其餘機器紙料雜費等支出美銀五千萬元全國報館平均收入金美銀二萬萬零二千三百萬元收支相消實每年贏餘總額美銀三千萬元

据美國最近人口統計凡七千六百五十餘萬人以此比例是六人中必有一人讀報者也中國民數五倍美國以此比例應有讀報人八千萬有奇每年印出報紙總數當

在四百五十三萬萬零四千萬有奇嗚呼吾中國何日始能有此盛況乎不禁慨歎然美國五十年中增率二十倍有奇安知中國五十年後其盛大不有更驚人耳目者乎是在造時勢之英雄焉矣

以今日金值計之美銀一元當中國口岸通用銀二元是美國全國報館每年總支出數將近四萬萬元其總收入數將近四萬萬零五千萬元視今日中國國帑出入總數且二倍矣嗚呼人之度量相越乃至如是耶

奴隸學

偶讀顔氏家訓有云齊朝一士夫嘗謂吾曰我有一兒年已十七頗曉書疏教其鮮卑語及彈琵琶稍欲通解以此伏事公卿無不寵愛吾時俯而不答嗚呼今之學英語法語者其得毋鮮卑語之類耶今之學普通學專門學者其得毋彈琵琶之類耶吾欲操此業者一自省焉毋爲顔之推所笑

國聞短評

尺素六千紙

社員某

本日之日本「報知新聞」有一條題曰「外交界之三夫人」者。言日本現今有三夫人握外交界之實權。一曰德國公使井上勝之助之夫人。二曰暹羅公使稻垣滿次郎之夫人。三曰中國公使內田康哉之夫人。其評內田夫人曰「今日在北京政界而生擒西太后者誰乎。內田夫人也。西太后日日宴會各公使夫人。其所以獻媚之者無不至。而其中最能深知北京朝廷性質。玩之於股掌之上而操縱之者。莫如我內田夫人。今西太后之一舉一動。殆無不伺內田夫人之顏色。內田夫人實北京政界中最有實力者也」云云。吁、生擒西太后一語。何其對於友邦主權者不敬之甚乎。雖然、吾中國女權之昌。而使列邦之巾幗。亦得有英雄用武之地。使斯賓塞約翰彌勒諸女權論鉅子聞之。當生如何之感乎。抑他人之欲生擒我者多矣。我國民之被人生擒者亦多矣。豈直一內田夫人哉。豈直一皇太后哉。

八月十七日

一年以來。中國報界大添活氣。眞是差強人意之一事。頃者日報中光芒萬丈。咄咄逼人者。莫如美國舊金山之「文興日報」。每論說一篇。動五六萬言。登至二三十續。誠前此日報所未有也。又如汕頭之「嶺東日報」。天津之「大公報」。皆有特色。有新論。實可稱日報進化之一級。上海各報。向優於他地。今則靡然不振。除「蘇報」屹然砥柱中流。有一定之主義。外此皆次第墮落。可勝慨嘆。惟叢報體。則視數年前大有進步。去年發行之選報。最稱錚錚。自廿一期以後。雖頓減色。然新出之新世界學報。魄力亦有大驚人者。雖其中閒多有影響之語。然文章之銳達。理想之斕斑。實本社記者所深佩。其中主持論壇者。似多得力於瀏陽譚先生之學。尤使我起敬。又有「政藝通報」。亦不失爲上海報界第二流之位置。每月二冊。似皆成於一人之手。其精力亦可驚矣。言論爲實事之母。我國今日言論界。一綫曙光。杲杲方出。其或者事實之良結果。殆將不遠。吾欲爲中國前途賀。 八月十八日

雜俎

是汝師錄二

田地不潔淨。亦讀書不得。若讀書。則是假寇兵。資盜糧。　陸象山

學者爲氣所勝。習所奪。只可責志。　程伊川

人之生、不幸不聞過。大不幸無恥。　周濂溪

天下眞利害。便是天下眞是非。即如舍生取義。殺身成仁。安得爲害。墦肉乞飽。壟上罔斷。安得爲利。　鄒東廓

令我制事。無使事制我。　陸古樵

大丈夫凍死則凍死。餓死則餓死。方可堂堂立于天地之間。　魏莊渠

去得恐愧懼底心。雖履千仞之險。只與行平地上一般。　謝上蔡

今人畧有些氣燄者。多只是附物。原非自立也。若某則不識一箇字。亦須還我堂堂地做箇人。　陸象山

上是天下是地人居其間須是做得人方不枉 陸象山

天自信天地自信地吾自信吾自動自靜自闔自闢自舒自卷 陳白沙

學至氣質變化方是有功 程明道

未有知而不行者知而不行只是未知 王陽明

須是大其心使開闊如爲九重之臺須大做脚始得 程明道

作事若顧利害其終未有不陷于害也 朱晦庵

狂者志存古人一切紛囂俗染舉不足以累其心眞有鳳凰翔於千仞之意 王陽明

利害毀譽稱譏苦樂能搖動人釋氏謂之八風 陸象山

大凡爲學須要有所立卓然不爲流俗所移乃爲有立 陸象山

要當軒昂奮發莫恁地沈埋在卑陋凡下處 陸象山

彘雞終日營營無超然之意須是一刀兩斷何故營營如此營營底討箇甚麼 陸象山

學者須要有廉隅牆壁便可擔負得大事 朱晦庵

人不患無才識進則才進不患無量見大則量大 高景逸

學問須從狂狷起脚。然後能從中行歇脚。 顧涇凡

閒居時有何不善可爲。只是一種懶散精神漫無着落處。便是萬惡之淵藪。 劉念臺

人須在事上磨練方立得住。 王陽明

所謂必有事者。獨處一室而此念常炯然。日夜萬變而此念常寂然。閒時能不閒。忙時能不忙。方是不爲境所轉。 王龍谿

明道之人。有是非而無今古。 葉水心

洗淨二千年世界。使光明寶藏片片發見。 陳同甫

名節者道之藩籬。藩籬不守。其中未有能存者也。 陳白沙

忿不止于憤怒。凡嫉妒褊淺不能容物。念中悻悻一些子放不過。皆忿也。慾不止於淫邪。凡染溺蔽累。念中轉轉貪戀不肯舍卻。皆慾也。 王龍谿

以我對上帝。則上帝亦來。 李見羅

直須抖擻精神。若救火治病。然豈可悠悠歲月。 朱晦庵

舍己從人。最爲難事。己者我之所有。雖痛舍之。猶懼守己者固。而從人者輕也。 程明道

學者好語高正如貧子說金說黃色堅輭道他不是又不可只是好笑　程伊川

將眼前聞見自己聰明翹然不肯下人可笑　呂心吾

凡飲食只是要養我身食了要消化若徒蓄積在肚裏便成痞了如何長得肌膚後世學者博聞多識留滯胸中皆食傷之病也　王陽明

疑者覺悟之機也一番覺悟一番長進　陳白沙

大凡事只得耐煩做得去才起厭心便不得　朱晦庵

志於聲色利達者固是小勒摸人言語底與他一般是小　陸象山

大世界不享卻要占箇小蹊小徑子大人不做卻要爲小兒態可惜　陸象山

今人如何便解有志須先有智識始得　陸象山

一命之士苟存心于愛物於人必有所濟　程明道

克己可以治怒明理可以治懼　程伊川

朋友相處常見自家不是方能默化得人之不是　王陽明

聖人過多賢人過少愚人無過蓋過必學而後見也　聶雙江

小說

十五小豪傑

披髮生

第十三回　亘熊石四童子析居　陷穽林一美人僵臥

卻說杜番提著鎗。一溜煙跑向佐克那邊。連放兩發。眼見那兩個動物。吃了一驚。轉身便走。童子們離遠認得他是個老熊。不禁股栗。想著自到這島以來。沒見過一個猛獸出沒。今此兩熊。應是乘著氷塊。從別處渡來。果然這島定距大陸不遠了。童子們如此想著。佐克早已走到。各人道了喜。佐克也將前後情形。告訴各人。說當時向著東方追踪杜番兩人。在重霧中。左右跑了一會。不覺自己也迷了方向。不辨歸路。正在彷徨。忽聞砲聲隆隆。知是兄弟們發的號砲。便跟著聲浪。狂命奔回。不料行至中途。回頭一顧。正見那隻老熊。向自己這裏追來。不敢怠慢。飛足快走。可幸走冰工夫。我是熟練的。纔得與那東西常隔著十來丈遠。這也算不幸之幸了。萬一跌了一交。這時候我的身體。怕已在那畜生肚子裏。怎能復與諸君相見呢。大衆嘆息一會。便返洞中去。武安至洞口。偶一回頭。不料與跟著進來的杜番打個照面。便道。杜番。余戒各人勿離隊遠行。你只是不依。至鬧了這些狼狽。贏得我們當心。這是不能不責你的。但你能捨身冒險救了舍弟急難。這高義深情。我也甚爲感激。永不敢忘的呢。杜番只說一句這不過是我的義務。見武安伸手正欲與他拉手。卻裝不見。竟入洞中去了。原來杜番武安兩人自去冬以來。屢次反目。雖經俄敦百端溫解。仍是不依。自從這日之後。杜番不知自責。卻反因羞成怒。除喫飯之外。不喜與大衆團坐。每率著他的三個黨人。別蹲在洞內一隅。聚首密語。一日武安瞧見。指示俄敦道。瞧他們情形。定是有什麼陰謀了。俄敦道。他們縱有陰謀。也未必敢叛君。因各人不肯舍君而從杜番。他們也自曉得的。武安道。我疑他們打算要離這里。別尋去處。因昨日曾見韋格自將波陰地圖摹寫一分。想他們心中不服。都是因我而起。不如我辭了職。讓給足下。或杜番。或可遂了他們的心願。不至別生風波。足下以爲如何。俄敦忙道。不行不行。足下何爲遽出此言。若如此。足下何以答諸君選你的盛心。更何以盡你對諸君的義務呢。武安只得無言。至十月初旬。暖氣初回。湖冰遽泮。洞外運動。正可自由。一夕杜番忽糾黨人向大衆說。欲自去此洞。俄敦聞說大驚道。你們想棄了我們。不復居此麼。應道。不是這麼說。不過我們四人。欲與諸君暫時別居罷。杜番道。爲甚麼呢。杜番。杜番道。分居之後。彼此可以自由。質而言之。就是我們不喜居武安的治下。武安道。四君不滿于我。究爲甚麼事情。可得聞麼。杜番道。非爲別故。只覺得你沒有統治我們的權利。我們都是美國人。前次總統既舉了美國人。這次又舉了法國人。將來不又要舉莫科麼。俄敦道。杜番。我勸你莫要這樣認眞。杜番道。我是認眞的。我是熱心的。別個我不知。我們四人在那別國人的治下。實是一刻不能忍耐的。武安嘆口氣道。你們如此。我也沒有法兒。就讓你領着韋格乙昔格羅士任意別尋去處。這裏的公共財產。你們也可把自己分內的帶將去。俄敦見四人主意已定。不少復動。愀然道。我只祈禱你們他日別後悔罷了。各人無言而散。至初十日清早。杜番等四人撿了長鎗兩枝、連發短鎗四枝、斧二柄、彈藥若干、漁具數事、定南針一個、毛布數張、又帶了樹膠造的舢板。及好些食物。告辭了各人。匆匆出洞而去。至紐西崙川畔。見莫科早已艤着舢板。在此等着。俄敦武安率衆童子臨崖相送。不覺悽然。那四人雖則性情執拗。到此也有依依不捨之意。解纜揚帆後。頻回頭盼望。不覺早己渡過前川。莫科告別了。仍回法人洞去。四人商議道。前數月聞武安說所探出的欺騙灣。有巖穴。有森林。今我們移居那裏。不怕飲食起居不能自由。又去法人洞不過十二邁路。與他們通消息也甚容易。商量定了。便循着南澤而行。行了五邁餘路。已到湖之南端。時已交酉刻。只得在此弄晚飯喫了。一夜無話。翌早發程前進。忽逢着一個沙丘。登峯一望。但見後面湖光如鏡。前面沙丘起伏。綿亘甚遠。復向前進。一登一降。兩足甚勞。十一點鐘到一小灣。喫了午餐。停息一會。自此折向東北而行。但見樹木森森。不辨前路。林中見有駝鳥獵馬貔加里鷓鴣等出沒甚多。各人不勝之喜。至六點鐘到了東方川。見灣頭草叢。尚存燒痕。知是武安等從前在這裡餐宿的遺跡。翌朝渡了川。跑入左岸林中。向東而進。所過之地。或則泥濘斷道。或則荊棘沒身。須用斧頭鋤去。纔得通過。那種艱難辛苦。自不勝言。比出林來。天早黑了。等至翌早。走出濱邊。一望。但見汪汪千頃。只有一輪旭日。湧出東方。其外一無所睹。杜番道。雖然如此。我却信本島必與美洲大陸相近。若有船隻要赴智利秘魯。想必要取路本島東方。經過這裏。我決意和諸君卜居於此。以候佳音。武安雖名這裏作欺騙灣。我料他斷非始終欺騙我。不久當有船隻經過呢。是日四人在濱邊徘徊至暮。登巨熊石一望。依然雲水茫茫。並武安往日所看見的白點也沒有影兒了。石下有一水灣。杜番因呼他作巨熊港。既尋出一洞。頗適安居。晚飯畢。會議後事。擬將法人洞所應得財產。託莫科用舢板運來。因陸路崎嶇。行走不便。商議既定。杜番更提一議道。我們此次上法人洞去。宜乘便沿着海濱。一勘北部。各人都贊成了。一宿無話。翌早起來。飯罷。即向北方進發。凡行三邁許。一帶亂石。連接不斷。惟左方林際。有一沙路。廣可十丈。及行至亂石盡處。見有一條小流。橫截進路。此流仍是由家族湖流向大海的。杜番因名他北方川。四人在此喫了中飯。即濟川。在川畔密林中徘徊一會。正擬再返濱邊。格羅士俄停足道。你瞧杜番。你瞧那裡。杜番向格羅士指處一望。見有一巨獸。在灌木叢中。左來右往。因命乙菩韋格等著。便偕格羅士潛行而往。至相距約有十丈。兩人齊聲發鎗。奈那巨獸皮厚異常。彈不能貫。只吃一驚。轉身便跑。須臾不見。杜番認得他叫做貘。南美河邊不時出沒。不害人。也不爲人所用。四人更不恨他逸去。仍向前進。沿路茂林。多是山毛櫸樹。彼等因名這里爲山毛櫸林。是日凡行九邁路。去本島北濱。還有一半路程。翌早即十月十五日。天氣乍變。動則有暴風雨來襲之勢。四人捷足而行。風愈吹愈緊。至下午五點鐘。忽見幾道電光。在頭上飛閃。繼而霹靂之聲。連珠劈耳。淒涼景況。慘不可言。四人知所向之地。相去不遠。不屈不撓。鼓勇奔進。至八點鐘。忽聞一種風濤之聲。自隔林而起。知已近海濱。更飛脚急跑。到茂林轉處。見有一帶沙嘴。橫在眼前。雪浪滾滾。卷舒其上。時天色漸黑。數百丈之外。便不能見。四人欲趁夜色未深。一睹海面情形。向沙嘴進行。莫格在前。忽停足指著前頭一塊黑影。回顧後來三人。張口無語。衆人凝眸一審。見相距十餘丈。有一舢板。被風打上。有舷膠着沙灘。欹立不動。離舢板約有一矢之遠。潮水已退。留下海藻一堆。分明有兩個人體。僵臥其側。不禁驚絕無言。如石像一般。股栗呆立。少選驚魂定了。始放膽進前。相去還有四五丈遠。衆童子忽然渾身打戰。恐怖萬分。不暇管那人體是個死骸。還是個生氣尙存的。驀然翻身。遁入茂林中而去。只見四面濛濛。不辨咫尺。並方纔閃的電光。都絕跡了。但聞風聲濤聲。吹折樹木聲。飛砂走石聲。遠近四方。互相呼應。可不害殺人也。四人在一大山毛欅之下。相抱而立。不敢交睫。不獨關心那天氣鬧到怎樣。心中猜疑著那舢板。不知是從何處來。那兩個遭難之人。又不知那裡人氏。但是彼等既可漂至這里。然則去本島不遠。定是大陸。或有別個島嶼了。比及夜半。風聲漸弱。略可得語。四人就把這個問題。議論起來。不時聞那遠處。隱約似有人聲。衆人疑那兩人之外。更有生存的。在這濱邊彷徨。再三傾耳。追索其聲。這會便不聞了。只聞風起濤湧之聲。猶未息耳。童子們知是自己幻聽。又恨方纔不再進前。熟查那舢板及那人體的情况。須要再往。又是長夜昏昏。無從分辨。去亦無益。只得等至東方初白。風勢少衰。擧頭一望。見空中斷雲低壓。飛來飛去。知是天將大雨。恐爲暴風所捲。握手相扶。漸到濱邊。先尋舢板所在。見比昨夕更被風打上數丈。那海藻遺迹。仍在沙上。橫着可恨遍索一會。都不見了那兩個人體。四邊細認。又無足跡。嗐。海水無情。定把他拖向龍宮去了。真格道可憐可憐。他們或尙有一縷生氣。也未可料呢。杜番登石上一望。惟見白浪如山。水天靡邊。復同到舢板旁邊仔細一檢。原是一隻傳馬船。長約三丈。檣帆碎折。右舷已壞。船中只有破帆斷索。零落散亂。食物廚具武器之類。一無所有。搜至船尾。見有數個文字。珍瓏可認。寫著「舍比龍號舊金山」等字樣。知是他母船的名兒。及其所屬的地方了。今且按下四人不提。卻說法人洞各人。見杜番四人去後。鬱鬱不樂。武安尤爲納悶。俄教百方解慰道。武安。你勿過慮。杜番雖然剛愎。等不到來冬戒寒時候。他定要再還這裡來。因爲俄教見徃年守冬時候。如許人多。通力合作。尚覺艱苦萬分。況杜番等今止四人。料他斷難支持了。抑童子們等至來冬。還要在這荒島過活麼。將始終不得外援麼。太平洋這邊。到底無船隻經過麼。惡蘭岡上所樹暗號。究竟無人看見麼。一日武安與各人談及此事道。惡蘭岡上所樹暗號。不過高出海面二百呎。船隻非駛至極近。不能望見。近日我想出一計。幸我們有許多帆布。若用來造一大紙鳶。放諸空中。可能升至一千呎以上。如此。雖在遠距離之人。也可得望見。諸君以爲如何。衆人聞說。都賛成了。因命巴士他趕速製造。至十四日果然造成一八角形的大紙鳶。縱橫約有丈餘。儘可負一童子騰空而上。知如許大的紙鳶。非人力所能操縱。決議用絞車盤伸縮繩索。十五日各人早起。擬一試放。及出洞外一瞧。見天色不定。料有暴風。只得作爲罷論。是晚果如所料。飄了一夜大風。翌早風勢漸衰。比及午後。天氣復常。童子們歡天喜地。走出洞外。正準備試放紙鳶。忽見獵犬符亨望空吠了幾聲。縱身一躍。竟向茂林中奔去了。武安道。符亨不知又作甚麼了。俄教道。想是聞着甚麼動物的氣味。

武安道。不然。他的吠聲。與尋常有異呢。沙吡道。請仔察他動靜。武安道。先拿鎗來。話猶未了。沙吡佐克早轉身跑回洞中。取了鎗來。武安同俄敦帶着兩人。循着符亨走的路徑。跑進陷穽林南端。遙聞符亨仍在那邊。作喚人聲。四人行未及數丈。見符亨在一大松樹下。昂首停立。更定睛看時。只見一個死骸。橫臥樹下。四人嚇了一跳。再鼓勇上前。就近一認。見那死骸身穿麗服。肩搭半帔。雖然顏色憔悴。面帶愁痕。却是個天姿國色的二八麗人。俄敦鞠躬把他心頭一按。不覺失叫道。你們來瞧。正是

天涯何處無芳草　身世依然是落花

要知那人是生是死且聽下回分解

文苑

詩界潮音集

六哀詩

更生

戊戌之秋。維新啓難。堯臺幽囚。鈎黨起獄。四新參楊銳叔嶠、劉光第裴村、譚嗣同復生、林旭暾谷、御史楊深秀漪川、及季弟廣仁幼博不讞遂戮。天下冤之。海外志士至歲爲設祭。停工持服。蓋中國新舊存亡所關也。六烈士者。非亡人之友生弟子。則亡人之肺腑骨肉。流離絕域。嘔血痛心。兩年執筆。哀不成文。辛丑八月十三日奠酒于檳榔嶼絕頂。成五烈士詩。海波沸起。愁風颼來。哀紀亡弟。卒不成聲。蓋三年矣。須後補成之。

山西楊夫子。霜毛整羽鶴。神童擢早秀。大師領晋鐸。琨玉照蒼旻。勁翮刷秋鶚。嗜痂癖鄙言。論學起嶽嶽。瑣碎蒼雅輿。繁蕪傳注博。山經輿地志。佛典共史略。繁徵舉其詞。一字無遺落。吾能張其軍。見公生世郤。尤能舉大義。衍己無愧怍。清絕冠蠹宮。子病無醫

葯趨朝輙賃車賨文乃欵客時經膠旅警慘憂同痞瘧旦夕論維新密勿頻論駁首請
聯英日次請拒俄約繼言廢八股譯書遣遊學涕泣請下詔大變決一躍御門誓羣臣
開局議制作聖主感誠切大號昭渙若四月變法詔永永新中國大旱沛甘霖羣生起
忭樂奇功動日月衢尊共斟酌大蛇臥當道神鷹擊一攫憂甚武曌禍惜無東之略忽
警神堯囚赫矣金輪虐黨禍結愁雲盈廷瘖若縛抗章請撤簾碧血飛噴薄董軍密入
京蕭蕭八月朔吾時奉詔行公來告氛惡揮手作死別吾擬委溝壑豈知痛稽生凄絕山
陽笛昔謁椒山宅遺像瞻瓜創見公適適驚骨鯁貌何若故知是化人來爲救世託雖
慘柴市刑能褫權奸魄大鳥還故鄉剛毅死猶嚇

右楊公深秀

峨岷氣悽愴精英起肅肅楊君抱粹姿溫溫潤如玉學問窈淵懿神體鏡渾穆史學尤
精研晉書手注錄久遊諸公間京華推名宿謹密無少洩謙讓似不足平生憂國意慨
歎眉蹙蹙代草諸公疏補救張蹉跼與我志意同過從議論熟公車始上書號召君鞠
鞠繼乃會强學君肯同開局豺虎磨牙食羣士皆退縮君首爭署名抗章聽誅戮膠事

吾去國君走爲推轂後開保國會被劾君猶睦始疑謹厚姿頗慮弱不足豈知百練金
光芒深韜蓄學術本少殊行事乃相服益知君子心憂國至誠篤聖心善鑒拔大器備
令僕參政十七日玄黃遘痡毒帝座竟傾閣衣帶密傳讀上言憂中國變法救危辱下
言觸慈怒大位將傾覆設法籌營救焦灼企望速君密傳同志失聲咸痛哭顛危竟不
救萬死罪莫贖董承以反誅千秋傷冤獄

右楊君銳

我不識裴村。裴村能救我。署奏拒鷹鸇。心感報無所。昔開保國會。千丈松磊砢。模糊一
握手。未得親右左。言讀我書。傾倒亦已頗。故人多石交。下石一何夥。故知交在神面
交多坎阻。京華聲利海。十年潛默坐。謝華學獨劬。寡交足頻裹。閉門陳正字。直節無撓
婀。小字作顏書。剛健少婀娜。研精舊史學。維新乃最果。聖上切旁求。陳撫薦自楚。新參
一朝拔。得人四海賀。王相客盈門。不投一刺過。密勿贊新猷。氣象皆駊騀。改元設參謀
明堂燦藻火。訏謨私畫策。君莫不畫可。奪門忽聞變。投獄無少暉。竟從龍比遊。哀哉呂
武竊。人才付一燼。邦國嗟長鎖。吁嗟孔融子。覆巢卵同挫。側望蜀川雲。灑涕風悲楚。

右劉君光第

復生奇男子。神劍吐光熒。長虹亘白日。紫瀾捲蒼溟。足跡徧西域。抵掌好談兵。橫厲志無前。虛公心能平。才明挺峻特。涉獵得其榮。于學無不窺。海涵而淵渟。文詞發瑰怪。火齊雜水晶。孤孽旣備嘗。德慧更耀靈。徧探異氏奧。遽徙筐頻傾。歸心服大雄。悲智能長惺。聞吾談春秋。三世志太平。其道終于仁。乃服孔敎精。貫串中外學。開通治教程。奇闢破宦奧。華妙啓化城。大哉仁學書。勃窣天爲驚。金翅未大鵬。溟海掣長鯨。巨力擘燭龍。雷霆吼大聲。吾道有譚生。大地放光明。師師陳義寗。撫楚救黎蒸。變法與民權。新政百務興。湘楚多奇材。君實主其盟。大開南學會。千萬萃才英。新法丕矯變。舊俗滌以清。聖主發維新。賢哲應求徵。奉詔來京師。翔鳳集紫庭。宣室前席問。帝心特簡膺。有命參新政。超階列羣卿。向以天下任。僉爲救國楨。旅吾南海舘。緯繡夜不寗。首商尊君權。次商救民萌。條理皆闓合。次第擬推行。煌煌十七日。新政煥庚庚。大猷未及告。奇變怒已形。衣帶忽飛傳。痛哭發精誠。大床方臥疾。揮涕起結纓。自任救聖主。揮吾出神京。橫刀說袁紹。慷慨氣塡膺。奇計仗義俠。惜哉皆不成。神堯遂幽囚。王母宴飛瓊。緹騎捕黨人。黑雲散冥冥吾時將蹈海欲救無可營東國哀良臣援拯與東征上言念聖主下言念先生兩者皆已矣誓死延待刑慷慨厲氣猛從容就義輕竟無三字獄遂以誅董承毅魄請于天神旗化長星

右譚君嗣同

暾谷挺大秀髫年富文史波瀾盡老成清妙紓練綺文辭有漢聲詩詞得宋體下筆壓耆宿十八冠鄉舉弱冠游京師名聲飈鵲起王粲詣蔡邕陸機入洛汭一時譽奇材公卿爲倒屣折節不自足來問春秋旨商榷三世義講求維新理論才薦大科交章用處士奏對稱師說變法陳古始前席承宣室參政贊彤几經論謨密勿驂顧難述紀頗聞罪已詔敬輿筆所擬至今感人心普天思聖主蕭牆難既作堯臺囚莫弭宸衷顧從容眷惜微臣死密詔促出行緣汝籍弟子造膝近御座衣帶傳密旨捧詔相抱泣報國同誓死惆悵吾去國綢繆汝救主倉黃解玉璽蕭颯走緹騎非無西人哀援手爲救止慷慨乃捐軀投身赴大理嗚呼萇宏血三年碧不止娟婷沈公孫令德儷才婿竟作墜樓人長咽秦淮水晚翠自名軒完節無愧此每見青琅玕傷心淚瀾瀾人間廿四年英名

滿大地

右林君旭

遊中印度訪佛迹至迦維衛大城（印音名爹利當是迦維衛之轉音也爲印度至中前臨恆河）徧訪無之守博物院人曰佛是支那來者登山頂塔而望東西南北人家各三十里氣象可驚等于倫敦感愴舊敎激刺深矣　明夷

靈鷲峰高王舍城塔樓百里樹烟横迦維行徧無佛跡但見恒河落日明

舍維城中問浮屠人言東來自支那而今象法眞寂滅世界億刼到婆娑

成住原知皆幻相頗驚大敎壞而空區區國土更何物得失眞如電夢中

中國近事

◎劾案紀聞　王御史乃徵日前封奏參劾外部尚書瞿鴻禨。署謂瞿不諳交涉。而擅作威福。每到外部時。頤指氣使。藐視一切。雖慶邸王相。皆不在目中。請旨嚴行申飭。以示警惕云云。瞿見此摺。當即碰頭請開去外部差使。太后溫慰數語。次日又具摺請開去重要差缺。遂有初五日諭旨。有該尚書認眞不辭勞苦等語。奬慰備至。

又此次所議加稅免釐等欵。係與英使馬凱君獨商。并非與各國公議。蓋英在中國商務最大。乙未李文忠親赴歐美各大國面商加稅。各國皆允以英爲衡。故此次議約先與英使獨商之緣由也。然馬凱君雖允。究係一國之事。不能遽指爲各國皆允。乃七月二十六日所降加稅免釐之旨。詞氣含渾。謂與各國業經議定。當時外部左丞瑞良當即請爲改正。乃瞿大怒曰。我不管他是何國。上諭擬定。誰敢妄改一字。電旨既發。當日即接七次覆電。力言此旨不妥。瞿仍悍然不顧。既而英使馬凱君挑駁。遂將業經改爲一經。故王据實糾參。并言其身爲外部尚書。于此等大事。尚不了了。任意驕傲。不能虛心。致有此誤。請旨申飭。以警將來云云。

又王摺既上太后見之甚怒。諭曰。此無他不過我所用之人。總不好。將立召侍御入對時。某相在側因言御史妄劾人固極可恨惟政府事極繁重誠恐不免疏忽之處奴才與共事諸臣。惟有有則改之無則加勉以息衆謗而對聖明云云。太后乃已越日宴見。太后復提及王乃徵事。某相曰。御史參劾政府此亦無怪。連上數封奏則今年炭敬便多收數分。不憂無度歲貲矣。太后大笑。然猶深惡王不已。

◎交涉不諳 某侍御前劾某尙書內有兩事一爲正陽門內東棋盤街路東官廳後邊有方地一區界連美國兵房本未劃入使館界內去年美人曾照會踩路工程處。請將該地闢爲花園。准許中外人民遊覽。蓋恐溲溺汙穢之氣。甌脫之地。必更加甚也。其時陳夔龍在局揚言我但能辦踩路。不管交涉。其後美人言之于外部。外部不答。美人以爲中國已棄此地。乃于周圍樹以木柵圈作操場。一爲兵部街工部街兩處道路亦不在使館界內。前經英使照會外部。請將此道修治。外部日久不覆。於是英人越界代修。既修之後。不准中國車馬行走。此二事原屬細微。但外部似此顢頇更何能辦理他事。詎王相某日到署。傳集丞參以下各官。謂本署公事。外間從何得知。此必本署有人洩漏。必須查究。某君對曰。本署中人。未必有心洩漏。且洩漏者必不自認。況本署不言。而洋人能言之。外國報紙能言之。此事恐難查究。王相曰。果能認眞根究。必有頭緒。某君復曰。非但此事難查。即本署所辦交涉。旣名交涉。斷斷不能秘密。視在各國互相猜忌。公事愈形棘手。似不如明白宣布。轉可彼此曉然。免致誤會也。王相曰。總當處處謹愼。於是各官諾諾而退。

◎書吏難裁 六部公事。除刑部向不仰仗書吏外。餘均惟書吏之命是聽。其故由於例案繁多。司官通籍以前。旣未問津。到署以後。留心者亦少。且案件均由書吏携回其家。故能熟悉。政府但恨書吏。而不知令司員學習公事。斷無成效。平心而論。書吏所領之薪銀至薄。而所辦之事。委曲繁重。日前兵部某官受友人之託。辦理世職引見之事。書吏以爲不合例。詎此友人自與該吏說項。立卽辦妥。又有吏部某司官偶指其錯。該吏卻自行求退。復經他司官一再慰留而後已。蓋從前司官可申斥書吏。書吏欲退。仍可責令留充。現在書吏旣係奉旨裁革。彼等欲退則退。故反有所挾持也。

◎東三省改革問題　俄國駐屯兵在滿洲撤退後。滿洲守備兵之編制。軍機處查察情形。以爲宜大加改革。馬軍門與袁少保各主一說。馬軍門曰。滿洲因團匪事變。經俄國占據。民情風俗。爲之大異。民心復多傾向俄人。然其地爲國家發祥之地。士氣尚有可振作者。雖以時勢之變遷。不能不行自然之改革。然改革一兩端已可。宜稍存舊制。袁少保則反之。全主革新之見。軍機處不能定。遂電劉張兩督各陳意見。俟得劉張兩督之復。再會議商定云。

◎宰相受禮　榮相女公子指婚爲醇王福晉。於八月念八送奩。念九吉期。太后曾賞銀一萬爲之治奩。而京內外各官之致送禮物者。猶有其門如市。應接不暇之勢。聞京官之送禮者。至少非數千金不能出手。外官則動以千計。榮相一概全數拜登。說者謂此兩月中足有百萬入欵。而自去年回京以來。當有千萬云。

◎尙知大體　河南巡撫錫良經敎士請留。已見他報。茲聞錫有電達政府。并遞專摺。力請離豫。略謂朝廷黜陟。自有微權。疆臣去留。豈可惟外人之言是聽。如敎士可留督撫。敎民尤而效之。異日必至留州縣矣。履霜堅冰。端不可開。請旨着新撫張人駿迅卽到任。奴才情愿赴熱河本任。爲國家効力云云。按自庚子以來。外省大小官吏。因外人一言而定去留者。不知凡幾。政權外移。莫此爲甚。錫能作此言。可謂能知大體者。

◎礦章述聞　中國礦務新章。利外人而不利國民。故呂盛二大臣與劉張二總督力爭。未允更改。及英使亦不滿意。方有著劉坤一張之洞採取各國礦章。詳加參酌。妥議章程之旨。說者謂自新章出後。中國人自請開辦礦路等。外部批駁。已有三百六十餘件之多。凡外人所請。十有八九可成。無他。所謂酬應周到不周到也。章程雖再訂而善。其能免此弊哉。

◎營口近聞　新任營口道明保。本擬八月十五日蒞任。嗣俄撫葛畢沙爾宣言。謂該道如果欲來營接任。所帶兵役人等。衣袖中必須繡以俄國旗號。以示崇拜俄國之意。否則不准來營云云。故明頗有進退兩難之勢。

◎交路傳聞　聞關外鐵路。已有交還之信。日前外部奏請派員收接。聞已派袁慰帥接收關外之路。其附近營口之路。歸奉天府將軍增祺收接。又聞鐵路總辦楊士琦已由津起程。往山海關預備收接各事宜矣。

◎葡使要求　葡萄牙駐京使臣。近曾屢至外部力請允准澳門定界。意欲趁此商約未定。故以勘界爲名。以便任其推廣。慶邸力持不可。葡使仍再三要索。并聲言商約加稅一事。須各國皆允。方可施行。其意以爲如不允其定界。彼卽從中撓阻。此乃言外意也。慶邸答以須先派委員查明。方能定議。萬無此時慨允之理。此事已會議數次。現仍相持不下云。

又聞所要求者有兩事。一卽推廣租界。而以勘界爲詞。一欲由澳門造一鐵路逕達粵省。此事已由外部照允。惟澳界一節則未定云。

◎特予優美　李總管連英之猶子。有分戶部者。到部卽得稍稿優差。此差有辦事十餘年而尙難得者。緣榮中堂叮囑再四。謂李亂後甚苦。此次其侄輩捐官。出于老佛爺見憐。賞給捐欵銀兩。實不能若尋常納捐同日語也。

海外彙報

半月大事記 西歷九月下半月

▲十五日路透電。法國駐俄公使蒙德律、畢現遄返法京。據言此次政府誤其特倡民主之議。召其回國實拂伊之夙志云。

▲十六日路透電。杜國三將下禮拜當可行抵德京。德人現已預備欵接之禮。

同日電。法國海軍大臣潘立敦、曾往科西加京城游歷。據言法國宜于該處建築砲臺。以固地中海一帶各法屬疆圉。嗣又啓程往畢士他。復演說法國不欲與英國用兵。雖練兵之法日益求精。不過以禦外侮。法外務大臣聞其言。心中甚不喜悅云。

▲十七日柏林電。法相德爾喀賽因潘立敦之演說。有開罪意國之處。不得不向意國謝罪。惟法國欲在地中海及馬羅科地方得有大權。因此英意兩國頗疑之。

▲十八日倫敦電。俄國農部大臣出示。言凡日美等人。如違例在西伯利亞海岸乘船捕魚者。除拘拿監禁外。船貨一概充公。

▲十九日路透電。意人言法國海軍卿所議意國之言。意國並不在意。自可置之不理。

同日柏林電。法暹齟齬之事。雖已開議。然尚未能即了。茲復因英人將希蘭灘地方佔据。法暹之事。更難了結矣。

同日電。波斯王至俄京游歷。俄皇特于克爾斯地方設宴款待。彼此所言。均甚親睦。

▲二十日路透電。比利時女皇。刻在斯巴地方崩逝。享年六十六歲。

同日電。英人尼宣于四年前往探北極。在某處凍斃。其尸現由冰中檢出。聞附近北極之銻勒斯及西屬各處。業已繪有地圖。凍死是處者不知凡幾云。

▲二十一日路透電。昨晚格致家斯賓士由琉璃宮駕駛空瀛輪。經倫敦而抵哈烏洛。約有三十英里之遠。其製造之奇。實出環球之上。該輪長約七丈五尺。濶約一丈。輪葉共一丈。能于空氣中行駛自若云。

▲二十二日路透電。比利時女皇于今日下午安葬。

同日電。德政府擬于本年十月內專請各國會議設立無線電信之章程。

▲二十二日路透電。目下南非洲戰事既了。政治悉歸和平。英杜政府擬將杜屬之民

犯百十三名。于日內即行釋放。

同日電。杜將多人近在彌日塞士滑地方。懇請各國捐集巨欵。賑卹杜屬貧民。又云。英政府現允捐助三百萬磅。然尚覺不敷。因此次戰事。杜國所失不止此數十倍也。

同日電。昨有杜將數人在澳魯琛登演說。大意謂杜政府擬欲籌借外欵。据云已蒙美政府允借銀十萬。并云在蔭滑蛙演說時。曾得銀四百磅。

同日柏林電。近日紛傳法國與西班牙有聯盟之說。據兩國官塲則言並無其事。

▲二十五日路透電。暹羅政府已延聘日本人某君爲顧問官。法廷聞信。頗爲張皇。蓋以英日聯盟。恐將有圖于暹羅也。

同日電。美國大統領已遄返美京。身体强健如常。

同日電。美國品沙兵艦。近復搭載水兵多人。前往巴拿馬海峽。

同日電。日本商務大臣前赴南非洲遊歷。已閱四月之久。茲聞日內擬赴英國。該大臣欲在崇恆尼士拔地方新闢日本商埠。惟以航路未通。尚多阻碍。日政府近已極力籌畫此事云。

▲二十六日路透電。巴黎某報言日本欲施權力于暹羅。急宜極力阻止。否則亞洲各國將被日本併吞云。

▲二十七日路透電。法國里昂至巴黎之鐵路。有急行火車行駛過速。突衝出線外。致死者二十人。負傷者五十人。其負傷者均係沈重云。

同日電。法國之宗敎學校因事封閉。將軍科刺以非職減其半俸云。

同日電。俄國茲維耶新聞。著論巴科多鐵道之建設。防害俄國之利益。俄國宜于亞細亞土耳其防止法國之飛躍云。

▲二十九日路透電。法國小說家梭刺氏。因居室煖爐之不良。致窒息而死。其夫人亦同罹其禍。不過幸而獲免云。

同日電。俄國大藏大臣維西德。擬徃滿洲巡視鐵道。旋赴北京及東京遊歷云。

青年思潮

數月以來辱承海內外惠稿者不勝其數敝報本欲一一揭載徒以未有門類故暫從闕如今特立此門將以次第擇尤刊登俾無負盛意海內外大雅君子如發有新理想新議論而欲相見于新學界中者倘祈寫以惠寄無任翹企再來稿登與不登原稿恕不檢還

學術變遷論

潮陽鄭浩撰

中國至今日憤於學術思想單狹孤陋無不咎漢武罷黜百家所致而間竊縱觀中外今古學術遞變分合之故每有其自然流轉之機論者徒摭拾衆議不察其由雖附和摯訢無當也萬物之理無不由單簡而繁雜由繁雜而統一由統一而靜守由靜守而腐敗由腐敗而開放由開放而精闢遠而驗之石層古迹遞嬗之物類近而察之國家部族進化之政體小而考之一人一物始終遷變之氣機大而求之陰陽造化推遷轉移之時節舉莫不範圍斯義升降出入於一圈之中而不能外學術其一端也

夫學術之始於單簡者何也單簡時代分爲二類一結繩類一質行類

結繩類者由堯舜以前上至洪荒是也洪荒之世無學於前何以有學曰學者由人性

而生也人自初生耳頗能開目頗能見手足頗能運動即已無日不在於學中何者人之性莫不具乎欲求自適之能力無不具乎知其如何自適如何不自適之能力無不具乎做效競勝他人之自適之能力故自初生以來凡身之所具者舉有觸於前莫不羨而學之內以遂乎適宜之心外以達乎勝物之願唐虞以前無書册而有學術豈非學之本乎性天範乎人事而有不得不然之勢哉然乃以人相師以事相制凡耳目聞見所不及即智慮思想所不接故其時習智開物非無舟車宮室衣裳穀食諸制度而舉犖畧具形可以適於自治而止此單簡之一類也

習行類者由唐虞以後下至夏商是也學校之制始於有虞至夏商而略備此亦學術之彬彬盛哉然而有夏則尚忠有商則尚質庠序射庠養睹其禮而教寓乎中學樂誦詩習其器而化周乎內百姓日用範於一途故其時有文字而無著述非必才有不逮乃亦敦篤之風相沿爲習學士大夫但求行已無虧已足盡乎學職詩書禮樂雖無不具體乎此而樹古無花枝條斬斬矣此單簡之又一類也

茲二類者爲時最久而一爲無文字之時代一爲無著述之時代雖其中不下幾百十

變。而約而言之。其爲孤單簡略則同此學界之太古世也。

其所謂由單簡而繁雜者何也。法以積而大備。智以積而日周。蘊千萬年渾噩樸素之風。久而大發。亦自然之勢也。繁雜時代。分爲二類。一官學類。一師學類。

官學類者。由成周以後。至東遷以前是也。周公以多材多藝之躬。承歷聖創垂之後。兼三王。施四事。典章軌度。郁郁乎文。故易演伏羲。詩制雅頌。禮監二代。樂備九成。其所以開後世專家之祖者。無不掌於宗伯卜祝禮樂之官。他如漢志所言司徒之官。則助人君順陰陽明教化者也。史官則歷記成敗存亡。而關乎君人南面之術者也。羲和之官。則歷象日月。敬授民時者也。理官則信賞必罰。以輔禮飭法者也。禮官則正名位辨異同者也。又如宗廟之官之尙賢右鬼。行人之官之專對不辱。議官之兼綜條貫。農官之務本力出。稗官之邇言必察。舉學術之精意。無不分掌於周官之中。周公之世。或無繁雜之患。迨其後官守相傳。溝絕不通。各拘其迹而紛歧見矣。此繁雜之一類也。

師學類者。由春秋戰國。至於漢初是也。古者士人之學。無不統於學校。用能風純道一。東周以降。學校既廢。諸才智聰達。無不思各明一義以覺世。或本於性之所近。或囿於素之所習或沿於俗之所成要皆持之有故言之成理故有儒家者流道家者流陰陽家者流有法家名家者流有墨家縱橫家雜家小說家農家者流茲數家者雖純駁盛衰固有不同而無不分道揚鑣各是其是不相統渾其大師巨子所至風靡從者盈其後車王侯或乃擁篲此繁雜類之極盛時也

茲三類者一爲集古時代一爲自由時代所處之時不同其由官而師則以天下之勢由治而亂由合而分王綱既弛塗徑遂闢才思所至無所羈阻用盡厥能日恢新義所謂思想自由而人材盛者我中國僅此數百年瓜分豆剖之世見其一斑此學界之中古世也

其所謂由繁雜而統一者何也四海分爭必定於一羣言淆亂必衷於聖天演之理優者勝劣者敗物類有然學類何不然孔子生於春秋上集羣聖下法百王固已具統一學力矣而無其勢以行之是以歷戰國漢初率未大顯及高祖親祀太牢武帝定以一尊自是而孔氏大一統之勢成矣其亦天時人事有不得不然者乎統一時代分爲三類一爲經學類一爲理學類一爲制藝類

經學類者。自武帝以往、至於隋唐、是也。漢氏五經分爲十四博士。經師至此。學徒動以千數。利祿所誘。才傑悉入斯途。然乃局於訓詁。絕鮮遐思。孔氏大同之義。湮焉萃千餘年來之心靈思想。悉區於殘篇斷簡中。而欲其揣肖古世之政俗。冀以彌合於遞嬗屢變之餘。夫是以士所誦說。率不周於用。強用之時。乃誤國刻舟求劍。同其笑憫。此統一之一類也。

理學類者。則自趙宋以後、迄於有明、是也。宋自徂徠泰山。已開講學塗徑。至濂洛而大暢斯旨。厥後南渡。則有朱陸。有明則有王羅。蒙閩堂奧。遂分二門。然平心論之。學術一統以來。其可以脫千古之網羅。開絕新之知覺。從入之途。姚江爲最。陸王之不讀書。非眞不讀書也。彼乃嗤學者舍經書無生活。而既以靈妙之良知括之。遂不屑於區區之陳言故迹也。使以陽明生今之日。吾敢斷以新理想新政藝。陽明當先人好之也。惜哉、陽明一派。盛於有明。至今日而鮮有問之者。空談之理學興。一變而且燃漢熖。其頑痼謬誤宜矣。此統一之又一類也。

制藝類者。則自有明以來、終於客歲是也。孔氏一統之教。自經學以至理學。推崇盡矣。

持世者以爲未足也。乃爲代聖立言之格。將範一世而無越思。功令所頒。壯夫無不俯就。相習既久。庸濫彌以不堪。今者明鑑斯弊。諸頗知時務者能言之。無俟贅議。而獨惜塵腐之語。印於腦質者已久。今雖醒而思變。而率茲朽質。將以競勝於踔厲驄壯之族。吾見內弊日滋。外患日逼。未必非制藝之餘波厲階也。此又統一之一類也。

茲三類者。皆武帝以來之變態。合而言之。則經學理學制藝各有統一之義。卽各有靜守之義。亦卽各有腐敗之義。分而言之。則由經學而理學。由統一而靜守也。由理學而制義。由靜守而腐敗也。此學界之近古世也。

其所謂由腐敗而變通。由變通而開放。由開放而精闢者何也。則自通商以來。以至今日。而極於中國之前途是也。中國學諸學派。至此已有窮變通久之勢。予意卽非文明輸入。而培根笛卡兒。亦必有出於中國而爲之推陳出新者。況以我之竭。遇彼之盈乎。特我中國人。浸漬於古世文明一統之宗教政治者久。其根深。其源遠。其質靜淵博大。如巨石之未易運轉。夫是以遲遲至今日也。予意統一時代。雖臻於腐敗之極點。而得此靜質。以奔赴於二十世紀之前程。如巨石之一運轉。而不能遏抑。亦自然之勢也。故

中國至此非政府一二人所能維持亦非政府一二人所能阻抑而學術之一大變遷且亦有古先聖哲所不及料者也此學界之現在世與未來世也

凡茲節次雖前後殊觀久速不一而氣機所至自然變遷如以爲出於偶湊則曷觀中西綿曖事同符節也昔者歐洲教育之盛彰於希臘丁我春秋之世七賢迭興教科斯粹然七賢宗旨亦非區一其他可知此亦繁雜時代也前此學旨未有聞焉則必其單簡時代也及基督興十餘傳而東羅馬以國力行之自此遂駸駸入於統一時代矣統一時代雖足安靜一時而寺院教育極於腐點遂一變而爲文學再興之世再變而爲思想自由之世數百年來所謂開放變通精闢諸時代又無不具焉由此觀之節次推移皆有一定如春之必夏夏之必秋秋之必冬雖遞交之時未能畫一而時序所屆皆可按期當其勢之所趨雖以暴君悍將之力而不能遏値夫時之未兆雖有賢哲宏達之士而不能開其諸中西盛衰相越者乃西人統一之弊在束縛故其開放也早中人統一之弊在膚濫故其開放也遲後先之間升降斯殊軌耳而要固非一人一事之力所能致矣

今議者不察。徒知以黜罷百家。重爲武帝詬病。豈知武帝當日亦有不得已於其中者。武帝之世。天下旣一統矣。敎旨不一。最礙敷治。擇優於孔奚怪其然。顧乃意失其眞。諸經說理學制藝。襲其膚淺。不知變通。用滋流弊耳。若以今日之見。責武帝。是猶責無懷葛天以不知宮室衣服。責堯舜周孔以不知地球恒星也。而世乃與始皇之燔燒屠殺同類共譏。何其眢也。

民權之界說

邵陽李振鐸譯

二十世紀之世界。國國圖自立。人人圖自立。國何以能自立。以其民能自立也。民何以能自立。以民有自立權也。統計歷史。縱覽宇蛤。孰文明孰野蠻。孰優勝孰劣敗。靡不視民之有權無權。國之有民權無民權爲因果矣。顧以近世泰西雖淺識婦孺。下流社會。亦神明視而香花祝之。民權而吾中國冠帶衿纓之倫。閉之瞪目蹙頞而不敢信。籍口結舌而不敢道。且云西國本無所謂民權。係中土譯者强立是名。不自欺欺人。自惧惧世。而爲叢垢積辱之媒耶。然其狐疑狼顧。怙私見而蔑公理。務抑塞而畏昌明者。亦正有故。一則以民權與君權爲反對之極端。謂民權惟民主國可有。君主國不可有。泰西諸國可有。中國不可有。若中國倡興民權。必將破壞君權。破壞君權之朝廷。而國亂愈亟。此一誤也。一則以各國君相被刺之案。習見不怪。秘密會社。縱橫轇轕。大抵以無君無政府爲目的。因謂西國慣用民權。致如是結果。爲中國萬不能行之證據。此又一悞也。有此種種謬誤。遂畏民權如洪水猛獸。誣民權爲非法不道。其所以畏之誣之。雖不免出於陰私忌嫉。皆係悞解民權故也。其所以悞解之原因。皆以不明民權之界限故也。今欲强中國。綿華種。鼓愛力。結羣誼。非興民權不可。欲興民權。非先明民權之界限不可。君權有君權之界限。否則流於專制主義。民權有民權之界限。否則陷於暴烈舉動。

凡人稍有權利思想者。均能辨其分類。守其範圍。然吾特鰓鰓言民權。斷斷言民權之界限。何以故。凡世事之反動力。必視其原動力之程度爲比例差。近世各國民權日益發達。其高潮直侵湧我國。學界將見法律上經濟上社會上外交上皆有民權之運動。然下之興起者甚力。上之鉗制者亦甚力。反動不已。其謀所以傾踣摧殘之者。卽無弗至。吾知政府將來傾踣民權。摧覆民黨。必以無君無政府爲其罪名。爲其讞案矣。且古之權奸逆閹。興大獄。殺志士者。靡不深文羅織。加以莫須有之罪名。如漢鈎黨之獄。宋元祐之變。明東林復社之禍。不過曰朋黨。曰怨望。曰訕謗。猶且藉此誅鋤。善類爲空。剗無君無政府之罪。較朋黨怨望訕謗十倍乎。故處玆時代。既不可不言民權。然言之不愼。未得利益。轉萌患害。唯有正其權限。明其界說。使彼無所藉口。不必繁徵博考。姑即民權與君權之界限及民權與無君無政府黨之界限。各各劃淸而後民權可昌言無忌焉。何爲民權與君權之界限也。國有君無民不能成國。有君權無民權亦不能成國。民者國之原質。民權者君權之根基。非有民權即無君權也。自古民權弱者莫如波蘭印度。乃其國邱墟。其君俘虜。未見無民權而君可常保。今之民權盛者莫如英德日本。乃其國安富。其君尊榮。未見有民權而君遂降黜。故西哲之解自由曰。凡人之自由權。以不侵人之自由權爲界。夫侵他人之權猶不可。況君權乎。君權以扶助個人營發國魂爲方針。民權以組織政黨服從法律爲義務。不相爭。乃相濟。不相妨。乃相保。民權與君權之界限本如是也。何爲民權與無君無政府黨之界限也。今日亟當決正之問題。莫若以民權與無君無政府黨混合。日後朝野之爭。黨禍之起。必藉端於此。不知無君無政府黨。專以破壞爲主義。遇路易十四之君不自容。即遇林肯麥荊來之主亦不兩立若民權則以選舉參政爲依據遵守國法不踰尺寸即革命之舉亦爲民權之變局民黨不得已之苦衷而非其宗旨世愼勿謂民權爲紊亂秩序蹂躪和平之名詞以盧梭彌兒孟德斯鳩福澤諭吉爲亂黨之人物也論者謂民權之界限既明可有利益而無患害然中國憲法未立民權仍不可行豈知憲法之於民權猶堤之於水耶防水之泛濫而立堤斯防民權之泛濫而立憲法非先有憲法而後有民權也英國民權發達最蚤其憲法多由習慣謂之爲不成文之憲法其初何嘗競競言立憲法哉然憲法實限制權利之要典國有憲法而後民權之界限定君權之界限亦定中國欲用無弊之民權亦必自立憲法始矣

餘錄

留學善後事宜質疑

東京留學生來稿

前讀清國留學生會館報告文所云留學生善後事宜者。係由會館幹事與日本長岡子爵柏原文太郎君等往復商議而得之結果也。竊聞長岡子爵與柏原文太郎二君者不過同文會中之人員。於日本政府毫無關係。乃肯熱心出而轉圜。固屬可感。但二君之所云云者果足爲日本政府之代表否耶。我等不得不付之闕疑。且會館既據此爲報告。幷譯成條件。則此條件中之所載者。我等亦不得不加注意。就報告大意觀之。僅僅載其復書而幹事諸君如何往復辯難之處。並無一字言及。且得此復書後。藏之會館。遲遲發表。二十五日得書、至二十九日始行報告、並未招集我全體留學生互商認否。是此條件者。不過會館幹事與長岡等往復之私函。而不得爲我全體留學生之善後事宜也。乃頃者聞有留學生欲入官立學校。千葉醫學專門學校往託外務省保送。而外務省答以我留學生已與締立條件。據第二條所載。非由同文等三校保證。外務省未便咨送云云。是日本政府已實認此私函爲留學生全體之公約矣。則我等於此條件之利害。宜如何反覆推求。斟酌盡善。豈可徒據報告。詎謂了事。僕等不敏。請爲留學諸君陳之。

第一條設學生總監督事。俟貴國政府決定後。日本應無異議。（據文錄譯）我國向來各省所派監督。從未與日人商議。待日人之後命。今所冀者。在派總監督以束縛自費之學生。則亦求之於我政府足矣。又何必求日人之無異議耶。夫以我政府所派總監督辦理我國留學生之事。名正言順。我國雖弱。日人亦何能侵我之自主權。而有所異議乎。往者各國于我國所簡之公使。動多掣肘。不允接待。政府畏外人如虎。儼如君父之詔命。無不曲意承順。識者方痛恨國權之全失。今僅僅派一總監督。亦須問日政府之有異議與否。且著之條件。以爲日人許我政府派總監督矣。若不勝榮幸者。僕等誠不知何所爲而出此也。將謂日政府既已應許。可以壯我政府之膽而派一總監督乎。則我政府亦不至如是之媚外也。將謂從此可求日人要挾我政府而派一總監督乎。則不如直接受治于日人之下。反省却許多周折也。將謂求一總監督來。則可脫去與公使之交涉。以後惟我所欲爲乎。則恐政府所派之總監督。其能賢於公使者幾何。且蔡使之所以不允保送成城者。承政府之密旨。防家賊耳。政府所派之總監督。果能與政府反對乎，與公使反對乎。竊恐未必然也。然則須此總監督何爲者。我等出外留學。皆己成人。能自治。非若襁褓須人扶掖也。平日所抱宗旨何在。既肯離鄉背井。縮衣節食。以求學於海外。又非若怠惰自棄。須人督責也。至保送入校一層。則自今東京各學校。無論官立私立。幾皆有吾留學生之足跡。是無總監督以前。未始不能覔保入各校也。舍此之外。必欲派一總監督。則吾不知所謂監督者。將監督何事乎。或者以今留學生之中。良莠不齊。往往有心術不純正之徒。累及君等清名。必須有一總監督來。始能分清涇渭。辨別邪正。則君等耿耿孤忠。當可上邀九重。特達之知。而於學生全體。則有何利益也。抑謂將來有文明之總監督來。能啓我留學生之智識。謀我留學生之便利。助達我留學生之目的。結成我留學生之團體。則悠悠長夜。大夢恐未易覺。諸君無乃如諺所謂病單相思者乎。噫。諸君結此條件。實欲送國權與外人。送自由於政府。其於我留學生果有何便利之足云耶。

第二條入文部省直轄學校者。由左記之三校保請外務省咨送。一東京同文書院。一弘文學院。清華學校。又得二十七日復書。一保送入文部省直轄學校者。須備左記之二項。(甲)在校五箇月以上者。(乙)由成年之留學生二名保證。並納保證金三十元以上者。一在前記之三校中。有不得已之事而令之退校。或拒絕其保送者。不能再由各該校咨請入文部省直轄學校云云。夫國與國交際。箇人與箇人交際。必須彼此均有利益可沾。而後結立契約。是人情之常也。我留學生向來進各種學校。均極自由。苟見此校課程未善。則不妨改入他校。非好爲厭故喜新也。資斧之窘。年限之促。求學之切。則不得不圖速成。非若官費生之可以悠悠歲月也。今若謂非入同文等三學校者。則將來不得入文部省直轄之各學校。斯眞奇之又奇矣。此三校者。在日本有何資格。得何特權。而能使我留學生不准入他學校乎。況又限之以六月。迫之以保證金也。假使在中國者。東語普通。均已學習。來此留學。必須重入此三校。而後得保送文部省直轄學校。則將虛縻歲月。以求滿此六箇月之資格乎。況自費來者。半係寒儒。學費所出。或藉之譯書。或臨時稱貸。設不能預備此三十元之保證金。將無學校可入乎。即使能具保證金而入學校後。以課程未善。不合己意。欲進他校。則此三校者。必多方留難。

藉詞挾制。如此次同文學生六人、自具退學願書、欲改入他校、而同文院長則擲還願書、不准自行退學、卒由校揭示命其退學云夫欲加之罪。何患無辭。此後我留學生必將聽其罵詈焉。虐待焉。兢兢然不敢與較。而後可乎。否則被其革退。而他日咨送官立學校之途。永絕矣。果使此三校者課程完備。待遇加優。則我留學生方如水之赴壑、亦何必施此壟斷之術。彼三校者。並不言課程之如何改良。待遇之如何加意。僅曰入我等學校。則他日可以依賴我等。俾爾得入官立學校。如有不合我等之意者。則絕其求學之路。誘脅恫喝。無所不至。一若吾留學生皆係圖賴學費。不安本分者。為彼三校計誠得矣。而我學生全體之利益無一言相及。諸君亦何不稍計及此。徒甘心為長岡嘉納柏原之孝子順孫也。藉曰入此三校。則將來可得直接入官立學校之利益。則以前我留學生之入官立學校。並無須日本學校之保送也。且蔡使之不肯保送者。僅一成城學校耳。其他欲入官立學校者。無論官費自費。已皆一體保送。又何必奪公使保送之權。盡授之於外人。方始快於心耶。吳君稚暉所以冒死力爭者。亦即在此保送成城學校一節。今諸君於此一事。方且置為後圖。節外生枝。反於文學生添出許多障礙。此後入學之圈限。較前更隘。又何爭回權利之足云。若謂俟總監督來。則此諸障礙不難即除。然則靜待總監督足矣。又何必多此一舉。使總監督來作廢約之難人乎。設長岡等能將欲入成城學校九人。立即保送。而後要求此利益以爲酬報。猶可言也。即不然、能在此三書院六個月後。可以送入成城學校。改習陸軍。則其忍辱待時。猶有後望。今於入成城學校一事。輕輕以再行商議一語了之。而無端以轄治保送之權與同文等三校。欲使我留學生忍氣吞聲。仰外人之鼻息。竊恐有志未必甘心。將來事變止多。諸君亦何得以蠻橫之言。盡斥人爲胡鬧乎。要而言之。文學生之入官立學校。本極便利。今則非在此三校出身者。反有不能入校之勢。學生與公使所爭者。在武備學生入成城一事。今成城依然不能入。反盡將文學生送與三學校管轄。是非倒置。文不對題。殊令人迷惑難解也。

第三條志望軍事教育者。俟福島少將歸國後。再行商議云云。此事爲起釁之原因。亦爲善後之要點。今乃淡淡着筆。一則曰有志軍事教育者。一則曰俟福島少將回國再行商議。吁、其措辭之巧。令人不可思議矣。不曰學陸軍。而曰有志於軍事教育。是僅得在成城學校。稍受軍事之教育云耳。將來允進聯隊與否。未可必也。曰俟福島回國商議。現在福島之代理非有青木乎。何不可與青木即行商議。而必俟福島乎。設福島一日不歸。則吾留學生即一日不能進校。又假使福島竟不歸國。則吾留學生即永無入校之期。況福島即歸。其能允與否。又未可必耶。諸君亦知吳君何爲而去。我等何爲而與日人有此一番交涉。豈不曰九人欲入成城學校乎。然則此條未定。九人未入。此外又何交涉之可言。又何條件之可訂。所謂俟福島歸國商議一語。蔡使亦嘗言之矣。吳君因不信其言。而致被送回國。今日人所言與蔡使無異。而諸君遂深信不疑也。誠哉。外人之一言。重於綸綍矣。

要之善後者爲其先之不善。而將善於其後也。今後不能善。且有大不善。並視其前之不善者。而又甚也。則又何事宜之足云。雖然。幹事諸君。非盡無知者也。非盡無知則不得不爲掩飾之計。欲爲掩飾之計。則不得不加以末幅面許之四條。夫面許云者。誰見之而誰聞之。且使眞有其事。而第一條云云者。不過日人模仿蔡使之口吻。重述一遍。即前者吳君所力爭不從者也。第二條所謂吳孫二君有機再來。不知是何等機會。亦不過如吳京卿所云。爭得面子者耳。此姑不深論。而第三條於保證金再三致意。重言申明。使欲以錢財論人格乎。則僅此三十元。固不足以言人格。若懼有欺騙情事。遺累保證人乎。則吾留學生之中。曾不聞有此敗類也。吾國人久爲各國所輕視。祗此錢財之信義。頗見重於外人。何乃輕自疑忌。防之惟恐不力耶。第四條既云三校以外之學生。可由中日紳士保送。何以外務省答南洋監督。又有非由三校保請咨送。未便辦理之言。(即前千葉醫學校事)是虛僞之處。已全揭曉。然則面許云者。直不過自欺欺人。以杜他人之饒舌耳。噫。諸君之用心亦良苦矣。初冀掩藏而不發。繼知掩藏不過。乃不得不委婉飾詞以圖彌縫。及彌縫不善。則又不得不悍然怙過。自鳴於衆曰。爾等特不知我苦心孤詣。有許多爲難。始爭得此結果耳。嘻。辦事如此。誠不愧爲吾國外交家之手段矣。然或者曰。幹事諸君皆深通法律。熟語外交。豈子管窺蠡測者比。子其捫舌無多言。則應之曰。言論自由之權。箇人所同有。今不爲公理計。不爲學生全體計。則亦已耳。苟爲公理計。爲學生全體計。則此事之原因如彼。而其結果如此。非特旁觀所不解。抑亦幹事諸君所不能自解也。夫幹事者。非以能掩藏能飾詞能怙過。而遂可以謂盡其責任也。而吾留學諸君。亦非以能坐覗幹事之能掩藏能飾詞能怙過。而遂可以謂盡其責任也。則此區區質疑之事。又焉可以已耶。

官立 大日本帝國 東京音樂學校御用同校證明書受領品

米國製笛獨逸式製作

同文館製造

特色 ○音律正確○音調鮮明 ○形容嶄新○裝飾優美

改良風琴定價

第一號形金拾八圓
第二號形金二十八圓
第三號形金三十八圓
第四號形金四十五圓
第五號形金五十三圓
第六號形金六十圓
第七號形金七十圓
第八號形金八十圓
第九號形金九十圓
第拾號形金百圓
第拾一號形金百卅圓
第十二號形金百五十圓

特色 ○構造堅牢○保險確實 ○價格低廉

其他 諸體操運動用具教授用標本模型類

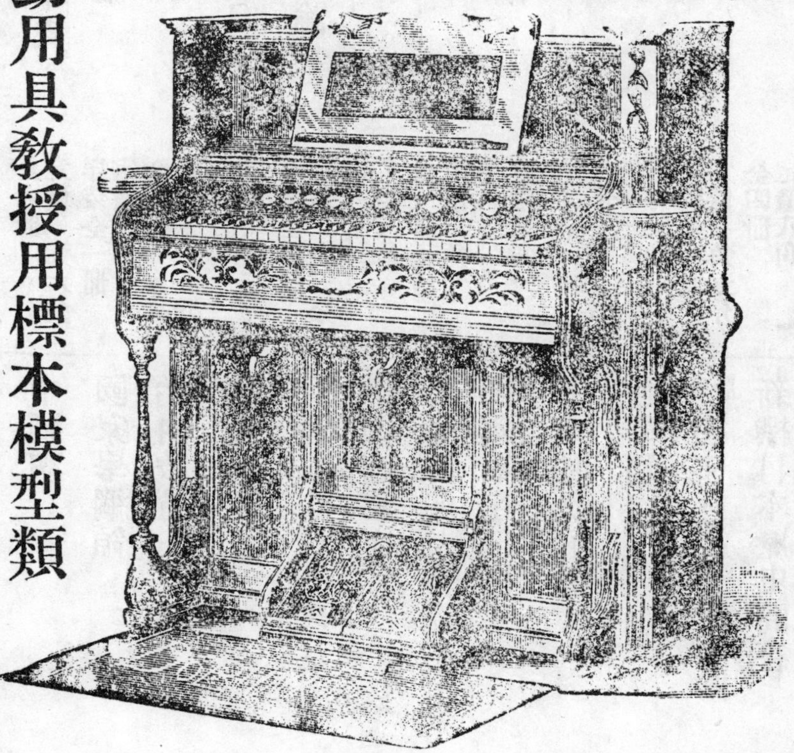

樂器標本器械 東京市神田區錦町二丁目

製造發賣元 同文館樂器校具店

出版圖書廣告

東亞各港志	全一冊	定價三角
明治政黨小史	全一冊	定價一角
外國地理問答	全一冊	定價二角
理學鉤玄	全二冊	定價五角五分
近世歐洲四大家政治學說	洋裝精本	定價三角
日本維新慷慨史	全二冊	定價五角
國憲汎論		近刊
英國憲法史		近刊
英國憲法論		近刊
羣學		近刊
萬國官制志		近刊
萬國選擧志		近刊
萬國商務志		近刊

歷史哲學	近刊
新編中學教科書第一種倫理教科書	近刊
新編中學教科書第二種泰西史教科書	近刊
暗射世界大地圖	定價五圓
中國暗射地圖	定價五圓
中國十八省地圖	定價一圓二角
中外方輿全圖	定價四圓
實測精密東亞新地圖	定價一圓
戰地必携極東地圖	定價一圓六角
教科適用東亞三國地圖	定價一圓五角
最新滿洲圖附圖說一本	定價一圓
學校要品徑尺地球儀	定價八元五角
五彩坤輿全圖	定價一元二角五
新譯英和辭典	定價二圓

中國地名韻語新讀本出書廣告

中國地學不明往往翰苑詞人有四川近海之謬遠近不知東西莫辨然今日講求西學談地理者又舍近圖遠動曰歐洲美洲反于父母之邦茫然未曉可笑殊甚此書爲嶺南陳君慶生名宿所纂韓君曇首補纂中二十餘省府廳州縣密若繁星茲系以韻語轉瞬便能熟誦且于道里遐邇條分縷析餘各繩貫珠連若按圖而索豈特供蒙學教科之用官商士庶洵爲行道之助現已出書每本定價洋二角總售處上海大馬路同樂里廣智書局及各書莊均有代售

湘報文編出書廣告

湘學報彙編近日風行幾於家置一編人懷一帙而戊戌年湘中另有湘報主筆者類皆有奇特俶詭之才故所撰論說各類大都條理蒼濩意指岑奧盪掃陳言闡明新義其卓識巨力精思沈學殆視湘學報所作有過之而無不及本主人現覓得原本一册特延請名宿精選二百餘篇付諸鉛印顏曰湘報文編用潔白拷貝紙裝成三巨册准七月十五出書定價一元批發另議

又子史切要表爲讀子史門徑書每册定價五分

上海總發行所廣智書局南京總發行所明達書莊分售處北京有正書局湖南明達書莊上海各書坊

「地球之過去未來」日本橫山又次郎著歷察天空諸星若者爲地球已歷之境若者爲地球未歷之境考定地球將來必有四厄議論甚精玆經譯成付梓現已出版圖畫精緻譯筆雅達定價三角　上海文明書局

新民叢報第十三號告白有無暇逸齋開譯元良家永合著萬國史綱一書此書早經本社譯成鑄版曾登五月初旬中外日報及本社六月出版之萬國歷史問答篇末現已鑄竣印釘即日出書合應布告以免複譯

上海進化社

浮田和民西洋中世史譯成諸君勿再譯

漢南孝允白

新民叢報第九號所登倫理通論一書已開譯過半日間即可脫稿諸君幸毋再譯

揆宸白

製造各種活版石版機械
發客價格甚相宜

明治五年設立
既經三十有一年

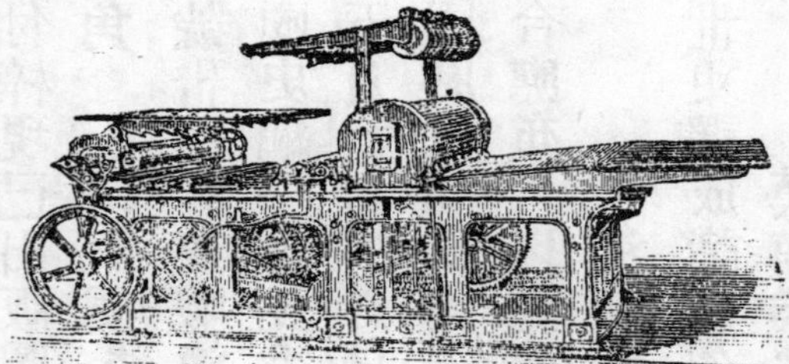

大日本東京市京橋區常盤町二番地
諸機械製造業
金津平四郎

啓者本店專製造各種活版器物發客美麗鮮明價甚相宜久爲海內外所推許近更大加改良從廉發售以廣招徠諸尊光顧請移玉步貨眞價實格外克己茲將各種活字器物列下

一電氣銅版　一大小活字模
一厚鉛片　一薄鉛片
一黃銅厚片　一黃銅薄片
一黃銅活字（釘裝用）
其餘各種活版器物

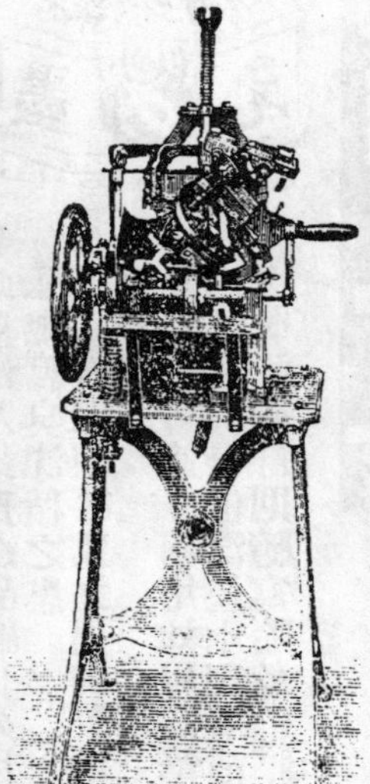

大日本東京市京橋區入舟町六丁目一番地
電氣銅版活版附屬品製造所　**松藤善勝**
電話新橋三千三百八十一番

本報各代派處

如有欲閱本報者請向下開各處所定購或逕寄函本社購取亦得但必須將報費郵資先行付下本社自然按寄無悞

上海總代發行所廣智書局
又四馬路同文滬報館
又四馬路惠福里選報館
又四馬路惠福里采風報館
又四馬路廣學會邱禮清先生
又四馬路望平街中外日報館
又五馬路寶善街普通學報館
又大東門內育材書塾王培孫先生
又樊王渡約翰書院晋侚先生
東京譯書彙編社
又神田東京堂
長崎新地宏昌號
朝鮮仁川怡泰號
天津日日新聞社
又大公報館
烟台順泰號
北京琉璃廠日日新聞分社
又琉璃廠西門內有正書局
又燈市口廣學會
南京花牌樓中西書局
又夫子廟前明達書莊
又三牌樓西明達別墅
又鐵湯池益智書局
安慶拐角頭院省藏書樓
蘇州蕭家巷姚公館方康安先生

又同里鎮任閑學第陳佩忍先生
吳中圖書會社
無錫北門內道長巷梁溪務實學堂
常州城內青雲里楊第
又打索巷許芝年先生
杭州浙西書林
又東文學社
又梅花碑方言學社
又白話報館韓靜涵先生
又回回堂史學齋
又三趾橋總派報處董青心先生
揚州新勝街東文學社
又政法學會
紹興東湖通藝學堂孫翼中先生
南昌百花洲廣智書莊
又馬王廟背賦梅山房
又馬王廟背陶君節先生
如臯東門朱獻侯先生
漢口黃陂街江左漢記
成都學道街算學書局
温州正和信局
福州南臺閩報館
汕頭今學書局
又育善街嶺東日報館
又振邦街上海莊黃敬堂先生

香港上環海傍和昌隆
又荷李活道聚文閣
又中環水車館後街錦福書坊
廣東省城雙門底開明書局
又聖教書樓
又黃文裕公祠內萃盧
又大馬站口林裕和堂
又十八甫華洋書局
海防同昇昌陳堯龔先生
石叻大葛街謙和號
巴城大港唇聯興號
庇能檳城新報館
吉隆王澤民先生
暹羅陳斗南先生
檀香山新中國報館
域多利埠廣萬豐號
域多利二埠英泰號
温哥華埠永生號
砵侖李美近先生
舊金山文興報館
又中西報館
個郎羅藻雲先生
雪梨方澤生先生
美利畔黃世彥先生
紐西侖呂傑先生

第三種郵便物認可
新民叢報第拾七號　明治三十五年十月二日發行

第拾捌號

光緒二十八年九月十五日
明治三十五年十月十六日

◉本號要目
克林威爾像
格蘭德像
神戶同文學校兵式體操
圖
敬告當道者
進化論革命者頡德學說
政治學學理摭言（二）
析疆增吏篇
女傑羅蘭夫人傳
論中國學術思想變遷之
大勢
西村博士自識錄
嗚呼劉坤一嗚呼陶模
飲冰室詩話
萬國思想家年表

每月二回朔望發行

美國法學博士札遜原著○順德麥仲華重譯

歐洲十九世紀史

出書廣告

全一册　定價五角五分

十九世紀者歷史上空前之名譽時代也欲識人類之價值不可不讀十九世紀史欲觀天演之作用不可不讀十九世紀史欲養國家之思想不可不讀十九世紀史雖然著十九世紀史者不多而善本尤少今所最著名者則菲佛氏苗拉氏馬懇西氏之三家馬氏之書坊間有譯本題爲泰西新史攬要者譯筆太劣讀者不慊焉札遜博士之書最晚出兼諸家所長而有之故一殺靑後重版十數各國繙譯之者亦踵相接其書敘事簡而不漏論斷卓而不偏趣味濃深如讀說部無怪爲學界所大歡迎也此編爲日本專門學校譯本重譯者麥君曼蓀久留學東京文學夙著譯本價値自無待言

發行所　上海英界同樂里　廣智書局

新民叢報第拾捌號目錄

光緒二十八年九月十五日

二

售報價目表

全年廿四冊	半年十二冊	每　冊
五　元	二元六毫	二毫五仙

美洲澳洲南洋海參崴各埠全年六元半年三元二毫零售每冊三毫正郵稅每冊壹仙外埠六仙

廣告價目表 刊資先惠論前加倍

一頁	半頁	一行 四號十七字起碼
十元	六元	二毫　八仙

凡欲惠登告白者須于本報定期發刊之前五日交到價須先惠欲登長年半年者價當面議從減

編輯兼發行者　馮紫珊

印刷者　西脇末吉

發行所　橫濱山下町百五十二番館　新民叢報社

印刷所　橫濱山下町百五十二番館　信箱二百五十五番　新民叢報社活版部

東京發賣所　東京神田區表神保町三番地　東京堂

餘杭章炳麟譯

群學

原名社會學

日本岸本能武太原著

自喀謨德斯賓塞諸哲興於是羣學遂成爲一完全之科學且將合各種無形有形之學於一爐而冶之羣學誠現今及將來第一重要之學科矣且其上下千古旁羅萬象引證繁博趣味濃深抑尤有非他學所能及者其披靡一世不亦宜乎日本譯著之書題社會學者近頗夥多求其簡要精博引人入勝者以岸本氏之書爲最今由章枚叔先生精心繙譯譯者文名久播海內無待贅揚好學深思之士幸先覩爲快焉**現已出書**全一册定價六角正

上海 **廣智書局**

一

湘鄉周逵譯

英國憲法論

洋裝全一冊　**出書廣告**　定價五角

本局認憲法思想爲中國今日第一急務故所聘通人著譯之書多注重於此點湘鄉周伯勳先生**前著憲法精理**及**萬國憲法志**已受一時學界之歡迎今復譯此編以餉學者其自序云**英國憲法列國憲法之母也**曰三權鼎立曰兩院之制曰司法之獨立曰議員之言論自由曰大臣責任之主義曰陪審制度皆列國今日憲法之大原則而究其原由皆取範于英國**故欲知立憲政治之眞相則先當明英國之制度**云云亦可見此書爲政治學上第一重要之籍矣至**著者爲日本斯學大家**譯者之學識文章既爲江湖所同認無待本局詞費也

發行所　上海　**廣智書局**

中國麥孟華譯

英國憲法史

日本專門學校講師松平康國著

今日稍有識者論中國自强之道皆曰莫急於立憲英國爲憲法政治之祖國凡世界立憲國皆於此取法焉然則研究憲法莫要於英國雖然英國之憲非以人力一時制作者也而自然發達逐漸成長者也故必尋其起源變遷發達乃能究英國憲法之眞相故憲法史爲最要矣此書爲日本專門學校講師松平君積數年之力蒐集輯著者不徒爲政治家之寶典凡治民族心理學歷史學羣學者所皆當研究也譯者麥君文名久播於海內外以半年之力覃精繙成譯筆之佳無待喋述現已付印不日成書海內有志經世者當必先覩爲快也

發行所 上海南京路同樂里 廣智書局

十九世紀大勢變遷通論

全一冊 定價四角

十九世紀大地各國爭雄競長敗劣優興其變遷之跡實爲曠古所未有本書以卓識宏議而論列之讀之不特可知近世各國變遷之大勢而今日世界之大舞臺行將移于我國而其變遷或更有不可思議者得此庶亦可爲借鑒而求所以應變之道矣有志經世者盍急手一編

二十世紀之怪物 帝國主義

全一冊 定價四角

帝國主義者以兵力而墟人之國屋人之社以擴張其勢力開拓其版圖之謂也今日世界號稱强國者蓋無不守此主義而其膨漲之力已駸駸乎越大西洋太平洋印度洋而及于我國而未有艾我國人將歡迎之而利用之抑爲所推倒所摧滅也今本書字之曰怪物則其議論之新奇精警雖未開卷而可想見本局特採譯之以爲我國人之鑑觀而猛省焉

發行所 上海南京路同樂里 廣智書局

日本中江篤介原著

理學鉤玄

全二冊 定價五角五分

此書實總匯哲學之綱領而比較評論其是非得失也著者**中江兆民先生**爲日本法國學派第一人在彼都有**東方盧梭**之目且深於漢學善能以泰西之新理針砭泰東之舊弊去年物故其遺稿出世一月間重版至二十一次爲則著者之聲價可想見矣此編乃其蚤年之作持論和平析理明達且當日本哲學未興時特著此以牖後學故其書尤適於中國人今日之用本局特繙譯之以餉我學界之研究哲理者現已出書請快先覩

日本維新慷慨史

全二冊 定價五角

世界中無論何國其能成維新之業者未有不自民間愛國之志士揮血淚以易之也日本與我比鄰其歷史上習慣亦多與我相類其與泰西各國交通後于我而今已儼成一新國儕于歐美第一等文明國之列豈有他哉彼有民間慷慨家而我則無耳故欲造新中國者與其讀各國維新以後史不如讀其維新以前史若此書者亦廉頑立懦之一助乎吾願愛國之士日以之自隨

廣智書局

英國前護國將軍克林威爾

O. Cramwell 1599-1658

克林威爾將軍者再造英國之人也初英國自頒行大憲章以來即爲立憲政體之國及一千六百二十五年查理士第一即位欲蹂躪民政專行君權不開國會者十一年至千六百四十年因蘇格蘭之難不得已復開國會所謂長期國會者是也於是此國會自置民兵與王相衝突克將軍即國會軍第一健將也其後王党敗查理士第一處死刑乃公舉克林威爾爲護國大將軍是爲共和時代內修政治外攘敵氛使英蘇阿三島之聯合益以鞏固英國商務益擴充於海外而民政之基礎益確立不動英之富强實始於此至今英國下議院大堂高懸克將軍之畫像於中央以誌功德焉

美國前大統領格蘭德

W. S. Grant 1822-1885

格蘭德將軍者美國南北戰爭時代戰功第一者也此戰之起由於放奴爲地球古今第一義戰其主動者林肯其成之者格蘭德也以千八百六十九年被舉爲大統領是爲美國第十八代之統領千八百七十三年再舉繼任任內整頓財政改革官制治績卓著滿任後漫游各國亦嘗到中華

中國人海外教育事業（其三）

神戶同文學校兵式體操之圖

論說

敬告當道者

中國之新民

某頓首上書於國民公僕當道諸君閣下。

某今者欲有所陳說於諸君。而先冠以「公僕」二字之名詞。諸君勿以某爲相褻也。某聞美國大總統下敎書於國中。必於其名之前冠以 Servant 字樣。譯言「僕人」也。凡以公事致書於人民。其自署名處必曰 Your servant……譯言「君之僕某某」也。泰西各國大臣及公使皆稱 Minister 亦服役之意也。夫美國今日最强盛文明之國也。大統領。代表一國主權之人也。而其所以自稱者乃若是。若是乎某之非以此名相褻也明矣。某常言人各有天職。若此二字者。正諸君之天職。而某所欲敷衽陳詞者。舍此亦更不能進一解也。某竊計諸君中其無心肝無腦筋者。固十之八九。其非無心肝非無腦筋者。猶十之一二。彼無心肝無腦筋者。吾蓋不屑與之言。吾之言殆亦彼之所不屑聽也。雖然。以大多數之腐敗。而並其少數之可與言者而決絕之。非士君子。吾故欲爲諸君中之稍有心肝稍有腦筋者進一言。

某竊觀一二年以來。諸君中仰首伸眉言維新言改革者踵相接。吾不禁躍然以喜。乃日日延頸以企拭目以俟。一一詳考諸君所行維新改革之實際。吾不禁⿰言盡然以憂。此一喜、一憂。諒非獨某一人之私言。當亦舉國之所同感矣。顧吾所最不解諸君之日日爲此言者。其果何所爲耶。爲富貴耶。君既有之。爲權力耶。君既尸之。爲買洋人之歡心耶、則縱拳之首領。今猶可覥然握一國之實權。而諸君何有也。爲結人民之聲望耶。諸君心目中恐未必以輿論爲可敬可畏可奉承也。吾意諸君必有答我之一言曰「出於愛國心」。某平心論之。諸君之所以言維新言改革者。其原因甚複雜。不可一概論。而愛國心亦當與居一焉。諸君而既略有此心也。且自言有此心也。則吾將與諸君論愛國之道。

某聞改革者以實不以文。以全不以偏。以決斷不以優柔。苟文而不實。偏而不全。優柔焉而不斷。則未有不爲大亂之階者也。謂余不信。請讀世界史。昔者英王查理士第一嘗改革矣。當千六百二十八年批准「權利請願」The Petitions of Right 予民以權後乃背之十一年不開國會民乃大憤國會軍起克林威爾振臂一呼全國響應卒俘查理士而誅之改立共和政治英國長期國會之革命實查理士第一之僞改革爲之也昔者法王路易第十六嘗改革矣即位之始下詔更新百度當千七百九十二年盡罷斥誤國舊臣而代之以民黨名士組織政府然而優柔不斷彌縫爲務羅蘭夫人瞋目一喝新政府紛紛辭職卒乃帝后對簿貴族駢首白虹貫日紅血成河演出有史以來空前絕後之慘劇法國之大革命實路易第十六之僞改革爲之也昔者奧王腓的南第五嘗改革矣當一千八百四十八年許匈加利自治其民間志士所擬改革案悉予裁可予之以自立政府之權乃未幾而悔之陰煽其民使自相鬩冀收漁人之利卒乃內亂蠭起全國彫敝終失其國權之大半奧大利之擾亂實腓的南佛蘭西士兩代之僞改革爲之也昔者意大利之諸侯王嘗改革矣當千八百四十六年羅馬教皇皮阿士第九改政體開議會頒憲法而達士卡尼倫巴的諸王及其餘諸小國爭踵繼之大改行政制度然皆迫於不得已耳事過境遷則食言而肥腐敗猶昔卒爲公敵所鉗制者數十年待撒的尼亞之四傑起始復見天日而諸小國之王統俱絕矣意大利諸侯

王所以滅亡羅馬教皇權力所以墜地皆由其僞改革之爲之也昔者日本大將軍德川氏嘗改革矣天保十二年（道光廿一年）水野越前守執政更張百度法令如雨其後幕府末葉而阿部伊勢井伊直弼獨支持危局條理整然徒以不順輿情所改革者偏而不全卒至國論洶湧浮浪四起三百年幕府之威嚴掃地以盡德川氏之亡皆由其末葉諸臣之僞改革爲之也昔者俄皇亞歷山大第二嘗改革矣千八百六十一年下詔放免奴隸越三年開地方議會令民選議員又改司法制度全國耳目一新徒以臣下奉行不力有名無實民心大怨於是虛無黨始起而皇卒以刺死俄國虛無黨之猖獗實亞歷山大第二時代之僞改革爲之也由此言之僞改革之成效章章可覩矣吾有一言敢斷言之而不疑曰『僞改革者革命之媒自古及今天下萬國未有能避者也』今試問諸君之所謂改革者其有能如英王之許民以權利與王之許民以自治者乎無有也其有能如路易十六時代盡退位以讓賢路者乎無有也其有能如意大利諸國發布憲法者乎無有也其有能如俄皇之開地方自治者乎無有也其有能如水野越前井伊直弼之鞠躬盡瘁百廢具舉者乎無有也質而論之則諸君所謂改革者以視

吾前所舉列諸國其程度殆尚下十數等而未有已也而彼諸國者以十數倍於諸君之改革徒以文而不實偏而不全優柔而不決斷而其改革之結果遂不免若此嗚呼諸君諸君可以鑒矣

諸君而欲以此道愛國也則某爲諸君計莫如勿談改革何也勿談改革則革命之風潮猶不至如是其速也吾語及此吾不得不服剛毅剛毅當戊戌五六月間皇上言改革舉朝言改革民間紛紛言改革而彼獨悍然曰吾誓不改革何其强立也剛毅嘗言學堂爲養漢奸之地何其聰明也夫學堂則何至養漢奸然使諸君而眞改革也則學堂中人皆爲諸君用使諸君而僞改革也則學堂中人皆爲諸君敵焉矣此乃剛毅所謂漢奸也夫敵守舊敵也敵僞維新亦敵也剛毅知其將爲敵而鋤之諸君不知其將爲敵而養之則諸君之智不如剛毅遠矣然則諸君今日而師法剛毅可乎曰是惟諸君雖然吾有以知諸君之不敢且有以知諸君之不能也今者中國改革之動力非發自內而發自外自哥侖布開闢新陸以來麥志倫周航全球以後世界之風潮由西而東愈接愈厲十八九世紀所演於歐美之壯劇勢必趨而集於亞東天之所動誰能靜

之豈惟諸君雖周公管仲復起其無柰此風潮何也利而導之則功成焉名立焉國家安焉逆而拂之則身敗焉名裂焉國家危焉剛術之術是見洪水之來而欲堙之搏之也其勢必橫決而倒行今者諸君之術則築短堤柔堤以障之也其勢非泛溢而出焉則刷落而潰焉其無救於時一也嗚呼諸君諸君可以擇矣

西人有恒言曰『改革之業如轉巨石於危崖非達其目的地則不止』至哉言乎天下大勢不動則已動則未有能靜者也諸君既無力以制之於先使動機不發既發矣而袖手觀之時而以間接之力助之又時而以直接之力排之某以爲諸君之失計莫此爲甚今日迫於內者之有改革猶四五十年前迫於外者之有通商也彼其時持閉關絕市之論者有人矣使果其能閉之能絕之不亦善乎而大勢固不許爾爾千回百折而遂不得不出於通商夫通商則何害而當時之人若曰『吾見迫於萬不得已而姑通商焉通其一二以謝外人足矣』此一念乃其所以爲害也今之改革亦然諸君若能制改革之論使永不能起則以數千年來之政體治天下何嘗不可以小康而大勢固不許爾爾千回百折而遂不得不出於改革夫改革則何害而諸君若曰『吾見迫

於萬不得已而姑改革焉改其一二以掩耳目足矣』此一念乃其所以爲害也諸君毋以國民爲易欺也易制也譬有人於此生而置諸闇室之中未嘗一見天日則亦相與習而安焉若開一窓隙使之窺見外界之森羅萬象焉而復從而閉之甚者導之一度出游使之領略良辰美景大塊文章之滋味而復從而鑰之於此而猶不毀瓦破壁以思突出者吾未之聞也今中國之窓隙既已開矣諸君之所望改革者且導之一出游矣而今猶欲再扃之再幽之其可得耶其可得耶願諸君熟思之

詩曰鼓鐘於宮聲聞於外孔子曰草上之風必偃感召之理有不期然而然且毫無所假借者竊嘗靜觀之我國民間破壞之思想起點不過數年而波折者亦數次甲午敗後迫於國恥憤於朝局異論始起至膠威旅大割據時而漸盛及戊戌百日維新莫不拭目望治顒顒焉矣戊戌政變天下失望破壞主義又起至己亥立儲而愈盛至庚子縱拳而極盛出狩居鄭之後忽下罪己之詔布更始之諭人心又一靖疇昔之主破壞者皆戢然殷然若有無限希望及回鑾後一脫假面直回復以守光緒二十四年以前之舊於是天下絕望於政府而破壞之思想復大起大抵愈波折一次則其思想之傳

布也愈廣遠而其蘊蓄也愈劇烈諸君知之乎今也諸君之言論行事既已不爲國民所信矣曰「是將飴我焉是將圖我焉吾此後終不能倚賴彼等以再造我國吾毋寧自爲計也」嗚呼諸君諸君此論今徧國中矣謂余不信其何不聽輿人之誦也而況乎過此以往其日劇日亟更不知其所終極也

諸君勿以國民爲好亂也觀吾所述前此數次之波折而知今日擧國人怨懷此思想者非國民自發起之而諸君實孕育之也夫既爲國民矣則豈其亂之是好苟其無愛國心者則何不飽食焉晝寢焉嬉游焉逐什一以自封殖焉叩侯門以求貴顯焉擁嬌妻美妾以極耳目之欲焉而何必哀哀長號汗且喘走天下舍人生之娛樂而冒萬險犯萬難以言非常之言事非常之事也苟其有愛國心者則必欲其國之安而不危也治而不亂也又豈樂流千萬人之血招數十國之忌而易其將來不可必得之業哉毋亦見夫以今日之當道處今日之時局更閱歲年而無形有形之瓜分遂終不可免忍之無可忍望之無可望不得不思挺而走險也夫意大利之瑪志尼法蘭西之羅蘭夫人日本之吉田松陰豈非近世破壞家之最激烈者耶然瑪志尼固嘗上書於撒的尼

亞王矣羅蘭夫人固嘗譏麵包亂黨爲輕暴矣吉田松陰固嘗持公武合體之論公武合體者。當時之一名詞也。公、指王室也。武、指幕府也。合體者。調停其天皇與大將軍之間也。矣使阿爾拔路易第十六井伊直弼之改革而能使瑪志尼羅蘭夫人吉田松陰躊躇滿志也吾信其不惟盡化其激烈危險之手段而且必大有所贊助於彼等有斷然處而竟使之若此是豈瑪氏羅氏吉田氏之所欲也其揮淚飲血之苦誰則知之宋華元之言曰『過我而不假道鄙我也鄙我亡也殺其使者必伐我伐我亦亡也亡一也不如殺之』吾見今日志士其拚於存亡孤注一擲之思想有類於是此實世變最慘最劇之現象而戎首之咎諸君實尸之諸君如全無心肝全無腦筋也吾則何責焉若稍有一二者是安可以不深長思也

吾度諸君之意必曰『是區區者何足慮吾力足以禁壓之夷滅之』嘻、諸君誤矣吾固言苟無愛國心者必不肯言非常之言事非常之事苟其有愛國心者則當此國家多難而乏才之日而諸君亦儼然以愛國自命者乃恐摧萌拉蘗以斲國家之元氣也若以爲此國家之蟊賊也而去之則誰爲蟊賊誰非蟊賊恐非今日之所能論定也但吾不欲與諸君語此諸君自覺其力之甚大足與今後大勢相抗某竊以爲誤之誤矣夫

其人苟畏禁壓畏夷滅者則必其無理想無氣力不足以爲諸君敵則雖不禁壓之不夷滅之猶無能爲也若其有理想矣有氣力矣又豈諸君所得禁壓而夷滅者彼其理想能傳熱於百千萬人彼其氣力能引線於百數十年夫誰得而禦之諸君自視其才略視奧相梅特涅何如其威權視俄羅斯今皇何如以梅特涅之才略而不能止歐洲中原之民變卒身敗名裂以死以俄皇之威權而不能解散虛無黨今乃不得不交驩於學生而諸君乃曰吾欲云云所謂捧土以塞孟津多見其不知量也諸君如不信請懸吾言以俟諸十年之後看豎降旛者出於誰氏矣諸君之意必又曰「若奧若俄皆其勢已成者耳中國則未也吾及今鋤之則其謬種可以不殖如某人某人者最生事者也吾錮之戮之某報某書者最倡異論者也吾燒之禁之如是而其勢必當殺」嘻諸君而欲爾爾爾也則好自爲之雖然吾有以知其必無效也是義和團欲閉關絕市而殺一二洋人之類也欲閉關則宜閉之於舉國無一洋人之時欲窒新說則宜窒之於舉國無一思想之際而今晚矣諸君欲行僞改革而不能不求人才以相助也於是乎派學生於外國凡人之思想莫患夫長困於本社會苟使之入他社會而與之相習則雖中下

之材其思想亦必一變今吾青年之在海外者已千餘人矣拔十得五則其力已足動全國之思想界而有餘而諸君豈其於此輩歸國之後而一一囚之一一屠之也而況乎其來者之正未有艾也於是諸君中之頑鈍無恥者倡爲阻止派學生之說夫不派則不派耳今日海外學生千餘人而諸君所派者不及三之一將來之思想界豈其以此區區小數爲輕重也諸君勿以爲一切風潮皆由一二人所能煽動也苟非時勢之所趨迫雖孔子釋迦必不能煽動一人時勢既已趨迫而偶爾借一二人之口以道破之彼一二人直時勢之傀儡而已使無此一二人亦必有他之一二人衆生芸芸安所往而不得傀儡雖然彼一二人固傀儡也而時勢則神聖也諸君敵傀儡易敵神聖則吾信其難矣若夫禁書也禁報也則吾以爲操術之拙未有過此者也凡人於其所愈難得之物則其欲得之之心愈切幸而得矣則其寶之之心愈甚此情之常也吾月前過日本書肆見有一書題曰「日清戰爭外交史」者吾略繙之覺其無異於尋常未之購也閱數日聞日本政府以恐洩外交秘密下令禁此書則欲得之之心若渴使有肯畀我者吾十倍其值弗吝矣不寧惟是尋常之書盈案堆架終卷者寥寥若得此書

吾知必窮日夜之力以盡讀之且一字不肯放過矣何也默忖其中之必有秘密不可思議者存也凡禁書皆然書愈禁則求之者愈切讀之者愈熟而感受者愈深夫思想之感人不惟其多也而惟其堅苟其人聞有禁書而不求者則雖授以書而所開導之者亦僅矣故禁而求求而讀者得十百人焉以視不禁而讀者得千萬人其力量尚或過之此一定之比例也俄羅斯最束縛言論自由出版自由之國也吾聞俄羅斯之學生常相語曰天下之樂莫樂於雪夜二三同志聚密室扃重鍵以讀禁書又聞俄羅斯鐵路之接他國境者其出境之第一二車站必有估客携各國哲學家之書籍及俄國志士在外國所出之報章伺車門以售之必獲倍蓰利益俄國青年一出境則急欲見此雖重貲不惜也此亦可爲禁書之明效矣夫以俄國法令之嚴明也如彼而無術以窒新思想也如此而諸君乃又曰吾欲云云毋乃徒叢一世之唾罵而於諸君所懷之目的一無濟乎盍亦翻然返矣

某請以一言正告諸君曰時勢者可順而不可逆者也苟其逆之則愈激而愈橫決耳機會者可先而不可後者也苟其後之則噬臍而悔無及耳某嘗爲諸君思所以自處

矣。某說部嘗言。『有狂生夜坐。鬼來瞰之。面漆黑而目眈眈。舌懸唇外。狂生乃抹硯中餘墨。自塗其面。伸舌寸許。圓其目與之相對。鬼慙而退。』諸君畏後生乎。則何不以此術對付之。吾知必有慙而退者。抑某之爲此言。非欲使諸君附和後生小子以言破壞也。後生小子之言破壞。非所欲也。非所忍也。諸君導之使然耳。諸君不愛國。而使彼後生小子獨愛之。彼等不破壞諸君。而何從行其愛也。諸君而眞能與後生小子共愛此國也。則無復有當破壞者。亦無復有能破壞者。諸君若猶未喻耶。吾更請譬之。數十年前西人之來通商也。所求者不過通商而已。而我拒之若被厲鬼。卒至破壞我廣東。破壞我江口。破壞我京津。而何嘗見其能拒也。使吾於彼時。不惟不拒之。且從而通商於彼國。以與之爭利。則彼雖不慚而退。然亦必汲汲焉講求所以聯絡我應對我之策焉矣。此即塗其面。伸其舌。圓其目。與鬼相對之術也。請諸君一熟思焉。今日民間志士所攘臂以爭。稽顙以求者。其爭焉求焉在何物。彼東西各國號稱忠君愛國之名臣。其用塗面伸舌之術。以與敵己之人民相對。而因以成功名者。不知幾何人矣。諸君果何所憚而不爲此。

諸君又將有辭矣曰、吾非不欲之顧種種掣肘權不足無能爲也斯言也某能爲諸君諒然恐天下萬世之人不能爲諸君諒也夫天下豈有無阻力之事哉以云掣肘也則宜莫如撒的尼亞之見掣於奧大利而加富爾何以成功焉宜莫如日本諸藩之見掣於幕府而薩摩長門各藩士何以成功焉今者徧國中多少無權無勇之匹夫猶且不敢妄自菲薄而思爲國家有所盡顧乃獨諸君而謝不能也諸君如自認無愛國心也則吾復何言吾之此言將拉雜之摧燒之若其不肯認也則請諸君於晨鐘一吼時將息其平旦之氣統籌全局撫心一自問曰吾今所由之道能厝國家於治安乎能進國家於富强乎吾知諸君之天良必代致答詞曰不能也或有至冥頑不靈而自信力甚足者悍然應曰能焉亦未可知若此者吾亦無從開導之吾惟有使之觀京朝及各省官海之情狀與夫全國人民之生計可耳既曰不能當由何術以使之能而諸君則又曰無術然則坐視國之亡焉已乎諸君坐視其亡恐有他人焉不能坐視者不能坐視而諸君又欲强之坐視其勢將不免破壞諸君破壞諸君固非諸君之福亦非彼輩之福而又豈國之福也諸君不務造福而必舉己之身己之友己之敵乃至己之國而一切納諸禍海之中吾不知諸君究何樂也吾非敢謂諸君全無愛國心也雖然愛國之外又愛名焉。又愛位焉。又愛身焉。而愛國不如其愛名。愛名不如其愛位。愛位不如其愛身。某以爲愛國心者。絕對而無比較者也。宜純白而忌攙雜者也。苟有分其愛者。則其愛國心已銷盡而無所餘。吾於是欲以論理學三斷法演一式曰。『有他愛者。非愛國心也。(一)諸君愛國而又他愛者也。(二)故諸君無愛國心也。(三)』諸君其肯認此判决乎。若其怒我。我甚望之。若乎忍我。我甚悲之。

然則某所責所求於諸君者何在乎。曰吾不必言。請諸君一讀十九世紀史。觀現世所謂數强國者所以立國之由足矣。吾不敢勸諸君讀克林威爾傳。吾不敢勸諸君讀西鄉隆盛傳。恐諸君掩耳卻走。吾請諸君一讀德國前大宰相王爵俾斯麥傳。一讀意國前大宰相侯爵加富爾傳。一讀日本前內務大臣伯爵板垣退助傳。吾意諸君聞此言。必又將惶恐遜謝曰。『某何人。敢將衰朽較前賢。』然諸君雖自菲薄。我不欲菲薄諸君。且吾非欲諸君學彼輩之全部。而欲諸君學其一節也。諸君而猶有絲毫之愛國心也。苟一讀之。其或有所會耶。其或有所會耶。

雖然。吾知吾言之必無效也。吾作此書竟。一覆讀。輒欲摧燒之。再覆讀。則又姑存之。姑布之。孔子曰。不可以言而與之言。失言。吾自知失言。吾固失言。雖然、吾國民一分子也。凡國民皆有監督其公僕之權利。吾不敢放棄此權利。吾又業報館也。凡報館皆有代表國民監督其公僕之責任。吾不敢放棄此責任。抑吾猶望其失於百而得於一焉。失於今而得於後焉。則吾之言其亦不可以已也。雖然、吾非欲吾儕小民不展一籌。而專以屬望於諸君也。諸君盡諸君所能。盡吾儕盡吾儕所能盡。如斯而已。

報曰新民。則報之言非爲諸公言也。雖然、民亦有廣狹二義。以狹義言之。則諸君官也。民之對待也。故本報之論著。向不欲與諸君有一語之交涉。以廣義言之。則諸君亦國民之一分子也。而烏可歧視之。故不辭唐突。進一言焉。若諸君不願聞。則請非諸君者、一聞之。某頓首。

學說

進化論革命者頡德之學說

中國之新民

二十世紀之天地。開其幕者今已一年有奇。此年餘之中。名人著述。鴻篇鉅製。貢獻於學界者。固自不少。而求其獨闢蹊徑。卓然成一家言。影響於世界人羣之全體。爲將來放一大光明者。必推英國頡德 BenJaman Ridd 先生今年四月出版之「泰西文明原理」一書。

頡德者何人也。進化論之傳鉢鉅子。而亦進化論之革命健兒也。自達爾文種源論出世以來。全球思想界。忽開一新天地。不徒有形科學爲之一變而已。乃至史學、政治學、生計學、人羣學、宗教學、倫理道德學。一切無不受其影響。斯賓塞起。更合萬有於一爐而冶之。取至殺至賾之現象。用一貫之理。而組織爲一有系統之大學科。偉哉近四十年來之天下。一進化論之天下也。唯物主義昌。而唯心主義屏息於一隅。科學（此指狹義之科學即中國所謂格致）盛。而宗教幾不保其殘喘。進化論實取數千年舊學之根柢。而摧棄之翻新之。

者也。

進化論之功在天壤。有識者所同認矣。雖然以斯賓塞之睿智。創綜合哲學。自謂借生物學之原理。以定人類之原理。而其於人類將來之進化。當由何途。當以何爲歸宿。竟不能確實指明。而世界第一大問題竟虛懸而無薄。故麥喀士（日耳曼人社會主義之泰斗也）嘲之曰。『今世學者以科學破宗教。謂人類乃由下等動物變化而來。然其變化之律。以人類爲極點乎。抑人類之上。更有他日進化之一階級乎。彼等無以應也』。赫胥黎亦曰『斯賓塞之徒。既倡箇人主義。又倡社會主義（即人羣主義）。然此兩者勢固不可以並存。甲立則乙破。乙立則甲破。故斯氏持論雖辯。用心雖苦。而其說卒相消而無所餘』。此雖過激之言。亦實切當之論也。雖然麥喀士赫胥黎雖能難人。而不能解難於人。於是頡德乃百尺竿頭。更進一步。於一千八百九十四年。初著一書。名曰人羣進化論 Social Evolution 以解此問題。

頡德以爲人也者。與他種動物同。非競爭則不能進步。或箇人與箇人競爭。或人種與人種競爭。競爭之結果。劣而敗者滅亡。優而適者繁殖。此不易之公例也。而此進化的運動不可不犧牲箇人以利社會（即人羣）不可不犧牲現在以利將來。故挾持現在之利己心而謬託於進化論者。實進化論之罪人也。何以故。現在之利己心與進化之大法無相關。故非惟不相關。實不相容。故此現在之利己心。名之爲「天然性」。頡德以爲此天然性者。人性中之最「箇人的」「非社會的」「非進化的」。其於人類全體之永存之進步。無益而有害者也。

頡德以爲人類之進步。必以節性爲第一義。節性者何。有宗教以爲天然性之制裁是也。苟欲羣也。欲進化也。必不可不受此制裁。宗教者天然性之反對者也。補助者也。常有宗教以與人類天然之惡質相抗。然後能促人羣之結合。以使之進步。故宗教家言未有不犧牲箇人現在之利益。以謀社會全體未來之利益者。宗教之可貴在是而已」

頡德以爲論人羣之進化。不可不以生物進化之公例爲其基礎。因首引達爾文之學說以爲前提。達氏之學說。其根本思想有二。

第一　一切生物皆有非常之繁殖力。無論何種生物。苟一任其生殖而無他力以阻之。則其一雄一雌所產之子孫。必至布滿地球。此繁殖力以幾何級數而增進。

第二。凡一切生物。惟適於境遇者乃能生存。故常順應於境遇。而遞有所變化。其變化之結果。則遺傳於其子孫。而此之變化。非獨在外形爲然耳。即內部之機關亦然。即心理之機能亦然。（參觀本報第二號第三十一葉）

因此二者。而自然淘汰之公例出焉。自然淘汰者。謂生物雖恃其繁殖力。可以生存。然以其所產太多之故。不得不競爭。競爭之結果。於是大部分歸於滅亡。而生存者不過一小部分。當其競爭之際。各生物皆有自變化之能力。其變化雖小。而一以適於境遇爲主。於是優而適者獨存。遺其種於後。一切生物。依此公例。經無量世無量劫以至今日。其間所經過之境遇。至複至雜。故其身體之組織。心智之機能。亦隨之以日趨複雜。一言蔽之。則一切生物。皆常受外界之牽動。而屢變其現在之形態而已。

此實達爾文學說之大概。舉數千年之舊思想。翻根柢而廓清之。爲科學界哲學界起大革命者也。雖然。達氏之所謂優、所謂適者。不過專指現存箇人之利益。或其種族多數之利益而已。達氏之言曰。「無論何等生物。必當常變其狀態。使有益於己。然後可以生存』。頡德氏以爲達氏進化論之中心點在此。其所以不完滿者亦在此。頡氏以爲自然淘汰之目的。在使同族中之最大多數得最適之生存。而所謂最大多數者。不在現在而在將來。故各分體之利益及現在全體之利益。皆不可不犧牲之以爲將來達此目的之用。於是首明現在必滅之理與現在滅然後羣治進之義。乃進言曰。以尋常人之識見。所最貪者生也壽也。所最惡者死也夭也。然死之與夭。有大關係於進化功用者存。何則彼高等生物下等生物之別。非以其住世之久暫爲差。而以其傳種之長短布種之廣狹爲差。（按若以住世之久暫第其高下則動物之壽視人類爲長者多多矣）故高等生物其壽命不特不加長而已。往往愈進於高等而其壽愈短。種族之所以能發達。有時固賴長壽。有時亦賴短命。使當外界境遇變化甚劇之際。則惟短命者乃可與之順應。何以故。惟短命則交代之事屢起。於是乎其習慣其狀態其性質等變化甚速。得以適於時代而自存。苟不爾者。以長壽而保持舊態。變化甚緩。不能與外界之變遷相追逐。則其競爭必敗北而日歸澌滅。夫物之所以有生。其目的必非在自身也。不過爲達彼大目的（即未來之全體）之過渡而已。其所以有死。亦即爲達此大目的之一要具也。故死也者進化之大原也。

頡氏以爲凡物之不進化者則無有死彼下等簡單之生物以單細胞結集而成者是也故其一箇之生物體俄然可剖分以爲二箇焉更可剖分以爲四箇焉分裂又分裂繁殖以至巨萬而終不死若是者謂之無限之生命高等進化之生物則不然其種族皆有平均一定之壽限及限而不得不死若是者謂之有限之生命今使既列於高等生物與他高等者相競爭而生命仍復無限則他族之屢屢交代者其子孫皆多變化而有順應境遇之資格我乃持舊態以與之競爭其種族之敗亡可翹足而待也故死也者進化之母而人生之一大事也人人以死而利種族現在之種族以死而利未來之種族死之爲用不亦偉乎夫既爲未來而始有死則亦爲未來而始有生斷斷然矣

案死之爲物最能困人記曰天地之大也人猶有所憾人既生而必不能無死是尋常人所最引爲缺憾者也故古來宗教家哲學家莫不汲汲焉研究「死」之一問題以爲立脚點嘗綜論之約有八說儒家之教以爲死而有不死者存不死者何曰名故曰君子疾沒世而名不稱焉又曰死或重於泰山或輕於鴻毛若何而與日月爭光若何而與草木同腐此儒家之所最稱也其爲教也激厲志氣導人向上然只能

引進中人以上而不能範圍中人以下美猶有憾焉此其一道家之教厥有三派一
曰莊列派以爲生死齊一無所容心故曰物方生方死方死方生又曰莫壽於殤子
而彭祖爲夭其爲敎也使人心志開拓然放任太過委心任運亦使人彷徨無所歸
宿此其二次爲老揚派以爲死則已矣且窮樂生故曰生則堯舜死則腐骨生則桀
紂死則腐骨腐骨一耳孰知其極其爲敎也使人厭世使人肆志傷風敗俗率天下
而禽獸罪莫大焉此其三又次爲神仙派以爲人固有術可以不死於是煉養焉服
食焉其愚不可及矣此其四此皆中國之言也（墨氏以爲死後更無他事故所言者惟人世間之事蓋墨敎不以死爲立脚也短喪節葬之說其一端矣）其在域外則埃及古敎雖死之後猶欲保其遺骸於是有所謂「木乃伊」術
者其思想何在雖不能確指要之出於畏死而欲不死之心而已此其五印度婆羅
門外道以生爲苦以死爲樂於是有不食以求死者有餧蛇虎以求死者有臥轍下
以求死者厭世觀極盛而人道或幾乎息矣此其六景敎竊佛說之緒餘冥搆天國
趨重靈魂其法門有可取者然其言末日審判死者復生是猶模棱於靈魂軀殼之
間者也其解釋此問題蓋猶未確未盡此其七佛說其至矣謂一切衆生本不生不滅

由妄生分別故有我相我相若留則墮生死海我相若去則法身常存死固非可畏亦非可樂無所罣礙無所恐怖無所貪戀舉一切宗教上最難解之疑問一喝破之佛說其至矣雖然衆生根器既未成熟能受者蓋寡焉此其八八家之宗旨雖各不同要之皆離生以言死非即生以言死也所論者既死後之事非未死前之事也出世間之言非世間之言也宗教家言非科學家言也其以科學談死理圓滿透達顚撲不破者吾以爲必推頡德氏此論夫死之困人也至矣雖有英雄豪傑氣概不可一世一語及此鮮有不嗒然若喪幡然改其度者公德之所以不能盡羣治之所以不能進皆此之由頡氏此論雖未可爲言死之極軌然使人知有生必有死實爲進化不可缺之一要其爲人人必當盡之一義務夫其必不能免也既如彼而其關係重大也又如此等是死也等是義務也其奚擇哉奚怖哉奚餒哉以此論與孔佛耶諸大宗教說並行則人庶不爲此問題所困而世運可以日進頡氏所以能爲進化論革命鉅子者在此焉耳

頡氏又言凡物之有男性女性之別也亦非爲現在也非爲生物各箇之利益也凡以

爲未來計使適應於時勢而速其變化之率也有兩生物於此則必各經過其特別之境遇各自發達各有其過去所受之特色因使之結合焉調和焉俾共傳其特色於其子則比之僅傳單一之特色者其必有所優矣欲結合兩物之特色不可不結合其含此特色之細胞此男女之事所以爲貴也凡生物之由生而至死也其間體內細胞又屢屢變化故當其受生也既受祖宗傳來各種複雜之特色及其成長也又自有所受外界熏染之特色復加於舊特色之內而一併貢獻於其子孫此乃種族之所以日進也然則人生數十寒暑所以常轉旋其體內細胞而變化之者凡亦爲未來計而已自然淘汰既以未來爲目的故生物既全爲未來而存立故凡爲未來而多所貢獻者高等生物也反是者下等也代未來而多負責任者高等生物也反是者下等也故勤勞於爲未來者則爲優爲勝怠逸於爲未來者則爲劣爲敗不見夫動物乎最下等者產卵則放任之不復顧故其卵及其幼兒之大多數皆常滅亡稍進至鳥類則孵化其卵而復養育之更進至哺乳動物則養育其兒之勞愈多而在生物界愈占高等之位置物既有之人亦宜然

頡德現定此義爲進化論之標準。因持之以進退當世之學說。其言曰。『進化之義在造出未來。其過去及現在不過一過渡之方便法門耳。今世政治學家羣學家之所論。雖言人人殊。要之皆重視現在。而於未來少所措意焉。是可爲浩歎也。如所謂社會論、國家論、人民論、民權論、政黨論、階級論等。雖其立論之形式不同。結論各異。而其立脚點常在於是。即如近世平民主義之新思想。所謂最大多數之最大幸福者。亦不過以現在人類之大多數爲標準而已。其未來之大利益。若與現在之多數利益不能相容。則棄彼取此。非所顧也。試條論之。自百年以前法國大革命所自出之思想。以迄近世德國社會民主黨所稱述之學說。其最精要之論。不過以國家爲謀公衆利益之一機關而已。胎孕法國革命者。若康輙、若希比沙士、若志的羅、若達靡比爾諸家。皆「以社會爲箇人之集合體。故不可不以箇人之利益爲目的。社會之義務。即爲現時組織社會之人汲汲盡瘁是也」。其意義未嘗有所謂未來者存也。盧梭祖述此說而益倡之。混國家與社會爲一。其所重者亦在國家多數人民之利益。亦未嘗有所謂未來者存也。英國平民主義。首倡之者爲斯密亞丹。其所著原富。發揮民業之精神。建設恒產之制度。破壞過去之習慣。以謀現在之利益。而於未來一問題。盖闕如也。斯密所發起之新思想。經邊沁、阿士丁（按日人常譯為墺斯陳法理學大家也）、占士彌勒（按約翰彌勒之父也世人稱為大彌勒）、瑪兒梭士、理嘉圖（按二人皆生計學家斯密派之鉅子也）、約翰彌勒諸賢之講求。益臻完備。皆以現在幸福為本位。以鼓吹平民主義者也。邊沁以為羣學之理想。在於增進一羣之利益。而一羣之利益。即合其羣內各人之利益而總計之者也。一切道德。皆以此為根原。能自進己之利益者。謂之善行。反是謂之惡行。為利益而犧牲義務可也。為義務而犧牲利益不可也。若此者。世稱之為樂利說。實現在主義之極端也。（按頡氏所論邊氏不無太過觀前號邊氏學說自明）此等思想。自經約翰彌勒引申發明之後。以未曾有之勢力。深入於英國人之腦中。斯實可謂近世自由主義之導師也。然其流弊所存。固有不能為諱者。約翰彌勒學貫百家。識絕千古。其高深博大之理想。固吾所大敬服。雖然。其所論亦以現在之利益為基礎。僅能言國家之所以成立。而於人羣之進化。仍無關也。夫國家非人羣之一機關乎。以彌勒之達識。生當進化公例大明之日。而於「現在者非為現在而存。實為未來而存」之理。竟不克見及。不可謂非賢者千慮之一失也。斯賓塞以進化哲學。倡導學界。其大功固不可及。至其羣學之思想。亦不免與彌勒同病。斯賓塞屢言犧牲過去以造現在。而不言犧牲現在以造未來。無他。重視現在太過。見有所蔽。而於現在必滅之理。未嘗厝意也。雖然。斯賓塞非全忘未來者。彼嘗言曰。人羣之進化。實由現在之利益與過去之制度相爭而後勝於前之結果也。又曰。國界必當盡破。世界必爲大同。此皆其理想之涉於未來者也。雖然彼其所根據者。仍在現在。彼蓋欲以現在國家思想擴之於人類。統一之全社會。未足眞稱爲未來主義也。其在德國。有所謂唯物論者。有所謂國家主義者。有所謂保守黨者。有所謂社會黨者。要之悉皆以現在主義爲基礎而已。今之德國。有最占勢力之二大思想。一曰麥喀士之社會主義。二曰尼志埃之箇人主義。（尼志埃爲極端之強權論者。前年以狂疾死。其勢力披靡全歐。世稱爲十九世紀末之新宗教。）麥喀士謂今日社會之弊。在多數之弱者爲少數之強者所壓伏。尼志埃謂今日社會之弊。在少數之優者爲多數之劣者所鉗制。二者雖皆持之有故。言之成理。要之其目的皆在現在而未嘗有所謂未來者存也。』頡德氏既臚列諸家之說。一一駁難之。因斷言曰。『十九世紀者。平民主義之時代也。現在主義之時代也。雖然生物進化論既日發達。則思想界不得不一變。此等幼稚之理想。其謬誤固已不可掩。質而論之。則現在者實未來之犧牲也。若僅曰現在而已。則無有一毫之意味。無有一毫之價值。惟以之供未來之用。然後現在始有意味有價值。凡一切社會思想國家思想。道德思想。皆不可不歸結於是。』此實頡德著書之微意也。

（未完）

政治

政治學理摭言（二）

中國之新民

最大多數最大幸福義

今日歐美所謂文明皆過渡時代之文明也其證據不一。若最通行之政治學說所謂「最大多數之最大幸福」者亦其一端也。

如佛說衆生全體之最大幸福如孔耶說人類全體之最大幸福尙矣。即不能如盧梭諸先輩所說國民全體之最大幸福抑其次也。其奈今日皆不可行今日之天下一利。害矛盾之天下也有所利於此必所取不利於彼或此之利益較增則彼之利益必不得不稍殺於是兩造常相搏而制勝者惟恃強權野蠻時代強權常專在少數者故幸福亦常在少數者而得幸福者之多數少數即文明差率之正比例也故縱覽數千年之世運其幸福之範圍恒愈競而愈廣自最少數而進於次少數自次少數而進於次多數自次多數而進於大多數進於最大多數他日其果能有國民全體人類全體皆

得最大幸福之一日乎吾不敢知若在今日則最大多數一語吾信其無以易也

日進而趨於多數也是天演之公例不可逃避者也雖然亦恃人力爲故學理明則其進也必速學理誤則其進也必緩或且凝滯不進者有焉矣西人惟悟此學理也故數百年來常循自然之運而進行當中世之末貴族與國王爭政權貴族多數而王少數也（英國憲法原自貴族與王爭而得之者）十六七世紀人民與教會爭政權人民多數而教會少數也十八九世紀以來平民與貴族爭政權平民多數而貴族少數也自今以往勞力者與資本家爭政權勞力者多數而資本家少數也凡多數之與少數爭其初也必詘其究也必伸此雖天演進化之理不得不然然常賴學理以左右之蓋有學理則多數之弱者敢於相爭而少數之强者不得不相讓今日歐美之治皆此一爭一讓所成之結果也他日或能將此幸福範圍愈擴愈大以馴至世界大同之運者亦此一爭一讓所成之結果也

有宗教言以勸讓有哲學家言以勸爭兩者相劑而世運乃日進焉泰西之治實頗賴是中國儒家言皆教讓之言也其語在上之有權力者教以保民教以養民教以利民

皆導之以讓而勿使濫用其强權也。其語在下之無權力者則教以恭順。教以服從。亦導之以讓而勿使攖强權之鋒也。夫使上下能交相讓不亦善乎。而無如但有讓而無爭則弱者必愈弱。强者必愈强。而世終不可得平。吾昔著飲氷室自由書內一條論放棄自由之罪者。其言曰。『夫物競天擇。優勝劣敗。此天演學之公例也。人人各務求自存則務求勝。務求勝則務爲優者。務爲優者則擴充己之自由權而不知厭足。不知厭足則侵人自由必矣。言自由者必曰人人自由而以他人之自由爲界。夫自由何以有界。譬之有兩人於此各務求勝。各務爲優者。各擴充己之自由權而不知厭足。其力線各向外而伸張。伸張不已而兩線相遇而兩力各不相下。於是界出焉。苟兩人之力有一弱者則其强者所伸張之線必侵入於弱者之界。此必至之勢不必諱之事也』。故使多數之弱者能善行其爭則少數之强者自不得不讓。若曰惟讓而已。弱者讓而强者不讓。又將奈何。則其權力幸福勢必爲彼不讓者所攙奪以盡。故中國教指雖以人類全體幸福爲目的而其政治之結果。實則使豪强民賊獨占幸福。皆此之由。

幸福生於權利。權利生於智慧。故詩曰。自求多福。幸福者必自求之而自得之。非他人。

之所得而界也。一羣之人。其有智慧者少數。則其享幸福者少數。其有智慧者多數。則其享幸福者多數。其有智慧者最大多數。則其享幸福者亦最大多數。其比例殆有一定而絲毫不能差忒者。故言治者必非可漫然曰吾予國民以最大多數之最大幸福而已。苟使其民不能自有焉而欲强而予之。未有不兩受其弊者也。故德人奈志埃氏近著力言多數之愚者壓制少數之智者。爲今日羣治之病。而俄國宗教總監坡鏖那士德夫氏。亦著論極攻政黨及議院政治之弊。而其言皆大動學界。夫多數幸福之優於少數。天經地義。無可辨駁者也。而此等異論何以能容喙焉。何以能動人焉。則以智慧程度未達於大多數。而欲幸福之程度進於大多數。未有不百弊叢生而貽反對之徒以口實者也。泰西尙然。而况於中國之今日乎。然則我最大多數之國民欲得最大幸福者。其亦思所以自處矣。

法儒波流氏著一書名曰「今世國家論」。亦駁擊代議政體之弊。而其論旨與德之奈氏俄之坡氏異。波流之意以爲代議政治者。多數之專制也。少數者專制多數者固不可。多數者專制少數者亦不可。爲少數之幸福而犧牲多數之幸福固不可。爲多數之幸福而犧牲少數之幸福亦不可也此固太平大同之言也其奈今日世界文明之程度固未足以語於此兩害相權則取其輕然則舍最大多數最大幸福一義何以哉故曰今日歐美所謂文明過渡時代之文明也若中國者則又並過渡時代而未能達者也恫夫。

析疆增吏篇（續第十六號）

明夷

一設議事會。凡縣之政事皆與羣長官公議之。民局稅局警局學局法院諸長官皆預焉。而縣領事爲議長而決之。

一設民議會。每歲每鄉公民所舉之代議士合衆公議。舍少從衆。而縣領事爲之長。決焉。秋八月開會議。十一月閉會。皆聽領事主之。凡在國律之內。縣中之賦稅土木衞生道路橋梁市塲農商學校之案。皆由衆議決定。局官乃施行。

一我國大縣。人數極多。過于泰西之一省。以吾鄉里所習若順德、新會皆逾二百萬。南海番禺香山東莞皆逾百萬者也。各省首府大縣當亦有之。此其治法宜極繁密。實宜用宋制直隸縣之法以行之。宋以樂昌縣爲直隸縣。且不隸州郡。直隸于國。否則其曹局官制及會所、皆宜高予其階。廣設其員。乃能徧及。或令縣長若明制知府。況鍾帶御史銜得奏事。則措置自易。精神更振。此則隨事變通。在臨時之酌量矣。若各大中小學商學各種工業學美術學染學盲啞學商船學礦學。實可備設者也。若吾粵順德之青雲社、東莞之明倫堂。皆歲入鉅萬。殷富如雲。何事不辦。若學士會、測地學會、衞生會、土木會、農商學會、動植物學會、醫學會、美術會、蠶桑講習所、水產講習所、皆可因土宜酌行徧定。而先後擇立之。以開民智者也。江浙及廣州魚桑染織之地。則四會尤要矣。

一圖書館、博物院、植物園、公遊園、皆宜設立。其各市鎮。並宜隨力募辦。泰西凡有萬人之邑。無不有之。公園則百人之聚亦有之。至都會大城市鎮。二三里必有小園以爲游人偃息之所。文王七十里。猶以爲小。此公囿之義本爲先王之法。不可不行者也。

一大臣得辟僚屬。其道府郎曹及同通州縣。皆奏明差調。餘官人士民。皆聽其辟調。如出使大臣例。分參贊委員學生三類。每類亦分三等。如參贊道翰林以上爲頭等。郎曹府班爲二等。同通州縣舉貢爲三等。如有名士異才。雖布衣亦可爲頭等。皆聽大臣奏明拔用。其一二三等委員與參贊官同。謂之大委員。如布按經州同判謂之四等。府經縣丞謂之五等。巡檢典史謂之六等。三者謂之小委員。其舉貢諸生。皆可派入三四五六等。學生以舉貢爲一等。諸生爲二等。人士爲三等。惟其人人民無官者。可賞以功牌階官。名爲外委。亦分三等。凡大臣所辟各官。皆可委以各局各縣總辦提調文案椽史及領事。大者奏派。小者巡委。咨明本部可也。惟大臣或妄辟非人。許御史按察奏劾。

一今各省皆有候補道府同通州縣佐雜各官聽其自願指道學習試用。聽候大臣差委。計每省惟江南候補道多至百人。此外各省道府班皆數十人。合共不逾三四百人。而每道須局總辦十餘人。府縣領事官廿人。按察官數人。每省必有四五道。每道當需此大僚四十餘員。四五道合共需二百餘員。必當大求之于翰林郎曹猶患未足。必更求于同通州縣之才吏。未仕舉貢諸生之名士。乃或少足耳。蓋一道須大僚四十餘員。全國共七十餘道。其要地或宜以獨府爲之者。又有東三省新疆西藏蒙古督辦大臣。約近百區。當用四千餘總辦領事按察大吏。故不獨患人才之少。實亦患人員不足焉。其各曹提調文案諸縣各曹用員至萬數益不足矣。故今固患人才之不足任事。然盡採同通州縣舉貢爲之員實不足。亦不能不假才外國。或採拔鄉里之秀爲之也。然因此鄉里之英。益得以才自見。而無湮沒之憾。民氣以用而益揚。人才以練而益出。則所補于國勢國本者固甚大也。

一道府既裁。州縣廳官亦改級。所有舊制候補道候補府候補知州候補知縣等皆爲失實。通判既專歸法官。亦宜避用。其州同判及府經縣丞亦皆變改。是各官皆等于階

三

官耳。明至乾隆前。道原爲參政參議。今宜復舊。可以道爲參政。知府爲參議。惟同知治中等名無謂。而治中最古。今尙有之。直州及知州通判知縣。應皆改爲治中。或爲同知。而分爲一二三等。如知州爲二等。知縣升爲六品與通判爲三等可也。其布按經州同判府經縣丞主簿巡檢用古名爲椽最善。亦分一二三等。其未入流典史吏目及諸書吏之入官皆名爲史。亦分一二三等。如此只存參政參議治中椽史五名。體裁旣雅。班銜亦簡。雖虛名無關實事。然亦可潤色及之。此即道班府班同通州縣合一班。佐貳一班。雜職一班。五班也。

一官制之弊。尤忌堂屬之體制太隔。如一爲堂屬。即不得從容談笑。堂官不送不回拜。拜不登堂。昔吾寓于一知縣衙。其撫藩來者皆拜候而不拜會。及至知府亦然。其撫藩欲見吾。至約吾還居會館。乃來拜會。無義至此。其上謁也。雖日日上衙。須親到門房遞帖。須走旁門。須在大門內下輿。須打躬。其上堂也須參見。其有所行也須俟候。甚至飲宴不得同席。傳宣須立。至其出入也送客也。尤于巳無與。須立班。高志尙節名士才人。尤耻爲之。爲此多棄官而去。或不願就之者。故羣吏多得奔走之人。而不可得志節學行之士。然雖藩臬見督撫。猶不能免矣。乃至知縣之于同通。府之于道。品位實同。事權不攝。其情體尤屬平等。而亦限以堂屬爲。此乖謬之儀。故市儈朝輸多金。暮爲觀察。而臺官詞館之清流。簡放知府者。反爲之屈。豈不悖哉。志士多不爲外吏。實爲此也。吾又見一候補道。問以其省知縣之人才。答曰。官階隔絕。不甚見。見亦不談。不能知。夫以候補道之輕。以知縣之重。而隔絕如此。其謬誤亦甚矣。然則失人不已多乎。夫以無謂之禮。又失人才。其誤謬亦已甚矣。凡此種種。皆歐美日本所絕無者。若其見之。必大駭矣。此所關于政體非細故也。歐美堂屬之相見于公堂也甚肅。其退于私也甚和。談笑甚歡。更無有絕往還避游宴之事。不過上官稍簡。不送迎耳。以法美論其諸官士民謁總統。亦握手欵坐。從容談笑。不過相示敬恭耳。歐洲各國大臣之見侍君宴坐。亦極從容。中國之屬官見堂官。乃不能比歐洲臣見君之禮。何以聯上下之情哉。詩鹿鳴之咏。以羣臣爲嘉賓。酒醴笙簧。在公載宴。宴笑語兮。是以有譽處兮。此君臣之禮也。猶宴笑爲賓儀。禮之堂階皆分東西。雖公與大夫。父之于子。猶分階而行。無往而不存賓主之禮。故孟子曰。禮之于賓主也。深得平等之義。君臣父子尚如此。何況堂屬偶然之遭。乃倣倨卑下如此乎。而道之與府同通之與州縣。亦謬然行之。過于古者三代。今者歐美君臣之禮。不亦異乎。然而三代之治。歐美之强。而吾今國之衰創也。即此儀可窺其概矣。夫軍谷不入國。國容不入軍。軍旅以威行爲主。故等級少分而體制極嚴。乃可以馭其下。國禮以情洽爲主。故宜平等而不隔。乃可以揚其氣。易之者敗。此爲元明遺制也。其以蒙古軍容誤入于我國容耶。康熙時大學士見親王跪。聖祖禁之。今乃得平等。部曹見堂官打躬。高宗禁之。今乃得長揖。而外官之儀注如是。是豈祖宗之意耶。惟外官凡異班者隔絕嚴肅。其一同班。即謔浪諧笑。實有不堪。如府之見道。縣之于同通。施敬而候補道見布政使。同通見知府。乃敢謔浪放肆。至不可聞。長官多忍無可忍。而又不便以小故劾之。故平等亦有不能遽行者。習俗已深。不易遷變。今宜斟酌其宜。令情能聯合。而體能肅敬。則可矣。有若見旁上司。有若京官在不平不下之間。其體最合。今請定半屬致肅禮。屬禮施行之。半屬致肅禮。公文下用咨。呈上用照會。見則用下銜帖。單帖得用小字帖。書札稱肅。令從人遞帖。見則用輿至堂。主人開中門。不敢入。步行入旁門。相見長揖。言稱名。主人待之用客禮。開中門輿而送之。回拜一次而不數回。吉凶皆登堂拜。可登堂。可陪並坐可同宴席。可請到衙宴席。可笑語。惟禮容當肅。不得作游戲渾謔達者可劾。不立班。不伺候。不打躬。無事不上衙。不必親入門房遞帖。長官有事可請。惟約時刻。屬禮帖用手本。書札用稟。公文下用詳。上用札。門內下輿至官廳候傳主人長揖。語稱官。不開門。不視與。惟回拜一次。可登堂。可陪並坐可同宴席。可請到衙宴席。不立班。不伺候。不打躬。不親入門閽遞帖。無事不上衙。有事可傳約時而到。其純屬禮。如今制。亦不打躬。可陪坐。皆得同席宴笑。送客出入不立班。出行他謁。不伺候。今縣領事體至尊重。惟見大臣用純屬禮。其見布政參政用屬禮。其見諸局長用半屬禮。諸局長見大臣用屬禮。見布政參政用半屬禮。布政參政見總督大臣用屬禮。諸曹長見諸局長用屬禮。見布政參政用屬禮。見大臣用純屬禮。諸小局長視此。諸椽見布政參政用純屬禮。見局長用屬禮。見曹長領事用半屬禮。諸史見領事曹長用屬禮。見縣局長椽用半屬禮。諸縣局長見領事用半屬禮。其餘視道之諸曹長。諸分局長見領事用屬禮。見局長用半屬禮。其餘視道之椽。諸椽見縣局長用屬禮。曹長用半屬禮。其餘視道之史。諸史見曹長用屬禮。見椽用半屬禮。如此則去隔絕之患而聯情好之懽。庶幾志士不以爲深耻而棄之。其交外縣領事。與領事同班。總領事與總領事同班。

一地方官迴避本省。始于宋。定于明。古則無之。且多自領其鄉者。美法公舉。則無不自治其鄉者矣。夫迴避本省。就官數千里。言語不通。風俗不解。人事不知。才否不識。豈能爲治。徒爲防弊計耳。然吏之作弊多端。且久于其地者。何嘗不與其大紳大賈私通作弊哉。罷移則掃地裹挾而去。不畏報復。遺愛則邈莫隔絶之。後不知謳思。若小官行李盤費之重。去鄉離家之苦。有累年積債而不足行費者。客入主家。旣難料理。視如傳舍。何暇經營。此尤吏治之大壞者也。若大官治其本鄉。礙情懷私。誠所不免。且今亦未能全復。不若用其鄰道鄰縣之人爲之。相去不遠。情形易悉。盤費無多。其法易行。今請大臣參政局長領事。皆用鄰道。縣局長用鄰縣。其餘警官醫官學官奏派奏委曹長以下。皆聽用本籍人。其原在外省候補者。許呈歸原籍候補。以示體恤。其增俸及籌多官之俸。別詳他篇。

若用此制。机關靈通。條理詳密。而後地利可闢。民治可密。稅入可多。國體可强。否則日謀變法。而机關不靈。齒線太疏。體不備爲不成人。政不備亦不成國。有上而無下。終無效矣。

（完）

傳記

近世第一女傑羅蘭夫人傳

（續第十七號）

中國之新民

昔也地方一小商務官之妻。今也爲將傾之路易朝內務大臣之夫人。羅蘭夫人之勢力至是益盛。其家常爲狄郎的士黨之集會所。夫人日則招集諸黨派。夜則鞠躬盡瘁以助良人之職務。羅蘭每與其同僚有所計議。必請夫人同列其席。內務大臣公案上狼籍山積之重要文牘。一一皆經夫人之手。然後以下諸秘書官。凡提出於議會及閣議之報告書。皆由夫人屬草。凡政府出刊之官報。皆由夫人指揮其方針。監督其業務。使當時新政府之動力日趨於共和理想者。皆羅蘭夫人爲之也。法國內務大臣之金印。佩之者雖羅蘭。然其大權實在此紅顏宰相之掌握中矣。

羅蘭夫人以爲改革之業。決非可依賴朝廷。故他人雖或信路易。夫人決不信之。彼嘗言曰。『吾終不信彼生於專制之下以專制而立之王能實行立憲政治。』羅蘭之初爲大臣也。見路易則欣欣然有喜色。歸語夫人。夫人曰。『君其被愚矣。政府不過一酒店耳。大臣不過王之一傀儡耳。』夫人不獨疑王也。無論何人。凡與貴族黨有關係者皆疑之。時有一老練之外交家焦摩力者。引其友以見夫人。既退。夫人語人曰。『彼輩諸好男兒。面有愛國之容。口多愛國之語。以吾觀之。彼等非不愛國也。雖然。愛國不如其愛身。吾不願我國中有此等人。』

以眇眇一羅蘭夫人。驅其夫。驅其他諸大臣。驅狄郎的士全黨。使日與王路易相遠。至是年六月。而王與新政府之衝突。已達於極點。先是四月。已與奧大利宣戰。戰不利。人心洶洶。而國內頑固教士。多不肯誓守新憲法。事機愈紛紛岌岌。政府乃提出二大政策。一曰由巴黎各區募新兵二萬。以防內訌外敵。保衛都城。二曰凡不從憲法之教民。皆放逐之於境外。王路易不許。羅蘭夫人以爲狄郎的士黨對於朝廷之嚮背。當以此方案之行否爲斷。乃促羅蘭聯合閣員。上書於王。言若欲安國家利社稷。宜速實行此案。不然。則臣等惟有乞骸骨。不復能爲王馳驅矣。此奏議文筆精勁。詞理簡明。論者謂法蘭西史中公牘文字。以此爲第一云。其屬稿者。實羅蘭夫人也。果也路易第十六剛愎不用。至六月十一日。新政府遂總辭職。

革命之勢愈劇愈急。至八月初十日。路易第十六。終被廢幽閉於別殿。王政已倒。共和已立。立法議會。一變爲民選議院。遂新置行政會議。羅蘭亦復任內務行政官之職。廢王之舉。倡之者山嶽黨也。而狄郎的士黨亦贊成之。

羅蘭夫人之理想。今已現於實際。以爲太平建設。指日可待。豈意一波未平。一波又起。前門拒虎。後門進狼。在上之大敵已斃。而在下之大敵。羽翼正成。今也羅蘭夫人遂不得不投其身於己所造出之革命急潮中。而被裹被挾被捲以去。

河出伏流。一瀉千里。甯復人力所能捍禦。羅蘭夫人既已開柙而放出革命之猛獸。猛獸噬王。王斃。噬貴族。貴族斃。今也將張牙舞爪以向於司柙之人。夫人向欲以人民之勢力動議會。今握議會實權者。人民也。飲革命之醉藥而發狂之人民也。夫人夙昔所懷抱。在先以破壞。次以建設。一倒專制。而急開秩序的之新天地。雖然。彼高掌遠蹠之革命巨靈。一步復一步。增加其速力。益咆哮馳突。以蹂躪蹴踏眞正共和主義之立腳地。不及一月。而羅蘭夫人及狄郎的士黨諸名士。皆漸不得不與巴黎之衆民爲敵。當此之時。其勢力可以彈壓衆民者。惟有一人。曰丹頓。丹頓者。山岳黨之首領。而行政會議之一員。與羅蘭同僚者也。其在民間。輿望最高。其資格正可以當此難局。雖然。羅蘭夫人、不喜其人。謂其太急激。不適於今日之用。以爲必拒絕此同盟。然後狄郎的士黨之黨勢。乃可以得安全。蓋夫人、乃單純之理想家。闇於實用。故執拗若是。是亦無足爲怪者。丹頓初時熱心成就此同盟。每日必詣夫人之應接室。每官僚會集。常先期而至。至八月之末。共知同盟必不能就。遂相絕不復至。於是與暴民爲敵之羅蘭夫人黨。不得不更敵暴民之友之山岳黨。

彼法蘭西史上以血題名之山岳黨。以此年九月初旬。屠殺巴黎獄中王黨之囚人。以爲無政府魔神之犧牲。至是羅蘭夫人始知爲山岳黨所賣。月之五日。夫人與一書於友人曰『我等今已在羅拔士比、瑪拉等之刀下。』其九日。復致一書曰。『吾友丹頓君。革命之公敵也。彼以羅拔士比爲傀儡。以瑪拉爲羽翼。握短刀持藥線。以刺爆國民。嗚呼。妾之熱心於革命。卿所知也。雖然。妾恥之。革命之大義。爲無道之豎子所汚點。革命實可厭也。數十年所經營。而今日使我國終於此地位。吾實恥之。』可憐志高行潔而迂於世務之狄郎的士黨。遂爲山岳黨所掩襲。自茲以往。巴黎亂民、與山岳黨、以百丈怒潮之勢。猛撲彼共和之城。其立於城上之羅蘭夫人及狄郎的士黨遂不得不爲此狂濤駭浪之所淘盡矣。

時勢雖日非。而志氣不稍挫。羅蘭夫人愈奮力以鼓舞其麾下諸豪傑。常相語曰。「我等今日旣不能自救。雖然一息尙存。我等不可以不救我國」。其時在議院有布列梭等在政府有羅蘭等。皆以恢復秩序確立共和制止亂暴爲主義。雖然大事已去。不可復挽。羅蘭夫人之名爲議院所唾罵。爲瑪拉等主筆之報紙所凌辱。屢搆誣辭以陷羅蘭夫妻。常有刺客出入於彼夫妻之閫。至千七百九十三年一月二十一日。山岳黨遂乘勢馘路易第十六之首於斷頭臺上。雖狄郎的士派爲激烈之大反對。終不可得救。其明日羅蘭遂辭職。

路易之死刑。實狄郎的士黨覆沒之先聲也。彼山岳黨旣久蓄勢力於巴黎市民中。立意先殺王。次刈狄郎的士黨。以快其亂暴專制之志。乃於五月晦日之夜。遣捕吏於羅蘭家。羅蘭聞變脫遁。而夫人遂被逮。以溫辭慰諭愛女及婢僕。乃入於遏比之牢。

夫人之在獄中也。曾無所恐怖。無所頹喪。取德謨遜之詠史詩。布爾特奇之英雄傳讀誤之英國史。西里頓之字典等。置諸左右。每日誦讀著作。未嘗或輟。時則靜聽巴黎騷擾之聲。每到晨鐘初報。起讀其日之新聞紙。見國事日非。狄郎的士黨之命。迫於旦夕。則欲歔慷慨。淚涔涔下。此時夫人所以自娛者。惟書與花而已。夫人在獄中粗衣惡食。所有金錢。盡散諸貧囚。惟花與書籍。則愛若性命。蓋生平之嗜好然也。夫人幼時。每當讀書入定之際。雖何人若不見。雖何事若不聞。惟屢屢以其讀書之眼。轉秋波以向花叢。此兩種嗜好。至死不衰。

在獄凡二十四日。突然得放免之令。夫人從容辭獄囚。驅車歸家。何圖席尙未煖。忽復有兩警吏躡跡而來。出示一公文。則再逮捕之命令也。於是復入桑比拉志之獄。

凡知天命而自信篤者。舉天下無不可處之境。舉天下無不可爲之時。羅蘭夫人在此獄者凡四閱月。猶時時竊鼓舞其同志。氣不少衰。嘗致書於布列梭曰。『吾友乎。君其毋失望。彼布爾達士在腓列比之野。遂嗒然發「不能救羅馬」之嘆。妾ㄗ所不取也。』夫人在獄中。益以書與花自遣。又學英語。學繪畫。時或從獄吏之妻假鳴琴。一彈三嘆。聽者淚下。時千七百九十三年之秋。革命之狂瀾。轟天撼地。斷頭機厭人之血。布樗河塞人之肉腥風颯颯慘雨濛濛之時節而此以身許國之一烈女在桑比拉志獄中日長如年身世安危久置度外乃靜念一身之過去默數全國之將來遂伸紙吮筆草著「自傳」「革命紀事」「人物逸話」三書時有英國維廉女史者嘗訪夫人於獄中歸而記其事曰。

羅蘭夫人在桑比拉志獄於一身境遇毫無所怨尤在狹隘之獄室爲壯快之談論一如在大臣官邸時也其案上有書數卷當余入訪時適見其讀布爾特奇英雄傳。聲出金石。余方欲有所慰藉夫人以樂天知命洒然自得之義告余及最後余問及其十三歲之愛女之消息則夫人忽飲淚幾哽咽不能成聲嗚呼夫孰知轟轟烈烈威名震一世之羅蘭夫人其多情其慈愛有如此也

十月三十一日即狄耶的士黨之名士二十二人殉國之日夫人自桑比拉志獄移於康沙士黎獄自是受鞠訊者數次其最後公判之前日有某律師欲爲夫人辯護者訪之於獄中夫人以己之命運已定勸以勿爲無益之辯護徒危其身脫指環以謝之。其明日爲最後公判之日夫人着雪白之衣出於法廷其半掠之髮如波之肩澄碧之

兩眼。與雪衣相掩映。一見殆如二十許妙齡絕代之佳人。法官以種種之僞証。欲誣陷夫人。夫人此際之答辯。實法蘭西革命史中最悲壯之文也。其大旨以狄耶的士黨之舉動。俯仰天地。無所愧怍。最後乃昌言曰。

凡眞正之大人物。常去私情私慾。以身獻諸人類同胞。而其報酬。則待諸千載以後。余今者謹待諸君之宣告。無所於悔。雖然正人君子獻身於斷頭臺之日。是即正人君子置身於凱旋門之日也。今日此等汚濁混亂以人血爲酒漿之世界。余甚樂脫離之。無所留戀。余惟祝我國民速得眞正之自由。蒼天蒼天。其眷然下顧以救此一方民哉。

此熱誠切摯之言。彼非法之法官聞之。皆咋舌不知所對。卒以預聞隱謀。不利於共和政體。宣告死刑。夫人肅然起立曰。

諸君肯認余爲與古來爲國流血之大人物。有同一之價值乎。余深謝諸君。余惟願學彼大人物從容就義之態度。毋爲歷史羞。

是日歸至獄中。收攝萬慮。作書數通。以遺親友。其所與愛女書之末句云。「汝宜思所以不辱其親者汝之兩親留模範於汝躬汝若學此模範而有得焉其亦可以不虛生於天地矣』

翌日爲千七百九十三年十一月九日羅蘭夫人乘囚車以向於斷頭臺其時夫人之胸中浮世之念盡絕一種清淨高尙不可思議之感想如潮而湧夫人欲記之乞紙筆而吏不許後之君子憾焉

泰西通例凡男女同時受死刑則先女而後男蓋免其見前戮者之慘狀而戰慄也其日有與羅蘭夫人同車來之一男子震慄無人色夫人憐之乃曰『請君先就義勿見余流血之狀以苦君』乃乞劊手一更其次第云嗚呼其愛人義俠之心至死不渝有如此者雖小節亦可以概平生矣

刀下風起血迸一箇之頭已落夫人以次登臺猛見臺上一龐大之神像題曰自由之神夫人進前一揖而言曰

嗚呼自由自由天下古今幾多之罪惡假汝之名以行

如電之刀一揮斷送四十一年壯快義烈之生涯於是羅蘭夫人遂長爲歷史之人

夫人殉國後其一婢一僕自投法廷請從夫人以死夫人殉國後狄郎的士黨名士布列梭晉絕不省人事者經旬夫人殉國後數日由巴黎至盧安之大道旁有以劍貫胸而死者則羅蘭其人也

新史氏曰吾草羅蘭夫人傳而覺有百千萬不可思議之感想刺激吾腦使吾忽焉而歌忽焉而舞忽焉而怨忽焉而怒忽焉而懼忽焉而哀夫法國大革命實近世歐洲第一大事也豈惟近世蓋往古來今未嘗有焉矣豈惟歐洲蓋天下萬國未嘗有焉矣結數千年專制之局開百年來自由之治其餘波亘八十餘年其影響及數十國土使千百年後之史家永以爲人類新紀元之一記念物嘻、何其偉也而發起之者乃在一區區纖纖之弱女子吾壹不解羅蘭夫人有何神力乃能支配狄郎的士全黨支配法蘭西全國且支配歐羅巴全洲百年間之人心也嗚呼、英雄造時勢耶時勢造英雄耶吾以爲必有能造出「造時勢之英雄」之時勢然後英雄乃得有所造不然羅蘭夫人以如彼多情如彼慈善之絕代佳人當路易十六即位之始且殷殷望治謳歌政府政策者何以卒投身於最慘最劇之塲以不悔也、雖然羅蘭夫人竟以是死夫既以身許國矣則死國事者夫人之志也乃其不死於王黨不死於貴族黨而死於平民黨不死於革命失敗之時而死於革命告成之後則非夫人之志也夫人能造時勢而何以能造之使動不能造之使靜能造之使亂不能造之使平曰是由民族之缺點使然不足爲夫人咎也

竊嘗論之法國千七百八十九年之革命與英國千六百六十年之革命其事最相類其禍機伏於前王專制時代相類也（英之有額白查白女皇猶法之有路易十四也）其激變由於今王之僞改革相類也（參觀本號論說）其動力起於王與議會之爭相類也其王逃而被獲獲而被弑相類也革命後改爲共和政治相類也共和政治旋立旋廢相類也惟其國民幸福之結果則兩國絕異英國革命之後則憲政確立焉民業驟進焉國威大揚焉法國革命後則演成恐怖時代長以血跡汚染其國史使千百年後聞者猶爲之股慄爲之酸鼻若是者何也英國人能自治而法國人不能也能自治之民平和可也破壞亦可也平和時代則漸進焉破壞時代則驟進焉（條頓民族之自治力。遠過於拉丁民族。故能驟强。不獨英法兩國爲然也。荷蘭與比利時。同居奈澾蘭半島。同經三十七年戰爭之亂。而荷蘭人於戰後。民生日優。國運日强。比利時則彫落無復舊觀。日耳曼與意大利。同在南歐，其建國情形亦相類。而德國今爲世界第一等强國。意國則薾然不能有所進。皆條頓拉丁兩族得失之林也。）不能自治之民則固不可以享平和亦不可以言破壞平和時代則其民氣惰而國以敝破壞時代則其民氣囂而國以危孔子曰爲政在人豈不然哉故以無公德無實力之人民而相率以上破壞之途是不啻操刀而割其國脉也然則相率馴伏以求平和可乎曰是又安能世界政治之進化既已進入第二級其風潮固欲避不可避而豈能以一二人之力捍之事機既迫於無可望平和亦敝破壞亦敝此孔明所以有「與其坐以待亡孰若伐之」之論也不然法國大革命之慘痛雖以今日百年以後我遠東之國民聞之猶且心悸豈其當時歐洲列國而無所鑑焉而何以全歐紛紛步其後塵直至十九世紀下半紀而其風猶未息也蓋民智一開人人皆自認其固有之權利固有之義務則有非得之非盡之而不能安者使當時法之王法之貴族而知此義也則法國何至有此慘劇使後此歐洲各國之君主貴族而知有此義也則後此歐洲各國何至有此慘劇彼其君主彼其貴族既不知此義矣使其民復相率馴伏以求平和焉則歐洲各國亦至今爲中世之黑暗時代而已乃徃車已折而來軫方遒歐洲中原之各君主貴族未嘗不知查理士第一路易第十六之事而偏欲躡其後以弄威福於一日此所以擾擾亘七八十年而未艾也嗚呼有讀羅蘭夫人傳者乎其在上位者持保

守主義者當念民望之不可失民怒之不可犯也如彼苟其偷安苟且彌縫掩飾朘削無已箝制屢行則必有如法國一日中刑貴族王黨千餘人斷屍徧野慘血塞渠乃至欲求爲一田舍翁而不可得上蔡黃犬華亭鶴唳能勿驚心自造此因自刈此果豈人力之所能避也其在下位者持進取主義者當念民氣之旣動而難靜民德之易渙而難結也如此苟無所以養之於平日一旦爲時勢所迫悍然投其身投其國於孤注一擲則必有如法國當日互相屠殺今日同志明日仇讎爭趨私利變成無政府之現象雖有一二志芳行潔憂國忘身之士而狂瀾又安能挽也嗚呼、破壞之難免也如彼破壞之可懼也又如此人人不懼破壞而破壞遂終不能免矣何也上不懼破壞則惟愚民焉壓民焉自以爲得計而因以胎孕破壞下不懼破壞則以談破壞爲快心之具弁髦公德不養實力而因以胎孕破壞然則欲免破壞舍上下交相懼其奚術哉嗚呼、念銅駝於荆棘能不愴然見披髮於伊川誰爲戎首羅蘭夫人羅蘭夫人魂兮有靈當哀鄙言

學術

論中國學術思想變遷之大勢

中國之新民

第五章　老學時代

三國六朝。爲道家言猖披時代。實中國數千年學術思想最衰落之時代也。申而論之。則三國六朝者。懷疑主義之時代也。厭世主義之時代也。破壞主義之時代也。隱詭主義之時代也。而亦儒佛兩宗過渡之時代也。

東漢儒敎之盛如彼。乃不數十年間。至魏晉而其衰落忽如此。何也。吾推原其故。蓋有五端。

一由訓詁學之反動力也。漢季學者守師說。爭門戶。所謂『碎義逃難。便辭巧說。說五字之文。至於二三萬言。幼童而守一藝。白首而不能通。』（見漢書藝文志）學問之汨沒性靈。至是已極。物極必反。矯枉過直。故降及魏晉。人心厭斁。有提倡虛無者起。則群率而趨之。舉一切思想。投入懷疑破壞之渦中。殆物理恒情。無足怪者。此其一。

二

一由魏氏之提倡惡俗也晉泰始元年傅元上疏曰『近者魏武好法術而天下貴刑名魏文慕通達而天下賤守節』孟德既有冀州崇奬跅弛之士下令再三至於求「負汙辱之名見笑之行不仁不孝而有治國用兵之術者」（建安二十二年八月令十五年春令十九年十二月令語意皆同）於是風俗大壞人心一變顧亭林所謂『經術之治節義之防光武明章數世爲之而未足毀方敗常之俗孟德一人變之而有餘』誠哉其知言也儒術之亡半坐是故此其二

一由殺戮過甚人心皇恐也漢世外戚宦官之禍連踵繼軌兩漢后妃之家著聞者四十餘氏大者夷滅小者放竄其身家俱全者不得四五宦官弄權殺人如草一朝爲董袁所襲亦無孑遺人人漸覺骨肉之間皆有刀俎若乃黨錮之禍俊顧廚及一網以盡其學節冠一世位望至三公者亦皆駢首闕下若屠豬羊天下之人見權勢之不可恃也如彼道德學問之更不可恃也如此人心旁皇罔知所適故一遁而入於虛無荒誕之域芻狗萬物良非偶然此其三

一由天下大亂民苦有生也漢末自張角董卓李傕郭汜曹操袁紹孫堅劉備以來四海鼎沸原野厭肉谿谷盈血繼以晉代八王五胡之亂中原喋血一歲數見學者既無

所用亦困於亂離無復有餘裕以研究純正切實之學但覺我生靡樂天地不仁厭世之觀自然發生此其四

以此四因加以兩漢帝王儒者崇尚讖緯迷信休咎所謂陰陽五行之謬說久入人心而權勢道德既兩無可憑民志皇皇以爲殆有司命之者存吾祈焉禳焉煉養焉服食焉或庶可免於是相率而歸之此其五

此五者殆當時學術墮落之最大原因也故三國六朝間老子之教徧天下但其中亦有派別焉

一曰玄理派 自魏文提倡曠達舉世化之前此建安七子既已以浮靡相尙後遂爲清談之俗者二三百年開其宗者實爲何晏王弼晉書王衍傳稱『晏弼祖述老莊謂天地萬物皆以無爲本無也者開物成務無往而不存者也』蓋其持之有故言之成理亦有應於時勢而可以披靡天下者焉此後如阮籍稽康劉伶王衍王戎樂廣衛玠阮瞻郭象向秀之流皆以談玄有大名於時乃至父兄之勸戒師友之講求莫不以推究老莊爲第一事業 潘京傳云京與樂廣談廣深嘆之謂曰「君天才過人若加以學必爲一代談宗京遂勤學不倦又王僧虔傳引其戒子書云汝未知輔嗣何所道平叔何

所說。而便執麈尾。自稱談士。此最險事」云云。當時六經之中除易理外盡皆閣束而諸傳中稱揚人學問者皆以「研精老易」等語老易並稱實當時之普通名詞也范甯謂王弼何晏二人之罪深於桀紂卞壺斥王澄謝鯤謂悖禮傷敎中朝傾覆實由於此非過言也平心論之若著政治史則王何等傷風敗俗之罪固無可假借若著學術思想史則如王弼之於老易郭象向秀之於莊張湛之於列皆有其所心得之處成一家言以視東京末葉咬文嚼字之腐儒殆或過之焉老學雖偏激亦南派一鉅子世界哲學應有之一義吾雖惡之而不願爲溢惡之言也但其魔業之影響於羣治者既若彼焉矣無他老子既以破壞一切爲宗旨而復以陰險之心術詭黠之權謀佐之故老學之毒天下不在其厭世主義而在其私利主義魏晉崇老其必至率天下而禽獸勢使然也此爲當時老學正派

二曰丹鼎派　馬貴與曰『道家之術雜而多端蓋清淨一說也煉養一說也服食又一說也經典科敎又一說也俱欲冒以老氏爲之宗主以行其敎』文獻通考經籍考五十二此實數千年道教流派之大略也煉養服食兩派其指歸略同吾槩括之名曰丹鼎派此派蓋導源於秦漢之交始皇時侯生盧生等既倡神仙之說漢初張良功成身退自言從赤

松子遊。其是否依託。姑弗深考。但留侯必有此等思想。可斷言也。漢武迷信封禪。李少君欒大之徒。相與炫惑。於是煉養服食之說益盛。至漢末魏伯陽著參同契。密勿傳授。其談益播。（後蜀彭曉序參同契云。謂伯陽先示青州徐從事。徐乃隱名而注之。復以授同郡淳于叔通。遂行於世）至晉葛洪而集其大成。洪著抱朴子內外編各四卷。神仙傳十卷。隱逸傳十卷。其他雜著一百餘卷。其言曰。道者『儒之本也。儒者道之末也』。更有所謂丹經者。發明服食之訣。其言詭誕。不可窮詰。而後世神仙家之思想實宗此。此派之說。其在前者。文成五利之徒。實依託以誑人主而取富貴。固不足道。至如魏葛輩所志。或不在是。蓋懷抱厭世思想。而又不悟解脫眞理。知有軀殼不知有靈魂。徒欲長生久視。游戲塵寰。是野蠻時代宗教思想必有之現象。無足怪者。（印度婆羅門外道。每欲速滅其軀殼。以享涅槃之樂。中國神仙家言。每欲長保其軀殼。以享飛昇之樂。雖其見地之深淺不同。要之爲軀殼所迷縛一也。古埃及人。用木乃伊術。保全屍體。是由重視軀殼所致也。耶教號稱重魂。而其言末日審判。死者皆從塚中復生。其爲軀殼所迷亦至矣。宗教進化之第一級。莫不如是。神仙家言。又何責焉。）此爲當時老學第一別派

三曰符籙派　符籙之視丹鼎。風益下矣。丹鼎派起於漢初。符籙派起於漢末順桓間。宮崇襄楷。始以于吉神書上於朝。後張角用其術以亂天下。（後漢書襄楷傳云。「楷上書言臣前上琅邪宮崇所受于吉神書。不合明聽。」又云。「初琅邪宮崇詣闕上其師于吉於曲池泉水上所得神書百七十卷。號太平清令書。其言陰陽五行爲家。而多巫覡雜語。有司奏崇所上妖妄不經。乃收藏之。後長角頗有其書焉。」云云。是張

角之術所自本也。按于吉神書。即道家所謂太平經者。宋中興史志始著錄。馬端臨經籍考亦存其目。于吉後爲孫策所殺。順帝時距孫策據江東。已七十餘年矣。同時張道陵亦託此術密相傳授延至後世仰爲眞人奉爲天師按三國志裴注云。張陵。漢順帝時人。入蜀居鶴鳴山中造符書。爲人治病。陵子衡。衡子魯。以其法相授。自號師君。其衆曰鬼卒。曰祭酒。曰理頭。朝廷不能討。就拜魯爲漢寧太守。此張陵始末。見於傳記者也。後寇謙之自言嘗遇老子。命繼道陵爲天師。於是六朝以來。天師之號起。通考載唐天寶六載。以後漢天師子孫嗣眞敎。冊贈天師爲太師。宋太宗祥符九年。賜信州道士張正隨號眞靜先生。自是凡嗣世者皆賜號。元至元十三年。賜張宗演靈應沖和眞人之號。給三品銀印。其後屢有加號。晉秩至一品。明太祖時改爲二品。沿襲以至於今。幾與孔氏之衍聖公耶氏之敎皇等矣。豈不異哉。自是南北朝士大夫習五斗米道即張陵敎派之名者史不絕書而寇謙之最顯於北魏書釋老志云。寇謙之自言遇仙人成公興授以大法。又遇太上老君。命之繼天師張陵之後。處師位。賜以雲中音誦新科之誡二十卷云云。太上老君及天師等名稱。實始於此。其後崔浩師事之。受其法術。言之於元魏世祖。乃遣使奉玉帛牲牢迎致焉。於是崇奉天師。顯揚新法。宣布天下。道業大行。每帝即位必受符籙。以爲故事。云云。陶弘景最顯於南梁書言陶弘景好陰陽五行風角星算修辟穀導引之法。受道經符籙。武帝素與之游。及禪代之際。弘景取圖讖之文獻之。恩誼益厚。及即位。猶自上章。朝士受道者衆。三吳及邊海之際。信之踰甚。陳武世居吳興。故亦奉焉。蓋六藝九流一切掃地。而此派獨滔滔披靡天下矣。竊嘗論之其時佛教已入震旦妖妄者流竊其象教密宗最粗淺之說以欺惑愚衆故其所言天地淪壞刼數終盡略與佛經同又言天尊之體常存不滅往往開刼度人彼中言天尊開刼已非一度有延康赤明龍漢開皇等年號其間相去四十一億萬載云云皆竊佛氏過去七佛之說成住壞空四刼之論也皆損。益四阿含、俱舍論等所說剽竊之跡顯然可見而復取兩漢儒者陰陽五行之迷信以緣附之故吾謂此時爲儒佛過渡時代此派實其最著者也此爲當時老學第二別派

四曰占驗派 自西京儒者翼奉眭孟劉向匡衡龔勝之徒。既已盛說五行。夸言讖緯。及光武好之。其流愈甹。東京儒者。張衡郎顗最稱名家。襄楷蔡邕揚厚等亦班班焉。於是所謂風角遁甲七政元氣六日七分逢占日者挺專須臾孤虛雲氣諸術。（諸術名義解俱見後漢書方術列傳注恕不具引）盛行於時。後漢書方術列傳所載者三十三人。皆此類也。然其術至三國而大顯。始儼然有勢力於社會。若費長房于吉管輅左慈輩。其尤著而也。其後郭璞著葬書。（此書四庫著錄或言依託璞名）注靑囊。（此書今佚）爲後世堪輿家之祖。而稽康亦有難宅無吉凶論。則其時風水說之盛行可知。隋志著錄珞琭子一書。（六朝人撰）言祿命者以爲本經。而臨孝公有祿命書。陶弘景有三命抄。實後世算命家之祖。衛元嵩著元包。庾季才著靈臺祕苑。（皆北周人）爲後世言卜筮者之大成。陶宏景著相經。爲後世言相法者之祖。凡千年以來誣罔怪誕之說。汩溺人心者。皆以彼時確然成一科學。雖謂爲魏晉六朝間爲陷溺社會之罪惡府可也。此爲當時老學第三別派。

要而論之。當時實道家言獨占之時代也。其文學亦彪炳可觀。而發揮厭世精神。亦最盛。所謂「對酒當歌。人生幾何。譬如朝露。去日苦多。」等語。其代表也。此皆老子「芻狗萬物」、揚朱「奚遑死後」之意也。雖我國二千年文學。大率皆此等音響。而魏晉六朝。爲尤甚焉。曾無雄奇進取之氣。惟餘靡靡頹惰之音。老揚之毒。餤使然也

其時治經學者。雖有若王肅杜預虞翻劉焯劉炫徐遵明之流。然曾不能於東京學風外。有所建樹。徒咬文嚼字。破碎逾甚。北史儒林傳謂『南學簡約。得其精華。北學深蕪。窮其枝葉。』兩派之概象雖不同。要其於數千年儒學史無甚關係一也。雖謂其時爲儒學最銷沈之時代可也。

佛學雖自漢明以後。已入中國。苻秦崇法。廣事翻譯。宗風漸衍。然謂之爲佛學萌芽時代則可。竟謂之爲佛學時代則不可。蓋當時之治佛學者。徒誦讀經文。皈依儀式。而於諸乘理法。曾無所心得也。

老學之毒。雖不止魏晉六朝。即自唐以後至今日。其風猶未息。雖然。遠不如彼時之盛矣。其派別之多。亦遠有所遜。故劃分數千年學術思想史。而名彼時爲老學時代。殆無以易也。

八 二四三六

談叢

西村博士自識錄

日本文學博士西村茂樹以前月卒博士深通漢學又深通西學蓋東國之粹然醇儒也其著譯書凡數十種於德育智育皆最有功焉偶檢此編覺其言論多有適於吾國之用者因隨譯一二介紹諸我學界 飲冰識

道德之學不出知行兩端儒教言知行兩全哲學言知行合一其意皆同王陽明更進一步言知是行之始行是知之成余謂人之於道知之者甚多而行之者甚少是知未能直接以生出行也蓋知與行之間更要一物焉信是也知道而不信道終不能行信也者知與行之間之樞紐也孔子所謂篤信好學是也若僅說知與行則二者連絡之力尚弱故宋儒揭出眞知二字以補之然言眞知不如言篤信也

太宰春臺（譯者按春臺名純日本百年前之大儒也）曰「佛氏開口言信信自愚出愚者信之本也」可謂特識之言雖然有所未盡也信有二有正信有迷信通天地之理而後信者正信也爲禍福所

惑而信者迷信也開口言信不獨佛氏凡宗教家皆然今日信教之徒皆迷信而已泰東之學說無特標一主義者故其說多散漫無統紀泰西之學說皆有一定之主義故其說有所歸著無散漫之患雖然拘泥主義之失亦往往不免如持進化論者欲據進化之理以盡世界萬事萬物持唯物論者欲據唯物之理以盡世界萬事萬物持唯心論者欲據唯心之理以盡世界萬事萬物夫宇宙之事物雖因一元氣之運動然非必囿於一規則之中者也進化者固多而退縮者亦未嘗無凡物有以質爲根者亦有以靈爲根者學者苟先畫一定義於己之胸中而欲强世界之大現象大變化以悉從我是大不可也

西學家見風俗品行之粗野者動詈之爲野蠻雖然野蠻者文明之素地也今世號稱文明國者何一不經野蠻時代而來故野蠻之風非深足惡風俗品行之最惡劣者腐敗也邪曲也國民而陷於腐敗邪曲者其脫之也極難國之滅亡皆基於是

古人云議論多而成功少盖議論過於精密時或爲議論所妨而不能奏功功業之成常在議論之外也近年學問日開故官吏政論家經濟家往往皆能議論一事之來則

羣議蜂起。一是一非。使人迷所適從。」晉朱伺爲江夏騎曹督。時西陽夷賊抄掠。太守楊珉每請督將議距賊計。伺獨不言。珉曰。朱將軍何以不言。伺曰。諸人以舌擊賊。伺惟以力耳。」今日言政事言理財言敎育言實業之人。皆以舌爲之者多。而以力爲之者寥寥如晨星焉可慨。

邊沁曰。政府者有害之物也。然所以設之者。以小害物制大害物而已。其言雖有弊。然不可謂全無理也。故政府害民之事少而能制止他之大害者。良政府也。其民必享幸福。政府害民之事多而不能制止他之大害者。惡政府也。其民之受禍將不可測。

除弊宜以漸。若急除之。則潰裂四出。遂不可拯。此經世家之常言也。其言固非無理。雖然若一概主漸而斥急。天下將皆自安於弊中而不覺悟。於是其弊益深。厚有不亡國亡不止者。譬如病毒在身。以緩和之藥治之。其病毒益侵蝕。身遂隕焉。若於彼時以快刀截斷病源。雖復一時苦痛。遂可望全愈。今日亦有許多之事。宜用霹靂手段。不宜用緩慢手段者。余日望良政治家之快刀久矣。

以疑心聽人言。爲政者之大戒也。疑心一存。則忠言如僞。正言如邪。智言如愚。要言如散。甚者並疑其進言之人物。而誤其忠奸。雖然、使聽言者生此疑心之由推其本初則言者亦與有罪也。世人之無誠心。未有若今日之甚者。其外面言公利其內心全在私利。言爲國家而實爲己。言助人而實欲陷人。若此者比比皆然。聽者初信之後知爲其所賣。再不墮其計。因此機心日積日深。終至於盡人互相疑而後已。是言者之僞言爲原因。而聽者之疑心爲結果也。坐是之故。社會之信義掃地以盡。國家之憂莫大於此」

「凡欲爲一事業者。無論爲政治爲教育。皆不可不兼理與情兩者而用之。若論事物之理。則不可不棄情而專據理」此英儒斯賓塞之言也。今世人論理多失其正鵠者。皆由其論據雜以情也。故是非邪正混淆而無所把捉。論事者尤當於此二者之差別深致意焉。

國之進步。若栽花果。欲得良花美果者。不可不糞其土地。培其根幹。則良花美果自然生焉。或擇他之良種而移植焉。則亦能繁茂矣。不然者。於土地根幹。曾不措意。見他木所開之美花。他樹所結之良果。摘取之緣附於已之樹木。以爲美觀。誰不笑其大愚。乃世之以識者自命者。亦往往學此伎倆焉。可爲浩嘆。

國民之風氣宜剛強不宜柔弱剛強雖進於粗暴然教育之則能興其國焉柔弱者一轉而爲卑屈再轉而爲腐敗永不能復生剛健之民而國遂不可救

凡社會以平和爲最可貴雖然俗人好平和過度遇有爭曲直者傍人專謀事之穩便使直者之說不得伸而糢糊以了事坐是之故下情被抑於中途而不能上伸直者屈曲者恣而社會之道義墜地焉不可不戒也

凡宗教皆有戒佛家之五戒十戒耶教之天主十戒回教之五戒皆是也此宗教之佳處也戒者也儒教所謂克己是也無克己之學者必不能善其身今之言學問者皆不下克己工夫不惟不下工夫而已反嗤笑克己愼獨種種切實之學問謂爲迂談縱逸身心惟以學功利之術爲自得乃如之人使其得志放僻邪侈無不爲矣有教育之任者不可不深長思也

世人動言教育兒童者規則不可過嚴恐失其伸張之氣或流於怯懦或陷於卑屈不如聽其稍任性則自由之氣可使發達此似是而非之言也凡兒童之驕傲任性者以富豪之家父母溺愛者爲最甚此等子弟大率懦弱而不勉學業傲狠而不用師長之

五

言。及年稍長則惑溺酒色一無成就反是而家風嚴肅者其兒童能守規則成就學業者多教育者能體此意則稍過於嚴厲不使陷於縱恣爲最要矣。古之養兵者紀律之兵常強放慢之兵常弱亦同此理而已

自古英雄豪傑不能檢束其身而自放縱者往往有焉。是豪傑之短處也。雖然彼豪傑以有他種大功業故其小節世人或不之問焉。今世之自命豪傑者動則放縱無度而猶以不拘小節自許問其事業如何則惟大言放語其實功毫無足觀者彼無豪傑之長處而惟有其短處譬之刀劍眞豪傑如名刀雖有小瑕疵不失其爲利刃今之假豪傑如有大瑕疵之鈍刀眞是一文不値

印度之因明言求眞理之法有三。曰現量。曰比量。曰聖教量。余亦有求眞理之七法。其一直覺法又名良心判斷法如一壯大之男子打擲一幼弱童子而奪其所持之物一見便知其曲直是也。其二比較事實法彼此比較而知其得失也。如今者欲借國債於外當考前此外國借債之歷史由於若何政策所得若何結果而因以參照於我邦判其得失是也。其三推度法如見河水之濁因想水源之處必有大雨見風俗之頹敗而

推原其頹敗之源，在於何處是也。其四折衷法。兩端之論，各具一理，則取其中者以爲眞理。如性善惡之論是也。其五權衡法。有兩反對之意見，各含多少之道理，因權其輕重而取其重者。如孟子紾兄之臂而奪之食，不紾則不得食之喩是也。其六背面反證法。世間謬論流行，察其背面而擧其反證，則眞理自現。如宗教家言謂無宗教則人類皆兇暴。今若觀各種宗教未入我國以前人類之情狀若何，則其謬自不辨而明是也。其七多聞闕疑法。道理有可疑者，廣考識者之言，取其可信之部分，其餘悉存而不論。如達爾文之進化論是也。

國聞短評

俄皇遜位之風說

近日各國報紙屢言俄皇將有遜位之舉。其出於英報日本報者。或由於惡感情。殆不足聽。惟法國與俄聯盟邦交最篤。當無誣詆之言。而月前巴黎某大報館亦著論論此事。故關心時局者深注目焉。此風說所自起。或言俄皇有革新之志。欲舉行立憲政體開議會與民更始。引用民間秘密黨共參政事。使消內患。而俄太后及盈廷大臣皆大反對之。俄皇鬱鬱不能行其志。故欲遜位云。果爾。則亦可謂天下事無獨必有偶矣。專制國之君權。大率類是。可嘆。

俄羅斯與高麗

高麗今王自中日戰爭以後。託日本之宇下。而自加尊號曰皇帝。意氣揚揚。甚自得也。今年舉行即位四十年大祝典。曾不自量。而欲妄比英前皇域多利亞六十年祝典之盛舉。照會各國。請派頭等公使來賀。各國無一應者。唯命駐使屆時致賀而已。惟俄國則慨然諾之。已特派王爵某爲頭等全權賀使。不日可到韓京云。噫、俄國、外交、政策、之巧、妙、乃、至、如、此、可、畏、哉。

嗚呼劉坤一　嗚呼陶模

前後數日間而兩江總督劉坤一逝。前兩廣總督陶模逝。朝廷失兩老臣。於現今政治界不免有多少影響。雖然老臣有三種。一曰老鍊者。二曰老猾者。三曰老朽者。若英國之格蘭斯頓德國之俾士麥可謂老鍊者也。若中國之李鴻章可謂老猾者也。若其人物之價値於此兩資格一無所合。皆謂之老朽。老鍊之人。以一身係一國之安危。苟失一焉則誠可爲國家痛惜。老猾之人雖未必能爲國家福。然其一擧一動皆大有關係於政治界。故其死也亦常於一國之現象有所變動。若老朽之人則有之不爲多。無之不爲少。失一人焉失十人焉失百千萬人焉。論時局者勿措意焉可也。

論人貴平心。不可有所過譽。有所過毀。今請略論兩人。

劉坤一之功名得自平髮一役。其實彼在當時湘軍中第三四等人物耳。以後進、晩起、高壽。値前輩彫謝之後。故獨尸大位。中東一役。其狼狽顚沛之狀。聞者噴飯。然以江南爲湘軍根據地。故江督爲湘人世襲權。劉之得以久踞要津者。以此。拳匪之亂。立東南保護之約。不無小功。然自此以往。外國在南方之權力範圍。亦愈益確立矣。近年以來。惟爲外人所謳歌者。則能有大權於國中。劉近日所以得保其位置。隆隆日上者。由其媚外政策之日嫺熟也。

陶模昔任邊陲。無所表見。及移節兩廣。後曾數上奏議。言人所不敢言。士論頗許之。雖然陶也者。無氣力之人也。其所見或有以加於諸老朽之上。而實行力之薄弱。亦與彼等相類。觀一年來廣東之政界。可見也。聞其死因。蓋有數端。爲大學堂總教習事。張之洞有信切責。梁鼎芬有電辱罵。羞憤之極。一也。又聞曾有南洋某商。願自捐八萬金辦武備學堂。陶已許之。已收之矣。及乞骸骨。後德壽受代。竟以其款入私囊。陶詰責德德以庫帑支絀爲辭。某商詰責陶。陶不能應。遂嘔血云。二也。此雖小事。亦速其死之原因也。要之。陶無氣力之人也。使其稍有氣力。其末路所成就。當不至若是

吾謂劉陶之逝。朝廷失兩老臣。不足爲朝廷惜。而張之洞失兩傀儡。最足爲張之洞惜。然以張之洞之才略。居今日之地位。又安所往。而不得傀儡。然則亦可無惜也

獎勵歐美游學

日者有懿旨獎勵游學歐美。大哉王言。如絲如綸矣。然日本時事新報北京特電乃云。皇太后以日本游學生好言民權自由。此風不可長。故欲移諸歐美以易之也。吾以爲我政府雖愚。當亦不出此下策。夫日本之學風。皆自歐美來也。日本未受歐美學以前。無解民權自由之義者。及歐美學日盛。而此義亦日盛。雖然日本猶未能得民權自由之眞相也。學於人者必不能如其所學者。事理然也。今我國若能廣派學生於民權自由之發祥地乎。深可爲吾國前途賀矣。

雜俎

新智識之雜貨店

◎奈端嘗言將來科學進步必有一點鐘能行五十英里者。當時人皆笑其誕妄。自火車一出。其言已見諸實事。今世界火車之最速者。每點鐘能行七十英里。已出人意外矣。近來德國在柏林左勝之間。設一電氣車。每點鐘能行一百十英里。即中里三百六十里有奇。可謂快矣。

◎近有人在印度深山古木之中。尋出一種奇樹。其葉蓄電氣甚多。以手觸之。與拿著千人震無異。正午時候。其力最強。至夜半則絕無之。雨天亦然。此樹又與攝石大有影響。在七十英尺以內。置一羅盤針。則搖動不止云。

◎馬達加斯加。亦有一種奇樹。號旅人樹。有幹無枝。葉生於幹。其形如扇。長六英尺至八英尺。濶四英尺至六英尺。每一樹最多者不過二十四葉。葉柄有一物。與茶杯相類。常蓄冷水。行人渴時。以長槍刺之。水向下流。接口飲之。與飲水無異

◎瑞士人普魯布士近用新法製成一種救命衣。七月十三日曾在舍彌華湖試演。普氏自穿此衣。一躍入水自六點鐘至十一點鐘在水中遊行自在與在陸上無異毫無倦容其衣用樹膠造成萬無入水之弊其腰部有一囊可藏什物又能帶護身之器雖値大魚亦不足懼其航海者必不可少之物也。

◎英人霸通自二十年前。閉戶覃思。欲造一空中戰艦。屢經失指。至近日始告成功。其造法合空中飛行器及輕氣球而成可以上下自如又極安穩船長百八十英尺輕氣球作呂宋烟形最大直徑四十一呎長七十二呎其面積可容十五萬六千立方呎煤氣。法國政府許出重金買其新法霸通爲本國計堅意不肯。今英國陸軍省已下一命。令其赶速製造云。

◎美國陸軍省近發出魯額短鎗一千枝。給與騎隊使用其鎗係美國最新式者。重不過兩磅。每分鐘能發一百六十響云

◎美國某新聞紙館。近查國內細崽 Boy 所得入息報告曰。彼等既受人工。又從客人領得酒錢。又在家中養牛養鷄。將牛乳鷄子。賣與東家其最善鑽營者每年入息共有

二十萬元過外至於四五萬元者實指不勝屈。或人不信。嘗問一小酒館細崽。据某銀館所查。說汝每年有五萬元入息。信否。答道。五萬元則非實。二萬五千元耳。由此觀之。細崽乎。濶佬耳。

◎英國銀行所發銀紙。有殘舊破損者。不時繳換。惟蘇格蘭各銀行不然。雖至殘爛。亦復流用。近來倫敦衛生局將其銀紙用顯微鏡一驗。凡一文錢大地方。約有微生物三萬餘。皆是有毒。足以傳染惡疾云。

◎俄國有一婦人。名沙爾奇蘇。以度曲爲生。頃以旅行。搭高加索火車。火車脫軌。折其五齒。以將因此不能復操業也。訟之法司。判該鐵路公司賠欵十萬元云。

◎昨年美國各富戶捐欵學校及各善堂。共額一萬萬五千六百萬元。其中畢斯他科夫人一人。已捐出六千〇八十萬元。加匿牙次之。凡六千〇二十六萬六千元云。

◎美國加厄科亞州。有桑俾港。其相距數里。有一灣。於本年六月。灣頭之水。忽變赤色。無幾。凝結成塊。每塊大數千坪。（方六尺爲一坪）漸流近岸。就而觀之。有無數小蟲。蠕蠕而動。晚上輙放燐光。其蟲有毒。海中動物觸之輙死。試拾赤塊置之岸上。覺有一種奇臭刺鼻。

雞聞云

◎美國荊陀其州有一農夫。患大熱病。其妻知其不能遽愈。欲試利用其熱。以孵化鷄卵。因用一箱放鷄卵四打于其中。置諸病者床內。將及一月。忽聞箱內有聲。開而視之。見所放鷄卵除四個不育之外。悉變了小雞。用人覆卵。恐以此爲始。

◎非洲西岸加拿里島有一教授名腓格英剌者。近考出一種機器。可不假水力瀛力。直向地中蒐集天然電氣。以爲運轉機器之用。一教授所用機器。乃用手製。極細極劣。然尚可發五百五十波特電力。藉以點燈製電話電線。約可與二十四馬相抵。現尚秘其法。不肯傳世。聞將赴德國柏林領專賣文憑。其器一出。格致界爲之別開生面。即生計界亦必大受其影響矣。

小說

十五小豪傑

第十四回 經無量刼弱女陳情 感再生恩故人握手

披髮生

話說俄敦見樹下倒着的美婦人。心頭尚有微溫。忙呼衆人上前一看。道我料他不過疲極。或是餓極。所以一時昏絕。說猶未了。佐克忙跑回洞中。取了餅乾白蘭地酒來了。武安急將女子扶起。灌下幾滴白蘭地。轉瞬間便見這女子身子微動。鳳眼半睜。望着各童子呆呆看着。佐克早將餅乾遞上。女子一氣嚥下。呼吸漸强。可知他原是餓極不能走動的了。畧停一會。女子操英語說聲多謝各位。正欲起身爲禮。不覺又倒將下去。童子們自到本島以來。除了同難的十五人之外。並沒見過半個人影。今見了這女子。又可憐。又可喜。忙將他扶進洞來。令在床上將息。其餘各童子也俱回來輪流服侍。沒有兩點鐘功夫。這女子便回過氣力來。可以自由說話。童子們逐細問明他的來歷。始知他叫笳稚蘭。乃亞美利加人。久在紐約首府念書。一個月前同着顯氏夫婦。欲到智利訪親。到了舊金山。適有一商船舍比龍號。正要開行前往智利。問肯了船長陀魯拿。遂搭此船而行。此船除船長之外。有大火二火各一人。水手八人。主客合共十四人。自舊金山展輪後。行了十餘日。有一水手名倭東的。忽起不良之心。煽動各水手作反。一夕出人不意。竟將船長大火及顯氏夫婦四人。用鎗轟斃。遂將舍比龍號奪了。見笳稚蘭是個弱女。知無能爲。又有一水手名福倍的。勸各人勿妄加害。遂得幸免。二火名伊範。年紀在三十前後。原是溫良之人。斷非預此奸謀。惟各水手念着并他殺了。這船就無人駕駛。只得留他一命。脅他依舊供職。這是十月八日之事。當時離着智利海岸尚有二百邁路程。各水手本擬奪了此船。往來南美及非洲諸國。以潛賣人口爲業。因此遠過賀倫岬。正欲駛赴非洲西岸。行了三日。比及夜半。忽然船上不知何故發火。眼見煙焰冲天。愈燒愈烈。料無可救。有一水手。欲求生路。一躍入海。就不見了。其餘水手七人。僅携得食物鎗彈各少許。忙下舢板。因笳稚蘭及伊範兩人苦苦哀求。他們這時也別有心事。只得荅應了。這舢板在海中漂流了兩晝夜。俗話有說。禍不單行。可巧遇了一場暴風。把船上檣帆都吹折了。再不能操縱自如，自此日日夜夜。隨着風潮蕩來蕩去。終流至這個貞亞曼島北濱。正是前日即十五日薄暮也。時船中各人因連日疲勞。又無食物。氣息奄奄。像個死人。倒在船上。及這船將近灘頭。忽有怒濤一座。從船上掠過。竟將水手六人捲將去。笳稚蘭同着兩人。都被打上灘來。初猶記得在沙上展轉。無何昏絕不省人事。俄頃醒來。開眼一覷。見那兩人也在那邊倒着。這時氣力全無。欲行行不得。只得仍在船底臥着。靜思後事。至侵曉三點鐘。忽聞蹬然足音。自那邊而來。側耳傾聽。不料正是方纔被浪捲去的倭東及武蘭普婁三人。幸得泅水逃還。急來這裡覓船。見他暗中摸索。忙將昏絕沙上的福倍道及貝克救醒了。是時風濤之聲。雖猶猛烈。可巧他們正在笳稚蘭頭上相語。便聞福倍道道。這裡是甚麼地方。倭東道。還未知道。我們總向着東方。找個有人的去處罷。貝克道。我們的護身傢伙。倭東聞說。即向船中抽了。拿出鎗五枝。彈藥若干。道在這處。幸未被海水濕了。又聞有人道。伊範怎麼了。一人荅應道。在後頭。已命胡布祿圖兩人看守着。又聞一人道。無論伊範情願不情願。總要他跟着我們去。福倍道。笳稚蘭怎麼了。也得無事上陸去了麼。倭東道。笳稚蘭？我們這會更不須懼那婦人了。我們打上這裡之時。遙望着他被浪捲去。怕已在大魚腹中

三

了。貝克道。妙哉妙哉。因佢太知我們的底蘊了。倭東道萬一渠未沈死。我也不肯放過。使他長知我們的密事。笳稚蘭聽至此語。不禁發戰。見他們將船中所存食物少許及紙煙若干。各人分攜了。扶着福倍貝克向東方去了。笳稚蘭始振刷精神。起了身。指着他們的反對方向摸索而行。時潮水漸長。將到笳稚蘭臥處。若使再遲半刻。恐再被海水吸去。笳稚蘭信步而行。不知不覺入了陷穽林。向着家族湖南端而進。途中僅拾野生果實而食。數日以來。疲困已極。至此加以枵腹。至昨日下午。不覺倒在一大松樹下。直至今天纔被符亭發見。導各人前來救了。笳稚蘭把前後情形。述了一番。各人聽得呆了。面面相覷。久不則聲。想着六個兇漢帶着一個擄虜。同到本島。他們都是豺狼成性。殺人不眨眼的。若使他們知了法人洞所在。必來強奪了。虐待我們。強要替他服役。或要屠殺了。各人愈想愈爲寒心。武安轉念。更爲杜番等四人擔憂。因恐他們不知倭東等到了。倘或被倭東等撞見。定然遭了毒手。因提議欲自往尋杜番等。告以此事。勸速返洞中來。俄敦道。君欲自往麼。應道。是。俄敦道。怎麼樣。武安道。與莫科駕一小舟。彷往日一樣。濟湖溯川而去。幾時動身。武安道。等至今晚。不見人影的時候。佐克道。哥哥我也一塊兒去走一遭。武安道。不行。那隻小舟。僅容六人。歸來的時候。還有他們四人呢。是日各人蟄伏洞中。不敢出門一步。也把衆人漂流顚末告訴了篠稚蘭。篠稚蘭驚嘆不已。誓言自今以後。也願隨着童子們做個生死之交。至喫了晚飯。自鳴鐘已打八下。天氣就沈黑起來。武安莫科各佩連發短鎗腰刀各一。別了各人。潛到紐西崙川解纜而行。無何出了家族湖。可喜正値順風。舟行如駛。不上兩点鐘。就行了六邁餘路。剛到小丘之下。風已全息。不能復恃帆力。因竭力鼓櫂。徐徐而行。但見岸上寂然。不見一點火光。不聞一鳥啼聲。至十點半鐘。駛進川口。莫科一人獨掉。武安坐在艫上。左右張望。走不上半里。忽見莫科走近武安身邊。執手指著一處。戰戰兢兢。更說不出一句話來。武安擧頭一望。見相距約二三十丈。有一道赤光。在樹罅掩映。不禁失驚道。那顯然是個露宿的火亮。但不知是傒東等。還是杜番等。莫科快泊船罷。莫科道。主公。我也要一塊兒上岸去。武安道。不行。我單身前往。容易令他們瞧不見。說著。船已拍岸。武安一躍而登。右手拔了腰刀。左手持了短鎗。悄悄的望著火光而進。行將走近。忽見前面灌木叢中。有一團黑影。蠢蠢而動。那黑影突然大叫一聲。躍身前進。原是個亞美利加虎。

同時聞有人呼救命！救命!!武安認得是杜番聲口。原來杜番等因遇了前晚的事情。忙走回巨熊石下。擬由別路再返法人洞。把這事情告知各人。不意行抵湖畔。天色已晚。只得在此停宿。三人早已沈沈睡去。杜番獨自舉火守夜。疲倦之餘。正思假睡。不料那隻猛獸。突然來襲。不及持鎗。只得空張兩拳奮力與鬥。韋格早已驚覺。忙拿了鎗。走到杜番身邊。正擬轟發。說時遲。那時快。自那邊忽走出一人來。高聲大叫。且勿放鎗。韋格正在驚疑。武安早現身在虎背後。儘力撲擊。那虎急舍了杜番。轉身向著武安撲來。武安將身一閃。舉刀一畫。正中虎項。見他倒在地上。滾了幾滾。就不動了。時乙菩格羅士都醒了。走來。同著杜番韋格走到武安身邊。一看。只見武安左肩為虎爪所傷。鮮血涔涔滴下。韋格道。君為甚麼深夜到這裏來。武安道。且慢說原委。你們但跟我這邊來。快一點。快一點。杜番熟視武安肩頭血跡。不勝感激。道不要忙。我不謝君高義。不能隨君而去。君眞是我的救命恩人。武安道。使君與我易地。也當是這麼樣。且勿多說。快跟我這邊來。韋格忙拿出手巾替武安綳了傷口。武安把倭東等事情大略說了一遍。且道。今正大難臨頭的時候。十五人協力同心。尚恐不濟。何況拆居分勢。更難禦侮。所以星夜潛來。欲迎諸君回洞。共講防守之策。又道。方纔我止韋格勿發鎗。正恐倭東聞聲踵至。不利我們呢。各人聞了。大驚失色。杜番見武安懇切周到。事事爲著自己操心。且慙且愧。早把平日倨傲之心。都消滅了。不禁握著武安手道。唉。武安君。眞比我强百倍。武安道。杜番別要說這麼話。我今日復得與君握手。眞算幸極。君若不答應同我回洞中去。我斷不肯放手。杜番道。是了。武安。我感君情義。自今而後。事事唯命了。我們明早在這裡動身罷。武安道。不行。我們須趕著今夜回去。明天又怕被人看見了。杜番道。今晚。立刻。雖然。怎麼樣。武安道。由水路去。那邊川岸。莫科正泊船等着呢。我與莫科本擬直往欺騙灣。及到這裡。望見火光。纔登了岸。是的。杜番聞說。自言自語道。恰好救我一命。遂跟著武安同下船開行。幸又遇著順風。侵晨四點鐘。早到了紐西崙川口。俄敦等見各人無事回來。不勝歡喜。自此各人相親相愛。和氣一團。杜番雖生平好勝。此次因决意分居。終不得達其目的。其心中或有不快。也未可知。但他自與各人分手。未及數日。便遭了幾場艱險。當其彷徨湖畔林中。應亦自悔孟浪。惟彼素來偏執。故未肯將自己眞意。告訴黨人。而心中却怨自己自尋煩惱。況又得武安救了性命。所以自歸洞後性情一變。也不覺敬重武安起來。至於其餘三人。本不及杜番剛愎。經此挫折。更爲柔順了。童子們念著倭東等若未離本島。萬一知道法人洞有如許器械粮食。定來强奪。我們都是孩子。怎能與他抗敵。於是各人加意提防。惟務匿跡韜光。不令他們得知這裏有人。各人問杜番等自舍比龍海岸……舍比龍海岸即杜番等初見舍比龍號傳馬船那一帶濱邊。童子們假以命名的。……返回熊石之時。曾見倭東等形跡否。杜番道。我們幷不看見甚麼。俄敦道。雖然倭東等向東方進行。是笳稚蘭確見的。杜番道。想彼等只管循着海邊而行。我們原是田山毛櫸林歸去的。所以不能撞見。俄敦武安更向笳稚蘭。問他知本島的方位沒有。笳稚蘭道。在傳馬船時。聞伊範說要向亞美利加海岸而行。由是以談。本島定去南美大陸不遠。但是不知詳細罷了。童子們終日在洞無事。不覺十月垂盡。仍不見倭東等有甚影響。笳稚蘭尙記彼等帶得一斧。身上又各有小刀一口。彼等或靠着這些器具。把傳馬船修補妥當。駛去別處了。惟是童子們非得了實在消息。斷不敢容易出門一步。惟有一日。武安杜番兩人。潛往惡蘭岡。將這號旗倒下。以防倭東等看見。除此之外。便終日枯守洞中。呆呆相對。又恐發鎗。被倭東等聞知因下令嚴禁。自此杜番等各獨手。更爲束手。只覺無聊。幸那陷穽係蹄。每日還有所獲。又昨年設的養禽塲。次第繁盛。雖日殺一頭。不慮告乏。所以童子們。還不至斷了肉食。其外茶樹砂糖樹。俱近在咫尺。供給不絕。一日筎稚蘭復尋出一種牝牛木。葉形與月桂樹無異。將皮截斷。便有白液噴出。其質良味美。不讓牛乳。又可釀爲牛酪。以故童子們雖久蟄洞中。仍不覺有不便之處。至交了十一月。童子們仍不見倭束等蹤跡。意他果然去了。惟未得有明徵。仍不敢在洞外逍遙。武安屢欲自往湖東一探消息。巴士他杜番韋格等俱欣然樂從。惟俄敦是個深謀遠慮的人。怕倭束等萬一尙在本島。童子們尙與相値。豈非險極。因極意阻止。一日俄敦武安兩人正在辯論此事。筎稚蘭在旁聽見。遽起身道。武安總統。明兒可否賜假一天。武安驚問道。卿要那里去。筎稚蘭道。我見君等日日如此操心。我明兒欲往北方海濱。瞧那傳馬船尙在那里沒有。若在。是倭束等未去本島之證。若不在。定是他們乘之他去。更不須諸君如許納悶了。杜番道。這個見解。正是余與武安不時商議。未及決行的。筎稚蘭道。是麽。雖然。諸君是倭束等未知之人。我則不然。我曾與他作伴。縱然與他相値。也不比得君等危險。俄敦道。你若再落他手中呢。笳稚蘭道。最大不幸。也不過復陷於當時地位。武安道。這回十中八九。他們定要取你命了。笳稚蘭道。我既一次離他毒手。豈眞可一不可再麼。若誘得伊範逃至這裡來。君等就可多得一健將了。杜番傾首道。伊範若有可逃之隙。他定然逃了。俄敦道。可不是。伊範盡知倭東各人的底蘊。倭東等若得到了不再靠他的境地。勢必將他除了。以絕禍根。這個情勢。伊範本該知道的。今沒見他逃走出來。定是無間可乘無疑了。杜番道。他或經嘗試。再被倭東等追及。遭了毒手了。也未可料。又向着笳稚蘭道。你若再被他們捕去呢。笳稚蘭道。我一息尚存。斷不忍再爲他們捕虜。武安道。你雖不肯爲他捕虜。但我們也不能許你冒此奇險。你且休息。待我們再籌善策罷。各人想了一會。或說夜中登至極高之處。四圍張望。倭東等若仍在本島。定要舉火。因此便知他們已去沒有。而且他們住在那裡。也可知道了。可惜本島絕無高山。在惡蘭岡頂湖之東岸。尚望不見。何況欺騙灣那邊。各人聽說。只是默然不語。忽見武安拍案大叫道。妙哉妙哉。有了有了。後人斷取程子詩二句。贊其計曰。

道通天地有無外　思入風雲變化中

要知端的。且聽下回分解

文苑

飲冰室詩話

近吾以作詩話。故海內名士頗有以故人詩寫寄者。非獨鄙人欣幸。度亦我文壇同志所願望也。亟最錄之。

潘蘭史以康烈士幼博一詩見寄。乃爲蘭史題獨立圖者也。詩云。迢迢香海小闌干。獨立微吟一笑歡。我亦平生有心事。好花留得與人看。其犧牲一身爲後來國民謀幸福之心。活現紙上。讀竟愴然。幼博先生詩不多見。吾昔誦其一二。今復不能記憶。得此狂喜不自勝。潘君吾粵人。名飛聲。嘗游德國。久主香港華字報。最主持清議者也。

蘭史又寄公度詩三章。其第一章已錄報中。不再錄。其第二章題爲『香港訪潘蘭史題其獨立圖』詩云。四億萬人黃種貴。二千餘歲黑甜濃。可堪獨立山人側。多少他人臥榻容。其第三章題爲『夜泊』詩云。一行歸雁影零丁。相倚雙鳧睡未醒。人語沈沈蓬悄悄。沙光淡淡竹冥冥。近家鄉夢心尤亟。拍枕濤聲耳厭聽。急趁天明催艣發。開門斜日帶殘星。案蘭史獨立圖。一時名士。題詠殆徧。余記邱倉海一聯云。黃人尚昧合群理。詩界差存自主權。意境新闢。余亟賞之。

李曉暾以譚瀏陽遺詩見寄。類多見莽蒼蒼齋詩中者。丁酉金陵刻本今錄其『和友人除夕感懷四篇并叙』。叙曰。舊作除夕詩甚夥。往往風雪羈旅中。拉雜命筆。數十首不能休。己而碎其藁。與馬矢車塵同朽矣。今見饒君作。不覺蓬蓬在腹。憶除夕商州寄仲兄。風檣抗手別家園。家有賢兄感鶺原。兄曰嗟予弟行役。不知今夜宿何郵。風景不殊。幽明頓隔。歔邑陳言用感深焉。亦不自知粗放爾許』。詩曰。斷送古今惟歲月。昏昏臘酒又迎年。誰知羲仲寅賓日。已是共工缺陷天。桐待鳳鳴心不死。澤因龍起腹難堅。寒灰自分終銷歇。賴有詩兵鬥火田。我輩蟲吟眞碌碌。高歌商頌彼何人。十年醉夢天難醒。一寸芳心鏡不塵。揮灑琴尊辭舊歲。安排險阻著孤身。乾坤劍氣雙龍歘。喚起幽潛共好春。內顧何曾足肝膽。論交晚乃得髯翁。不觀器識才終隱。即較文詞勢已雄。逃酒人隨霜陣北。談兵心逐海潮東。飛光自撫將三十。山簡生來憂患中。年華世事兩迷離。敢道中原鹿死誰。自向冰天鍊奇骨。暫教佳句屬通眉。無端歌哭因長夜。婪尾陰陽賸此時。

有約聞雞同起舞。燈前轉恨漏聲遲。曉暾名振鐸。湖南邵陽人。武壯公臣典之子。近主蘇報。能發揮新思想者也。

何擊一以唐瀏陽兩詩見寄。皆嘗見上海亞東時報者也。其一爲送安藤陽洲之燕京。詩云東風吹滿神勝洲日落海天飛行舟壯士拂衣出門去攖身一劍橫青讎易水蕭蕭筑聲欷望斷燕雲十六州哀哀萇弘血化碧頸項猶擁仇人頭魑魅滿城風雨腥狌貙穴道窺人行磨牙厲吻十萬隊飽不颺去飢則鳴忽然海疆馳飛電戰慄聲嘶涕洟幷有時邊警偶不至梨園歌舞酣承平晉陽休礙君王獵文母寧知漢室傾白馬橫江飲君酒盧龍憶否何人手南北中分楚漢秋太平洋面波亂吼從來世事如奕棋可憐被髮伊川走亞東之局復如何不見魯陽揮天戈一髮牽之全身動蒼茫浴日生洪波義轡停驂坤紐絕寂寂人間曳落河陽洲先生安藤子芒鞋踏遍萬山紫黃金市駿今無人。獨向燕門訪奇士隱隱中原鼙鼓聲迸入英雄夢魂裏與君半載相因依奈何一日分別離南浦綠波淚如雨古愁蕩漾天之涯其二爲次深山獨嘯荒井昌韻坤輿跌宕何其神紛綸億兆京垓人中有健者宅扶桑雄心俠骨輕根塵讀書不讀陰符經百卷甲兵羅君身洪瀾會翻世界海。何用行吟江之濱。嗟我神州黑暗獄。奇憂坌湧詩小旻。東南膏血西北燼。利盡錐刀窮絲縉。邇來一百五十載。蚩蚩牛馬劬且貧。嗜愚甘鴆波綿毒。胡人竊取如醪醇。文明新運疇籥之。寧靳中土寒生春。使我羞見數君子。欲吐旋茹多酸辛。波蘭覆轍斯須耳。哀哀天道無屈伸。君不聞輔車相依虞虢勢。奈何坐令黠虜驕絕倫。

吾嘗推公度穗卿觀雲爲近世詩家三傑。此言其理想之深邃閎遠也。若以詩人之詩論。則邱倉海逢甲其亦天下健者矣。嘗記其己亥秋感八首之一云。遺偈爭談黃蘖禪。荒唐說餅更青田。戴鰲豈應遷都兆。逐鹿休訛厄運年。心痛上陽眞畫地。眼驚太白果經天。只愁讖緯非虛語。落日西風意惘然。蓋以民間流行最俗最不經之語入詩而能雅馴溫厚乃爾。得不謂詩界革命一鉅子耶。倉海詩行於世者極多。余於前後秋感各八首外。酷愛其東山感秋詩六首。詩云。痛哭秋風又一年。觚稜夢落楚江天。拾遺冷作諸侯客。袍笏空教拜杜鵑。天涯心逐白雲飛。瑟瑟秋蘆點客衣。回首大宛山上月。更無緘札問當歸。斜日江聲走急灘。殘棋刖墅局方難。後堂那有殘絲竹。陶寫東山老謝安。

衆蛟海上趁人來，漠漠秋塵掃不開。滿目桑田清淺水，五雲樓閣是蓬萊。冷落山齋運甓身，天門八翼夢無因。西風吹起神州恨，麈尾清談大有人。老樹秋聲撼睡童，讀書情趣遜歐公。挑燈自寫紉蘭句，一卷離騷當國風。

自唐人喜以佛語入詩，至於蘇東坡、王半山，其高雅之作，大半爲禪悅語，然如溪聲便是廣長舌，山色豈非清淨身之類，不過弄口頭禪，無當於理也。人境廬集中有一詩，題爲『以蓮菊桃雜供一瓶作歌』，半取佛理，又參以西人植物學、化學、生理學諸說，實足爲詩界開一新壁壘。女媧鍊石補天處，石破天驚逗秋雨。吾讀此書，眞有此感。詩如下：

南斗在北海西流，春非我春秋非秋。人言今日是新歲，百花爛熳堆案頭。主人三載蠻夷長，足徧五洲多異想。且將本領管羣花，一瓶海水同供養。蓮花衣白菊衣黃，夭桃側侍添紅粧。雙花並頭一在手，葉葉相對花相當。濃如栴檀和衆香，燦如雲錦紛五色。華如寶衣陳七市，美如瓊漿合天食。如競笳鼓調箏琶，蕃漢龜茲樂一律。如天雨花花滿身，合仙佛龕同一室。如招海客通商船，紅黃白種同一國。一花驚喜初相見，四千餘歲甫識面。一花自顧還自猜，萬里絕域我能來。一花退立如局縮，人太孤高我慙俗。一花傲睨如居居了更嫵媚非粗疏有時背面互猜忌非我族類心必異有時並肩相愛憐。
得成眷屬都有緣有時低眉若飮泣偏是同根煎太急有時仰首翻躊躇欲去非種誰
能鋤有時俯水嗔不語無滋他族來逼處有時微笑臨春風來者不拒何不容衆花照
影影一樣曾無人相無我相傳語天下萬萬花但是同種均一家古言猗儺花無知聽
人位置無差池。我今安排花願否。拈花笑索花點首。花不能言我饒舌。花神汝莫生分
別。唐人本自善唐花或者併使蘭花梅花一齊發飆輪來往如電過不日便可歸支那。
此瓶不乾花不萎不必少見多怪如槖駝地球南北倘倒轉赤道逼人寒暑變爾時五
羊仙城化作海上山亦有四時之花開滿縣即今種花術益工移枝接葉爭大功安知
蓮不變桃桃不變爲菊迴黃轉綠誰能窮化工造物先造質控摶衆質亦多術安知奪
胎換骨無金丹不使此蓮此菊此桃萬億化身合爲一衆生後果本前因汝花未必原
花身動物植物輪迴作生死安知人不變花花不變爲人六十四質亦幺麽我身離合。
無不可質有時壞神永存安知我不變花花不變爲我千秋萬歲魂有知此花此我相
追隨待到汝花將我供瓶時還願對花一讀今我詩。

紹介新著

十九世紀外交史

日本平田久著　仁和張相譯　杭州史學會印

十九世紀者。外交時代也。外交史之書。汗牛充棟。吾人讀之。當以兩例爲去取。一曰取其事實之詳博者。二曰取其論斷之簡嚴者。此書實屬於第二類者也。原本爲日本民友社出版。民友社著譯之書。其論斷常有特識。其文體爲日本文界之革命軍。余最愛之。此書亦其一也。張氏譯文。淵懿雅達。近日譯本。殆未見其比。竊嘗論之。言之無文。行而不遠。比年以來。譯書之風大盛。後生小子。操筆未成片段。輒欲取他國最有名之書而譯之。其汚點原書實甚。滿紙拖沓佶屈聱牙。令讀者惟恐臥。馴使人覺讀譯書之可厭。其阻一國文明進步。罪莫大焉。此編刻意求工。於文雖不免有過於錘鍊動費訓詁之處。然亦可以一矯時流滔滔之狂瀾矣。惟所譯人名地名。多依日本音。或有極通行之名詞而誤譯者。是其缺點。然小疵不足以掩大醇也。

時敏學堂修身科講義

桂林龍志澤著　廣州時敏學堂印　定價三角

此書分上下二卷。上卷釋身。下卷釋修身。其釋身分爲十二大綱。一曰此身爲天賦完全自由之身。應當自重。二曰此身爲萬物中最靈最貴之身。應當自重。三曰此身爲古今八無量思想境界合成之身。應當自重。四曰此身爲輔助今世人羣之身。應當自重。五曰此身爲造起後世世界之身。應當自重。六曰此身爲往返天人自在之身。應當自重。七曰此身爲陰陽血氣所鼓動不能自主之身。應當修省。八曰此身爲地方風俗習慣所囿之身。應當修省。九曰此身爲歷代種類惡習留傳之身。應當修省。十曰此身爲世界外來種種嗜慾叢集之身。應當修省。十一曰此身爲本體發出種種惡念于己有害之身。應當修省。十二曰此身爲本體發出種種惡念於人有害之身。應當修省。其釋修身復分修法爲四。一曰選質。二曰增力。三曰鑄腦。四曰聚魂。而因以修成盡善盡美之身。其身有二種。曰入世身。曰出世身。入世身復分爲三。曰所處之世。謂亂世、昇平、太平是也。曰所處之地。謂人倫身、男子身、女人身、教育身、政治身、商賈身、工藝身、耕種身、等等身是也。曰所處之境。謂富貴、康寧、修德、壽、貧賤、昏擾、惡、夭折、是也。出世身復分爲二。曰身出。曰心出。此其大略也。其書精心結撰。妙義獨闢。兼宗教家言哲學家言而治之。誠近世一奇著也。雖其中言物理者多與近世實驗科學相謬誤。其所分類亦多不合論理者。然著者未嘗通外國語言文字。無所憑藉。而能爲此。其腦力實可驚矣。著者夙游大師之門。於學有所心得。非尋常剽竊西籍者可比。其卓然成一家言也亦宜。但此書衹能爲學者自治之用。而不能爲學堂教科之用。因其陳義太高。非學童所遽能聽受也。然精神教育。實今日最急之務。然則後有著修身教科者。亦宜師其意矣。

新世界學報第一、二、三號

上海新世界學報社發行　每月兩冊　定價 全年四元 每冊二角二分

此報凡分十八門。曰經學。曰史學。曰心理學。曰倫理學。曰政治學。曰法律學。曰地理學。曰物理學。曰理財學。曰農學。曰工學。曰商學。曰兵學。曰醫學。曰算學。曰辭學。曰教育學。曰宗教學。聞主其事者不過五六人。而新說名論。絡繹不絕。實可爲我報界進步之徵。且可爲我思想界文界變遷之徵。其中類多能文之人。其文皆縱橫排奡。銳利透達。條

四

理整然。其間雖非無一二詞勝於理者。且間有影響之言。不合論理者。然大端完善。不可誣也。惟其分類有頗欠妥愜者。如其中心理學者一門。最爲鄙意所不敢苟同。統觀三號。其心理學門皆論哲學也。日人譯英文之 Psychology 爲心理學。譯英文之 Philosophy 爲哲學。兩者範圍截然不同。雖我輩譯名不必盲從日人。然日人之譯此實頗經意匠。適西文之語源相脗合。未易遽易之也。吾度著者未嘗不知東籍中此兩字之區分。然其意以爲一切哲學皆心識之現象也。故吾不從東譯而定以此名。鄙人竊以爲誤矣。哲學之大別。有唯心與唯物之兩派。物者正心之對待也。今惟以心學名之。不幾將唯物論全行抹煞乎。若以爲所研究之客體。雖有心物之殊。而能研究之主體。惟在人心。故定以此名。然則宗教學政治學法律學乃至一切無形有形之學。何一非以吾心研究之。然則並此諸學而名心理學可乎。且既以 Philosophy 冒此名。則於 Psychology 又將以何語譯之。此吾所不敢苟同也。Psychology 與 Ethics (即倫理學) 皆爲 Philosophy 中之一門。吾以爲宜立哲學一門。而以心理倫理皆入之。似爲得體矣。又其各篇之歸類。亦頗有不滿鄙意者。如第三號以勸女子不纏足啓一篇入政治學。已爲無理。

又以論英日聯盟保護中韓一篇入法律學。更名實混淆之極矣。雖然、各學界說。雖在泰西諸國學術極發達者。猶難論定。况我國之始萌芽乎。是固不可以苛求也。惟此報第一號。則全體精采動人。至第二號而稍遜。至第三號而再稍遜。吾甚望主其事者益接益厲。勿辜讀者之望也。吾見吾國有此等報。愛之重之。祝其日益發達。故敢貢其所見。以備采擇。詩曰他山之石。可以爲錯。想新世界學報主人必樂聞之。

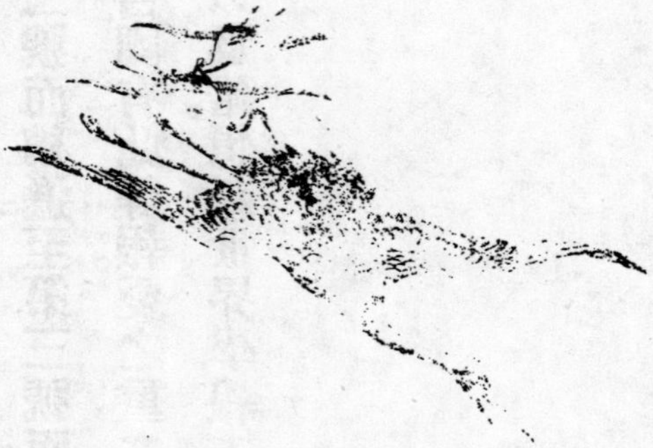

中國近事

◎江督逝世　兩江總督劉坤一。以本月五日逝世。享年七十三歲。初六日即奉上諭哀悼賜卹。照錄如下。兩江總督劉坤一。秉性公忠。才猷宏遠。由諸生投家軍旅。屢建功勳。洊歷封圻。克勤厥職。嗣簡兩江總督。兼充南洋大臣。十餘年來。鎮撫地方。軍民愛戴。辦理交涉。悉協機宜。前年近畿之亂。該督保障東南。匡扶大局。厥功尤著。老成碩望。實爲國家柱石之臣。前因患病。迭次賞假。並頒給人參。藉資調理。方冀早得就痊。□膺倚任。遽聞溘逝。震悼良深。劉坤一著加恩追封一等男爵。晉贈太傅。照總督例賜卹。賞銀一千兩治喪。由江甯藩庫給發。賜祭一壇。派署江甯將軍額勒春前往致祭。予謚忠誠。入祀京師賢良祠。生平事跡。宣付國史館。任內一切處分。悉予開復。應得卹典。該衙門察例具奏。靈柩回籍時。沿途地方官妥爲照料。該督子孫幾人。著張之洞迅速查明具奏。候旨施恩。用示篤念藎臣至意云云。

◎貝子條陳　振貝子此次環游各國。于歐美各邦政治。大爲心折。到京後以中國宜倣效歐美。亟應改革數大端。陳奏朝廷。玆錄其大要如下。　一王公貝勒及大員子弟宜入營伍親習戎事。　一二品以上大員應派令出洋游歷。　一應仿西法。國人均當充當兵役。　一山西陝西四川諸省多設製造局廠。　一各省府縣應徧設工藝局仿製洋貨。　一廢寺院興學堂以興儒教。　一民間子弟十歲以上者均令入學肄業。否則惟其父母是問。　一各省宜設警察。　一各省宜設專門學校。講究法律政治等學。以備將來收回治外法權地步。

◎宴會記聞　月之二日。皇太后賜宴各國公使夫人。當日各國公使夫人。偕參贊官夫人暨譯員。乘肩輿先集會於萬壽寺小憩。遂同坐官舫共四支。以小火輪曳之而行。至萬壽山。先有美公使在座。代爲介紹。宮中承應者爲李總管蓮英。外務部侍郎那桐侍郎聯芳。相見後同至玉蘭殿覲見。禮畢。皇太后下階握手慰問曰。爾好啊。極形親洽。寒溫畢。即在樂壽殿張設筵宴。席分爲二。一席皇太后皇上皇后主之。一席慶王王中堂及那聯二侍郎主之。席間旅觥交錯。問答和親。宴畢。主賓同乘船泛遊昆明湖。在龍王廟小憩。復以茶食進。太后賜各公使夫人御筆山水畫本。至三鐘後始興辭而歸云。

◎太后慈訓　近日皇太后每見大小臣工。遇漢臣則諭曰。洋人尚講面子。你們總得好好敷衍他。遇滿臣則諭曰。咱們總得自己想好。不要想靠別的人。亦不要忘了近來的恥辱。是豈傳者過乎。胡時至今日猶存滿漢之界於言外乎。

◎此說何來　此次政府有於直省添設巡撫之說。聞該議實榮相主持其間。蓋欲削直隸總督之權勢也。現馬軍門於奏事之節。必與總督聯銜。嘗攷向章提督專摺保人。皆欽差也。馬提督非欽差而有保人之權。是皆所以削總督之權勢也。今添設巡撫之說。雖未確信。亦可見政府現在之情形矣。

◎改革滿洲兵制述聞　政府以滿洲俄兵撤退後。極宜編制守備隊。遂將袁慰帥馬景帥條陳嚴加核議。決定辦法如下。一滿洲自被俄兵佔據後。政治商業及民間風俗習尚俱皆變化。今宜究其本原。極力改革。二滿洲之民素稱慓悍。時常違背政令。抗拒王命。今非訓練精兵。製備新式器械。不足壓制。三滿洲各省居民受俄兵之壓制者。已兩三年之久。畏敬俄兵頗深。今若更以舊日兵勇。必招居民輕侮。易生事端。故宜從長改革。以除積習。

◎奏定蒙古官制　蒙古官制及一切政治。已由政務處軍機處會同將直督袁慰帥
原擬條陳。反覆詳議。前月十一日始行決定。經御前大臣肅親王具奏。已蒙俞允。今舉
其要旨如下。　一設蒙古總督駐剳庫倫府。兼管一切軍務。　二蒙古總督之下、設政
務參謀軍務參謀各一員。　三蒙古總督每年須召集各地酋長一次。親詢地方政治
並勸化一切。以圖政治進步。　四總督轄內各要隘。設置提督及廳州縣各官。　五招
練警衛隊駐屯隊及防備隊三軍。其軍制如左。　一警衛隊隸於蒙古總督、征討及警
備諸制均由總督命令。　一駐屯隊各兵。平時可各謀生業。有事之秋。聽總督調遣。
一防備隊專任防守之責。須精强新練之兵充之。　六於各要地置政治監察官。監察
在蒙古之外國人。及政治商業諸務。隨時稟報總督。
◎交路誌聞　關外鐵路。俄國于十月廿七日交還關內鐵路。英國亦于廿八日交還。
茲聞兩國交還關內外鐵路。忽然如此之速者。蓋英人當時有關內鐵路。自當先還。但
俄國若至期不還。則英雖交仍當索管云云。俄人探知消息。遂于關外鐵路交還定期
簽押之日。即由武官照會奉天將軍增祺接收。不必待約期之至。而英人見俄人如此

辦法。亦急言于中國大員。願早交還中國自行管理。雖然中國大員則終謂俄人之仁。其政策佳妙。宜各國嘆爲不及也。

◎紗廠列表　中國紗紡績業之發始。即光緒十年。北洋大臣李公鴻章奏設于上海楊樹浦織布總局。後燬于火。至十五年復改設華盛廠者是也。現時中國地面之紗廠有十九所。其機錠有五十八萬。織機有二千。列表如左

廠名	所在地	設立人	錠數	織機數
華盛	上海	本國人	六五、〇〇〇	五〇〇
大純	上海	本國人	二〇、〇〇〇	
紡績新局	上海	本國人	一五、〇〇〇	二〇〇
裕源	上海浦東	本國人	三八、三七二	
鴻源	上海	本國人	四五、〇〇〇	
瑞記	上海	洋人	四〇、四〇〇	
老公茂	上海	洋人	三〇、二九四	
怡和	上海	洋人	五三、〇〇〇	
協隆	上湖	洋人	二〇、三九〇	
老紗廠	上海	洋人	一五、五七八	
茂生	上海	洋人	三六、四〇〇	
新森太	甯波	本國人	二五、〇〇〇	三〇〇
織布局	武昌	本國人	四〇、五九〇	、〇〇〇
紡紗局	武昌	本國人	五〇、〇〇〇	

五

蘇綸	蘇州	本國人	一八、二〇〇
業勤	無錫	本國人	一五、〇〇〇
通益公	杭州	本國人	一〇、一九二
通惠公	蕭山	本國人	二五、〇〇〇
大生	通州	本國人	一三、〇七四

◎川亂詳誌　四川亂耗。屢見各報。茲查亂徒有二派。一以重慶爲總匯。一以成都爲總匯。重慶亂徒。即溷集距重慶五十里之某處。爲首劉某。羽黨僅六百名。竟欲攻擊重慶府城。成都亂徒。則混集離城二十里某村。專騷擾成都東北之金堂通江兩縣。勢力較重慶之一股爲盛。不下三千人。重慶亂徒所執皆刀矛等器。成都亂徒則不然。其黨勇敢之徒頗多。且狡猾異常。一遇大隊官兵。則身扮農夫。混跡民間。若官兵稍寡。則勇往直前。往往官兵反爲所敗。平時或以邪術誘惑愚民。或擄掠富室。燒燬教堂。聞金堂通江兩縣。已爲該黨所据。殺害教民。計有多人。故駐渝英國領事。已調砲艦二艘駛往敍州。爲保護居留英民之計。聞官兵所用鎗砲。皆極新式。係在福建製造廠。由法國技師監督製造。無如官兵怯畏異常。一遇亂徒。僅開放空槍。甚有棄槍而逃者。故民心益形張皇云。

海外彙報

半月大事記 西曆十月上半月

▲一日路透電。英國商務大臣畢弗拉在赤田宴飲時。談及此次英政府曾與加拿大鐵路公司并英人蒙旻簽立合約者。緣該公司已歸英商辦理。曾造輪船二艘。願歸水師管轄。英政府年准獎給該公司銀十五萬兩。又此番英政府所立合約。人皆稱贊不置。惟助銀一節。又有議論。

同日電。杜將弗赤、崇博二人。現已由英搭輪前往美國演說。

同日柏林電。英國各報以聞德廷願接見杜國三將。大爲震動。然此甚無謂。蓋德廷此次接見杜將。早與英廷商定。與政治上實不干涉也。

同日電。此間傳聞俄國大藏大臣前往滿洲及日本等處游歷。尚有至美之意。惟現尚未經接到確信。故未能知其究竟也。

▲二日路透電。日俄兩國現在墨西哥設立議會。以便保護兩國商務。另設工廠一所。

紡織日本各等絲綢。

同日電。紐約各煤礦因工人爭鬥。致現在煤炭極缺。美總統擬于本月三日召見運煤鐵路并開採煤礦各董事商議一切。蓋因煤炭不足。實關係全國良深也。

同日電。太晤士報近著論說。言日本因抽收房捐。各國不允。而將此事交荷蘭弭兵會公斷。日本及各國如此辦理。彼此均可謂有禮。而日本能有此等舉動。亦無怪其在大國之列矣。

▲三日路透電。愛爾蘭各處。近有亂事。英政府已設兵防守。

同日電。埃及吐瀉之症現仍盛行。自七月十五日起至本日止。患者已有三萬六千六百五十八人。其間死者三萬〇九百八十八人。

同日電。此次土耳其兵亂。甚恐牽動大局。十國蒙尼斯達總督云。某軍三營現亦潰散。

同日電。日本現在倫敦宣借日洋五十兆元。計合英金五兆磅。以五厘行息。

同日電。此番各杜將求見德皇一事。建議者係在德京之某杜人。蓋某以爲杜將所請必蒙德皇俞允也。

同日電俄京聖彼得堡某報云。年來俄屬黑龍江左岸農工愈趨愈下。中國所屬之右岸則日益繁昌。此後黑龍江兩岸各屬宜統歸俄國版圖云。

▲四日路透電此次美國煤礦工人爭鬥事。美總統已極力調停。惟各工人均不願息事。

▲五日路透電聖尼次阿某報云。英大臣張伯倫擬籌欵三千萬元借與杜政府。開辦杜屬應辦各事。因杜人已欲向英政府假借此欵久矣。

同日倫敦電俄人近背巴黎之約。派魚雷船數艘駛出黑海。又公爵某亦乘鐵甲戰船至土耳其京城。觀此情形。俄人將于巴斯勃海峽有所圖謀矣。并聞俄國欲向土耳其王索取水師屯煤地兩處。一在土耳其東南伊京海。一即在土耳其東北之黑海也。

▲六日路透電美國某煤商擬向英國採買上等煤炭五萬噸。趕即由海道運回美屬各處應用。加拿大某煤商已將煤炭十萬噸載赴美屬各處。日昨美總統并內閣大

臣因缺煤一事。商議有兩點鐘之久。惟所擬辦法。尚未得知。

▲七日路透電。美提督克士宣諭云。哥侖比亞國未蒙美廷兪允。不得在巴拿馬海峽鐵路運載兵士軍裝。故哥政府現已力爭此事。

▲八日路透電。巴黎某報云。此次法暹兩國在法京所訂之約。可永息爭端。

同日電。美國近因缺煤。國人多赴英屬採買。故英國煤價倏增。目下蘇格蘭各煤行。每噸價目比前已增三辨士之多。

同日電。目下有煤工三萬六千人在夷勒士地方爭鬥。

同日電。俄京聖彼得傳聞俄國大藏大臣維西德擬往韓京。以助韓廷。俄顧問官亞勒斯弗整頓韓國度支。

▲九日路透電。本年九月間。英國各屬進口各貨價値。較之去年十月間。多三百五十萬磅。出口貨多一百八十七萬五千磅。

同日電。歐洲各鐵路公司。均于昨日在巴黎會議西伯利亞至中國鐵路章程。

▲十日路透電。法國各煤礦工人。共有一百二十萬人。其中七十萬人。現已決定前往

戰鬥。

同日電。英國近設議會禁止理、栢宮各屬售賣鴉片。慶德栢地方英教會監督嘗在該會論及果理栢宮爲售賣鴉片之區。不特有傷英國文明政體。且太覺對待中國之不公云。

同日電。駐扎墨斯敦各士兵。現已盡行撤退。

▲十一日路透電。法國各礦工爭鬥。法政府已派兵前往彈壓。

同日電。美國各煤礦工人爭鬥一事。目下尚未定議。馬庚自願從中調停。惟政府未嘗允。

▲十二日路透電。法國北屬刻已派兵多名前赴各礦工滋事之處彈壓。近礦各處傳聞各礦工現欲前往法京巴黎。

同日電。英加兩政府現已議定設一輪船公司。製造極快輪船行駛加拿大幷力畢坡兩處。

同日電。英國內閣各大臣于本日重開議會。聞係開議學務。

▲十三日路透電。英政府遐擬建造力畢坡至加拿大之鐵路。每年津貼之費。須銀一百十二萬五千元。

同日電。美國與哥侖比亞失和一事。美政府已傳諭總兵官卡司。謂哥政府如有無理之舉。宜與力爭。惟哥兵以後各等軍裝。姑准由品拉鐵路運載。否則難免再起爭端也。

同日電。本月八九兩日。土耳其軍在斐達力赤地方。與巴嘉利之兵大戰。計巴兵應敵者共三百人。死者四十人。傷者六十人。

▲十四日路透電。各杜將已於本日行抵法京。法國國會各董事。均以厚禮接待。法外部大臣亦曾接見。

餘錄

萬國思想家年表

日本文學博士建部遯吾所著哲學大觀中有附錄萬國思想家年表一篇可供參考之用因譯錄之

伏羲	◎約四〇〇〇	東方藝文之祖仰觀俯察始作易〇凡紀年皆從西歷作◎符者耶蘇紀元前也
黃帝	◎約三〇〇〇	支那文學之始祖始制文字有典籍
帝堯	◎約二三〇〇	始以道義立敎化組織政府制法律
帝舜	◎約二二〇〇	紹帝堯成其功
大禹	◎約二二〇〇	紹帝舜修政治之術作洪範
阼樂阿士德 Zoroaster	◎約一五〇〇	波斯哲人爲祆敎祖即拜火敎也
所羅門 Solomon	◎一〇三三 九七五	猶太中興之王輯俚諺垂敎爲後世所仰
釋迦牟尼佛	◎一〇二八 九四八	印度宗敎之革新者佛敎之始祖世界第一大敎主也

周文王		◎約一〇〇〇	研究周易補修之
周公		◎約九五〇	研究周易補修之作周禮爲支那第一政治家
喬答摩		◎約八〇〇	印度尼夜耶派之敎祖以名學鳴
迦那陀		◎約八〇〇	印度衞世師派之敎祖唱多元論之阿屯說
迦比羅		◎約八〇〇	印度僧佉派之敎祖立二元論馭萬有精神之說
婆達羅耶那		◎約八〇〇	印度吠檀達派之敎祖採集婆羅門哲學之精華立超絕唯心論
闍伊彌尼		◎約八〇〇	印度彌曼婆派之敎祖制立儀法
婆陀摩那		◎約八〇〇	印度闍伊那派之敎祖立二元論主厭世主義〇以上六家佛典所謂六大外道也
管仲		◎⋮六七六	佐齊桓公霸天下有管子八十六篇倡「法治國」主義奬厲產業爲生計學之祖
老子		◎五六五⋮	支那思想之反動派也著道德經五千言爲後世道家之祖
梭倫	Solon	◎六三九 五五九	希臘雅典之立法家爲人羣敎育之偉人發揮民政主義爲後世立法家之模範
德黎	Thales	◎六三六 五四六	希臘哲學之鼻祖以水爲宇宙第一原理專以觀察天然界開派
亞諾芝曼德	Anaximandros	◎六一〇 五三二	繼德黎而起以火爲宇宙第一原理亦觀察天然派也

巴彌匿智	Parmenides	◎ ……五〇四……	漸開主觀派論思想與萬有同體
畢達哥拉士	Pythagoras	◎ 五八〇 五〇〇	以數及形爲宇宙之原理主觀的思想家也
亞諾芝綿尼	Anaixmenes	◎ 五七〇 五〇〇	以氣爲第一原理亦觀察天然派也
額拉苦來圖	Herakleitor	◎ ……五〇〇……	觀宇宙之變動立存在論生成論實相論緣起論等近世言天演者推爲遠祖
芝諸芬尼	Nenophenes	◎ 五六九 四七八	始言有全知全能獨一無二之神
孔子		◎ 五五〇 四七八	集支那學問之大成爲國家人羣萬世之師儒學之始祖也
左丘明		◎約 五〇〇	中國史學之泰斗
子夏		◎約 五〇〇	孔門大哲傳敎之功最鉅爲荀卿之學所自出
曾子		◎約 五〇〇	孔門大哲作大學
子思		◎約 五〇〇	孔子之孫作中庸爲孟子之學所自出
楊子	朱	◎約 五〇〇	倡爲我主義其書不傳列子有揚朱篇第七載其學說
列子	禦寇	◎約 五〇〇	述老子之說成一家言有列子八篇
墨子	翟	◎約 五〇〇	倡兼愛主義其學大類耶蘇

啗披鐸黎 Empedokles	◎	四九二 四三二	論宇宙一切變化皆有不紊之秩序立二元論哲學以解之
安那薩哥拉 Anaxagoras	◎	五〇〇 四二八	與啗披鐸黎同謂物質之外別有心靈的勢力
黑羅多特 Herodotos	◎	四八四 四〇八	希臘最古之史家
梭格拉底 Sokratea	◎	四六八 三九九	希臘之大哲人西人以比於孔子始觀察人類性質刱偉大之倫理學
德謨頡來圖 Demokritos	◎	四六〇 三七〇	倡阿屯論立唯物派哲學
馬鳴菩薩	◎約	四〇〇	印度之高僧始流通大乘佛教造大乘起信論大莊嚴經論
公孫龍子	◎約	四〇〇	爲中國名學之始祖
柏拉圖 Plato	◎	四二九 三四七	創觀念論倡共產主義紹述梭格拉底之業爲歐西千古之大哲
狄阿智尼 Diogenes	◎	四一四 三二八	厭世主義之泰斗
來喀瓦士 Lykurgos	◎	四〇八 三二三	希臘斯巴達之立法家峻嚴峭刻專以養成國民勢力爲主
阿里士多德 Aristoteles	◎	三八四 三二二	希臘大哲世界各種科學之鼻祖
孟子 軻	◎	四七一 二八八	戰國之大政治家著孟子七篇立仁義禮智之四端說浩然之氣
莊子 周	◎約	三五〇	游於孔老之間別成一家言

龍樹菩薩 ◎約三五〇 印度高僧大乘佛教第二期之鉅子造大智度論十二門論十住毘婆娑論等

提婆 ◎約三五〇 印度高僧大乘佛教第二之鉅子造百論

伊壁鳩魯 Epikurus ◎三四二 二六八 希臘大哲首倡樂利主義

屈原 平 ◎約三〇〇 中國第一文豪發揮厭世思想與愛國主義

荀卿 況 ◎約三〇〇 言性惡重禮樂說治國之要具

韓非 ◎約三〇〇 倡刑名學戰國一大思想家也

波騰闍梨 ◎約二〇〇 印度瑜伽派之教祖以苦行立教冀得神祕的解脫

（未完）

政治學中卷憲法編

洋裝全一冊 定價三角五分

本局譯印之政治學上卷既已不脛而走此書之聲價已爲識者所同認矣玆者中卷**憲法編**已精校出版憲法爲立國之本原今日愛國之士既知我國不可不採行立憲政體則研究憲法自爲第一要端此書出德國碩儒之手其理論精透考據詳博無待喋喋學者既讀上卷知國家之起原及其組織不可不急讀斯編也

國際公法志

定價五角

立國之要不外內治外交外交本原公法尚矣中國前者譯出公法之書雖有數種然皆數十年前之舊籍不適於今日之用讀者憾焉此書編者久留學日本**參取公法學專門名家之著述十數種**纂成此書分爲平時戰時國際法之兩部此編則其平時部也**法理精嚴綱目燦備**有志講求外交者亟宜熟讀**現已出書**

發行所 上海南京路同樂里 **廣智書局**

上海廣智書局

日本維新三十年史	全六册	定價一元六角
政治學上卷國家編	洋裝全一册	定價四角
政治學中卷憲法編	全一册	定價三角五分
十九世紀末世界之政治	全一册	定價四角五分
再版現今世界大勢論	洋裝全一册	定價二角五分
法學通論	全一册	定價三角
歐洲財政史	全一册	定價三角
增補族制進化論	全一册	定價三角
再版憲法精理	全一册	定價五角五分
再版萬國憲法志	全一册	減價五角
政治原論	洋裝全一册	定價七角五分
支那史要	全四册	定價八角
飲氷室自由書	全一册	定價五角

中國魂	全一册	定價四角
國家學綱領	全一册	定價一角二分
胎内教育	全一册	定價三角
國際公法志	全一册	定價五角
實驗小學校管理法	全一册	定價一角五分
中國商務志	全一册	定價四角
東亞將來大勢論	全一册	定價二角
中國文明小史	全一册	定價四角
中國財政紀略	全一册	定價二角五分
修學篇	全一册	定價二角五分
再版楊子江流域現勢論	全一册	減價二角
新撰日本歷史問答	全二册	定價三角五分
再版埃及近世史	全一册	減價二角五分

出版圖書廣告

東亞各港志	全一冊	定價三角
明治政黨小史	全一冊	定價一角
外國地理問答	全一冊	定價二角
理學鈎玄	全二冊	定價五角五分
近世歐洲四大家政治學說	洋裝精本	定價二角
日本維新慷慨史	全二冊	定價五角
英國憲法論	洋裝全一冊	定價五角
羣學	洋裝全二冊	定價六角
歐洲十九世紀史	全一冊	定價五角五分
中等教育倫理學	洋裝全一冊	定價五角
精神之教育	全二冊	定價五角五分
地球ノ過去及未來	全一冊	定價三角

滿洲旅行記	全二冊	定價五角
泰西政治學者列傳	全一冊	定價一角
愛國精神談	全一冊	定價三角
史學小叢書第一種 俄國蠶食亞洲史略	全一冊	定價一角五分
史學小叢書第二種 十九世究大勢略論	全一冊	定價一角五分
史學小叢書第三種 日本現勢論	全一冊	定價一角五分
十九世紀大勢變遷通論	全一冊	定價四角
二十世紀之怪物 帝國主義	全一冊	定價四角
國憲汎論	近刊	
英國憲法史	近刊	
萬國官制志	近刊	
萬國選舉志	近刊	
萬國商務志	近刊	
歷史哲學	近刊	

下四

日本小野梓著

國憲汎論

近刊

憲法爲立國之本稍有文明思想者皆能知之矣此書爲日本名士小野梓先生所著其所以特優於羣書者以此書之著在日本未開國會以前當時東人猶未具知憲法之眞相著者乃繁徵博引條分縷晰搜列各國名儒學說而折衷其是非偏引各國憲法成例而剖斷其得失日本人能爲立憲國國民受此書之賜居多焉而今日之中國人讀之尤爲適當矣因亟譯之以餉同胞原書博大浩瀚今先將上中卷出版以供先覩之快焉不日出書

美國威爾遜原著

番禺羅雅譯

歷史哲學

近刊

歷史哲學者何也以哲學之理論觀察歷史也尋常歷史譬猶形質歷史哲學譬猶精神其重要不待言矣是書凡分上下二篇上篇爲章五曰埃及文明論曰叙利亞文明論曰希臘文明論曰希臘盛衰論曰羅馬文明論下篇爲章六曰中世史論曰宗敎改革論曰英國革命論曰法國革命論曰美國革命論曰近世史論苟欲治新史學者烏可不一讀

發行所　上海英界同樂里　廣智書局

本支店所在地

東京（本店） 大坂 京都 横濱 神戸
名古屋 廣島 下關 函館 大津
和歌山 四日市 長崎 小樽 足利
横須賀 三池 門司 深川（東京）

資本金 五百萬圓

橫濱市本町二丁目二十一番地

合名會社 三井銀行横濱支店

電話 五五番、八九〇番、九八六番

公積金五百廿五萬圓

存金利息

一定期存金六月以上 週息六分
一隨時存金每百圓每日壹錢
一特別隨時存金每百圓每日壹錢三厘
一通知存金利息隨時面議

明治三十五年十月七日 支店長 矢田績

啓者。本店開設日本東京經已三十有餘年。專製造機器字粒及各種花邊電版一切印刷物件。其精緻秀美。久已四海馳名。逈非別家之可比。至字粒之式樣大小高低。全仿歐美所製。而且字體玲瓏堅固。雖日久用之。永無殘破糢糊之弊。凡印刷書籍地圖繪畫等。皆極鮮明精巧。版面用墨不多。額外着色。本店不惜工本。專心製造。近更日加改良。精益求精。一切印刷物件。實較歐美有過之無不及。倘蒙　諸尊光顧。請移　玉步。貨眞價實。童叟無欺。

又本店之機器字粒及各種花邊電版一切印刷物件。皆印有圖形。如遠地　諸君欲購何種。而欲先行取閱式樣者。可列明函告本店。當按照寄上。

登錄商標

日本東京市京橋區築地二丁目十七番地

株式會社 **東京築地活版製造所**

製造各種活版石版機械
發客價格甚相宜

明治五年設立
既經三十有一年

大日本東京市京橋區常盤町二番地
諸機械製造業
金津平四郎

啓者本店專製造各種活版器物發客美麗鮮明價甚相宜久爲海內外所推許近更大加改良從廉發售以廣招徠諸尊光顧請移玉步貨眞價實格外克已玆將各種活字器物列下

一電氣銅版　一大小活字模
一厚鉛片　一薄鉛片
一黃銅厚片　一黃銅薄片
一黃銅活字（釘裝用）
其餘各種活版器物

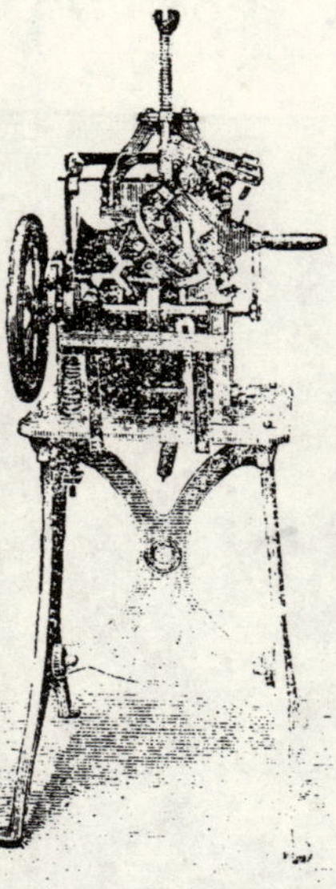

大日本東京市京橋區入舟町六丁目一番地
電氣銅版活版附屬品製造所　松藤善勝
電話新橋三千三百八十一番

倫理學者人格之模範而國家之基礎也凡各國學校無不以此列於第一科內地迂儒動以爲惟中國有倫理而西人無之實最妄見也泰西之言倫理有視吾中國尤精尤備者也此書著者爲日本哲學大家特爲中學校教授之用著此書凡分兩編前書言倫理之實用區爲自己倫理家族倫理國家倫理社會倫理等

日本 文學博士 中島力造著

中等教育倫理學

洋裝全一冊 現已出書

定價五角

順德 麥仲華 曼宜譯

後編言倫理之學說所謂直覺說功利說快樂說進化說等擇精而語詳文簡而意備東邦學校以爲此學教授之最善本譯者慜吾國德育之不興特覃精以譯是編實中國前此未有之本也近者學校之議漸興凡教師生徒皆宜各手一編採泰西新道德以與中國固有之道德相調和則既可以存國粹亦可以應時變矣

發行所 上海廣智書局

日本專門學校教授松平康國著
新會梁啓勛譯述
飲冰室主人案語

世界近世史

現已付印
不日出書

史也者敍述羣治之原因結果也因果不一而最繁賾者莫如近世史**近世史者十九世紀史之母也**此編起十五世紀末迄十八世紀其中如學問之復興宗教之革命君權之變遷諸大業皆孕育百年來之文化者也故**欲知最近世史之果不可不求其因於近世史**此篇爲專門學校講義**煌煌巨帙**東國史籍中**第一善本**也譯者夙有家學文辭斐然復經飲冰室主人校閱**加案語百餘條**將書中要點逐一剔出以**卓特之學識雄奇之文筆**論斷之而一**以資鑑於我祖國**學者苟讀一過則於史學之常識思過半矣現已付印

發行所 上海英界同樂里 **廣智書局**

第三種郵便物認可
新民叢報第拾八號 明治三十五年十月十六日發行